政治經濟學的
通識課

Essentials
of
Political Economy

黃琪軒——著

思想家講堂
近代國家興盛或衰落的51個課題

目次

導論

2005年7月1日，《科學》雜誌創刊125周年之際，它公布了125個最具挑戰性的科學問題。這些問題，主要是對自然界未知領域的探索，也有一些問題涉及人類社會，比如，在今後的世界，馬爾薩斯的理論還會是錯的嗎？為什麼有些國家的經濟持續增長，而有些國家則陷入停滯？政治自由和經濟自由緊密相關嗎？撒哈拉以南的非洲，為何其貧困率在增長，人均壽命在減少？合作行為是如何演化的？……等等。這也是當代政治經濟學文獻常常會討論的相關問題。長久以來，政治經濟學的一些問題持續困擾著人類，在歷史上被反復地討論。本書將從政治經濟學的經典出發，試圖溝通經典、歷史與現實，展示政治經濟學不同視角各自的特點，以及這些視角的思想起源、歷史參照與當代迴響。本章首先從稀有資源配置的角度導入政治經濟學中政府與市場的互動。

一　如何分配稀有資源？

「稀有」（scarcity）是社會科學中的關鍵概念。經濟學家關注稀有，政治學家、社會學家也非常關注稀有，因為不僅經濟資源是稀有

的，名譽聲望和政治職務同樣是稀有的。什麼是「稀有」呢？簡單來講，它有兩個構成要素：一是資源、生產要素或產出是有限的；二是它們難以滿足社會的需求。[1]

我們先來看構成稀有的第一個要素：資源是有限的。無論是物質資源還是非物質資源，如果它們能無限地供應，那就構不成稀有。空氣對人而言是不可或缺的，但它的供給是無限的，因此長期以來，空氣不是稀有資源。儘管這個地球上有大量的水，但潔淨的飲用水卻是有限的；世界上有10億人喝不到潔淨的飲用水，每天，世界上有上千名兒童因缺乏潔淨的飲用水而死亡。因此，潔淨的水是稀有的。2000年，全球有近30億人每天的消費不足兩美元；8.4億人沒有足夠的食物；20億人缺乏基本的衛生設施；低度發展國家中有1/4的兒童連小學都沒畢業便輟學在家。[2]根據世界銀行公布的資料：2013年，世界上有10.7%的人每天消費不足1.9美元，人數多達7.67億。[3]在我們生活的世界，物質資源的稀有性隨處可見。此外，不少非物質資源也往往是有限的，比如榮譽，每年獲得諾貝爾獎的人選是有限的；數學界的費爾茲獎每四年才頒發一次，而且只授予40歲以下的數學家。總之，要構成稀有，資源需要是有限的。

構成稀有的第二個要素是社會需要，也就是它有用。儘管不少資源是有限的，但是當人類社會對它沒有任何需求時，它就構不成稀有。比如在中國的西藏，魚類儘管有限，但是藏族同胞不吃魚。因此，由於缺乏社會需求，也構不成稀有。不少自然資源，比如金屬鈾的儲備是有限的。20世紀60年代，由於黃金儲備短缺，美國總統艾森豪曾考慮過是否用鈾代替黃金作為主要的外匯儲備。[4]在人類能夠

1 Donald Rutherford, *Routledge Dictionary of Economics*, London and New York: Routledge, 1992, p. 363.
2 （美）威廉‧伊斯特利著，崔新鈺譯：《白人的負擔：為什麼西方的援助收效甚微》，中信出版社2008年版，第6頁。
3 相關資料參見世界銀行網站公布的資料：ttp://www.worldbank.org/en/topic/poverty/overview。
4 （美）法蘭西斯‧加文著，嚴榮譯：《黃金、美元與權力：國際貨幣關係的政治（1958 — 1971）》，社會科學文獻出版社2011年版，第55頁。

利用鈾之前，我們對這一貴金屬沒有需求，也就談不上稀有。

　　日常生活中的大量資源都是稀有的，那如何來分配這些稀有資源呢？我們可以想到很多辦法，比如：靠暴力掠奪、靠權威、靠投票、先到先得、論資排輩、靠績效、靠交換等。

　　第一種辦法是靠暴力分配稀有資源。在人類歷史上，個人或者國家常常訴諸暴力來獲得稀有資源。《荷馬史詩》中的《伊利亞德》講述的是為了爭奪美女海倫而引發的一場戰爭。美女是稀有的，而爭奪這一稀有資源的方式是戰爭。1846年到1848年，美國和墨西哥爆發了戰爭，起因是美國想買墨西哥的土地，遭到墨西哥政府拒絕。在戰爭中為美國立下赫赫戰功的尤利西斯・格蘭特（Ulysses Grant）指出：這是一個強大的國家對一個相對弱小的國家發動的最不義的戰爭之一。墨西哥的談判代表也指出：一個國家因為鄰國不願意將領土賣給自己，便發動戰爭，這是史無前例的做法。[5]美國通過此次戰爭，獲得了新的領土，包括德克薩斯、加利福尼亞、新墨西哥、亞利桑那、內華達和猶他州等。領土是稀有的，所以人類歷史上常常可見訴諸武力來獲得稀有的領土。1893年，150名海軍陸戰隊隊員登陸夏威夷，協助美國在夏威夷的種植園主發動叛亂，推翻了夏威夷土著女皇的統治。1897年，美國兼併了夏威夷。當時的一幅漫畫把美國兼併夏威夷描繪成一場槍口脅迫下的婚禮。美國的威廉・麥金利（William Mckinley）總統扮演牧師，他宣讀了「兼併政策」，而夏威夷的土著女皇則被描繪成新娘，在伺機尋找逃脫的機會。要知道，當時大部分夏威夷人並不贊同美國對夏威夷的兼併。[6]而美國仍舊依靠暴力獲得了夏威夷這一太平洋上稀有的戰略要地。

　　第二種辦法是靠權威來分配稀有資源。在地理大發現時期，葡萄牙和西班牙就未開發的海外區域展開了激烈的爭奪，雙方相持不下。1493年，羅馬教皇亞歷山大六世（Alexander VI）出面調停，他將亞

5　（美）埃里克・方納著，王希譯：《給我自由！——一部美國的歷史》（上卷），商務印書館2010年版，第602—604頁。
6　（美）埃里克・方納：《給我自由！——一部美國的歷史》（上卷），第843頁。

速群島和維德角群島以西100里格[7]的子午線定為兩國勢力範圍的分界線。該線以西屬於西班牙的勢力範圍，以東則歸葡萄牙，這條線被稱為「教皇子午線」。裁定海外殖民地的勢力範圍是由教皇這樣的權威來完成的。當資源稀有的時候，權威的分配與裁決是解決稀有資源爭執的重要方式。在「中華人民共和國」成立初期，百廢待興，能用於發展經濟的資源十分有限。在資金有限情況下，政府是優先發展輕工業還是重工業？這一問題成為當時政府領導人討論的焦點。不少民主人士向中共黨中央提議應該優先發展輕工業，以改善民生，施行仁政。當時的國家主席毛澤東認為：優先發展輕工業，照顧短期利益的做法是「小仁政」，並強調重點應當放在建設重工業上，這是人民的長遠利益，才是「大仁政」。[8]因此，最高領導人的決策解決了稀有資源投向的優先順序，這也是依靠權威的分配方式。

　　改革開放後，國企日益面臨經營困境，出於國企解困的需要，中國開始發展股票市場，為國企拓展新的融資管道。上市能為企業帶來廉價融資的收益，但中央政府長期實行上市的「額度控制」，防止因過多國企迅速湧入導致股票市場負擔過重。因此，上市名額成為稀有資源。從1993年開始，政府有意識地將上市額度在全國進行分配。地方政府在這一過程中也享有很大的分配權力。上市資格是稀有的資源，而當時該資源的分配不是靠市場交易，而是靠政府來完成。

　　第三種辦法是靠投票來分配稀有資源。例如，在古希臘的選舉中，群眾用呼喊聲的大小來表示他們對候選人的支持程度，獲得更高呼聲便可以在選舉中獲勝。冀魯豫邊區曾實行過「豆選」。當時要選正、副村長兩人，但是候選人有六名，職位是稀有的。由於抗日根據地的群眾90%都是文盲，邊區政府就把豆子發給選民，每個候選人身後放一隻大碗，選民贊成誰，就在誰的大碗中丟一顆豆子。[9]誰獲

7　編按：1里格（League）相當於3海浬。
8　薄一波：《若干重大決策與事件的回顧》（上卷），中共中央黨校出版社1991年版，第291頁。
9　牛銘實、米有錄：《豆選》，中國人民大學出版社2014年版，第100頁。

得的豆子多，誰就當選。

　　第四種辦法是按「先到先得」原則來分配稀有資源。美國的土地資源比歐洲更豐裕，19世紀時，大量歐洲移民橫跨大西洋到美國尋求機會，土地成了他們爭奪的對象。湯姆・克魯斯（Tom Cruise）主演的電影《遠離家園》（*Far and Away*）就講述了一位愛爾蘭移民去美國尋找自己土地的故事。當時的一項規矩就是先到先得。槍聲一響，那些無地的移民使出渾身解數，迅速跑到一塊無主的土地上，將手中執有的旗幟插到那裡。誰先在一片土地上插上旗幟，這塊土地就屬於誰。淘金熱時期的故事如出一轍，誰先占領這塊土地，那裡的金礦就歸誰。在這樣的規則下，速度就變得非常重要。當年英國的火車很重視安全，行駛得很慢，而美國則不然，火車的行駛速度很快，導致事故頻發。據說一位旅客下車後發現自己把行李忘在了火車上，路人說：「趕緊去追啊。」他說：「不急，追也追不上了。前面有個拐彎的地方，在那個地方，火車經常翻車。我過去看看。」他慢慢地走到了那個拐彎處，發現火車翻了，他走過去找到了行李。[10] 在「先到先得」分配規則下，火車過快的行駛速度影響了行車安全。但是，重速度而輕安全的選擇就是對「先到先得」分配規則的回應。因為在很多時候，快速行動會讓你搶占先機。

　　第五種分配稀有資源的辦法是論資排輩。日本企業內部長期實行「年功序列」制度，這意味著資歷老的員工可以得到更豐厚的薪酬。而在日本歷史上，年齡太大可能還會成為獲得稀有資源的負資產。曾獲得坎城電影節大獎的日本電影《楢山節考》講述了發生在古代日本信州一個貧苦山村的故事。由於沒有餘糧，那裡的村民難以供養老人。於是，村子裡面形成了一條規矩：當老人70歲的時候，就由其子女背到山上，去見山神。這樣做就是任由老年人自生自滅，把剩餘的口糧留給後代。

　　第六種分配稀有資源的辦法是靠績效。歷史上，中國的人才選

---

10 Daniel Boorstin, *The Americans*: *The National Experienc*e, New York: Random House, 1965, p. 134.

拔制度就是靠考試（科舉制）來分配資源。「朝為田舍郎，暮登天子堂」，大批讀書人一輩子皓首窮經，通過考科舉來競爭資源。吳敬梓小說《儒林外史》中的范進，在得知中舉後，居然高興得發了瘋。奧運金牌也是稀有的，運動員們為了奪取金牌，必須要做到「更快、更高、更強」。有時候，為了在運動場上有更好的表現，他們不得不以損害自己的健康為代價。1972年到2002年，美國橄欖球運動員的體型明顯增大。1972年的超級盃賽事中，進攻內鋒的平均體重已經高達248磅（1磅約為0.45公斤）；到了2002年，超級盃的攻擊鋒線平均體重又增加到304磅；而達拉斯牛仔隊的亞倫．吉布森（Aaron Gibson）的體重更是高達422磅。想進入賽事名單的前鋒食量都奇大無比，為了獲得更好的賽事成績，他們把自己變成了400磅的人肉盾牌和破城錘，他們不再敏捷，不再迅速，不再會用腳的力量。[11]

　　第七種分配稀有資源的辦法是交易。不同資源的持有者可以根據自身的需要，進行交換。1803年，美國從法國手中購買了路易斯安那州；1867年，美國花了720萬美元從俄國手中買下了阿拉斯加。對美國、法國和俄國而言，這是你情我願的交易行為。紐約寸土寸金，而帝國大廈更是紐約的關鍵性地標，商業價值突出，20世紀90年代，日本的公司就曾高價買下帝國大廈。日常生活中，我們購買產品和服務，公司購買原料，大都屬於市場交易。

　　上述七種並沒有窮盡分配稀有資源的辦法，這項清單還可以列得更長。這些辦法大致可以劃分為兩類：一類是橫向的分配，一類是縱向的分配。日常生活中購買食品、地產、股票等市場交易活動就是典型的橫向分配，它遵循的是交易原則，主要依賴市場進行，這是靠自願的交易來分配資源。縱向的分配主要依賴政府進行，它靠強制力來分配稀有資源，典型的模式就是靠暴力、權威、命令來完成分配。這樣的分配可以罔顧個人意願。我們可以將上述稀有資源的分配方式視為一條橫軸、一條縱軸。本書中，橫軸與縱軸的互動、國家與市場的

11（美）麥可．桑德爾著，黃慧慧譯：《反對完美：科技與人性的正義之戰》，中信出版社2013年版，第33頁。

互動就是政治經濟學的主要內容。

二　什麼是政治經濟學？

自誕生開始，政治經濟學（political economy）一詞就有多重含義。在亞當‧史密斯（Adam Smith）看來，政治經濟學是管理國家資源以創造財富的科學；對馬克思而言，政治經濟學關注生產資料的所有權如何影響了歷史進程。到了20世紀，「政治經濟學」一詞也有著不同的含義。有時它指的是一個研究領域，關注政治和經濟的互動。有時它指的是一套研究方法，就方法而言，學者之間也存在分歧。[12]政治經濟學在本書中指的是對政治與經濟互動的研究。筆者想從政治與經濟的互動、政府與市場的互動等角度來展示政治經濟學。

政治經濟學的一個側面是：政治如何影響了經濟。就經濟問題而言，會有很多議題，如經濟增長、收入分配、居民消費、通貨膨脹、國際貿易、跨國投資等。諸多經濟政策、經濟現象背後往往有其政治根源。

我們看一下歷史上曾被英國殖民過的國家或地區的發展現狀，就會發現它們存在很大差異。就發展程度而言，澳大利亞、新加坡已經躋身已開發國家行列；而同樣被英國殖民過的獅子山、奈及利亞則淪為低度發展國家。當然，還有一些國家處於中間位置，它們既不是最好的，也沒有變成最糟糕的，如斯里蘭卡、埃及等。經濟發展是經濟問題，而政治經濟學需要尋找經濟問題的政治根源。有研究顯示，歷史上英國在殖民地採用不同的殖民形式會影響這些國家的人類發展指數，包括經濟績效。在對外殖民過程中，英國在有的地方採用直接殖民的統治模式，在有的地方則採用間接殖民的統治模式。不同的殖民模式，英國統治的深入程度不同，對當地社會的改造也存在差異，遺

---

12 Barry Weingast and Donald Wittman, "The Reach of Political Economy", in Barry Weingast and Donald Wittman, eds., *The Oxford Handbook of Political Economy*, New York: Oxford University Press, 2006, p. 3.

留給當地的制度遺產同樣會存在區別。在英國直接殖民的國家，英國人會更深入地滲透到當地社會，使當地的社會結構趨於瓦解的同時，也留下了民主、法治等制度遺產。這些地方的經濟績效會比間接殖民的地方要好，人類發展指數更高。[13] 經濟績效屬於經濟問題，殖民形式則屬於政治問題。尋找經濟績效背後的政治根源就是政治經濟學的研究目標。

羅伯特・貝茨（Robert Bates）在《熱帶非洲的市場與國家：農業政策的政治基礎》一書中提到大部分非洲國家存在一些比較奇怪的農業政策。為提高農產品的產量，政府可以實施兩種政策：一是提高農產品價格；一是對農產品實施補貼。非洲國家的政府往往偏好實施後一種政策。貝茨認為這樣的政策背後有著明顯的政治根源。因為提高農產品的價格，會損害城市中工人與製造商的利益。如果食品價格提高，城市中的工人會面臨更高昂的生活成本，這會引發他們的不滿。工人生活成本的提高也會讓製造商支付更高的工資，減少他們的利潤，而城市的利益集團對政府的威脅比農村的群體更大。因此，政府不願意提高農產品價格。另一項政治因素是，政府提高農產品價格，會讓所有農民受益；而補貼則只是支付給政府的支持者。基於以上兩點的考慮，政府會選擇用補貼而非提價的方式來發展農業，政治的考慮而非經濟的計算占據了壓倒性優勢。[14] 不少民眾常常埋怨政府制定荒謬的、難以理解的經濟政策，而政治經濟學則從政治邏輯來理解那些看似「荒謬」的經濟政策——它們或許缺乏經濟效率，但卻可以為政策制定者帶來足夠的政治利益。

政治經濟學的另一個側面是：經濟如何影響了政治。就政治問題而言，會有諸多主題：國家構建、族群衝突、選舉、民主化、革命、戰爭等。這些政治問題的出現往往有著經濟根源。

例如，歷史上，有過多次民主化潮流，有的國家從專制轉向民主

13　Matthew Lange, *Lineages of Despotism and Development: British Colonialism and State Power*, Chicago and London: The University of Chicago Press, 2009.
14　（美）羅伯特・貝茨著，曹海軍等譯，劉驥等校：《熱帶非洲的市場與國家：農業政策的政治基礎》，吉林出版集團有限責任公司2011年版，第97—98頁。

政體，而有的國家則從民主倒退回專制。人們發現，自然資源豐富的國家，往往很難實現民主。這一政治問題背後有何經濟緣由呢？如果一個國家擁有大規模的石油等非稅收收入（nontax revenue）──無論它是民主國家還是專制國家──它的政體會更為穩定。因為在民主國家，政府徵稅容易激起國內精英群體的不滿，動搖民主政治；在專制國家，如果政府在福利等社會支出方面的經費投入不足，同樣會導致民眾的不滿，危及政治穩定。但有了石油等非稅收入就會大不一樣。民主國家有了石油收入可以使政府減少徵稅數額，讓精英群體滿意；而在專制國家，政府可以用石油等收入加大社會支出，讓普通民眾滿意，從而保證了政權的穩定。[15]

　　政體變遷是政治問題，尋找這一政治問題的經濟根源屬於政治經濟學的研究領域。有學者研究發現民主和專制有著不同的經濟根基。歷史上，為何英國建立了議會民主制，而法國則走向了絕對主義王權？我們知道英國和法國長期進行爭霸戰爭，他們都需要為戰爭融資，為此，歐洲的君主需要不斷尋找新的稅收來源。英國和法國的差異在於：英國的君主主要通過對貿易進行徵稅來獲得收入，而法國的君主主要通過對不動產（例如鹽礦和土地）進行徵稅。不同的徵稅方式導致英國和法國的民眾在王權面前有著不同的議價能力。由於土地等不動產難以轉移到海外，因此，法國民眾的議價能力比英國民眾更低。在英國，國王為了獲得納稅人的合作，不得不讓納稅人在稅收政策的制定過程中發聲，從而孕育了議會民主制度。相對而言，法國國王則不那麼需要納稅人的合作，因此法國走向了絕對主義王權。[16]

　　人們往往認為在不平等的社會，難以實現民主化，而有的研究

---

15 Kevin Morrison, "Oil，Nontax Revenue, and the Redistributional Foundations of Regime Stability", *International Organization*, Vol. 63, No. 2009, pp. 107-138.
　　此外，有研究對石油國家再分配效應的檢驗有不同的結論，認為出產石油的國家並不是靠再分配，而是用賣石油的錢來增強鎮壓力量，進而阻止民主化。參見：Michael Ross, "Does Oil Hinder Democracy?", *World Politics*, Vol. 53, No. 3, 2001, pp. 325-361。

16 Robert Bates and Da-Hsiang Donald Lien, "A Note on Taxation, Development and Representative Government", *Politics and Society*, Vol. 14, No. 1, 1984, pp. 53-70.
　　關於民主與專制的經濟起源的研究，另參見：（美）達龍‧阿塞莫格魯、詹姆士‧羅賓遜著，馬春文等譯，《政治發展的經濟分析：專制和民主的經濟起源》，上海財經大學出版社2008年版。

者則對這一常識提出了質疑。在整理了1820年以後的資料後，研究者發現：如果對不平等進行分類，那麼不同類型的不平等對一個國家民主化進程的影響有著顯著差異。一種是鄉村的不平等（rural inequality），另一種是收入的不平等（income inequality）。只有鄉村的不平等才對民主化有負面的影響，而收入的不平等則對民主化有積極的作用。因為鄉村的不平等往往與土地集中、地主勢力強大等保守因素聯繫在一起，這些守舊的土地精英常常是民主化的重要障礙。而在全國的收入不平等往往和工業化、中產階級的興起等民主化的支持力量聯繫在一起。[17] 不平等是經濟問題，而民主化是政治問題，探尋不同類型的不平等如何影響民主化進程，也就是經濟因素如何影響了政治。

　　法治作為國家治理的重要形式，其治理水準的高低也有著一定的經濟根源。在中國，各個地方的法治水準相差很大，即便在經濟發展水準類似的地區，各個地方政府對法院的投入也存在較大差異。有研究指出這是中國不同地區官員依靠的資產類型存在差異導致的。如果對資產進行簡單劃分，可以有兩類：第一類是國有企業、本土的私營企業以及海外華人在中國的投資；第二類是微軟、星巴克等外資企業。第一類資產的所有者更容易接近當地政府官員，也更容易獲得經濟特權。因此，這類群體對法治的需求比較小。第二類資產的所有者不僅不是本土企業，也並非由海外華人創辦，他們缺少和當地政府官員的政治聯繫，因此更加希望創建一個公平競爭的平臺，其推動法治建設的意願也更強。如果一個地區的地方官員依靠非海外華人外資來增加稅收、推動經濟增長，那麼這個地方的法治水準會更高；如果當地官員主要依靠國企、本土的私企以及海外華人投資來獲得稅收與經濟增長，那麼當地的法治水準會系統地低於前者。[18] 尋找法治背後的

---

17 Ben Ansell and David Samuels, *Inequality and Democratization: An Elite-Competition Approach*, New York: Cambridge University Press, 2015.
18 Yuhua Wang, *Tying the Autocrat's Hands: The Rise of the Rule of Law in China*, New York: Cambridge University Press, 2015.

經濟邏輯也是政治經濟分析。

　　政治經濟學的經典中有大量關於政治與經濟互動的論述。不過，這樣的互動往往是政治學家，而非經濟學家關注的「政治經濟學」。阿爾弗雷德‧馬歇爾（Alfred Marshall）是新古典經濟學的創始人，他編撰的教材《經濟學原理》自1890年出版以來，幾度再版。在此之前，約翰‧斯圖亞特‧穆勒（John Stuart Mill）在1848年出版的《政治經濟學原理》（Principles of Political Economy）是英國經濟學界的標準教科書，被廣泛使用。而馬歇爾《經濟學原理》的出版取代了穆勒的《政治經濟學原理》，成為流行教科書。經濟學也從原有的「政治經濟學」中獨立出來。此後，經濟學家往往稱自己的研究為經濟學（economics），而不是政治經濟學。需要指出的是，的確有一部分經濟學家也在研究「政治經濟學」，但這部分經濟學家是用經濟學的分析方法來研究政治問題。這樣的政治經濟學被稱為「新政治經濟學」（new political economy）。這批運用經濟學的方法分析政治問題的學者與著作，我們將在本書第三章中予以介紹。

三　為何要「走進」又要「走出」政治經濟學的經典？

　　本書強調回到經典，又要超越經典。現實世界變動不居，我們為什麼要通過閱讀那些時代久遠的政治經濟學經典來解答現實問題？除了給我們帶來樂趣，滿足我們探索的欲望，開闊我們的視野，閱讀政治經濟學的經典還有以下幾點好處。

　　首先，閱讀經典是以不變應萬變。這個世界瞬息萬變、日新月異，不少當代社會科學理論的生命週期會顯得越來越短。那麼，我們怎樣才能更好把握這個變動不居的世界，把握比較根本的、不變的關鍵要素呢？經典之所以是經典，就在於它關注的不是這個世界最緊迫的問題，而是最根本的問題，那些問題千百年來長期困擾著人類社會。因此，閱讀經典，可以讓我們繞開一些眼前的變動，從而更好地把握政治經濟學最根本、影響最持久的問題。

　　其次，閱讀經典是與歷史上最聰明的人對話。流傳下來的政治經濟學經典大都代表了那個時代人類對政治經濟學問題認識的最高水準。儘管經典的回答有時會出錯，但是你會發現：即使它們錯了，也錯得有趣；即使它們在當時錯了，但可能會在新的時代恢復生機；即使它們的結論錯了，但也讓我們領略了其細緻的推理過程和精緻的思維魅力。推導數學問題是思維鍛煉，研讀當代文獻也是思維鍛煉，與歷史上那些聰明人對話，同樣是諸多思維鍛煉中的一種。

　　再次，經典能有效激發我們的求知興趣。人類有著持續的好奇心，大多數人感興趣的東西不是太少，而是太多。人們往往會對一些問題有著長遠的關切，古往今來的政治經濟學會持續討論一些議題。政治經濟學的經典能持續流傳，因為它們代表了生活在那個時代的人對這些未知領域的探索，而這類問題不僅能激起先聖先賢的興趣，也會激起我們的興趣。古人的很多想法，在他們生活的時代缺乏精緻的科學工具來檢驗，他們的想法與思考儘管不能為我們提供可靠的答案，但卻為我們提出了問題。這些問題往往能激發我們的興趣，在前人畫上句號的地方，我們畫上問號，開始新的探索旅程。

　　最後，經典是無形的手。儘管當前的科學不斷進步，但有一點沒有變：人具有自主性，能主動從歷史中學習。人的自主性常常會改變政治經濟規律的必然性。18世紀的英國詩人亞歷山大・波普（Alexander Pope）說：「自然和自然法則隱藏在黑暗中，上帝說，讓牛頓來！一切遂臻光明。」（Nature and Nature's law lay hid in night: God said, Let Newton be! and all was light.）。儘管社會科學也想有如此豪邁的宣言，但是，當代社會科學家大都會更謙虛。因為他們知道，社會科學提出的諸多規律不同於自然規律，自然物沒有自主性，而社會中的人有自主性。如果說自然規律更多的是必然律，社會規律則更少必然性，更多或然性。即便政治經濟學家請來了牛頓，在他們關注的世界中，仍舊充滿了不確定性。此時，已有的觀念結構就會對我們產生持續的、強大的影響。我們的政治經濟決策常常會受到經典、思想、理念等無形的手的牽引。閱讀過這些經典，在被它們牽引

的時候，我們會有更多的自覺。同時，我們也能看到社會中的他人是如何被牽引以及被何種觀念牽引的。

　　因此，政治經濟學日益走向「科學化」的同時，我們仍需要閱讀年代久遠的經典。長期的「科學化」趨勢使得政治經濟學的研究日顯乏味。班傑明・科恩（Benjamin Cohen）教授在撰寫《國際政治經濟學學科史》的時候指出，國際政治經濟學已變得越來越枯燥。近年的國際政治經濟學研究難以與早期的研究一爭高下；近期的國際政治經濟學研究也缺乏開創性的貢獻，缺乏經典。[19] 不僅國際政治經濟學如此，近年來比較政治經濟學研究也同樣面臨缺少經典與趣味的問題。經典與當代社會科學文獻的分割，使得我們在閱讀經典時感到天馬行空；閱讀現代社會科學文獻時則感到枯燥乏味。本書恰恰希望搭建起政治經濟學古今對話的橋樑，或者讓經典重新經受歷史的檢驗，或者尋找經典的現代迴響，或者從現實問題出發引出對經典的爭論。所以，我們強調政治經濟學需要「回到經典」。

　　但是，在「回到經典」的同時，我們還需要「走出經典」。這是為何？事實上，改革開放之前，中國學者一直在閱讀政治經濟學的經典，即馬克思主義的經典。儘管恩格斯曾說過「我們的理論是發展著的理論，而不是必須背得爛熟並機械地加以重複的教條」[20]，但是，當時中國學界的經典閱讀卻捆綁了中國人的想像力，因為沒有比較，也缺乏檢驗，讓經典變成了教條。不僅在中國如此，這樣的例子在其他國家也同樣存在。

　　蘇聯解體後的俄羅斯改革者讀的是亞當・史密斯、大衛・李嘉圖等自由主義經濟學的諸多經典，他們被經典捆綁，深信休克療法的有效性而罔顧自由市場的政治基礎。不少發展中國家的領導人讀的是弗里德里希・海耶克（Friedrich Hayek）、米爾頓・傅利曼（Milton Friedman），最後將「新自由主義」（Neoliberalism）的經典奉為圭

19　Benjamin Cohen, "Are IPE Journals Becoming Boring", *International Studies Quarterly*, 2010, Vol. 54, No. 3, pp. 887-891.
20　《馬克思恩格斯全集》第三十六卷，人民出版社1975年版，第584頁。

桌。20世紀50年代，美國國務院從智利天主教大學的交換專案中選拔學員，安排到美國芝加哥大學學習。此後，美國又從拉美各國挑選了一批學員在美國各主要大學學習。這群拉美青年的精神導師就是新自由主義的領軍人物——米爾頓‧傅利曼。他們在美國大學學習了新自由主義的經典，學成回國後，很快占據了拉美學界與政界的重要職位，並將他們的理念付諸實踐。他們開始大刀闊斧地進行自由化改革，讓價格市場化、貿易自由化，取消對金融部門的管制，大規模地進行私有化改革。閱讀經典而照搬經典的結果就是將經典變成教條，讓拉美的自由化改革步履蹣跚。拉美經濟經歷了「失去的十年」，「新自由主義」的改革在一些拉美國家甚至引發了嚴重的危機。

由於經濟形勢不斷惡化，2001年12月，阿根廷政府頒布了限制銀行提款的法令，民眾只能從銀行提取少量的現金存款。此舉立即遭到社會各界的強烈反對並引發大規模社會騷亂。阿根廷各地發生居民哄搶商店、阻塞交通等暴力事件。費爾南多‧德拉魯阿（Fernando De La Rua）總統頒布戒嚴令。戒嚴令的頒布不僅沒有平息騷亂，反而導致了更大規模的示威和抗議活動，成千上萬的人走上街頭。情況持續惡化，憤怒的民眾包圍了總統官邸，德拉魯阿總統只好宣布辭職。為了躲開憤怒的民眾，他乘坐直升機逃離了總統官邸。

隨後，反對黨成員、阿根廷參議院主席做了臨時總統。兩天後，阿根廷國會推選阿根廷聖路易斯省的省長羅德里格斯‧薩阿（Rodríguez Saá）為總統。薩阿上臺後隨即宣布阿根廷政府無力償付930億美元的債務。這是全球經濟史上數額最大的一次債務違約。但是，阿根廷的遊行和示威仍舊持續。由於得不到黨內的全力支持，薩阿在上任一周後就被迫宣布辭職。此時，阿根廷眾議院議長接替薩阿擔任臨時總統。阿根廷的騷亂仍在繼續。2002年1月1日，阿根廷國會召開兩院大會，推選在1999年總統競選中敗北的正義黨候選人愛德華多‧杜阿爾德（Eduardo Duhalde）為總統。自2001年12月20日德拉魯阿總統宣布辭職至2002年1月1日杜阿爾德就任新總統，短短12天內，阿根廷五易總統。阿根廷的騷亂與恐慌即來源於其自由化

改革引發的金融危機與貨幣危機。

　　因此，本書強調閱讀經典的同時要走出經典。為了避免政治經濟學的經典淪為教條，我們需要做到至少以下兩點：

　　首先，我們需要提供多種政治經濟學經典的視角。認識世界的視角不止一個，同一問題的答案也往往不止一個。請看圖0-1，如果你問這張圖中有幾個正方體，有人會說6個，有人會說7個。事實上，從一個角度看，這張圖有6個正方體；而從另一個角度，你會看到7個正方體。

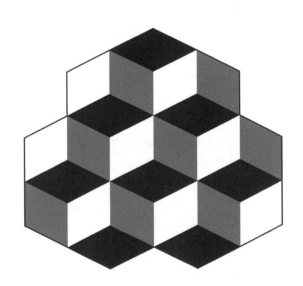

圖0-1　圖形中的正方體

　　我們再看圖0-2展示了什麼？看到圖形白色部分的人會說這張圖畫的是一個杯子；看到黑色部分的人會說這張圖畫的是兩個面對面的人。

圖0-2　圖形中的杯子與人

　　馬克斯・韋伯（Max Weber）曾警告同時代的德國人：不宜讓自由主義的政治經濟學蒙蔽了眼睛，因為單一視角是危險的。他說：「當一種看問題的方式如此自信地一往直前時，那就已經有落入幻覺的危險，即過高估計了自己這種視角的重要性，尤其是把一種只具有相當限定性的視角當成了唯一的視角。」[21]

　　為了更深入地展示某一個視角的理論，本書為每一章的問題提供了一個視角的答案。但我們必須明確，這些問題的答案遠遠不止一個。不同政治經濟學的理論視角看待的歷史與事實會有差異。不少歷史學家強調讓歷史說話，而歷史從來不自己說話。愛德華・卡爾（Edward Carr）舉了一個例子：「鐘斯在宴會後開車回家，他比平日多喝了點酒，車子的剎車又不大靈，開到一個死角那裡又什麼都看不見，一下撞倒了羅賓遜，把他壓死了。羅賓遜是走過街道，到街角拐角處這家香煙店來買煙的。」[22]那麼，發生這場車禍的原因是什麼呢？鐘斯不開車，就不會發生車禍；瓊斯不喝酒，或許也不會發生這

21（德）馬克斯・韋伯著，甘陽、李強等譯：《民族國家與經濟政策》，生活・讀書・新知三聯書店1997年版，第94頁。
22（英）愛德華・卡爾著，吳柱存譯：《歷史是什麼？》，商務印書館1981年版，第113頁。

場車禍；瓊斯的剎車沒有壞，這場車禍可能就不會發生；鐘斯路過的那個死角如果有路燈，鐘斯可能就不會撞倒羅賓遜；如果羅賓遜不抽煙，他就不會出來買煙，也就不會被車撞到……儘管卡爾認為有些原因可以被剔除，但是在尋找因果關係來組織歷史事實的時候，政治經濟學者的理論視角有著重要的作用。卡爾的看法是：「事實本身就能說話，這一點當然並不真實。事實本身要說話，只有當歷史學家要它們說，它們才能說：讓哪些事實登上講壇說話，按什麼次第講什麼內容，這都是由歷史學家決定的。」[23] 用愛因斯坦（Albert Einstein）的話來講就是：你是否能觀察到一個事物取決於你用什麼理論，理論決定了你能觀察到什麼事物。[24] 不是世界在那裡，你就觀察到了這個世界；你有怎樣的政治經濟學理論決定了你觀察到怎樣的世界。政治經濟學中有形形色色的經典，不同的經典提供不同的視角。不同的視角會讓政治經濟學家在看待同一段歷史與現實的時候，尋找到不同的證據，得出非常不同的結論。

　　本書接下來的章節會分別介紹政治經濟學的四個視角：以個體為中心的視角、以階級為中心的視角、以國家為中心的視角、以制度為中心的視角。不同的視角都有相應的經典，這些經典都能從不同側面把握世界政治經濟的歷史演進，為現實問題提供不同的答案。只有一種視角的政治經濟學是危險的，「一旦一種觀念在社會上或者在學術圈盛行時，它都會引發兩個導致事物走向反面的機制。首先，在社會上，一種觀念一旦在社會上取得優勢，無論是真誠信徒還是機會主義分子，都會不遺餘力地把這一觀念在思想和實踐層面做大。其結果就是不斷顯露和放大這一觀念的誤區，所帶來的負面（甚至是災害性的）後果反倒『證明』了其他觀念的『正確』。其次，在學術圈內，某一觀念一旦占領了學術市場，無論是它的真誠信徒還是跟風者，都會不遺餘力地把圍繞這一觀念的研究做到

23（英）愛德華・卡爾：《歷史是什麼？》，第6頁。
24 Abdus Salam, *Unification of Fundamental Forces: The First 1988 Dirac Memorial Lectures*, New York: Cambridge University Press, 1990, p. 99.

極致。學術與經驗事實的關係越來越不切合，從而為其他觀念和理論的興起鋪平了道路。最可悲的卻幾乎不可避免的情景是，主流社會觀念和主流學術觀念合流，學術降為權力的附庸和幫兇。在歷史上，這種情景帶來的總是災難」。[25]

趙鼎新老師指出：「記得前蘇聯陣營在20世紀90年代垮臺時，許多人跟我說馬克思主義左派理論是回不來了。我當時的回答是：『等著吧，它會回來得比你想像的快。』自由主義犯自由主義的錯誤，左派犯左派的錯誤，法西斯犯法西斯的錯誤，科學主義者犯科學主義者的錯誤，原教旨主義犯原教旨主義的錯誤。一個觀念一旦變得強大並成為從國家到社會的實踐，後繼者就會放大該觀念的誤區，再後繼者就會排斥這一觀念並把另一種觀念推向高峰。」[26] 我們需要學習借鑒人類社會創造的一切文明成果。只有瞭解多元的視角，我們才能更好地理解世界，修正錯誤。

其次，我們要讓經典接受檢驗，包括接受歷史與現實的檢驗。讓經典與歷史和現實對話，就是在搭建一座橋樑，搭建經典與當代社會科學對話的橋樑。就同一個問題而言，不同經典常常能找到不同的答案。比如，全球化的驅動力是什麼？不同的理論視角會找到不同的歷史事實與現實證據。一般而言，自由主義者較多地梳理全球化歷史的一個側面，他們強調理性的個人遵循比較優勢，他們希望參與國際分工，促進國際交換。因此，理性的個人成了自由主義政治經濟學者書寫全球化歷史的重要起點。同樣是看待全球化的歷史，現實主義的政治經濟學者會看到強權在整合世界市場的過程中發揮的重要作用。在他們眼中，世界市場的興起離不開霸權國家提供的政治支撐。馬克思主義者則強調階級力量，尤其是資產階級為了獲得更多的利潤，不斷突破民族國家的界限，不斷開拓全球市場的邊疆。不同理論流派的政治經濟學者都可以用自己的視角來書寫

25　趙鼎新：《社會科學研究的困境：從與自然科學的區別談起》，《社會學評論》2015年第4期。
26　同上書。

一部全球化的歷史。在用歷史與現實檢驗經典的時候，當代政治經濟學者往往比較重視以下三條標準。

第一條標準是「適用範圍」（scope）。政治經濟學家在總結歷史與現實規律的時候，總是試圖解釋更大範圍的歷史與現實。有的政治經濟學理論只能解釋個案，而有的則能提供更廣闊的解釋力。它們不僅能解釋更多的國家、涵蓋更多的人口，還能與更長時段的歷史經驗相吻合。因此，在接受歷史與現實檢驗時，解釋範圍更廣的政治經濟學理論往往在理論競爭中有著顯著的優勢。

第二條標準是「簡約」（parsimony）。不少歷史學家喜歡展示歷史的複雜性，比如對於20世紀30年代經濟危機的起因，他們會展示無數的偶然事件如何引發了「意想不到的後果」。而作為社會科學家的當代政治經濟學者則喜歡用更簡單的方式來處理複雜事件。他們認為需要抓住一些關鍵因素。因此，他們的研究往往都可以簡要地表達為：在什麼條件下，有什麼事情會發生（if...then）；或者也可以表述成：如果一個因素朝一個方向變化，那麼，它很大可能會引發另外一個因素朝特定的方向變化（the more...the more likely）。政治經濟學者展示歷史與現實的時候，他們相信要以「地圖式」的方式展示，而不能以「照相機式」的方式展示。不同於「照相機式」的、事無巨細地展現歷史與現實，「地圖式」的展示要求研究者抓住歷史與現實的關鍵，簡化歷史與現實。如果把政治經濟的歷史與現實展示得煩瑣龐雜、紛亂無章，這樣的理論既難以提煉規律，也無法指導現實。因此，不同的政治經濟學理論視角在接受歷史與現實檢驗的過程中，是否能簡約地總結歷史與現實的規律，是判斷其理論競爭力高下的又一標準。

第三條標準是「精確」（precision）。政治經濟學家從歷史與現實中總結的規律，往往需要具備「精確」的特徵。含混不清的政治經濟學理論不僅讓讀者難以理解，而且因為其「模糊」的特點，也難以用來指導實踐。例如，在政治經濟學中，有關霸權穩定論的大部分研究都強調，開放的國際經濟是公共財。這個公共財的提供需要

一個政治前提：霸權國家的存在。正如查理斯・金德柏格（Charles Kindleberger）所說：「一個穩定的世界經濟秩序需要一個穩定的提供者。」[27] 金德柏格的表述被後來的學者總結為霸權穩定論。這是從世界政治經濟的歷史中抽象出的規律。而這樣的規律會面臨諸多挑戰，因為它不夠精確。比如，什麼樣的國家是「霸權國家」？以軍事實力還是經濟實力來衡量？什麼樣的國際經濟秩序才算得上「開放」？因此，史蒂芬・柯斯納（Stephen Krasner）、蒂莫西・麥基翁（Timothy McKeown）等人對霸權穩定論進行了修正。[28] 事實上，不少當代政治經濟學家正是運用現代社會科學的方法，如比較案例研究、過程追蹤、統計等，尋找更大限度的「精確性」。哲學家阿爾弗雷德・懷海德（Alfred Whitehead）說：西方兩千多年的哲學都是柏拉圖的註腳。事實上，這句話運用在政治經濟學中也有道理。不少當代政治經濟學的學者所做的大量研究都是在重複早期經典的結論與推論。他們用歷史與現實的證據提供了一些更精確的檢驗。此時，在理論的競技場上，「精確」成為理論流派之間競爭力強弱的又一個評判標準。

　　本書既強調「回到經典」，又希望能「走出經典」，讓經典接受歷史與現實的檢驗。在接下來的章節中，政治經濟學的經典會不斷地、反復地參照世界政治經濟的歷史演進，關照現實問題，接受歷史與現實的檢驗。

27　Charles Kindleberger, *The World in Depression, 1929-1939*, Berkeley: University of California Press, 1973, p. 305.

28　Stephen Krasner, "State Power and the Structure of International Trade", *World Politics*, Vol. 28, No. 3, 1976; Timothy McKeown, "Hegemonic Stability Theory and 19th Century Tariff Levels in Europe", *International Organization*, Vol. 37, No. 1, 1983.

第一章
古典自由主義政治經濟學
—— 史密斯與馬爾薩斯

　　亞當 · 史密斯（Adam Smith）和托馬斯 · 馬爾薩斯（Thomas Malthus）都是古典自由主義（Classical Liberalism）的重要代表人物。亞當 · 史密斯的《國富論》發表於1776年，和詹姆斯 · 瓦特（James Watt）改良蒸汽機同年。歷史學家阿諾德 · 湯恩比（Arnold Toynbee）曾說：「《國富論》與蒸汽機打破了舊世界，開創了新世界。」[1] 史密斯的影響十分深遠，不僅影響了政治學家、經濟學家、社會學家，還影響了遙遠國度的文學家。俄國的普希金在其作品《葉甫蓋尼 · 奧涅金》中表達了對史密斯的熱愛；屠格涅夫則表示對史密斯充滿敬意，稱自己是史密斯的學生。[2]《國富論》在中國有多個譯本。1902年，《國富論》第一部中譯本面世，即嚴復先生主持翻譯的《原富》。此後，王亞南、郭大力再度將此書翻譯成中文，不足之處是文白間雜。20世紀末，由庚子賠款公派到牛津大學的老一輩學者楊敬年教授再度將《國富論》譯成中文。這一譯本文筆優美、行文流暢，已被收入「影響世界歷史進程叢書」。

---

1 Salim Rashid, *The Myth of Adam Smith*, Cheltenham: Edward Elgar, 1998, p. 212.
2 （俄）阿尼金著，晏智傑譯：《改變歷史的經濟學家》，華夏出版社2007年版，第172—173頁。

史密斯的古典自由主義充滿了樂觀的氣息。《國富論》從製針工廠的故事出發，探討是什麼樣的原因使得勞動生產率大幅提高，國富之道背後存在怎樣的機制。史密斯認為勞動分工（division of labour）顯著地提高了經濟效率，分工不需要靠政府來引導，而應依賴理性的經濟個體，即「經濟人」（homo economicus）。經濟人是古典自由主義政治經濟學的重要假定，對後世影響深遠。他們宣稱人是理性的（rational）、自利的（self-interested）、效用最大化的（utility maximization）。古典自由主義者強調政府在經濟生活中應扮演守夜人的角色，政府在經濟生活中需要自由放任（laissez-faire）。史密斯堅信競爭（competition）的重要作用，他認為競爭性的市場可以使資源配置得更有效率。依靠競爭性市場這只「看不見的手」（invisible hand），而不是政府這只「看得見的手」，才能引導一個國家實現經濟繁榮。史密斯批評重商主義者，因為他認為自由貿易不僅能提高民眾的福祉，還有利於和平。這被後來的國際政治經濟學者發展為「貿易和平論」。

1798年，馬爾薩斯出版了《人口原理》。和史密斯的樂觀筆調不同，馬爾薩斯的自由主義則籠罩著悲觀的氛圍，以至於200多年後，《科學》雜誌還問出這樣的問題：馬爾薩斯會繼續錯下去嗎？如果在未來，馬爾薩斯的預言再度復活了，人類的前景會相當灰暗。

一　為什麼歐洲人長高了？

當你參觀16世紀西班牙國王菲力浦斯二世（Felipe II）的王宮時，你會驚訝地發現：國王的臥榻相當短小！那張御用的床鋪看起來就是一張正方形的床。即便到了1840年的鴉片戰爭時期，英軍士兵的平均身高也只有1.65公尺。[3]而今，大部分歐洲國家男性的平均身高已經遠遠超過了歷史時期。如表1-1所示，自1750年到1975年，

3　賴建誠：《經濟史的趣味》，浙江大學出版社2011年版，第28頁。

表 1-1　1750 — 1975 年部分歐洲國家男性的平均身高（單位：公分）

國家 年份	英國	挪威	瑞典	法國	丹麥	匈牙利
1750—1775	165.9	163.9	168.1	—	—	169.1
1776—1800	167.9	—	166.7	163.0	165.7	167.2
1801—1825	168.0	—	166.7	164.3	165.4	166.7
1826—1850	171.6	—	168.0	165.6	165.3	—
1851—1875	169.3	168.6	169.5	165.6	165.3	—
1951—1975	175.0	178.3	177.6	174.3	176.0	170.9

資料來源：Robert Fogel, *The Escape from Hunger and Premature Death, 1700-2100: Europe, America, and the Third World*, New York: Cambridge University Press, 2004, p. 13, Table 1.4.

歐洲六國男性的平均身高大都有了顯著的提高。英國男性的平均身高從 165.9 公分增加到 175 公分；挪威男性的平均身高從 163.9 公分增加到 178.3 公分。其他國家男性的平均身高也都有顯著增長，當然匈牙利男性的身高增長並不那麼顯著，從 169.1 公分增加到 170.9 公分，中間還出現過倒退。

　　什麼原因讓歐洲人長高了？一般而言，較好的物質條件往往會讓社會的平均身高有所增加。

　　史密斯卓越的寫作才能在他《國富論》前三章中就已展示出來。經濟史學家馬克・布勞格（Mark Blaug）稱：「史密斯大概是經濟學家中文筆最為優美的人，我看史密斯著作的時候就想大聲地朗讀。」[4] 他在開篇的前三章首先關注勞動分工（division of labour），在史密斯看來，這是促進國民財富增長的重要源泉之一。

　　史密斯從世人所熟知的例子——製針工廠展開他的論證。史密斯指出：一個工人，「用他最大的努力，或許一天製造不出一枚針，

4（英）馬克・布勞格著，姚開建譯：《經濟理論的回顧》，中國人民大學出版社2009年版，第45頁。

肯定不能製造20枚」。但是，如果在製針工廠，一群工人分工協作，「一個人抽絲，另一個人拉直，第三個人切斷，第四個人削尖，第五個人磨光頂端以便安裝針頭；做針頭要求有兩三道不同的操作；裝針頭是一項專門的業務，把針刷白是另一項；甚至將針裝進紙盒中也是一項專門的職業。如此，製針這一重要的業務就分成了大約18道不同的工序」。這樣，一個10人規模的製針工廠，「每天能製針48000枚。每個人製造48000枚針的1/10，就是每天製針4800枚」。如果沒有分工，史密斯說：「那他們肯定不能每人每天製造出20枚針，或許連一枚也造不出來。」[5]如果我們樂觀估計，假定這個工人在一天的時間裡，不靠他人協作，只靠自己就能製造出20枚針。那麼，得益於分工，他每天的產量達到了4800枚，產量增長了240倍！事實上，製針業的勞動生產率的確得到了驚人的提高：1830年，英國伯明罕的製針工廠每分鐘生產45枚針；1900年，每分鐘生產180枚；1980年，每分鐘生產500枚。從1776年每人平均每天生產4800枚，到200多年後的80萬枚，製針工業的勞動生產率提高了16667%。[6]

　　史密斯指出分工帶來了生產率的提高，主要可以歸因於以下三點：第一，得益於分工，每個工人的熟練程度提高了。如果一個人既是牙醫，又是汽車修理工，還是電視主持人，你肯定不會去找這個人看牙。[7]因為他肯定不如專業的牙醫技能嫻熟。第二，分工節約了從一種工作轉向另一種工作所喪失的時間。第三，分工還有一項副產品，即「發明了很多的機器，便利和簡單化了勞動，使一個人能做許多人的工作」。[8]因此，一個人如果專注於一種職業，肯定會熟能生巧；同時他避免了從一種業務轉向另外一種業務過程中的心不在焉、磨磨蹭蹭，因而更能全神貫注地工作；而且，工人長期從事一項工作，還能積累經驗，有助於發明創造。事實上，在英國工業革命時

5（英）亞當‧史密斯著，楊敬年譯：《國富論》（上），陝西人民出版社2001年版，第8—9頁。

6（美）雷‧坎特伯里著，禮雁冰等譯：《經濟學簡史：處理沉悶科學的巧妙方法》，中國人民大學出版社2011年版，第66頁。

7（美）威廉‧伊斯特利：《白人的負擔：為什麼西方的援助收效甚微》，第148頁。

8（英）亞當‧史密斯：《國富論》（上），第11頁。

期，大部分發明創造都是工匠根據生產經驗而改進完成的。

因此，史密斯認為：「在每一種工藝中，只要能採用勞動分工，勞動生產力就能成比例地增長。在享有最發達的產業和效率增進的那些國家，分工也進行得最徹底；在未開化社會中一人從事的工作，在進步社會中一般由幾個人擔任。」[9]北京大學的周其仁教授回憶了他在黑龍江完達山插隊時候的情境：「在完達山狩獵的年月，深山老林裡就是我和師父兩人，差不多樣樣自給自足。我們住的茅舍是自己蓋的，吃的食物不是從山上打來的，就是小菜園子裡種出來的。我的師父可能幹了，懂得各種野生動物的活動規律，在野外就是傾盆大雨之下也有本事生出一堆火來，他甚至還能自製洗衣用的『肥皂』和獵槍子彈！可師父的生活實在很窮，每件衣服都是補丁。」[10]這位能幹的師父生活貧困，儘管他能靠自己製造幾乎一切生活用品，但卻難以享受分工帶來的好處。美國的生理學家賈德‧戴蒙（Jared Diamond）來到新幾內亞，他發現：這些新幾內亞人比一般的歐洲人或者美國人要更聰明、機敏、能幹。在新幾內亞，和本地人相比，他自己連一些簡單的工作都不能勝任。戴蒙德不由得發出這樣的感慨：「在新幾內亞人看來，我是多麼呆頭呆腦。」[11]但是，在新幾內亞，由於缺乏西方社會的分工，這些聰明機敏的人卻沒能享受西方社會富裕的生活。

勞動分工使得不同行業的產量迅速增長。分工會讓各人發揮各自的長處，「天堂是由法國的廚子、英國的員警、義大利的戀人和德國的汽車組成，並由瑞士人管理的地方；而地獄則是由英國的廚子、德國的員警、瑞士的戀人和法國的汽車組成，並由義大利人管理的地方」[12]。史密斯強調根據「絕對優勢」分工，大衛‧李嘉圖（David Ricardo）後來將之發展成為比較優勢。「舉個最普通的例子，如果一位律師打字的速度是其秘書的兩倍，他是不是就該把秘書辭掉自己親

9（英）亞當‧史密斯：《國富論》（上），第9頁。
10 周其仁：《改革的邏輯》，中信出版社2013年版，第43頁。
11（美）賈德‧戴蒙著，謝延光譯：《槍炮、病菌與鋼鐵：人類社會的命運》，上海譯文出版社2000年版，第10頁。
12（美）威廉‧伊斯特利：《白人的負擔：為什麼西方的援助收效甚微》，第58頁。

自打字呢？答案是否定的。這是因為，如果一位律師作為打字員的工作效率是其秘書的兩倍，而作為律師的工作效率是其秘書的五倍，那麼他就應當從事法律工作而讓秘書來打字，這樣對雙方都有好處。」[13]在史密斯看來，這樣的好處不僅惠及社會頂層的一小撮人。在一個治理得當的社會裡，增長帶來的好處和豐裕能夠惠及最下層的人民。史密斯的《國富論》不是僅僅把眼光放在國家的繁榮富裕上，相反，他非常關注最普通民眾的生存環境。一個身份低下的歐洲勞動者如何比有權有勢的非洲國王享有更優越的物質生活條件？這是史密斯要回答的問題。他指出：「一個歐洲君主的生活用品，並非總是大大超過一個勤勞節儉的農民的生活用品，而這個農民的生活用品卻總是超過許多非洲君主的生活用品，這些君主正是數以萬計的赤裸野蠻人的生命與自由的絕對主宰啊。」[14]在史密斯看來，歐洲普通人生活的改善正是源於勞動分工，這使得一個普通歐洲農民的生活水準超過了非洲的君主。

　　史密斯認為，歐洲國家之間的普通民眾生活水準存在差異，這也在很大程度上歸因於勞動分工的細緻程度存在差異。在蘇格蘭，分工進行得更為徹底，那裡的民眾生活水準就好於法國。「最窮的值得稱讚的男人和女人，沒有一雙皮鞋也不敢在公眾中露面。在蘇格蘭，風尚使之在最低階級的男人中成為生活必需品，但在同一階級的婦女中則不然，她們可以赤腳行走，沒有什麼不體面。在法國，皮鞋不論對男人或女人都不是必需品，最低階級的男人和婦女穿著木屐，有時還赤腳公然行走，毫不失體面。」[15]正是得益於國際貿易與分工，英國實現了國家財富的增長，也讓蘇格蘭民眾比其他歐洲國家，比如法國，有了更好的物質生活水準。18世紀以前，茶葉是奢侈品，只有王公貴族才能消費，但到18世紀初的時候，茶葉變成了普通老百姓都能

13（美）米爾頓·傅利曼、羅絲·傅利曼著，張琦譯：《自由選擇》，機械工業出版社2008年版，第44頁。
14（英）亞當·史密斯：《國富論》（上），第15—16頁。
15（英）亞當·史密斯：《國富論》（下），第943—944頁。

消費的產品。1784年以後，茶葉進入了尋常百姓家，甚至連最貧困的農民和釘子製造商都喝得起。[16]得益於勞動分工，英國不同行業的產量成倍增長，在一個治理得很好的社會出現普遍的富裕，包括最底層的人民。[17]社會上不同階層的物質生活都得到了改善。值得注意的是，史密斯將消費者購買力的提高作為衡量「國家財富」的標準。他將人均收入而不是國民總收入作為其經濟福利的標準和出發點。[18]正是因為勞動分工，人均收入提高了，一個國家才能實現普遍富裕，普通民眾的生活才能得到有效改善。所以我們看到，歐洲普通民眾的身高隨著經濟的發展而增長。身處貧困社會的印度與孟加拉民眾的身高則顯著低於歐洲人。[19]

柏拉圖在《理想國》裡面也談到了分工。他認為：老天在造人的時候，在統治者身上加入了黃金；在輔助者（軍人）的身上加入了白銀；而在農民的身上加入了鐵和銅。[20]個人天生資質不同，因而分工不同。史密斯沒有像柏拉圖那樣把不同天性作為劃分社會階層的依據，他提倡經濟流動性和進入各種職業的自由。他反對依據所謂天生能力低下而把任何個人擯棄在外。[21]史密斯指出：「最不相同的人物之間的差異，例如一個哲學家和一個普通的街頭搬運夫之間的差異，似乎不是由於天賦，而是由於習慣、風俗和教育所產生的。」[22]因此，史密斯的分工更具平民色彩。

勞動分工既然給社會帶來如此多的好處，那麼，它背後的驅動力是什麼呢？史密斯指出勞動分工不是源於人們的智慧與遠見，而是所有人共有的本能或者傾向。

---

16 Ralph Davis, *The Industrial Revolution and British Overseas Trade*, Leicester: Leicester University Press, 1979, p. 47.
17 （英）亞當·史密斯：《國富論》（上），第14頁。
18 （美）亨利·威廉·斯皮格爾著，晏智傑等譯：《經濟思想的成長》（上），中國社會科學出版社1999年版，第211頁。
19 1990年左右，印度南部男性的平均身高只有1.64公尺；1994年時，在西孟加拉茶園工作的工人的平均身高為1.61公尺。
20 （古希臘）柏拉圖著，郭斌和等譯：《理想國》，商務印書館1986年版，第128頁。
21 （美）亨利·威廉·斯皮格爾：《經濟思想的成長》（上），第213頁。
22 （英）亞當·史密斯：《國富論》（上），第20頁。

二　為什麼蘇聯時代的分工遭受挫折？

　　蘇聯實施的計劃經濟有著廣泛的分工。就國防工業來看，各部門的分工非常細緻：國防工業部負責生產常規武器；航空工業部負責生產飛機以及飛機零部件；造船工業部負責船舶製造；無線電工業部負責生產電子產品零部件及其設備；中型機械製造部負責製造核武器；通用機械製造部負責生產戰略導彈。但是，蘇聯經濟在經歷了一段時期的增長後隨即陷入持續的低迷。大致從1960年開始，以往蓬勃向上的蘇聯工業增長開始減速。到20世紀70年代，蘇聯遭遇了更大的經濟困難。往昔的成功成了失落，經濟增長率大幅度下降。[23]蘇聯時代的分工不僅沒有給蘇聯民眾帶來普遍富裕，反而讓他們遭遇嚴重的物資短缺。所以才流傳著廣為人知的笑話：美國外交代表團到蘇聯訪問，蘇聯官員陪他們參觀「建設的偉大成就」，並得意地說：「到下一個五年計劃，每個蘇聯家庭都可以擁有一架私人飛機！」美國人驚訝地問：「他們要飛機幹什麼呢？」蘇聯官員說：「當然有用啊，譬如你在莫斯科聽說列寧格勒開始供應麵包了，你可以馬上開飛機趕去排隊啊。」這個笑話從一個側面說明，蘇聯存在分工，但卻沒有生產出民眾急需的物品，也沒有給民眾帶來普遍的富裕。

　　按史密斯的理解，分工不需要政府規劃，靠理性的個人就能實現。「勞動分工提供了那麼多的好處，它最初卻並不是由於任何人類的智慧，預見到並想要得到分工所能帶來的普遍富裕。它是人性中某種傾向的必然結果，雖然是非常緩慢的和逐漸的結果，這是一種互通有無、物物交換、彼此交易的傾向。」[24]如果沒有交換的機會，人們難以傾力去掌握某一專業技能，也沒有機會充分發揮他們各式各樣的天賦。正是交換的可能性使得個人之間的差異變得對彼此有用。正如前面的例子，一個製針廠主每天會生產近5萬枚針，他會把他自己消費不了的針，拿去交換自己所需的其他產品。「這就鼓勵了每一個人去

---

23 Robert Allen, "The Rise and Decline of the Soviet Economy", *The Canadian Journal of Economics*, Vol. 34, No. 4, 2001, p. 861.
24 （英）亞當・史密斯：《國富論》（上），第17頁。

從事一種專門的職業，並培養和完善他所具有的從事這一職業的才能或天資。」[25] 由於自利的個人需要與他人互通有無，從而產生了交換，推動了分工的出現。

分工根植於人性。如果不理解人，史密斯就不可能創立他的理論體系。這一點，史密斯像馬基維利和霍布斯，他們都是按人的本來面目，而不是人應該是什麼樣子來觀察人類。[26] 史密斯把自利放在首要位置，認為人的自利之心是激發經濟發展的動力。如果你需要一枚針，那你需要考慮自己能用什麼物品和製針廠商交換。這一點被後來的學者更為系統地概括為「經濟人」（homo economicus）。他們宣稱人是理性的（rational）、自利的（self-interested）、效用最大化的（utility maximization）。由於相信自利的個人能實現自己的利益，史密斯篤信政府在經濟生活中需要「自由放任」（laissez-faire）。

史密斯指出，要獲得自己所需，不要試圖依賴他人的善意。「人總是需要有其他同胞的幫助，單憑他們的善意，他是無法得到這種幫助的。他如果訴諸他們的自利之心（self-love），向他們表明，他要求他們所做的事情是於他們自己有好處的，那他就更有可能如願以償。」[27] 下面這段話應該是《國富論》中援引頻率最高的一段話了：「不是從屠夫、釀酒師和麵包師的恩惠，我們期望得到自己的飯食，而是從他們自利的打算。我們不是向他們乞求仁慈，而是訴諸他們的自利之心，從來不向他們談自己的需要，而只是談對他們的好處。」[28]

在史密斯生活的時代，教會宣揚追求個人利益是一種激情，屬於人類的動物本性。史密斯則認為，正是通過交換來追求個人利益才將人類與動物區分開來，並且賦予人類獨特的尊嚴。史密斯指出：「從來沒有人看到過兩隻狗用兩根骨頭彼此進行公平的、有意識的交換。」[29] 而正是這樣的自利行為塑造了一個複雜的市場經濟。「在人中

25（英）亞當・史密斯：《國富論》（上），第19頁。

26（美）陶德・巴克霍爾茲著，杜麗群等譯：《已故西方經濟學家思想的新解讀：現代經濟思想導論》，中國社會科學出版社2004年版，第19頁。

27（英）亞當・史密斯：《國富論》（上），第18頁。

28（英）亞當・史密斯：《國富論》（上），第18頁。

29（英）亞當・史密斯：《國富論》（上），第17頁。

間最不同的才能對彼此都有用處；他們的各自才能的產品，通過互通有無、交易和交換的一般天性，仿佛變成了一種共同的財富，在這裡每個人都可以購買到他所需要的其他人的才能的產品的一部分。」[30]

史密斯指出：「沒有成千上萬人的幫助和合作，一個文明社會中的最卑賤的工人，就不可能得到他普通所得到的那種平常的簡單的生活用品。」[31]包括最普通不過的一支鉛筆。倫納德・里德（Leonard Read）寫了一篇短文《鉛筆的故事》。這篇以第一人稱寫作的短文向人們展示：「我，鉛筆，是種種奇蹟的複雜的結合：樹、鋅、銅、石墨，等等。然而，在這些大自然所顯現的種種奇蹟之外，還有一個更為非凡的奇蹟：人的種種創造精神的聚合——成百上千萬微不足道的實際知識，自然地、自發地整合到一起，從而對人的需求和欲望做出反應。在這個過程中，竟然沒有任何人來主宰！……成千上萬的人捲入到了生產鉛筆的過程中，沒有一個是因為自己想要一支鉛筆而去幹自己的活兒。他們中有些人從來沒有見過鉛筆，也從來不管鉛筆是幹什麼用的。每個人都把自己的工作僅僅看作是獲取自己所需要的商品和服務的一種辦法……每次我們到商店購買一支鉛筆，我們都是用我們的一丁點勞務，來換取投入到鉛筆生產過程中的成千上萬人中的每個人提供的極小量的一些勞務……更令人歎為觀止的是，鉛筆在源源不斷地生產出來。沒有一個人坐在一個中央辦公機構對這成千上萬的人發布命令。也沒有軍警來執行這些無人發布的命令。這些人生活在不同的地方，講著不同的語言，信奉著不同的宗教，甚至可能彼此憎惡——然而，所有這些差異，並沒有妨礙他們合作生產一支鉛筆。」[32]生產鉛筆的過程非常複雜，而複雜的分工過程卻不需要計畫機構來協調。由自利之心引出的分工是不需要中央計畫機構來協調的。

其實，史密斯在《國富論》中早就有過相關的論述。他指出，在我們看來，生產最簡單不過的一件衣服，也是人們在自利之心的驅使

30（英）亞當・史密斯：《國富論》（上），第21頁。
31（英）亞當・史密斯：《國富論》（上），第15頁。
32（美）倫納德・里德著，秋風譯：《鉛筆的故事》，載羅衛東主編《經濟學經典文獻選讀》，浙江大學出版社2011年版，第97—104頁。

下完成的複雜分工。一件毛織品上衣，「儘管看起來很粗糙，卻是大量工人聯合勞動的產品。牧羊人、選毛人、梳毛人、染工、梳理工、紡工、織工、蒸洗工、縫工和許許多多其他的人，必須全都結合他們不同的手藝，以便完成這種即使是家常的產品。此外，把這些材料從某些工人那裡運輸到常常住在國內最遙遠的地方的其他工人手中，需要有多少商人和運輸人啊！尤其是，需要有多少商業和航運，需要有多少造船人、航海人、製帆人、製繩人，以便把染匠所使用的不同染料帶到一起，這些染料常常來自世界各個最遙遠的角落！要生產這些最卑賤的工人所使用的工具，也必須有多少種不同的勞動啊！」[33]生產衣服和製造鉛筆的過程是類似的。自利的個人會驅使分工的自然形成，並為社會提供有效的服務。

人類是理性的，是有私心的，受利己主義驅使的。如果放任不管，每個個體將追求他自身的私利，在促進私利的同時也促進了社會利益。「每一個人都不斷地竭力為他所能支配的資本找到最有利的使用方法。誠然，他所考慮的是他自己的利益，而不是社會的利益。但是研究他自己的利益自然地或者毋寧說必然地導使他去採取最有利於社會的使用方法」。[34]因此，政府不應當干預這一過程，而應當遵循自由放任的政策。相反，當政府捲入本應由自利之心驅使的分工時，反而會帶來負面影響。

「看不見的手」（invisible hand）也許是《國富論》中援引頻率最高的詞。史密斯是這麼論述的：「他指引這種勞動產品使它具有最大的價值，也只是為了自己的利得；在這種場合，也像在許多其他場合一樣，他被一隻看不見的手引導著，去達到一個他無意追求的目的。雖然這並不是他有意要達到的目的，可是對社會來說並非不好。他追求自己的利益，常常能促進社會的利益，比有意這樣去做更加有效。我從未聽說過，自命為為了公共利益而從事貿易的人做過多少好事。」[35]如果做出了錯誤決策，政府官員可以溜之大吉，但商人不能，

33（英）亞當·史密斯：《國富論》（上），第14—15頁。
34（英）亞當·史密斯：《國富論》（上），第500頁。
35（英）亞當·史密斯：《國富論》（上），第502—503頁。

他需要為自己的決策承擔後果。因此，史密斯宣導市場的決策由商人自行判斷，政府官員不要自作聰明。

在《國富論》中，有無數的場合，史密斯運用歷史教訓和時代經驗把政府描述為低效、腐敗、輕浮、浪費以及受制於既得利益集團的機構。「一個政府向其他政府學習技術之快，莫過於從人民口袋掏錢的技術。」[36]他提醒政府應該允許「看不見的手」自行運作，來實現國民財富的增長。「每一個人的資本應投入何種本國勞動，何種勞動產品具有最大的價值，他根據自己的當地情況，可以比任何政治家或立法家做出更好的判斷。試圖指導私人應採用何種方式去使用其資本的政治家，不但使他自己枉費了最不必要的辛勞，而且僭取了這樣一種權力：這種權力不但不能放心地付託給任何個人，而且也不能放心地付託給任何的委員會或參議院，而在將它交到任何一個愚蠢和荒唐到妄以為自己適於行使這種權力的人手中時，是最危險不過的。」[37]

史密斯是持非常積極的心態來看待人的自利之心的。在他的另一部著作《道德情操論》中，還對此展開了非常精彩的論述。「對大多數富人來說，財富的主要樂趣在於炫耀財富，在他們心目中，認為當他們看起來擁有除他們以外任何人都不能擁有的這些財富的決定性標誌時，炫耀就達到了無以復加的程度了。」[38]史密斯看到，財富帶給人的效用很大部分是為了炫耀，這一點被後來的托斯丹・范伯倫（Thorstein Veblen）加以發揮，成為《有閒階級論》一書關注的焦點。但是，和范伯倫對「炫耀性消費」嘲諷的口吻不同，史密斯對人類的虛榮心也持積極的態度。

在《道德情操論》裡，史密斯講述了一個窮人家小孩的故事。窮人的孩子幻想自己很舒適地住在一座宮殿裡，幻想自己也能坐在馬車裡舒適地旅行，希望有一大批扈從可以伺候自己。為了實現這一目標，這個小孩費盡心機，「他向所有的人獻殷勤；他為自己所痛恨的

36（英）亞當・史密斯：《國富論》（上），第933頁。
37（英）亞當・史密斯：《國富論》（上），第503頁。
38（英）亞當・史密斯著，蔣自強等譯：《道德情操論》，商務印書館1997年版，第211頁。

那些人效勞，並向那些他所輕視的人獻媚」。為了獲得豪宅和馬車，他「全身心地投入到對財富和偉大的追求」中。為了實現夢想的目標和獲得社會榮耀，他把自己搞得身心疲憊。等他獲得了這些以後，他幡然醒悟，「財富和地位僅僅是毫無效用的小玩意，它們同玩物愛好者的百寶箱一樣不能用來實現我們的肉體舒適和心靈平靜」。他開始反省，「他在內心深處詛咒野心，徒然懷念年輕時的悠閒和懶散，懷念那一去不復返的各種享受，後悔自己曾經愚蠢地為了那些一旦獲得之後便不能給他帶來真正滿足的東西而犧牲了它們」。如果史密斯就在這裡停筆，那他就是非常平庸的一位學者。

　　史密斯筆鋒一轉，說道：雖然追求虛榮不好，但是，我們要接受人類的天性。而這樣的天性會改變世界。「天性很可能以這種方式來欺騙我們。正是這種矇騙不斷地喚起和保持人類勤勞的動機。正是這種矇騙，最初促使人類耕種土地，建造房屋，創立城市和國家，在所有的科學和藝術領域中有所發現、有所前進。這些科學和藝術，提高了人類的生活水準，使之更加豐富多彩；完全改變了世界面貌。」[39]對財富和地位的追逐，在不少人看來是庸俗的，但在史密斯看來，這樣的天性卻最終有益於社會。

　　「看不見的手」不僅出現在《國富論》中，史密斯還用地主的例子引出了《道德情操論》中「看不見的手」。史密斯寫道，儘管地主「天性是自私的和貪婪的，雖然他們只圖自己方便，雖然他們雇用千百人來為自己勞動的唯一目的是滿足自己無聊而又貪得無厭的欲望」，但是地主的這種貪婪之心、虛榮之心卻在改善普通人的生活。為了追求虛榮，地主會雇用廚師、建築工人，購買手工業者製造的小玩意。這些普通民眾因為地主的生活而獲得了收入。史密斯指出：地主的自利之心，讓其他人獲益。儘管不是他的本意，但卻將自己消費不了的財富分配給了普通人。「他們還是同窮人一樣分享他們所作一切改良的成果。一隻看不見的手引導他們對生活必需品做出幾乎同土

39（英）亞當·史密斯：《道德情操論》，第229頁。

地在平均分配給全體居民的情況下所能做出的一樣的分配，從而不知不覺地增進了社會利益，並為不斷增多的人口提供生活資料。」[40]

　　史密斯透徹地闡釋出利用人的自利之心，讓「看不見的手」發揮作用，在經濟政策上實施自由放任，這是使國家財富增殖的最佳手段。在這樣一種經濟運行體系中，個人可以追逐其自身的私人利益；但是，不管其本意如何，自然秩序都會趨向於把個人對私利的追求轉變為一種促進社會利益的手段。

　　政府不應該壓制自利的傾向，因為它是一種豐富的資源。這就是史密斯所信賴的「自由放任」。「此所有偏重或限制的體系被完全取消以後，明顯的和簡單的天然自由體系（the obvious and simple system of natural liberty）就自行建立起來了。每一個人，只要他不違背公正的法律，就有完全的自由去按他自己的方式去追求他自己的利益，用他的勞動和資本去和任何其他人或其他一類人的勞動和資本競爭。君主完全擺脫了這樣一種職責：在試圖履行這種職責時他總是陷入無數的幻滅之中，任何人類的智慧和知識不足以使他去恰當地履行這種職責；這個職責就是監督私人勞動，並指引它去從事最適合社會利益的職業。」[41]這樣，史密斯就完成了從「自利之心」到「自由放任」的對接。史密斯最後做了海關關長，每年有600英鎊的收入（史密斯做教授的時候，每年從學生那裡領取的酬金不超過170英鎊）。這位自由貿易的鬥士最後用重商主義的政策去打擊走私。當然，這也是自利之心在驅使。

　　事實上，史密斯的英國前輩湯瑪斯・霍布斯（Thomas Hobbes）也強調自利之心，他甚至把同情心都看作自利之心。霍布斯在其名著《利維坦》的第六章中指出：人的所有動機，甚至同情，都源於自利。因為自利的個人擔心自己也會遭受同樣的苦難。「為他人的苦難而悲傷謂之憐憫，這是想象類似的苦難可能降臨在自己身上而引起

40（英）亞當・史密斯：《道德情操論》，第229—230頁。
41（英）亞當・史密斯：《國富論》（下），第753頁。

的，因之便也稱為共感，用現代的話來說便是同情。」[42]後世的經濟學家不斷強化「自利之心」這一主題。由於人有自利之心，因此激勵很重要。同時，不少自由主義的學者從各種角度論證了自由放任的經濟政策更能帶來國民財富的增進。如圖1-1所示，詹姆斯·格瓦特尼（James Gwartney）等人對經濟自由與經濟績效等進行了一系列的相關研究，結果表明：經濟自由程度高和人均收入呈正相關。

　　不僅如此，經濟自由還惠及了普通人，甚至最貧窮的人。如圖1-2所示，經濟自由和最底層10%民眾的收入呈正相關。

　　這符合史密斯的論斷，自由帶來繁榮，也惠及普通民眾。自利之心造就了市場交換，市場交換又驅使勞動分工不斷細化，繼而帶來專業分工、專門技能、手法嫻熟和發明創造，最終的結果就是給社會帶來了更多的財富。政府需要克制自己，不要去干擾自然秩序，最好的辦法就是自由放任。史密斯相信，在一個競爭的、自由放任的資本主

圖1-1　2007年經濟自由程度與人均收入統計（單位：美元）

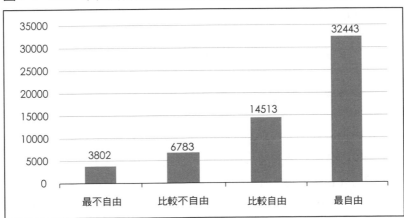

資料來源：James Gwartney, Robert Lawson, and Seth Norton, *Economic Freedom of the World: 2009 Annual Report*, Vancouver, Economic Freedom Network, 2009, p. 19, Exhibit 1.6.

42（英）湯瑪斯·霍布斯著，黎思複等譯：《利維坦》，商務印書館1985年版，第42頁。

圖1-2　2007年經濟自由程度與最底層10%人群的收入

（單位：美元）

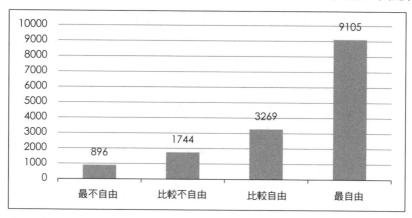

資料來源：James Gwartney, Robert Lawson, and Seth Norton, *Economic Freedom of the World, 2009 Annual Report*, Vancouver: Economic Freedom Network, 2009, p. 21, Exhibit 1.11.

義經濟中，自由市場會把所有利己主義的、營利性的和唯利是圖的行為納入到一個使社會受益的、和諧的、「明顯的和簡單的天然自由體系」中。他堅信，政府的職能應該受到嚴格的限制。

三　為什麼美國信教的民眾比歐洲多？

　　馬克思曾斷言：「宗教是人民的鴉片。」[43]作為全球第一大經濟體的美國，同時擁有龐大的信教民眾。如圖1-3所示，20世紀90年代初的一項研究表明，同為新教國家，在美國，每週去教堂參加宗教活動的人數占人口總數的45%左右；而在瑞典、芬蘭、丹麥、挪威等國家，每週去教堂的人數不足10%。跨國比較的證據顯示，教會集中度越高，越缺乏競爭，參與宗教活動的民眾越少。

　　在美國這樣存在多個教派競爭的國家，競爭的壓力會迫使各教派

43《馬克思恩格斯文集》第一卷，人民出版社2009年版，第4頁。

競相提供更好的服務，以吸引信教民眾。而在瑞典、芬蘭、丹麥、挪威等單一國教主導的地方，缺乏競爭讓那裡的教會缺乏動力去改善服務，因而導致信教民眾流失。這是競爭（competition）在發揮作用。

史密斯在《國富論》中指出：「一種定為國教的和受到大量捐贈的宗教的牧師，常常變成有學問的和文雅的人，具有紳士或足以使他們博得紳士所受尊敬的一切優良品質，但是他們也會逐漸喪失使得他們對下層人民具有權威和影響的品質……這樣一種牧師在遇到這類緊急情況時，沒有其他的辦法，只有請求政府來迫害、摧毀或驅逐自己的反對者，認為他們擾亂了公共秩序。」[44]沒有競爭會讓信仰的傳播者產生懈怠，影響信仰的傳播，也讓具有壟斷地位的宗教缺乏競爭力。

不僅宗教如此，教育也是如此。史密斯對牛津大學一直印象不佳，其中一個原因就是他在牛津學習期間，牛津大學的教育是敷衍馬虎的。史密斯在那裡學到的東西大都是靠自己在圖書館閱讀獲得的。史密斯說：在牛津大學，大部分的教授許多年來甚至已經完全放棄了假裝在教學。[45]他認為領取固定工資的牛津教授缺乏競爭，因此對教學疏忽懈怠，對學生漠不關心。《國富論》花了四分之一的篇幅來討論重商主義的理論與實踐。這是因為重商主義恰恰是競爭的大敵。

喬治·斯蒂格勒（George Stigler）認為史密斯的巨大成功在於他將這一點置於經濟學的中心位置：在競爭條件下，對追求自身利益的個人行為進行系統分析。他認為這是《國富論》「皇冠上的寶石」（crown jewel），且至今仍是資源配置理論的基石。[46]

那麼，怎樣才能創造出競爭的條件呢？經濟思想史學家布勞格指出：史密斯並不滿足於說明，僅僅依靠自由市場經濟，就會把所有的事情辦得最好。他還潛心研究保障市場運行的制度結構。他很瞭解私人利益既可能促進公共福利，也可能阻礙公共福利。市場機制促進和諧，但也破壞和諧，除非它受到適當的制度和法律框架的制約。[47]

44（英）亞當·史密斯：《國富論》（下），第854—855頁。
45（英）亞當·史密斯：《國富論》（下），第829頁。
46 George Stigler, "The Successes and Failures of Professor Smith", *Journal of Political Economy*, Vol. 84, No. 6, 1976, pp. 1199-1213.
47（英）馬克·布勞格：《經濟理論的回顧》，第44—45頁。

圖1-3　教會集中度與每週參與宗教活動的民眾比重（％）

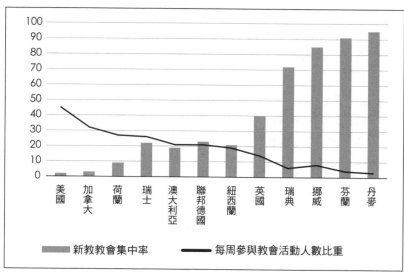

資料來源：Laurence Iannaccone, "The Consequences of Religious Market Structure", *Rationality and Society*, Vol. 3, No. 2, 1991, p. 158.

　　史密斯對於殖民地擴張，尤其是對東印度公司壟斷的分析提供了一個佐證，說明私人利益如果沒有制度約束將會導致重大災難。儘管史密斯擁護自由市場，但他卻不是當時日益崛起的製造商的代言人。在史密斯的筆下，商人們既不是也不應該是人類的統治者。為什麼呢？因為這些人往往就是壟斷的製造者、重商主義的構築者。在《國富論》中，史密斯不僅花了大量的筆墨來批評政府，也用了很大的篇幅來抨擊製造商。史密斯批評政府的言論被後來的學者不斷重複，但史密斯批評製造商的論述卻常常被忽視。「不論在商業或製造業的任何部門，商人的利益在某些方面總是和公共利益不同的，甚至是相抵觸的。」[48]既然個人是自利的，那麼，商人也不例外。商人要獲得利

48（英）亞當・史密斯：《國富論》（上），第292頁。

益，既可以通過市場交易來實現，也可以通過製造壟斷來完成。史密斯認為商人喜歡壟斷，以此可以縮小競爭範圍，將利潤提高到自然水準以上。因此，這個階級的「利益從來不和公共利益完全一致，他們常常想要欺騙公眾甚至想要壓迫公眾」。[49]在史密斯筆下，這群人就是壟斷的製造者。

在史密斯看來，商人的自利之心驅使他們搞陰謀詭計，實施壟斷，損害公眾。他指出：同一行業的人即使為了娛樂和消遣而集合在一起，他們的談話也很少不涉及反對公眾的陰謀和某種提高價格的策劃。[50]而且，史密斯看到了這群人有很強的「集體行動」的能力，因為「商人和工廠主聚居城市，習慣於城市盛行的獨占性同業公會精神，自然力圖獲取針對於其所有同胞的那種排他性特權，像他們擁有的針對其各自城市的居民的那種特權一樣。因此，他們似乎是對外國貨物進口施加的各種限制的最初創始人，這種限制確保他們對國內市場的壟斷權」。[51]

不僅如此，由於通過政府獲得了壟斷權，他們會形成強大的政治力量，壟斷者的政治權力使得他們可以威脅政府。壟斷的特權一旦建立，人們若再想要消除，在政治上將會非常困難。當英國政府授予東印度公司壟斷權以後，該公司不僅掌控了商業貿易，還打造了自己的武裝力量。東印度公司一度擁有一支26萬人的軍隊（包括海軍和陸軍）。「這種壟斷權已經大大增加了某些種類的製造業者的人數，使他們像一支龐大的常備軍那樣，不但可以威脅政府，而且在許多場合可以威脅立法機關。如果議會的議員支持加強這種壟斷權的每一項提議，他肯定不但會得到精通貿易的好名聲，而且會得到一個人數和財富使之具有極大重要性的階級的熱烈歡迎和擁護。反之，如果他反對這種提議，尤其是如果他有足夠的權力去阻止這種提議的通過，那麼，無論是最大的正直聲譽，還是最高的地位，或是對國家有最大的

49（英）亞當・史密斯：《國富論》（上），第292頁。
50（英）亞當・史密斯：《國富論》（上），第161頁。
51（英）亞當・史密斯：《國富論》（下），第509頁。

功績,都不能保護他,使他免於最惡劣的辱罵和誹謗,免於人身攻擊,有時還有真實的危險,這些都是憤怒和失望的壟斷者的無理暴行。」[52]壟斷集團的經濟力量會成功轉化為政治力量,讓其壟斷地位牢不可破。

二戰結束以後,不少發展中國家實施了進口替代政策,藉以發展本國工業。同時,這些政府無意間創造了大量的壟斷企業。不少發展中國家政府通過實施保護政策,賦予其國內企業以壟斷地位。以巴西為例,由於享有壟斷地位,沒有競爭壓力,巴西的國有企業浪費嚴重,創新乏力。20世紀70年代,巴西政府曾大幅度舉借外債。這些借款主要用於支付巴西國有企業的高層領導高額的薪酬和津貼。(有一段時期,70%的巴西外債都用於巴西的國有企業。)80年代早期,巴西國企高層獲得高薪的現象非常普遍,以致當巴西政府連海外借款的利息都難以償付時,巴西的國有企業仍向其企業高管支付高額的薪酬。一旦政府建立起了壟斷,壟斷集團就會形成巨大的政治勢力。不少巴西國有企業的管理人員都來自政府部門,如巴西石油公司的總裁就來自軍方與政界高層。[53]1974年出任巴西總統的埃內斯托‧蓋澤爾(Ernesto Geisel)就曾擔任巴西石油公司總裁。在此情況下,政府再想打破壟斷,引入競爭,將會面臨巨大的政治障礙。

史密斯認為,要想避免這樣的局面,政府就不要隨意製造壟斷。「它或許應當十分小心地不去建立任何新的同一種類的壟斷,也不去把已經建立的壟斷進一步擴大。每一種這樣的規定都會在國家憲法中引入某種程度的真實混亂,以後要去挽救,又會造成另一種混亂。」[54]

史密斯看到了資本家(雇主)對自由競爭的威脅,包括對工人的威脅。這一點認識被後來的馬克思所強化。史密斯認為,雇主和勞動者如果產生糾紛,勞動者往往會以失敗告終。他指出了雇主的幾個

---

52 (英)亞當‧史密斯:《國富論》(下),第518頁。
53 Eul-Soo Pang, *The International Political Economy of Transformation in Argentina*, Brazil, and Chile since 1960, pp. 49-62.
54 (英)亞當‧史密斯:《國富論》(下),第519頁。

優勢：首先，「雇主人數較少，能更加容易地聯合起來」，人數較少的雇主比人數眾多的勞工更容易達成集體行動。其次，史密斯看到了現行法律對雇主階層的偏袒，「法律和政府機關至少是不禁止他們的聯合，卻禁止工人的聯合。我們沒有任何由議會通過的法律，反對聯合起來去降低工資的價格；但卻有許多法律反對聯合起來去提高這種價格」。這樣的法律偏袒導致馬克思將資本主義的國家稱為管理資產階級共同事務的「中央委員會」。再次，勞資糾紛中，雇主能贏，是因為他們持有資產。「雇主們能撐持得更加長久。一個地主、一個農場主、一個製造業者或商人，即使不雇用一個工人，也能靠已經擁有的資本生活一兩年。而沒有工作，許多工人就不能維持一星期，少有人能維持一個月，更少有人能度過一年。從長遠來說，雇主不能沒有工人也像工人不能沒有雇主一樣，但是前一種必要性卻不是那麼迫切」。[55]因此，如果放任雇主自行其是，他會憑藉其經濟與權力優勢削弱市場競爭。雇主獲得這樣的權力對競爭的市場而言是一個損害。史密斯的這一點被後來的主流自由主義學者逐漸淡化，卻被馬克思主義者所強化。

　　史密斯的自由主義並不是教條式的，而是實用主義的。他不僅批判僵化的封建制度和專斷的政府政策，同時也批判資本主義的經濟權力集中和商人的壟斷傾向。羅伯特・海爾布隆納（Robert Heilbroner）指出：史密斯並不擁護任何一個階級，只忠於他自己的體系。如果說史密斯有何偏見，那麼他比較偏袒消費者。和大多數當代的自由主義學者相比，史密斯對商人的動機更加懷有公開的敵意。[56]而這公開的敵意源於史密斯對競爭性的自由市場的捍衛。自利的商人在追逐自身利益的過程中，如果缺乏制度約束，可能損害社會和公眾的利益。史密斯指出：「商人和製造商不是也不應當是人類的統治者，他們的卑鄙貪欲和壟斷精神雖然或許是無法糾正的，但是可以很容易地防止它

55（英）亞當・史密斯：《國富論》（上），第87—88頁。

56（美）羅伯特・海爾布隆納著，唐欣偉譯：《經濟學統治世界》，湖南人民出版社2013年版，第52—54頁。

去擾亂任何人（除了他們自己以外）的安寧。」[57]為了讓自己的和諧體系能存在下去，史密斯認為需要約束這群人的行為。

在史密斯的政治經濟學體系中，不僅需要理性的個體，還需要競爭的環境。理性的個體只有在競爭的環境中才能提升效率、創造繁榮。競爭的益處並不局限於經濟領域，對信仰、教育等其他領域也同樣適用。

四　為何英國率先掀起了工業革命？

瓦特改良蒸汽機和史密斯出版《國富論》在同一年。而蒸汽機成為第一次工業革命的重要標誌。在人類經濟史上，英國是第一個完成工業革命的國家。儘管史密斯沒有預見到英國的工業革命，但按照他的邏輯，英國之所以能率先展開工業革命，很大程度上得益於英國通過國際貿易，開拓了廣闊的市場，[58]促進了分工，也建立了自由市場。英國工業革命的歷史和史密斯有關市場規模（extent of market）的論述是高度契合的。

第一次工業革命前夕，英國主要依靠出口，而不是國內消費，來消化工業產出的增長。18世紀上半期，英國國內的需求增長僅為42%，而出口的增長則非常顯著。[59] 2縱觀整個18世紀，英國工業的出口增長了近450%（以1700年為100，1800年則為544），而供國內消費的產品生產僅增長了52%（以1700年為100，1800年為152）。[60]1688年到1815年，至少一半以上的新增工業品被出口到海外。[61]海外

57（英）亞當・史密斯：《國富論》（下），第542—543頁。
58 下面的素材參見黃琪軒《技術大國起落的歷史透視——政府主導的市場規模與技術進步》，《上海交通大學學報》（哲學社會科學版）2013年第2期。
59 Christopher Harvie, "Revolution and the Rule of Law", in Kenneth Morgan, ed., *The Oxford History of Britain*, New York: Oxford University Press, 1993, p. 478.
60（法）費爾南・布勞岱爾著，顧良、施康強譯：《15至18世紀的物質文明、經濟和資本主義》第三卷，生活・讀書・新知三聯書店1992年版，第673頁。
61 Patrick O'Brien, "Deconstructing the British Industrial Revolution as a Conjuncture and Paradigm for Global Economic History", in Jeff Horn, Leonard Rosenband and Merritt Roe Smith eds., *Reconceptualizing the Industrial Revolution*, Cambridge, Massachusetts: The MIT Press, 2010, p. 27.

市場的開拓為英國產品提供了持續又龐大的產品需求。

　　從某種意義上講，支撐第一次工業革命的支柱產業——英國紡織業的發展就是靠海外市場推動起來的。18世紀，英國紡織業的出口比重不斷提升，無論是紗織品、毛紡織品還是棉紡織品的出口都在迅速增長。英國工業革命時期，接近2/3的紗製品都用於出口。[62] 17世紀末，英國毛紡品的出口量占總產量的30%；到1740年，這個比重提高到近50%。[63]而到了1800年，超過60%的英國棉紡織品都用於出口，國內的消費則不足40%。[64] 7英國這樣的出口業績讓其競爭對手法國相形見絀。19世紀中期，英國有60%的棉織品用於出口，而此時法國棉織品的出口僅占其產量的10%。[65]龐大的海外市場為英國的紡織產業提供了巨大的利潤刺激，讓紡織產業有機會和動力去擴大投資，改進技術。

　　除了紡織業，龐大的海外市場需求也在推動英國其他產業的升級與發展。這一時期，英國工業製成品以及鐵製品的出口總量在不斷提升。1750年，英國國內生產的鐵製品還不能滿足自身需求，當時英國進口的鐵製品還是其產出的兩倍；到1814年，英國鐵製品的出口量則是進口總量的5倍多；到19世紀中葉，英國鐵製品的出口總量又比19世紀初期增加了近20倍（1814年為5.7萬噸，1852年為100多萬噸）。此時，英國鐵製品的出口總量已經超過了世界其他國家的總和。[66]隨著紡織業的發展、海外運輸能力的增強，英國的金屬工業也得到了迅速發展。英國精加工金屬產品、機械以及工程類產品的出口也逐漸增多，出口的商品日趨多樣化。在出口的製成品中，金屬製品的比重在1814－1816年為12%；1854－1856年，這個比重上升到了

62　Knick Harley, "Trade: Discovery, Mercantilism and Technology", in Roderick Floud and Paul Johnson, eds., *The Cambridge Economic History of Modern Britain, Volume1. Industrialization, 1700–1860*, Cambridge, Cambridge University Press, 2008, p. 186.
63　（英）大衛·蘭德斯著，謝懷築譯：《解除束縛的普羅米修士》，華夏出版社2007年版，第55頁。
64　Joseph Inikori, *Africans and the Industrial Revolution in England: A Study in International Trade and Economic Development*, New York: Cambridge University Press, p. 436, Table 9.6.
65　Maxine Berg, *The Age of Manufactures, 1700-1820: Industry, Innovation and Work in Britain*, London: Routledge, 1994, p. 14.
66　（英）大衛·蘭德斯：《解除束縛的普羅米修士》，第95頁。

27%。[67]英國積極開拓海外市場，不僅推動了紡織業的發展，也推動了相關技術的發展與產業升級。史密斯對分工的看法，也恰好可以用來理解英國的工業革命。他關於分工國際化的論述就是英國工業革命的再現。

史密斯在《國富論》第三章的開篇指出：「交換能力引起勞動分工，而分工的範圍必然總是受到交換能力的限制。換言之，即受到市場範圍（市場規模）的限制。當市場很小時，沒有人能得到任何的鼓勵，去專門從事一種職業。」[68]道理很簡單，讓我們再次回到製針工廠。由於勞動分工，生產效率得以改進，製針工人每天能製造4800枚針。如果這些針賣不出去，製針產業的製造商怎麼會有生產的積極性呢？史密斯舉了另外一個例子，「在蘇格蘭高地的窮鄉僻壤，即使是製釘人這樣一種行業也不可能有。這種工人每天能造1000枚鐵釘，一年工作300天，按照這種速度，他每年能造30萬枚鐵釘。但在這種情況下，他不可能售出1000枚，而這只是全年中一天的工作量。」[69]由於生產這麼多鐵釘卻又賣不出去，蘇格蘭的窮鄉僻壤就不會出現細緻的分工，不會出現專業的製釘人。市場必須擴大很多倍才能吸納小型製針、製釘工廠的產量。因此，市場規模構成了勞動分工發展的主要障礙。在史密斯看來，任何對商業發展的障礙都是對勞動分工發展的障礙，它會阻礙生產率的提高，進而阻礙國民財富的增加。

事實上，市場規模還有其他意義。龐大的市場規模有利於實現規模經濟，降低生產成本。二戰以後，全球的製造業開始向大規模生產演進，產業升級和技術進步需要巨大成本。只有足夠龐大的市場、足夠多的購買力，才能支撐大規模生產。鋼鐵、汽車、飛機等產業在狹小的市場是難以實現產業發展的。例如，二戰後大多數拉美國家都努力發展汽車產業，但是它們的努力卻無法突破市場規模的限制。20世紀60年代，車輛裝配廠的最小生產規模必須達到年產20萬輛。

67 Maxine Berg, *The Age of Manufactures, 1700-1820: Industry, Innovation and Work in Britain*, p. 106.
68 （英）亞當・史密斯：《國富論》（上），第22頁。
69 （英）亞當・史密斯：《國富論》（上），第23頁。

當時世界上只有7家公司的年產量能超過100萬輛，它們是通用、福特、克萊斯勒、雷諾、大眾、飛雅特以及豐田。

20世紀50年代，阿根廷每年售出的新車數量為5萬輛；到60年代，阿根廷最大的汽車公司年產量也不過5.7萬輛。和其他拉美國家一樣，由於受制於狹小的市場規模，阿根廷汽車產業無法享有大規模生產帶來的效率，它生產一輛汽車的成本是美國的2.5倍。[70]

史密斯還提到了地理位置對市場規模的影響。內陸國家的地理位置會限制其出口，限制其市場規模，導致其往往難以實現有效的分工，進而難以實現國民財富的增長。研究者發現，內陸國家的出口要比臨海的國家少一半。[71]世界上最窮的10億人，有38%居住在內陸國家。[72]因為這些國家難以發揮出口的優勢，難以拓展有效的市場規模。國民財富的增長也隨之受到了極大的限制。而英國工業革命前夕的市場開拓恰恰為英國的工業革命開闢了道路。

那麼，開闢海外市場是否需要保護自己國內的市場呢？如果把開拓海外市場與保護國內市場並舉，那獲得的市場不會更大嗎？

史密斯的回答是否定的。「每一個精明的戶主的座右銘是：凡是製作起來比購買更費錢的東西，絕不要在家裡製作。裁縫不自己製鞋，而是向鞋匠買鞋。鞋匠不自己縫衣服，而是雇用裁縫匠。農民不自己製鞋，也不自己縫衣，而是雇用這兩種匠人。他們全都發現，用一種使自己對鄰人居於有利地位的方式來使用自己的全部勞動，用自己勞動的一部分產物去購買自己需要的東西，是於自己有利的。」[73]而且，史密斯指出，對個人是有利的選擇，對國家而言也同樣如此。「對每一個私人家庭來說是精明的行為，對一個大國不可能是愚蠢的行為。」[74]如果從海外購買產品更便宜，就沒有必要自己生產，結餘的

70（英）羅伯特・艾倫：《全球經濟史》，第129頁。
71 Michael Faye, John McArthur, Jeffrey Sachs and Thomas Snow, "The Challenges Facing Landlocked Developing Countries", *Journal of Human Development*, Vol. 5, No. 1, 2004, p. 40.
72 Paul Collier, *The Bottom Billion: Why the Poorest Countries are Failing and What Can Be Done About It*, New York: Oxford University Press, 2007, p. 54.
73（英）亞當・史密斯：《國富論》（下），第503頁。
74（英）亞當・史密斯：《國富論》（下），第504頁。

資源可以投到更有效率的地方。因此，沒有必要搞保護性的關稅。這些關稅會損害公眾利益，它們既減少了「消費收益」，也降低了「生產收益」。首先，保護性關稅提高了商品價格，使得消費者遭受損失。其次，保護性關稅還影響了生產效率。因為這些受保護的行業有著較高的利潤，進而吸引了資金和勞動力的湧入。這些資源原本可以流入更有效率的產業，現在卻被錯誤地吸引到受保護的行業中。

值得注意的是，在史密斯的分析中，消費者被放在了重要的位置。「消費是所有生產的唯一目的，只是在為了促進消費者的利益時才應當去注意生產者的利益。這個原則完全是自明之理，試圖去證明它倒是荒謬的。但在重商主義體系中，消費者的利益幾乎經常為生產者的利益而被犧牲，似乎將生產而不是將消費看作是所有工商業的最終目的。」[75]

按這一思路來理解，英國之所以能率先完成工業革命，是因為英國能積極推動海外市場的開拓，拓展了其市場規模，進而實現了勞動生產率的極大改進。而英國實現市場規模的關鍵在於積極推動自由貿易。

史密斯的論述是對重商主義的革命，是抵制政府干預自由貿易的思想武器。那麼，史密斯的邏輯存在哪些瑕疵呢？經濟史學家羅納德・芬德利（Ronald Findlay）和凱文・奧羅克（Kevin O'Rourke）在二人合作的貿易政治經濟史著作《強權與富足：第二個千年的貿易、戰爭和世界經濟》中指出：迄今為止，亞當・史密斯及其追隨者們都認為大部分的軍事開支是浪費之舉，因為它們擠出了更有效率的私人投資。亞當・史密斯的這種觀點建立在一個前提之上，即私人部門所依靠的市場和原料供應始終存在。[76]但是，這樣的假定往往在現實世界中遭遇挑戰。眾所周知的是，英國人能打開中國的市場不是靠自利的人性以及與之相伴的貿易，而是靠鴉片戰爭中的堅船利炮。如果我們把歷史追溯得更遠，也同樣如此。

75（英）亞當・史密斯：《國富論》（下），第725頁。
76（美）羅伯特・芬尼利、凱文・奧羅克著，華建光譯：《強權與富足：第二個千年的貿易、戰爭和世界經濟》，中信出版社2012年版，第379頁。

　　英國之所以能如此有效地開拓國際市場，離不開其強大的海軍。在18世紀，西歐的殖民地大都具有海洋性質，貿易又是遠距離貿易。在拓展海外市場的過程中，英國與其他歐洲國家常常受到一些因素的干擾。英國憑借強大的海軍，消除了這些干擾，成功地拓展了英國的海外市場。[77]

　　無論是和平時期還是戰爭時期，英國海軍對英國的貿易都起到了重要作用。英國的海軍保障了英國產品能占據國際製成品與服務業市場的最大份額。[78]在地中海、大西洋、太平洋、印度洋沿岸，英國海軍構建起捍衛英國海外利益的安全網路，這些軍事建設保護了英國的船隻與貨物。[79]1714年到1739年，英國海軍已經取得了無可匹敵的優勢地位。[80]有了這樣的政治前提，英國的海外市場才能有效拓展，市場規模帶來的分工與技術進步才能實現。

　　由於英國需要與美洲、非洲與亞洲拓展貿易，而此時海上航路並不安全，其中一個重要的威脅來自海盜。當時，法國、西班牙以及荷蘭等國家支持海盜劫掠英國商船。[81]曾經有一段時期，英國的貿易受到海盜的沉重打擊。1693年，絕大部分的英國商船被海盜中途攔截。[82]因此，如果不能保障海上航道的安全，英國拓展海外市場的努力將付諸東流。在這一背景下，英國海軍為其商船保駕護航，海盜的威脅才得以有效消除。此外，英國海軍還需要消解歐洲競爭對手的威脅，削弱競爭對手在海外的競爭能力。

　　一位旅居英國的法國人寫道：「眾所周知，在這十年（1804一

77 黃琪軒：《技術大國起落的歷史透視》，《上海交通大學學報》（哲學社會科學版）2013年第2期。

78 Patrick O'Brien, "Introduction: Modern Conceptions of the Industrial Revolution", in Patrick O'Brien and Roland Quinault, ed., *The Industrial Revolution and British Society: Essays in Honour of Max Hartwell,* Cambridge: Cambridge University Press, 1993, p. 12.

79 Maxine Berg, *The Age of Manufactures: 1700-1820. Industry, Innovation and Work in Britain*, p. 107.

80 Jan Glete, *Navies and Nations: Warships, Navies and State Building in Europe and America, 1500-1860, Vol. 1,* Stockholm: Almqvist and Wiksell International, 1993, p. 257.

81 Maxine Berg, *The Age of Manufactures, 1700-1820: Industry, Innovation and Work in Britain*, p. 107.

82 Jeremy Black, *Trade, Empire and British Foreign Policy, 1689-1815: Politics of A Commercial State*, London: Routledge, 2007, p. 112.

1813）中，世界上任何一個國家，如果沒有得到英國的同意，就做不成生意。」[83] 這是英國海軍霸權的寫照，也展示了英國的海軍優勢如何為英國長期的經濟優勢提供保障。尤其重要的是：英國的海軍確保了英國對外貿易能有效避免來自勁敵法國的競爭。即便是在拿破崙實施海上封鎖期間，英國的海軍還能維繫其對歐洲的貿易。當時有人這樣評論英國的海上貿易：「這個國家的航海受到了良好的保護，我們的船隻優質，海員優良，法國對我們難以構成競爭。」[84] 在皇家海軍的保護下，英國的遠洋運輸沒有受到嚴重的干擾，在戰爭期間的船舶損失也相對較少。而法國則相形見絀，法國的海軍原本具有海上優勢，但是法國的作戰政策重視陸軍而輕視海軍。路易十五曾宣稱：在法國，除維特尼的海軍外，絕不會有別的海軍。[85] 由於法國海軍的缺失，「法蘭西的商業則不復見於海上。法蘭西的邊界為敵國各軍封鎖後，它只能依它本國極有限的物產為生，而英吉利則可以自中國遠及馬賽諸塞特（Massachusetts）的全世界為市場」。[86] 因為海外貿易常常受到戰爭的干擾，法國的商業以及海外殖民地也隨之不振。而英國依靠強大的海軍主導了海外市場，它在戰爭期間遭受的損失也遠遠比法國要少。[87] 相對法國而言，英國的這一政治優勢轉化成了貿易優勢。長期來看，海軍為英國的商貿往來與經濟發展提供了政治前提。英國的工業革命的發生，很大程度來自海外貿易的增長，即史密斯談到的市場規模的擴大。而英國海外市場規模的擴大，不是依賴於自利的人性引發的貿易，也並非依靠「自然秩序」的擴展，而更顯著地仰仗其海軍。儘管史密斯旗幟鮮明地反對政府干預，但英國海軍帶來的權力卻

---

83 （法）費爾南・布勞岱爾：《15至18世紀的物質文明、經濟和資本主義》第三卷，第670頁。

84 Jeremy Black, *Trade, Empire and British Foreign Policy: 1689-1815, Politics of A Commercial State*, p. 179.

85 （美）斯塔夫裡阿諾斯著，吳象嬰等譯：《全球通史：1500年以後的世界》，上海社會科學院出版社1999年版，第178頁。

86 （英）屈勒味林著，錢端升譯：《英國史》（下冊），中國社會科學出版社2008年版，第545頁。

87 Daniel Baugh, "Naval Power: What Gave the British Navy Superiority?", in Leandro Prados de la Escosur, ed., *Exceptionalism and Industrialization: Britain and its European Rivals*, 1688-1815, p. 235-257.

為其宣導的市場規模提供了基礎。

五　為什麼開放有利於和平與安全？

　　史密斯的樂觀主義情緒影響深遠。世界貿易組織（WTO）一直宣導自由貿易理念，其官方網站列舉了自由貿易的十大優點：第一，國際貿易促進了世界和平；第二，國際貿易有利於糾紛的解決；第三，基於規則的體系讓人們生活更便利；第四，自由貿易降低了人們的生活成本；第五，自由貿易讓消費者可以選擇不同層次的產品，增加了消費者的選擇；第六，自由貿易增加了民眾的收入；第七，自由貿易促進了經濟增長；第八，自由貿易讓經濟運行更有效率，也降低了經濟運行的成本；第九，自由貿易讓政府免受特殊利益集團操控；第十，自由貿易促進良治。[88]這些優點顯然很好地繼承了史密斯的衣缽。後來的自由主義學者強調自由貿易不僅能帶來經濟收益，還能帶來顯著的政治收益。

　　史密斯指出，各國國民被教導說：「他們的利益在於使所有的鄰國變窮。每一個國家都變得用嫉妒的目光去看待和自己有商業往來的一切國家的繁榮，認為它們的得利就是自己的損失。在國家之間也像在個人之間一樣，商業本來自然應當成為聯合和友誼的紐帶，但是現在卻變成了爭論和仇恨的最容易產生的源泉。」[89]他認為流行的看法是危險的、有害的，應該用積極的心態看待鄰國的財富。「鄰國的財富在戰爭和政治中雖然可能是危險的，在貿易中都是肯定有利的。在敵對狀態中，它可能使我們的敵人所維持的海陸軍優於我們自己的海陸軍；但在和平商業狀態中，財富一定能使它們為我們自己產業的直接產品或用這種產品交換來的東西提供更好的市場，交換更大的價值。正如一個富人能比一個窮人成為鄰近勞動人民的更好的顧客一樣，一個富國也是如此。」[90]富裕的鄰國為我們自己提供了一個廣大的市場。

88　參見其網站WTO：10 Benefits of the WTO Trading System。
89　（英）亞當・史密斯：《國富論》（下），第542—543頁。
90　（英）亞當・史密斯：《國富論》（下），第543頁。

「一個富國的製造商無疑地可能是鄰國製造商的非常危險的競爭者。
然而，這種競爭對人民大眾是有利的；此外，還從這樣一個國家的巨
大支出對他們在其他方面提供的良好市場而大為獲利。」[91]

　　通過貿易，各國的利益交織在一起，成為利益共同體，這就
是後來學者發展出來的「貿易和平論」。這一理論從國家間的經濟
聯繫來考察國家之間的紛爭與合作。理查・羅斯克萊斯（Richard
Rosecrance）指出：隨著世界貿易的增加，世界政治的性質也發生了
變化。以往強調軍事征服、領土占領的「軍事—政治世界」，開始變
成「貿易世界」。在貿易日趨重要的時候，各國更加強調通過貿易來
增強自身的實力，國家也變成了「貿易國家」。[92]以往，國家需要通
過軍事征服獲得國家利益，現在，國家依靠自由無礙地與他國進行
經濟交換就能實現國家利益。[93]國家間對貿易的重視和偏好在日益上
升，跨國的經濟聯繫構成了一項重要的利益。國家之間的貿易讓眾多
利益團體獲得巨大的好處，也使這些利益團體的影響力得到增強，它
們積極行動，維護和平，促進貿易。[94]持貿易和平論理念的學者認識
到：貿易會將各國的利益綁定在一起，從而使支援和平的力量發展壯
大。不過，美國的第一任財長漢米爾頓等人以及後來的現實主義政治
經濟學家則對此持相當懷疑的態度。

　　關於自由貿易與和平的關聯。國際關係學者常常提出的異常案例
就是19世紀末的德國。[95] 19世紀末，德國和美國的崛起衝擊到英國
的霸權。隨著德國的經濟成長、產業升級，德國的對外貿易量激增。
1875 — 1895年，德國產品的出口總值實現了30%的增長。[96]此後，

---

91 （英）亞當・史密斯：《國富論》（下），第544頁。

92 Richard Rosecrance, *The Rise of the Trading State: Commerce and Conquest in the Modern World*, New York: Basic Books, 1985, pp. 23-26.

93 Richard Rosecrance, "International Security and the Virtual State: States and Firms in World Politics", *Review of International Studies*, Vol. 28, No. 3, 2002, pp. 443-455.

94 Patrick McDonald, *The Invisible Hand of Peace: Capitalism, The War Machine, and International Relations Theory*, New York: Cambridge University Press, 2009.

95 下列素材參見黃琪軒《大國經濟成長模式及其國際政治後果——海外貿易、國內市場與權力轉移》，《世界經濟與政治》2012年第9期。

96 （英）大衛・蘭德斯：《解除束縛的普羅米修士》，第325頁。

德國出口增長加速，1890－1913年，德國的出口額增加了兩倍，接近英國的水準。[97] 從所占世界貿易的份額來看，德國的份額也穩步上升。第一次世界大戰爆發時，德國出口占世界出口總額的20.2%。[98] 1872年，德國的製成品只占出口商品總額的44%；而到了1900年，這一比重上升到了62%。[99] 但是，德國的貿易增長，激起了霸權國家英國的敵對。1913年，世界製成品出口的60%來自歐洲的三個國家：英國、德國與法國。[100] 這三個國家同時也是第一次世界大戰的主要參戰國。與歐洲國家不同，美國通過自身的市場吸收了其迅速擴大的產出，從而緩和了海外擴張的痛苦。相比之下，美國依靠國內市場的經濟成長模式，使得美國能在這一時期把大部分經濟能量用於拓展自身廣闊的國內市場。因此，英國等國家對美國的威脅感知遠遠比德國要小。當德國與英國從經濟競爭走向戰爭的時候，美國受到國際社會的關注相對較少，依靠國內市場實現了經濟成長與產業升級，最終和平地取代了英國的世界霸權。

　　有研究對1870－1938年間的國際衝突做了檢驗並發現：從統計上看，當雙方的經濟依存度從較低走向中等強度的時候，衝突的概率在逐漸降低，這似乎印證了貿易和平論；但是當雙方的經濟依存度從中等強度走向緊密聯繫的時候，雙發爆發衝突的概率也隨之上升。這是一個倒U型的曲線。[101] 還有研究者對19世紀後半期到20世紀末的資料進行了統計檢驗，發現隨著兩個國家貿易聯繫的增加，兩國間爆發軍事衝突與戰爭的可能性在增加。貿易和平論是一個幻象。[102]

---

97 （美）保羅・甘迺迪著，蔣葆英等譯：《大國的興衰》，中國經濟出版社1989年版，第264—265頁。

98 Hans-Joachim Braun, *The German Economy in the Twentieth Century: The German Reich and the Federal Republic*, New York: Routledge, 1990, p. 22.

99 （英）大衛・蘭德斯：《解除束縛的普羅米修士》，第325頁。

100 （英）C. L. 莫瓦特編，中國社會科學院世界歷史研究所組譯：《新編劍橋世界近代史：世界力量對比的變化（1898—1945）》第12卷，中國社會科學出版社1999年版，第55頁。

101 Katherine Barbieri, "Economic Interdependence. A Path to Peace or a Source of Interstate Conflict", *Journal of Peace Research*, Vol. 33, No. 1, 1996, pp. 29-49.

102 Katherine Barbieri, *The Liberal Illusion: Does Trade Promote Peace,* Ann Arbor: The University of Michigan Press, 2002, p. 121.

　　開放不僅包括商品的自由流動，還包括資本的自由流動。有人或許會問，如果實施開放政策，資本大量流出本國，會不會影響國家安全？史密斯的回答是不會。因為商人不會捨近求遠，他們更傾向於投資國內，他們更熟悉國內的環境，也更瞭解國內的法律。「在利潤相等或接近相等的情況下，批發商自然寧願從事國內貿易而不願從事對外消費貿易，寧願從事對外消費貿易而不願從事販運貿易。在國內貿易中，不會像在對外消費貿易中常常發生的情形那樣，資本長期不在他的視野之內。他能更好地瞭解自己所信託的人的品德和處境；如果他受到欺騙，他也更瞭解尋求救濟的本國法律。」[103]因此，在同等情況下，商人願意將資本留在國內。通過「看不見的手」，自由的經濟政策不僅不會妨害國家安全，反而有利於國防。自利的商人會優先考慮投資國內，這樣會阻撓資金外流，促進國家安全。[104]「由於每一個人力圖盡可能地使用他的資本去支持本國勞動，並指引勞動產品具有最大的價值，所以他必然是在力圖使社會的年收入盡可能大。誠然，一般說來，他無意去促進公共利益，也不知道自己在多大程度上促進公共利益。他寧願支持本國勞動而不支持外國勞動，只是為了自己的安全。」[105]國防依賴國家財富，而史密斯認為理性的個人願意將資本留在國內。因此，開放帶來了諸多好處，包括繁榮、和平與安全。

　　當然，史密斯的假定是「同等情況下，商人願意將資本留在國內」。但實際上各國的政治經濟環境卻不是在「同等情況下」。20世紀70年代和80年代，金融創新以及金融市場的一體化使得墨西哥的總統們把橫徵暴斂得來的財富轉移到更安全的地方，以避免披索貶值的衝擊。何塞・波蒂略（José López Portillo）總統及其親屬將他們的資金從墨西哥大規模轉移到海外，給墨西哥經濟帶來致命性打擊。這些資本主要流向了美國，投資於房地產和金融資產。[106]亞洲金融危機

103（英）亞當・史密斯：《國富論》（下），第500—501頁。
104 賴建誠：《經濟思想史的趣味》，浙江大學出版社2011年版，第260—283頁。
105（英）亞當・史密斯：《國富論》（下），第502—503頁。
106（英）蘇珊・斯特蘭奇著，楊雪冬譯：《瘋狂的金錢——當市場超過了政府的控制》，中國社會科學出版社2000年版，第122頁。

期間，大量的資金撤到了美國。1997年3月到1998年，世界各地流向美國的直接投資和證券投資達到3200多億美元。這導致1998年，韓國的GDP下降5.8%，印尼和泰國的GDP下降約10%，而美國的GDP增長則為4.3%。[107]2008年，由美國引發的次貸危機席捲全球，冰島宣布破產；而美國卻是危機中最先恢復的國家。不僅如此，2008年金融危機期間，美國政府還能以較低的利率從世界各地借來大量資金。美國政府比墨西哥政府更透明，美國的金融系統比亞洲的金融系統更完善，更為重要的是，美國的經濟體量更大，使得它在金融危機中有更大的迴旋餘地。[108]美國享有的這些優勢不是其他國家一朝一夕能夠改變的。當遙遠國度的民眾發現並非投資國內最安全，收益最高，那麼，他們是否還更加偏愛對本國的投資？這樣的開放是否還能保障一個國家的繁榮與安全？

不僅對資本的開放如此，對貿易的開放也存在安全隱患。我們在後面的章節會展示美國如何通過貿易把夏威夷變成其附庸。我們先來看17—19世紀愛爾蘭參與國際貿易的例子。[109]

17世紀，隨著英國人口的增長，對肉類需求不斷增加，英國開始大規模從愛爾蘭進口牛肉。於是，參與國際貿易的愛爾蘭地主開始改變土地的用途，原本種植燕麥的土地變成了養牛場。從17世紀中葉開始，愛爾蘭每年向英國出口6萬頭牛，占愛爾蘭出口總額的75%。如此一來，肉類從愛爾蘭民眾的飲食中消失了，他們開始吃素，由此引發了愛爾蘭的叛亂。處死了英國國王查理一世的護國公奧利弗·克倫威爾（Oliver Cromwell）用鐵血手腕鎮壓了愛爾蘭叛亂，屠殺、流放了眾多愛爾蘭人，使得愛爾蘭人口銳減至90萬。以前愛爾蘭人吃燕麥，後來發現馬鈴薯提供的熱量更高，他們開始種植馬鈴

107 Eric van Wincoop and Kei-Mu Yi, "Asia Crisis Postmortem", in Moon Joong Tcha and Chung-Sok Suh. Eds., *The Korean Economy at the Crossroads: Triumphs, Difficulties and Triumphs Again*, New York: Routledge, pp. 247-258.

108 黃琪軒：《資本專案自由化與金融安全的政治》，《東北亞論壇》2016年第5期。

109 參見（美）赫爾曼·施瓦茨著，徐佳譯《國家與市場——全球經濟的興起》，江蘇人民出版社2008年版，第152—154頁。

薯。這樣的變化使得釋放出的土地可以用來養牛，以參與對英貿易。
18世紀上半期，愛爾蘭人消耗的食品中有一半是馬鈴薯，而牛肉都
用於出口。

　　1784年，英國又向愛爾蘭開放了糧食進口市場，愛爾蘭的出口
結構又開始轉變，它變成了糧食出口國。19世紀的時候，愛爾蘭的
糧食出口是其進口額的10倍，英國一半的糧食是由愛爾蘭供應的。
愛爾蘭的經濟再度隨對英貿易而轉型。為了種植更多的糧食，愛爾蘭
的地主把牛和農民從土地上趕走。當年是牛驅趕了人，現在是糧食驅
趕了牛和人。農民只有小塊的荒地種植高熱量的馬鈴薯以維持生計。
從1845年到1849年，愛爾蘭出現了馬鈴薯枯萎病。長期吃素的農民
原本就體質虛弱，此時更難以抵禦大饑荒的衝擊。這次大饑荒奪取了
上百萬愛爾蘭人的生命。而這一時期，愛爾蘭出口到英國的糧食卻增
多了。由此來看，自由貿易並非總是在維護國家經濟安全，有時它的
作用恰恰相反。

　　當然，史密斯也不是開放的教條主義者，他指出自由貿易會有幾
個例外。

　　「當航海法制定時，英格蘭和荷蘭雖然實際上沒有作戰，可是在
兩國間存在最激烈的仇恨。」「由於國防比國家富裕更重要，航海法
或許是英格蘭所有商業法規中最明智的一種。」[110]史密斯也承認：在
某些時候，自由貿易需要為安全讓路。只不過史密斯將安全壓倒貿易
的情形視為例外。

　　史密斯還指出：「如果立即全部取消高關稅和進口禁令，廉價的
外國同類貨物可能迅速湧入本國市場，使成千上萬的本國人民全部立
即失去普通的日常工作和生活資料。這樣造成的混亂可能是十分巨大
的。」[111]所以，即便要走向自由貿易，也要減少這一過程帶來的混亂
和損失。這樣的想法也被後來世界貿易組織的例外條款所採納。如果
遇到嚴重的開工不足、工人失業以及企業虧損等情況，世貿組織允許

110（英）亞當・史密斯：《國富論》（下），第511—512頁。
111（英）亞當・史密斯：《國富論》（下），第516頁。

成員國實施暫時性的進口限制或提高關稅。不過，史密斯相信這只是權宜之計。長期來看，國家還是要積極參與自由貿易的。因為他假定工作轉換很容易。「大部分的製造業都有其他附帶的製造業，性質相似，一個工人很容易從其中的一種工作轉到另一種工作。」[112]事實上，伴隨當今各國的產業升級，對工人的專業技能要求越來越高，製造工人在上工前往往需要經過長時間的學習與培訓，職務轉變也變得不那麼容易。20世紀以後，資本的專屬性和勞動力的專屬性都在提高，資本與勞動力在不同行業之間的流動性降低了。[113]當底特律的汽車工廠倒閉以後，一名汽車廠的工人已難以變成一名飛機廠的工人。當工人在不同崗位之間流動性降低時，自由貿易往往引發大量的政治衝突。[114]自由貿易帶來的工人薪資下降、失業等問題已成為世界各國，尤其是已開發國家政府不得不面臨的難題。

史密斯稱英國為「小店主國家」（nation of shopkeepers）。[115]這一稱呼流行至今。而當那些小店主變大以後，他的論述是否還有生命力？後來不少學者，如馬克思、瓊·羅賓遜（Joan Robinson）、愛德華·張伯倫（Edward Chamberlin）、約翰·高伯瑞（John Kenneth Galbraith）以及保羅·克魯曼（Paul Krugman）等都宣布了亞當·史密斯完全競爭的世界隨著歲月的流逝已經變得不再有重大意義。因為大型公司出現了，強大的工會也隨之出現，規模經濟也在改變政治經濟領域的運行規則。不管史密斯受到多少挑戰，史密斯及其《國富論》對政治學、經濟學、社會學等學科產生了持久的、深遠的影響。不少論著和書籍提出各式各樣的問題，採用形形色色的方法，都不過是在重複史密斯的結論或者政策推論。例如，人的自利之心會推動經濟繁榮；自由放任的政策要免受政府干擾；競爭會帶來良好的績效。

---

112 （英）亞當·史密斯：《國富論》（下），第517頁。

113 Michael Hiscox, "Commerce, Coalitions, and Factor Mobility: Evidence from Congressional Votes on Trade Legislation", *American Political Science Review*, Vol. 96, No. 3, 2002, pp. 595-596.

114 （美）麥可·希斯考克斯著，於揚傑譯：《國際貿易與政治衝突：貿易、聯盟與要素流動程度》，中國人民大學出版社2005年版。

115 （英）亞當·史密斯：《國富論》（下），第675頁。

馬爾薩斯繼承了史密斯的自由放任，即使是面對貧困人口，馬爾薩斯仍堅持不要政府救濟。因為馬爾薩斯認為一旦政府展開對貧困人口的救濟，結果會變得更糟。史密斯的自由主義政治經濟是樂觀的，但是馬爾薩斯的預言卻是悲觀的。

六　為何生活在1800年的英國人比他們的祖先更窮？

　　經濟史學家格里高利‧克拉克（Gregory Clark）強調：1800年的時候，世界上的大部分居民要比他們的原始祖先更貧窮。那時世界人口的平均壽命為30歲左右；而在狩獵採集社會，人均壽命為35歲。而且，與生活在1800年的普通英國民眾相比，在狩獵採集社會生活的原始居民享有更為豐富的食物。直到1863年，在英國農場工作的工人攝入的卡路里量才相當於這些原始居民的攝入量。我們在前面提到過，貧困和食物短缺會影響普通民眾的身高。但中石器時代和新石器時代的歐洲人竟比生活在1800年的英國人、荷蘭人的身高還要高一些。（中石器時代歐洲人的平均身高已經達到了168公分。）[116]這是什麼原因呢？在解決貧困匱乏這一問題上，現代社會已經發生了本質的改變嗎？

　　《饑餓的蘇丹》是一張聞名於世的照片。1993年，戰亂頻仍的蘇丹發生了大饑荒。南非的自由攝影記者凱文‧卡特（Kevin Carter）來到戰亂、貧窮、正在遭遇饑荒的蘇丹採訪。一天，他看到這樣一幅令人震驚的場景：一個骨瘦如柴的蘇丹小女孩在前往食物救濟中心的路上，餓得再也走不動了。這位小女孩趴倒在地上。而就在不遠處蹲著一隻碩大的禿鷹，正盯著地上這個奄奄一息的瘦小生命，等待著小女孩咽氣後，獵食小女孩。凱文‧卡特在那裡靜靜地等候，以防驚擾這只獵食的禿鷹。他最終選好角度，搶拍下了這一鏡頭。1993年3月，美國的《紐約時報》刊登了凱文‧卡特的這幅照片，其他媒體

116（美）格里高利‧克拉克著，李淑萍譯：《應該讀點經濟史：一部世界經濟簡史》，中信出版社2009年版，第1—2，47，56頁。

也競相轉載。這張照片迅速傳播到了世界各地，在全世界激起了強烈反響（編按：此張照片可於網上搜尋《飢餓的蘇丹》〔The vulture and the little girl〕觀看）。

1994年，卡特憑藉這幅照片斬獲普立茲新聞大獎。這幅照片帶給了卡特巨大的榮譽，也給他帶來了很大的痛苦。人們紛紛質問，卡特為什麼不去救那個小女孩？有媒體評論卡特是踩在小女孩的屍體上得了普立茲獎。就在普立茲頒獎儀式結束的兩個月後，員警在南非的約翰尼斯堡發現卡特自殺身亡。他在汽車的排氣管上套了一截軟管，把一氧化碳的廢氣導入車內。他留下的遺言是：「真的，真的對不起大家，生活的痛苦遠遠超過了歡樂。」《飢餓的蘇丹》是用直觀的形式展示世界最底層的10億人生活的冰山一角。

2007年，全球約有8.4億人因為飢餓而處於嚴重的營養不良狀態。到了2008年，這一數字增長到9.2億。每年，全世界約有4000萬人死於飢餓或者與飢餓相關的疾病。這相當於世界上每天都有300架大型噴氣式客機墜毀，且沒有倖存者。而這裡面，有超過一半的乘客是兒童。[117] 儘管世界上的糧食足夠餵養兩倍於現有的人口，但聯合國特別大會報告起草人吉恩・齊格勒（Jean Ziegler）與合作者於2005年的著作中指出：每7秒鐘，這個世界就有一個10歲以下的兒童直接或者間接死於飢餓。[118] 我注意到，在其2011年出版的著作中，這個數字變為：每5秒鐘，世界上就有一個10歲以下的兒童直接或者間接死於飢餓。每年，由於難以獲得乾淨的飲用水，有超過220萬人死於痢疾與腹瀉，其中大部分是嬰幼兒和兒童。[119] 據《基督教箴言報》報導：「911事件」發生當天，全世界死於飢餓的兒童就超過3.5萬人；而此後的百餘天裡餓死的兒童更多達392萬，相當於「911」死難人數的

117 Jean Dreze and Amartya Sen, *Huger and Public Action*, New York: Oxford University Press, 2002, p. 36.

118 George Kent and Jean Ziegler, *Freedom from Want: The Human Right To Adequate Food*, Washington D.C.: Georgetown University Press, 2005, Foreword, p. 15.

119 Jean Ziegler, Christophe Golay, Claire Mahon and Sally-Anne Way, *The Fight for the Right to Food: Lessons Learned*, New York: Palgrave Macmillan, 2011, p. 1.

1000倍。[120]

根據聯合國兒童基金會、世界衛生組織以及世界銀行集團聯合發布的資料：2017年，全球5歲以下的兒童中，仍有22.2%，即將近1.5億的兒童發育遲緩。[121]

諾貝爾經濟學獎得主阿瑪蒂亞‧森（Amartya Sen）與讓‧德雷茲（Jean Dreze）合著的《饑餓與公共行為》一書指出：印度民眾長期遭受饑餓的困擾。每八年，因為饑餓而患病死亡的印度人口數量相當於中國三年困難時期餓死的人口總數。[122]因此，政治經濟學家保羅‧科利爾（Paul Collier）專門為這群人撰寫了《最底層的十億人》，並制定了行動方案。[123]

政府是否應該救濟窮人？湯瑪斯‧馬爾薩斯旗幟鮮明地回答：不應該。馬爾薩斯的姓氏是Malthouse，這一姓氏的意思是釀造啤酒的作坊。由於他們家族有好幾代均從事神職工作，就把姓氏中的字母o和e去掉。這樣，他們的姓氏念起來也就和啤酒釀造無關了。馬爾薩斯年幼時在家接受教育，1784年被劍橋大學耶穌學院錄取。1797年，他成為英國教會的鄉村牧師，但他卻很少從事傳教這一工作。馬爾薩斯於1804年結婚，放棄了牧師職務。此後，他生養了三個女孩。1805年開始執教於黑利伯里（Haileybury）學院（這是東印度公司為培訓其員工而創辦的學院），成為英國的一名政治經濟學教授（他也可能是英國第一位政治經濟學教授）。馬爾薩斯有先天性的唇齶裂，因而一直不願人們給他畫像，直到去世前他才同意留下一張畫像，他一生只畫過一次像。[124]

由於其「激進」的人口學說，馬爾薩斯被視為反社會的人。用傳

120　王鶯鶯：《從非洲看反恐》，《國際問題研究》2002年第4期。

121　參見：https://data.unicef.org/topic/nutrition/malnutrition/。

122　Jean Dreze and Amartya Sen, *Huger and Public Action*, pp. 214-215.

123　Paul Collier, *The Bottom Billion: Why the Poorest Countries are Failing and What Can Be Done About It*, New York: Oxford University Press, 2007.
中譯本參見（美）保羅‧科利爾著，王濤譯：《最底層的十億人》，中信出版社2008年版。

124　Mark Skousen, *The Making of Modern Economics: The Lives and Ideas of the Great Thinkers*, New York: M. E. Sharpe, 2001, p. 72.

記作家詹姆斯・博納（James Bonar）的話來講，馬爾薩斯是他那個時代受到最多指責的人。與馬爾薩斯相比，拿破崙受到的責難都難以和馬爾薩斯相提並論。馬爾薩斯為天花、奴隸制以及殺嬰辯護，同時又譴責救濟窮人以及教區津貼。馬爾薩斯反對救濟，反對施捨，他是一個鼓吹家庭邪惡而自己卻恬不知恥地結婚的人。[125]馬爾薩斯從一開始就備受關注，對他的責難像雨水一樣多。

那麼，馬爾薩斯為何反對救濟，反對施捨？他的依據是什麼呢？他的名著《人口原理》初版於1798年，是在《國富論》出版的22年後。馬爾薩斯和史密斯的不同之處在於：史密斯的自由主義語調是積極樂觀的；而馬爾薩斯的預言則是陰鬱悲觀的。馬爾薩斯在《人口原理》的第一版序言中寫道：「我對人類生活的看法具有憂鬱的色彩。但我認為，我繪出這種暗淡的色彩，完全是因為現實中就有這種色彩。」[126]他想向人們展示世界是什麼樣子，而不是應該是什麼樣子。

馬爾薩斯的推理從兩條公理出發：第一，食物是人類生存所必需的；第二，兩性之間的情欲是必然的，且幾乎會保持現狀。他認為，兩性之間的情欲是恆久的，在今天仍同幾千年前一樣強烈，人口的增殖無限大於土地為人類提供生產生活資料的能力。[127]

馬爾薩斯認為人口的增長呈幾何級數（1，2，4，8，16，32），而土地卻不可能像人口那樣增長，基於土地提供的生活資料的增長是呈算數級數增加（1，2，3，4，5）。人口的增長遠遠快於生活資料的增長。因而，人口若不受到抑制，將會每25年增加一倍。[128]經濟思想史學家亨利・斯皮格爾（Henry Spiegel）按馬爾薩斯提供的資料計算：如果人口不受限制，那麼在225年後，人口會增長512倍，而食物的供給只增長10倍。[129]這樣，大部分人會陷入衣食無著的境地。

1801年，英國出版了其第一份人口普查報告。這份報告強化了

125（美）羅伯特・海爾布隆納：《經濟學統治世界》，第66頁。
126（英）湯瑪斯・馬爾薩斯著，朱泱等譯：《人口原理》，商務印書館1992年版，第2頁。
127（英）湯瑪斯・馬爾薩斯：《人口原理》，第6—7頁。
128（英）湯瑪斯・馬爾薩斯：《人口原理》，第11頁。
129（美）亨利・斯皮格爾：《經濟思想的成長》（上），第236頁。

馬爾薩斯的結論：18世紀後英國人口顯著增長。馬爾薩斯研究發現人口快速增長給糧食供給帶來了巨大壓力。1801年，馬爾薩斯居住的村莊居住了510人；到1831年，這裡的人口達到了929人。[130] 1750年，250公斤小麥的價格是31先令；1775年價格漲到46先令；到1800年又上漲到128先令。

　　馬爾薩斯指出：人口的不斷增加使得社會下層階級陷入貧困，這又導致他們的境況永遠也得不到顯著的改善。[131]為了支持自己的結論，馬爾薩斯還去外國考察，包括挪威、芬蘭以及俄國。正如前文指出的，和他們的原始祖先相比，生活在1800年的英國人更加窮苦。

　　那麼，當社會下層階級陷入貧困與絕望的時候，社會是否應該予以救濟呢？馬爾薩斯堅決反對政府救濟貧困人口，他有兩條理由。

　　首先，馬爾薩斯指出：濟貧法使得人口增長，而養活人口的食物卻不會跟著增加。[132]如果通過救濟來增加社會下層階級的財富和收入，大多數人會因為條件的改善而養育更多的小孩。不久以後，由於糧食供給跟不上人口增長，這些窮人就又回到了原來維持生計的水準。因而，馬爾薩斯讓那些人道的救濟者拋棄幻想，不要以為原本獲得18便士的人，在獲得5先令後，他們的生活就可以稱心如意，每頓飯都有肉吃，這是一個非常錯誤的結論。如果政府為窮人積極提供救濟，要不了多久，這個國家會比以前更窮，而且下層民眾的生活處境將比每天僅能得到18便士的時候更為悲慘。「當食物相對於人口而言處於稀有狀態時，社會最底層的人們無論是每天得到18便士還是5先令，都無關緊要，反正他們得過最苦最緊的日子。」[133]

　　其次，濟貧法削弱了社會下層階級努力工作的激勵。馬爾薩斯指出：救濟院收容的人減少了社會更為勤勞、更有價值的社會成員本

130 Gregory Clark, *A Farewell to Alms: A Brief Economic History of the World*, Princeton: Princeton University Press, 2007, p. 32, Figure 2.7.
131（英）湯瑪斯・馬爾薩斯：《人口原理》，第14頁。
132（英）湯瑪斯・馬爾薩斯：《人口原理》，第30頁。
133（英）湯瑪斯・馬爾薩斯：《人口原理》，第31頁。

應享有的食物份額，也迫使更多的人依賴救濟為生。[134]英國的濟貧法削弱了普通人儲蓄的能力與意願，從而削弱了人們樸素節儉、勤勉度日、追求幸福的一個最強有力的動機。[135]救濟貧困人口，會讓他們產生幻覺，讓窮人覺得自己富有了，可以不去工作了。如此一來，救濟就影響了社會的產出。所以，富人無論做出多大的貢獻，做出多大的犧牲，也阻止不了社會下層民眾陷入苦難。[136]政府也要拋棄救濟窮人的幻想，那是好心辦壞事。

依據上述兩點理由，馬爾薩斯強烈反對救濟貧困。他認為救濟貧困是只顧眼前，而不顧將來。對窮人的施捨可以暫時救活一個人，但是，這個人活下去以後又會繁衍子孫，人口越來越多，卻不願意好好工作，這樣的善舉最後導致的結果可能很殘酷。馬爾薩斯指出：英國每年為窮人徵收巨額稅收，但是窮人的痛苦卻依然如舊。[137]

馬爾薩斯認為，應該形成一種風氣，把沒有自立能力而陷入貧困看作一種恥辱。儘管這樣做很殘酷，但是對於促進全人類的幸福來說，這種刺激似乎是絕對必需的。任何試圖削弱這種刺激的企圖，不論用意多麼良善，不論計畫多麼周詳，總會產生事與願違的後果。[138]馬爾薩斯向人們展示了悲觀的未來，不管改變世界的嘗試在短期內取得了多大的成果，都不可能真正帶來改變：可憐的貧困人口不可避免地是這個社會的組成部分。良好的政府實施人道的政策，如提供公共穀倉以防止歉收，只能減少饑荒中的死亡率，但卻讓活下來的人活得更加困苦。

馬爾薩斯指出，控制人口增長包括預防性抑制（preventive check）和積極抑制（positive check）。預防性抑制是人們對養家糊口的憂慮，[139]因而自動選擇了包括絕育、節欲與生育控制、延遲結婚等措施以控制人口增長。積極抑制則包括饑荒、病痛、災難和戰爭等減

134（英）湯瑪斯·馬爾薩斯：《人口原理》，第30頁。
135（英）湯瑪斯·馬爾薩斯：《人口原理》，第34—35頁。
136（英）湯瑪斯·馬爾薩斯：《人口原理》，第33頁。
137（英）湯瑪斯·馬爾薩斯：《人口原理》，第30頁。
138（英）湯瑪斯·馬爾薩斯：《人口原理》，第34頁。
139（英）湯瑪斯·馬爾薩斯：《人口原理》，第26頁。

少人口增長的事件。馬爾薩斯甚至在其《人口原理》的第六版中提出：我們不應該建議窮人保持清潔衛生，相反，我們應該鼓勵他們養成壞習慣。在我們的城鎮，我們應該把街道建得更狹窄，這樣讓人們簇擁在房間裡，招來瘟疫。在鄉下，我們應該把村莊建在污濁的死水塘邊，尤其鼓勵定居在沼澤與骯髒的地方。[140]這樣，瘟疫、流行病的爆發可以讓大自然扮演積極抑制人口的角色。經濟史學家格里高利·克拉克（Gregory Clark）支持馬爾薩斯的論點。他指出：在1800年，當代人看來是災難的事件，諸如戰爭、暴力、動亂、農業歉收、崩潰的基礎設施、糟糕的衛生條件減少了人口的壓力，卻提高了人的生活水準。相反，現在看來，世界銀行和聯合國推崇的和平、穩定、秩序、公共衛生、救濟貧困人口等舉措卻是當時社會繁榮的大敵。這些積極因素增加了人口，致使社會陷入貧困。[141]

　　按馬爾薩斯的預言，人類社會會出現週期性的增長與停滯。在食物豐富的時候，人均口糧增多，人口繁殖旺盛；過多的人口會導致食物緊缺，人均口糧減少，進而導致人口減少。人類的生活水準就這麼走走停停。人口的增長和生活條件的改善受制於糧食的增長，這就是馬爾薩斯陷阱（Malthusian trap）。而圖1-4也展示了在長時段的歷史時期，馬爾薩斯是對的。世界人均收入週期性地經歷了不斷上升和下降。直到工業革命以後，人均收入似乎才突破了馬爾薩斯陷阱。

　　馬爾薩斯的學說影響深遠。在社會研究中他影響了一批人，出現了社會達爾文主義（Social Darwinism）。殊不知達爾文本人也受到了馬爾薩斯的影響。達爾文和華萊士分別獨立得出了進化論，他們二人均對馬爾薩斯表示了感謝。此外，馬爾薩斯在政策領域也留下了遺產。對馬爾薩斯而言，他在政策領域的最大勝利就是征服了當時英國的首相小威廉·皮特（William Pitt the Younger）。1796年，皮特在英國國會的辯論中強烈支持對窮人實施救濟。但是四年之後，他接受了

140　Stanley Brue and Randy Grant, *The Evolution of Economic Thought, Mason: South-Western*, 2013, p. 95.

141　Gregory Clark, *A Farewell to Alms: A Brief Economic History of the World*, p. 5.

圖1-4　世界3000年來的人均收入波動

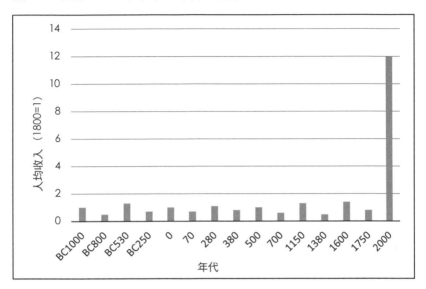

資料來源：Gregory Clark, *A Farewell to Alms: A Brief Economic History of the World*, Princeton: Princeton University Press, 2007, p. 2, Figure 1.1.

馬爾薩斯的理論，收回了對救濟法案的支持。[142]馬爾薩斯的理念也極大地促成了英國1834年新濟貧法的制定，重新嚴格限制了18世紀80年代以後比較寬鬆的救濟規定。該法案拒絕向工廠以外的強壯勞動力提供救濟，同時，讓接受救濟者領到的救濟要比不接受救濟者領到的工資水準要低，即遵循劣等處置原則（less eligibility）。[143]有勞動能力的人不能在救濟院之外獲得救濟金。貧民只有在進入「濟貧院」後，方可獲得食物救濟。但該院實際上是「勞動院」，住宿擁擠、工作繁重、待遇低下、食物很差；家庭會被拆散，接受救濟者在那裡會受到嚴酷的對待，以便不成為公眾的負擔。這樣，窮人除了萬不得

142（美）陶德‧巴克霍爾茲：《已故西方經濟學家思想的新解讀：現代經濟思想導論》，第
　　49頁。
143（英）S. G. 切克蘭德：〈英國的公共政策〉，載（英）彼得‧馬塞厄斯、悉尼‧波拉德主
　　編《劍橋歐洲經濟史》（第八卷），經濟科學出版社2004年版，第548頁。

已，就不會來申請救濟了。在新的濟貧法制定4個月後，馬爾薩斯去世。

對馬爾薩斯的爭論並沒有隨著他的離世而停止。人們現在批評馬爾薩斯時，常常指出，人口並非像馬爾薩斯預言的那樣是呈幾何級數增長。的確，隨著避孕技術的發展，人口可以得到控制。在一些西方國家，人口的增長還呈下降趨勢。大規模都市化是馬爾薩斯的預言在不少已開發國家落空的一個重要原因。孩子在農村被視為資產，而在城市則是負債。但是，馬爾薩斯的預言卻仍然困擾著貧困落後的國家，尤其是撒哈拉以南的非洲國家。在極端貧困的落後地區，這一預言仍在繼續。儘管在1800年，英國人的生活水準比不上他們的原始祖先。但這一時期英國人的生活水準要比2005年左右居住在非洲馬拉威的民眾的生活水準高出2.5倍。2005年前後，成千上萬的非洲人的收入還不到工業革命前英國工人收入水準的40%。[144]如果這些落後國家的經濟狀況不能得到有效改善，那裡的人口增長未必能得到有效控制。

此外，有人還批評馬爾薩斯，糧食也不是按算數級數增長。技術的進步，像綠色革命、雜交水稻等新技術的出現，極大地推動了糧食的增產。今天的美國只需要一小部分的農業人口就養活了整個美國；不僅如此，美國農場主還將大量的農產品出口到國外。為了推銷他們的農產品，他們不得不求助於美國總統和美國貿易代表的力量。

生態學家保羅・埃利希（Paul Ehrlich）是美國史丹佛大學的人口生物學教授。1968年，其著作《人口炸彈》一書出版後，立刻成為暢銷書，他也成為世界知名的科學家。在其著作第一章的開篇，他指出在印度德里訪問期間，當地擁擠嘈雜的人口給他帶來了巨大的感官衝擊，因此他決定寫下此書。[145]埃利希指出：地球需要給日益增長的人口提供資源，要為這麼多的人口提供食物、淡水和礦物，這將超過地球的「承載能力」。隨著資源的日益短缺，各類商品一定會更加昂

---

144 Gregory Clark, *A Farewell to Alms: A Brief Economic History of the World*, p. 44.
145 Paul Ehrlich, *The Population Bomb,* New York: Ballantine Books, 1988, p. 1.

貴。1980年，一位樂觀的經濟學家朱利安·西蒙（Julian Simon）挑戰了埃利希。西蒙和埃利希打賭，他讓埃利希選出任何一種自然資源——穀類、石油、煤、木材、金屬——和一個未來的日期。如果埃利希的預測是對的，世界人口的增長讓資源變得更為短缺，那麼資源的價格也要上漲。西蒙的預測與之相反，他認為人是理性的，如果資源價格上漲，人會研發新的技術或者尋找替代的物品來替換昂貴的資源。因此，西蒙認為未來資源的價格會下降。埃利希接受了西蒙的挑戰，挑選了五種金屬：鉻、銅、鎳、錫、鎢。1980年9月29日，他們二人各自以假想的方式買入1000美元的等量金屬，每種金屬各200美元。這場賭局的規則是：到1990年9月29日，在剔除通貨膨脹的因素後，如果這五種金屬的價格上漲了，西蒙就需要付給埃利希這些金屬的總差價。反之，假如這五種金屬的價格下跌了，埃利希將把總差價支付給西蒙。這場賭局的結果是，埃利希輸了，他寄給西蒙一張金屬價格計算帳單以及576.07美元的支票。埃利希所選的五種金屬，在剔除了通貨膨脹因素以後，價格都下降了。這場著名的賭局更支援了一些自由主義的經濟學家，他們認為人會對激勵做出反應，當金屬價格過高時，理性的人就會尋找替代選擇。事實上，原材料價格下降，除了市場供求，還有很重要的政治因素，因為關鍵原材料的價格也並非由市場決定。20世紀70年代初，阿拉伯國家以石油資源作為政治武器對西方國家實施制裁，導致石油價格大幅度上漲。1974年底，美國國家安源顧問季辛吉（Henry Kissinger）就發出警告：如果石油出口國的油價上漲扼殺了工業國家的經濟，美國會考慮訴諸武力。[146] 要知道，中東國家賣給美國的石油價格和賣給中國的石油價格是不同的。石油的價格上漲還是下跌，都不僅僅是市場在起作用。現在，人們關注人口增長，很大程度上已不再擔心糧食供給，而是擔心人口密度的提高造成相應的環境危害。在《佈滿貧民窟的星球》一書中，作者指出貧民窟在世界迅速蔓延。2001年，世界上至少有9億人

---

146 Seyom Brown, *The Faces of Power: Constancy and Change in United States Foreign Policy from Truman to Obama*, New York: Columbia University Press, 2015, p. 285.

居住在貧民窟。[147]根據聯合國人類住區規劃署公布的資料，2015年到2016年，全球有10億人居住在貧民窟。[148]除了提供充足的資源，地球是否能給眾多的人口提供足夠的生存空間？人口壓力在未來可能將長期存在。讓我們再回到《科學》雜志在2005年公布的125個科學問題中的一個：在今後的世界，馬爾薩斯還將繼續錯下去嗎？或許，當年的馬爾薩斯陷阱還在，這一輪只是上升的長波。

147（美）邁克‧戴維斯著，潘純林譯：《佈滿貧民窟的星球》，新星出版社2009年版，第27頁。

148 參見：https://unhabitat.org/slum-almanac-2015-2016/。

第二章
政治經濟學中的新自由主義潮流
—— 海耶克與傅利曼

　　20世紀70年代末80年代初，新自由主義（Neoliberalism）發展模式在全球各國的影響力逐漸增大，它宣導一個D-L-P公式，即放鬆管制（deregulation）、自由化（liberalization）與私有化（privatization）。[1]這一發展模式在全球的擴散有著深刻的思想基礎。

　　新自由主義的經濟學家與政治學家影響了世界發展模式的轉向，[2]他們建立了廣泛的跨國聯繫和影響巨大的智庫。朝聖山學會（Mont Pelerin Society）、史開夫家族慈善信托基金（Scaife Family Foundation）以及芝加哥大學經濟學系為他們的學術交往提供了很好的平台。弗里德里希·海耶克（Friedrich Hayek）和米爾頓·傅利曼（Milton Friedman）是新自由主義的兩位重要代表人物。海耶克創建了朝聖山學會，他是學會的第一代領導人；而傅利曼則成為學會的第二代領導人。新自由主義也被稱為新古典自由主義。海耶克以及傅

---

1 Manfred Steger and Ravi Roy, *Neoliberalism: A Very Short Introduction*, New York: Oxford University Press, 2010, p. 14.

2 Richard Cockett, *Thinking the Unthinkable: Think-tanks and the Economic Counter-Revolution, 1931-1983*, London: Harper Collins Publisher, 1995.

利曼等人試圖在新的歷史時期復活以亞當‧史密斯等人為代表的古典自由主義。總體而言，他們沿襲了以個體為中心的政治經濟學。1960年，傅利曼在朝聖山學會的發言中指出：人就是人，根本不存在所謂的階層和階級，而只有最簡單的個人。[3] 拋開他們所關注的議題以及方法，他們的結論和政策指向幾乎與史密斯等人如出一轍。

一　政府如何治理通貨膨脹？

1923年1月，由於德國無力償還一戰的戰爭賠款，法國和比利時軍隊開進了德國的魯爾工業區，德國政府宣布消極抵抗。魯爾危機使得整個德國經濟陷入停頓，最直接的後果就是德國財政完全破產。德國政府為了支持魯爾區工人的罷工，印發了數量龐大的紙幣。1923年底，德國出現了嚴重的通貨膨脹，德國馬克變得一文不值。大人們將鈔票捆起來生火或者糊牆，小孩則拿來當搭房子的積木。[4] 這個世界顛倒了，原來一分錢一張的郵票變成了500萬馬克，一個雞蛋要8000萬馬克，一磅肉要32億馬克，一磅黃油要60億馬克，一磅馬鈴薯要5000萬馬克，一杯啤酒要1.5億馬克。當時，有德國的儲戶收到銀行這樣的來信：「本銀行表示深深的遺憾，我們將不再管理你的68000馬克的存款，因為管理費用已經超過了存款。因此，我們將歸還您的存款。又因為我們沒有可以處理此業務的小面額紙幣，我們已將存款數額增加到100萬馬克。」更令人哭笑不得的是，信封上居然貼著面值為500萬馬克的郵票。[5]

1922年，著名作家歐內斯特‧海明威（Ernest Hemingway）正和太太在德國旅行。他的回憶錄便記載了通貨膨脹對德國民眾的損害。

3（美）安格斯‧伯金著，傅瑞蓉譯：《偉大的說服 —— 哈耶克、弗里德曼與重塑大蕭條之後的自由市場》，華夏出版社2014年版，第250頁。
4 史蒂文‧奧茨門特著，邢來順等譯：《德國史》，中國大百科全書出版社2009年版，第263頁。
5（美）克勞斯‧費舍爾著，佘江濤譯：《納粹德國：一部新的歷史》，譯林出版社2012年版，第74頁。

當時，正值德國通貨膨脹肆虐時期，德國馬克與美元匯率大約為800比1，海明威購入了670馬克。

他寫道：「90美分維持了我和太太一天的開銷，這天結束時，我們還剩120馬克。我們到一個水果攤，一位老太太在賣蘋果、梨子和李子。我們選了5個非常漂亮的蘋果，付給她50馬克的鈔票。她找給我們38馬克零錢。一位慈祥和藹的白鬍子老先生看到我們買蘋果，舉起帽子向我們打招呼：『先生，請問這蘋果多少錢？』他怯生生地用德語問我。我數了一下零錢，告訴他12馬克。他搖搖頭說：『我買不起，太貴了。』他健步離開了大街，走路的樣子跟所有其他國家的白鬍子老年紳士一樣。他曾非常渴望地看著這些蘋果，我當時要是給他一些錢就好了。在這一天，12馬克幣值還不足2美分。」[6]新自由主義的重要代表人物海耶克在其《貨幣的非國家化》一書中也注意到德國當時的高通脹。他發現：1923年的德國馬克僅僅相當於它以前價值的一兆分之一。[7]

惡性的通貨膨脹嚴重損害了德國廣大中產階級的利益，使得威瑪共和國的穩定遭受致命打擊。德國的經濟問題大大增強了國內的民族主義、反民主勢力以及反凡爾賽和約的不滿情緒。對於那些一直忍受可怕苦難的德國人來講，他們期望通過全面的勝利來報復對手，糾正他們在第一次世界大戰結束以後忍受的屈辱。[8]德國的經濟困境為此後納粹黨的崛起鋪平了道路。通貨膨脹會給民眾帶來巨大的苦難，那怎樣才能有效解決這一問題呢？有許多方案可供參考。

其一，恢復歷史上曾實施過的金本位（gold standard）。金本位這項國際貨幣制度安排有利於遏制通貨膨脹，它需要滿足幾個條件才能發揮作用[9]：其中一個就是，各成員國的貨幣供給需要由黃金儲備作

---

6 （美）傑佛瑞·弗里登著，楊宇光譯：《20世紀全球資本主義的興衰》，上海人民出版社2009年版，第122—123頁。

7 （英）海耶克著，姚中秋譯：《貨幣的非國家化》，新星出版社2007年版，第38頁。

8 （德）史蒂文·奧茨門特：《德國史》，第279頁。

9 Giulio Gallarotti, *The Anatomy of an International Monetary Regime: The Classical Gold Standard, 1880-1914*, New York: Oxford University Press, 1995, pp. 21-23.

保證。金本位是政府的一種承諾機制，國內的貨幣供應必須和黃金儲備保持一致，從而使國內物價能保持穩定。1914年時，英國的物價和一個世紀前滑鐵盧戰爭時的物價一致，[10]由於實施了金本位制度，英國物價居然在近百年間保持不變。20世紀80年代，美國總統雷根設立黃金問題委員會，這一委員會也曾設想讓國際貨幣體系回歸金本位。[11]海耶克在其《貨幣的非國家化》一書中，給予金本位很高的評價。他指出：金本位給了當權者約束，「正是這種約束，使得整個世界在很長一段時間內——大約有200多年——保持貨幣幣值相對穩定。在此期間，工業制度得以發育壯大」。[12]由於金本位有如此顯著的優點來抑制通貨膨脹，海耶克進一步指出：「如果有機會，群眾可能寧可回歸到金本位制，而不是任何形態的紙幣。」[13]為什麼我們回不到金本位這樣的國際貨幣安排了呢？拋開政治上的原因，技術上的原因是，黃金供應跟不上經濟發展需求。在金本位制度下，貨幣供應與黃金儲備掛鉤，黃金供應不足會造成貨幣發行不足，將使全球經濟面臨通貨緊縮的壓力。

　　其二，實施貨幣局（Monetary Board）制度。實施該制度的國家，政府以立法形式明確規定：本國貨幣釘住一種強勢貨幣，如美元，並與之建立貨幣聯繫。政府承諾本幣與某一確定的外國貨幣之間可以固定匯率進行無限制兌換，並要求貨幣當局確保履行這一兌換義務。如果實施貨幣局制度，那麼，該國的貨幣發行量必須依賴外匯儲備。當出口增加，外匯儲備隨之增加，政府才可以增發相應的本國貨幣。這樣就顯著約束了政府濫發貨幣的權力。

　　其三，美元化（dollarization）。這是指一國政府放棄本幣而使用美元代替本幣執行貨幣的各項職能的制度。由於名義或者事實上採用

10 Kevin Dowd and Richard H. Timberlake, "Introduction", in Kevin Dowd and Richard Timberlake, eds., *Money and the Nation State: The Financial Revolution, Government, and the World Monetary System*, London: Transaction Publisher, 1998, p. 7.
11 Michael Bordo, *The Gold Standard and Related Regimes*, New York: Cambridge University Press, 1999, p. 2.
12 （英）海耶克：《貨幣的非國家化》，第36頁。
13 （英）海耶克：《貨幣的非國家化》，第96頁。

美元作為國家貨幣，加之美元的幣值又比較穩定，這樣的制度安排就解決了通貨膨脹問題。但是，美元化也存在很大的風險。在很長一段時期裡，巴拿馬政府一直把美元作為國內的主要貨幣。1988年，美國與巴拿馬政府發生衝突。美國政府利用美元作武器，中斷了向巴拿馬的貨幣供應。巴拿馬在美國的資產也被凍結，大多數巴拿馬國內銀行被迫關閉。一周內，巴拿馬政府甚至無法足額發放除軍隊之外的工作人員的工資。美國駐巴拿馬大使說：巴拿馬經濟遭受了自1671年海盜亨利・摩根（Henry Morgan）洗劫以來的最大損失。[14]這是其中一個風險：國家陷入貨幣依賴。1983年，時任以色列財政部長約拉姆・阿利多爾（Yoram Aridor）提出實施美元化以應對通貨膨脹壓力的建議，遭到了以色列民眾的強烈反對，他也被迫辭職。因為一個驕傲的、獨立的國家卻沒有自己的貨幣，這是不可想像的。[15]此為第二個問題：民族認同會妨礙國家實施美元化的政策。2001年12月，阿根廷爆發騷亂，短短12天內，阿根廷五易總統。阿根廷的騷亂與恐慌緣於其實施貨幣局制度與美元化措施後引發的貨幣危機。這是美元化的第三個問題：國家喪失了通過貨幣政策調節宏觀經濟的能力。

其四，成立獨立的央行（central bank independence）。如果中央銀行是獨立的，貨幣政策不受政府控制，那麼通貨膨脹就可以得到較好的控制。如圖2-1所示，中央銀行獨立性較高的國家，其通貨膨脹率也較低。眾所周知的聯準會有著較強的獨立性，能保證美國的貨幣發行免受政治幹擾，可以較好地維持美元幣值。

圖2-1中入選的國家，都是經濟發展程度較高的國家。事實上，有研究發現，獨立的中央銀行並不必然降低通貨膨脹率。20世紀80年代，當智利和委內瑞拉兩國均面臨20%左右的通貨膨脹率時，兩國都推動中央銀行實現獨立。這項措施在智利取得了成效，通貨膨脹

---

14 （美）喬納森・科什納著，李巍等譯：《貨幣與強制：國際貨幣權力的政治經濟學》，上海人民出版社2013年版，第158─166頁。

15 Lawrence Klein, "Some Second Thoughts on the European Monetary System", *Greek Economic Review*, Vol. 15, No.1, 1993, p. 113.

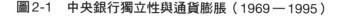

圖2-1　中央銀行獨立性與通貨膨脹（1969 — 1995）

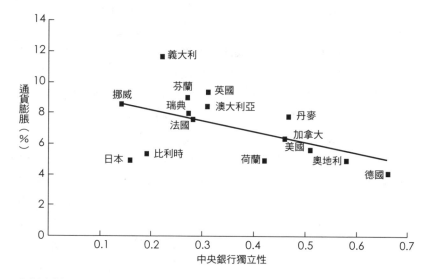

資料來源：Thomas Oatley, *International Political Economy: Interests and Institutions in the Global Economy*, New York: Pearson/Longman, 2009, p. 285, Figure. 13.5。

率下降到3%左右；但委內瑞拉卻沒有實現其政策的初衷。兩個國家同樣推動央行的獨立，結果卻大相徑庭。這是因為智利的治理品質比委內瑞拉高。有研究者在對近70個國家的資料進行整理後發現：只有在政治制度有著較高的品質時（比如政府穩定，沒有穩定的政府難以讓民眾相信政府能有效抗擊通貨膨脹；高效的官僚體系以及法治等），獨立的央行才能降低通貨膨脹。[16]

　　此外還有一種方案——指數化。這項措施將工資與物價掛鉤，工資隨著物價指數的增長而相應增長。這是米爾頓・傅利曼對抗通貨膨脹的建議。在現實生活中，這項建議曾經被採用過。1964年以後，

---

16 Kai Hielscher and Gunther Markwardt, "The Role of Political Institutions for the Effectiveness of Central Bank Independence", *European Journal of Political Economy*, 2012, Vol. 28, No. 3, pp. 286-301.

巴西軍政府為控制通貨膨脹，卡斯特洛・布蘭科（Castelo Branco）總統在經濟學家的幫助下，將匯率、利率、稅收、工資、價格等綁定在一起。他希望用這種指數化的措施，讓各項經濟指標以同樣的速度變化。這樣生產和就業便可以更迅速有效地適應新的環境。政府定期提高利率和小幅提高工資，以防止通貨膨脹影響民眾的購買力。但這一舉措造成的是窮人更窮，富人更富。民眾的實際工資降低了，財富更多地聚集在富人手中。1977年8月，巴西政府承認：1973年到1974年間公布的通貨膨脹官方指數是受政府操縱的。工資調整指數與通貨膨脹指數掛鉤不僅沒有保障民眾的收入，反而使工薪階層失去了31.4%的實際工資收入。[17]指數化方案的宣導者往往認為實施指數化等一系列政策方案是沒有政治摩擦，沒有利益集團操控的，而事實證明，指數會被利益集團所左右和操控。

　　海耶克認為，即便指數化方案實施得很成功，這一政策的問題仍然很嚴重，因為物價上漲擾亂了價格信號，擾亂了市場運行。更嚴重的後果是：「這些後果遠不是通貨膨脹所能帶來的最嚴重的損害，用這種不完整的療法來治療一部分症狀，很可能會弱化人們對於通貨膨脹的反感，從而會拖長，也推動通脹加速。」[18]

　　海耶克在其著作《貨幣的非國家化》中提出了另一種抑制通貨膨脹的辦法：貨幣的非國家化（Denationalisation of Money）。海耶克指出：用市場中的競爭性私人貨幣取代國家對貨幣供應的控制，可以有效抑制通貨膨脹。他試圖說服大家：貨幣與其他商品並無不同。通過私人發行者之間的競爭來供應貨幣，要好於政府的壟斷。

　　海耶克的想法在現實生活中已經初見端倪。受歐債危機影響，2011年，義大利羅馬東部一個人口不足600人的小鎮菲力亭諾（Filettino）做出了嘗試。這座小鎮的鎮長盧卡・塞拉利（Luca Sellari）為了擺脫義大利的債務問題，保存菲力亭諾的自主性，發行

17（巴西）博勒斯・福斯托著，劉煥卿譯：《巴西簡明史》，社會科學文獻出版社2006年版，第279頁。
18（英）海耶克：《貨幣的非國家化》，第92頁。

圖2-2　義大利小鎮菲力亭諾發行的貨幣

了小鎮自己的貨幣。該小鎮的貨幣與歐元的匯率為2比1。這張紙幣上印著小鎮的關鍵性地標──塔樓，也印著小鎮鎮長自己的頭像。

　　無獨有偶，英國的城市布里斯托（Bristol）也在歐債危機的衝擊下發行了自己的貨幣。布里斯托是英國主要貿易港口和飛機製造中心，人口大約為50萬。2012年，受歐債危機的衝擊，當地居民對英國銀行和英鎊逐漸喪失信心，布里斯托當地政府決定推出自己的貨幣布里斯托鎊（Bristol Pound）。他們還開通了一個主題為「我們的城市，我們的貨幣」（our city, our money）的網站。[19]

二　是否應該允許私人發行貨幣？

　　那麼，是否應該允許非國家行為體，包括私人發行貨幣呢？海耶克的回答是肯定的。這也是海耶克《貨幣的非國家化》一書的主題。他認為：所有的政府都希望從民眾那裡獲得資源，而政府壟斷貨幣發行的權力，讓政府能夠通過增發貨幣來獲得資源。這樣的做法自古就有。如果你手中有一枚硬幣，你會發現它的外圈圓環上刻有垂直的刻線。有人或許會覺得這樣的設計是為了防止手滑。事實上，這是

---

19 參見：https://bristolpound.org。

一種為了防止人們刮錢的設計。在歐洲中世紀，鑄造錢幣的技術不夠精良，致使金銀幣質地鬆軟，鑄幣很容易被人用刀子從邊緣刮掉一小塊，俗稱「讓錢流汗」。一些專業從事貨幣兌換業務的商人，收到優質硬幣後，晚上就將金銀幣的邊緣刮掉，然後把刮過的硬幣再度投入到市面上。普通的商人與百姓，在不知情的情況下就收下了劣幣。日子久了，被騙的人多了，鑄幣者就在錢幣週邊刻上垂直的小線，防止「讓錢流汗」。[20]但政府卻在以不同的方式「讓錢流汗」。海耶克指出：「在人們拿著金屬塊到政府的熔爐去鑄造貨幣的時候，政府也強行留下太多部分，這只是掠奪人民的第一步。」[21]自古以來，政府都通過鑄幣來獲得「鑄幣稅」。我們來看清朝末年的例子，為了解決財政危機，清政府增大了貨幣發行量。1853年4月，咸豐皇帝允許戶部發行當十銅大錢，即一枚銅錢抵以前的十枚銅錢。在此後的一年中，戶部又相繼發行當五十、當百、當兩百、當三百、當四百、當五百，乃至當千的銅大錢（一枚銅錢的幣值相當於以前的一千枚銅錢）。即便如此，清政府還不滿意。為了節省貨幣鑄造成本，咸豐皇帝於1854年2月又批准鑄造鐵錢，因為鐵價比銅價便宜。緊接著，皇帝又批准鑄造鉛錢。戶部不斷減少鑄造貨幣中貴金屬的分量。嚴重的時候，有人抓起一把這一時期鑄造的錢幣放入水中，它們居然能在水面上漂起來。為了獲得更多的收入，咸豐皇帝還在1853年批准發行「戶部官票」，每張銀票可以抵一兩到五十兩白銀不等。同年12月，咸豐皇帝再度批准發行「大清寶鈔」，面額為一千文到一百千文不等，而一張「大清寶鈔」的製造成本僅為一文六毫，清政府印製面額為一千文的紙幣，幾乎淨賺一千文。[22]

　　海耶克認為歷史上的政府總是通過貨幣發行來掠奪民眾財富：「自羅馬時代到形形色色的紙幣開始占據重要地位的17世紀，鑄幣的

20　賴建誠：《經濟史的趣味》，第122頁。
21　（英）海耶克：《貨幣的非國家化》，第29頁。
22　茅海建：《苦命天子：咸豐皇帝奕詝》，生活・讀書・新知三聯書店2013年版，第106頁。

歷史幾乎就是一部不斷貶值的歷史。」[23]那麼，海耶克宣導的「貨幣的非國家化」，有什麼依據呢？

首先，政府壟斷貨幣發行製造了通貨膨脹。海耶克指出：「迄今為止發生的歷次嚴重通貨膨脹，都是政府通過印鈔機滿足其財政『需要』的結果。」[24]我們不能假定政府是為公共利益服務的，政府官員也有著自身的利益。「在紙幣被置於政治控制之下後，這種壟斷就成了一場無可救藥的災難。」[25]和大多數自由主義者一樣，海耶克對政府懷有很強的戒心。「紙幣的出現，則讓政府獲得了一種更為廉價的詐騙人民的方法。」[26]因為紙幣的發行成本更低，政府甚至不需要持有貴金屬就能無限量發行貨幣。一張發行於2009年1月的辛巴威幣，上面赫然印刷著14個零。如果你拿著這麼一張鈔票，儼然已躋身萬億富翁之列。而事實上，這張鈔票甚至連一片麵包都買不起。要知道，1980年辛巴威獨立時，1辛巴威幣可以兌換1.5美元。不僅發展中國家如此，已開發國家也同樣承受通貨膨脹之苦。傑夫里・伍德（Geoffrey Wood）在1990年為海耶克的《貨幣的非國家化》寫前言中指出：在英國，過去20多年中生活成本上漲了500%多。[27]在海耶克及其追隨者看來，通貨膨脹是政府壟斷貨幣發行帶來的惡果。

其次，政府壟斷貨幣發行不僅帶來了通貨膨脹，還擾亂了市場價格和經濟秩序。海耶克強調市場的自由運行需要由價格信號來引導。但是，通貨膨脹卻干擾了這一重要信號，進而扭曲了資源的配置。「從長遠來看，通貨膨脹對於經濟正常運轉構成的更嚴重的、並最終可能導致自由市場體系無法正常運轉的危害則在於，價格結構被擾亂，從而引導資源投向錯誤的方向，驅使勞動力和其他生產要素尤其是資本投資某些項目。」[28]因此，各國政府在強調宏觀經濟調控的時

23（英）海耶克：《貨幣的非國家化》，第33頁。
24（英）海耶克：《貨幣的非國家化》，第134頁。
25（英）海耶克：《貨幣的非國家化》，第30頁。
26（英）海耶克：《貨幣的非國家化》，第35頁。
27（英）傑夫里・伍德：《第三版前言》，載海耶克《貨幣的非國家化》，第3頁。
28（英）海耶克：《貨幣的非國家化》，第92—93頁。

候，「一種將貨幣量的控制權當作一件追求個別具體目標的工具，摧毀了價格機制驅使市場均衡的功能」。[29]自由市場需要價格作為信號來協調人的行為，這樣的信號一旦被擾亂，自由市場就不再有效率。

再次，政府壟斷貨幣發行還擴張了政府權力。19世紀德國經濟學家阿道夫・華格納（Adolph Wagner）對許多歐洲國家，以及日本和美國的政府部門支出做了詳盡的考察。他的研究表明：現代工業的發展必然導致政府活動的增加。隨著經濟的發展，人均收入的提高，政府部門的支出也逐步增長。這項研究被後人稱為「華格納法則」。[30]但是，海耶克卻對政府權力擴張這一趨勢持警惕態度：「我們可以有十足把握地說，所有地方的政府都一直在濫用人民對於它們的信賴而欺詐人民。」[31]壟斷貨幣發行權，讓政府獲得了一項重要的政策工具，增大了政府的權力。「從歷史上看，自成一體的國家貨幣不過是民族國家政府增進其權力的一件工具而已。」[32]發行貨幣這項政策工具，「極大地有助於政府權力的廣泛增長」[33]「近代以來政府之所以不斷擴張，在很大程度上是由於能夠通過發行貨幣來彌補其赤字。」[34]事實上，政府的規模在不斷擴張，「正是由於沒有競爭，使得壟斷的貨幣發行者不用遵守某種有益的紀律，於是，貨幣供應壟斷權也使政府似乎沒有必要將其開支控制在財政收入水準以內」。[35]因此，政府擴張背後有著一項重要的經濟權力支撐：壟斷貨幣發行權，獲得鑄幣稅。

最後，政府壟斷貨幣發行還會誘發政治俘獲。海耶克相信，政府不可能按廣大民眾的普遍利益行事。一旦獲得了照顧某些集團的權力，多數政府就會用這種權力來謀私利，贏得政治支持。「這種誘惑不斷促使政府通過操縱貨幣數量去滿足某個地方或者某個群體的要

29（英）海耶克：《貨幣的非國家化》，第135頁。

30 Adolph Wagner, "Three Extracts on Public Finance", in Richard Musgrave and Alan Peacock, eds., *Classics in the Theory of Public Finance*, Hampshire: Palgrave Macmillan, 1958, pp. 1-15.

31（英）海耶克：《貨幣的非國家化》，第29頁。

32（英）海耶克：《貨幣的非國家化》，第130頁。

33（英）海耶克：《貨幣的非國家化》，第31頁。

34（英）海耶克：《貨幣的非國家化》，第32頁。

35（英）海耶克：《貨幣的非國家化》，第135頁。

求。於是，大量資金就被用來收買那些嗓門最高、以無法回絕的方式要求 明的人。」[36]而這樣做會擾亂市場的正常運轉。幾乎所有政府都希望擁有更強有力的支持者，「它會被迫收買足夠數量的支持，以獲得多數地位。即使政府具有這個世界上最好的意圖，它也不可能抗拒這種壓力，除非給它設置一個它不能逾越的明確的界限」。[37]如果中央銀行不獨立，受政府的偏好擺佈，受政治壓力的左右，那它就難以履行良好的貨幣發行職能。「受政治控制，甚至面臨嚴重政治壓力的中央銀行，根本不可能調整貨幣發行量，使其有利於市場秩序的順暢運轉。」[38]按照海耶克的邏輯，即便央行具有獨立的地位，也不如將貨幣發行權下放，因為央行也會受到利益集團的左右。

　　海耶克是一個嫻熟的辯論家，在列舉了政府壟斷貨幣發行的諸多問題後，他同時指出了私人發行貨幣的諸多優勢。

　　首先，允許私人發行貨幣可以遏制通貨膨脹。私人發行者和政府不同，他們沒有壟斷性的權力，要想生存，他們必須要具備吸引客戶的優勢。「競爭性通貨發行者必須向其客戶提供的最具吸引力的東西是：它得保證，它發行的通貨的價值將會維持穩定。」[39]私人貨幣賴以生存的基礎是人們對它的信任。如果私人貨幣發行者不能滿足人們的預期，他「就有可能迅速丟失其整個發鈔業務，這種恐懼將能提供一種比任何政府壟斷所能提供的更強大的保險機制」。[40]這就是私人發行者和政府最大的不同，如果它不能滿足人們的預期，「所遭受的懲罰就是立刻丟掉自己的生意」。[41]

　　有了選擇權，「公眾會從若干彼此競爭的私人發行之通貨中挑選出某種比政府提供之貨幣更好的貨幣」。[42]人們可以自己選擇信譽較好、幣值穩定的貨幣，並且會競相模仿成功的選擇。「至少從長期來

36（英）海耶克：《貨幣的非國家化》，第117頁。
37（英）海耶克：《貨幣的非國家化》，第137頁。
38（英）海耶克：《貨幣的非國家化》，第135頁。
39（英）海耶克：《貨幣的非國家化》，第65頁。
40（英）海耶克：《貨幣的非國家化》，第52頁。
41（英）海耶克：《貨幣的非國家化》，第55頁。
42（英）海耶克：《貨幣的非國家化》，第74頁。

看，在若干通貨中被人們有效地選擇出來的，一般都是有競爭力的那種通貨。能在競爭中脫穎而出的通貨，將是在它的幫助下取得成功的人們所喜歡、他人因而也模仿使用的那種通貨。」[43]一旦公眾擁有了選擇權，他們就可以「用腳投票」。因此，貨幣發行者之間的競爭，會像史密斯所說的「看不見的手」那樣發揮作用。自利的發行者會為自身利益而控制好貨幣發行數量，進而實現公共利益，培育良好的商業環境。「一旦人們有了選擇權，他們將會密切關注他們可以隨意使用的幾種不同通貨的價值的各不相同的變動情況。」[44]「當公眾能夠做出選擇之時，他們將會選擇那種購買力有望保持穩定的通貨，而由此提供的貨幣，要好於以前存在過的任何貨幣，這種貨幣也更能保障穩定的商業環境。」[45]

不過，海耶克指出，這需要一個前提，就是自由的新聞媒體。海耶克假定，新聞媒體是獨立的，金融報刊每天都會提供無所不包的資訊。如果有哪位銀行家沒有能夠確保他所發行之貨幣的價值平穩，就會有上千隻「獵狗」（指新聞媒體）撲上去撕咬這位不幸的銀行家。[46]自由開放的媒體是私人發行貨幣的互補制度安排，沒有它們，民眾可能難以及時獲取有效的、真實的資訊來選擇貨幣。

其次，私人發行貨幣可以限制政府權力。前面指出，政府壟斷了貨幣發行權，便可以為彌補財政赤字打開通道。要限制政府權力，就需要關閉這條通道。「要限制政府，則必須剝奪它發行貨幣的壟斷權。」[47]在海耶克看來，政府的擴張已經威脅到西方的自由主義文明，「切斷政府為了自己的需要而擰開貨幣供應的龍頭之手，對於阻止不受限制的政府無限膨脹的趨勢，也具有同樣重要價值，而這種趨勢正在威脅文明之前景」。[48]如果允許私人發行貨幣，那麼，對海耶克而

43（英）海耶克：《貨幣的非國家化》，第77頁。
44（英）海耶克：《貨幣的非國家化》，第111頁。
45（英）海耶克：《貨幣的非國家化》，第115頁。
46（英）海耶克：《貨幣的非國家化》，第57頁。
47（英）海耶克：《貨幣的非國家化》，第95頁。
48（英）海耶克：《貨幣的非國家化》，第138頁。

言，中央銀行也就失去了存在的必要。

　　問題來了，海耶克的方案可以在現實生活中實行嗎？只要政府不禁止，海耶克認為他的設想就能實現。「我們可以斷言，任何一種具有公眾所渴望之屬性的貨幣，都是有可能取得成功的，只要政府不人為禁止人們使用它即可。」[49]因為理性的銀行家和民眾都會做出理性的選擇。對銀行家而言，自利之心會讓他選擇限制貨幣的發行量。因為，真正具有決定意義的是公眾持有它的意願。[50]如果發行者想要獲得長久的利益，他就需要克制。「控制貨幣總量的責任將由某些機構承擔，這些機構的利己之心會使它們將貨幣總量控制在用戶最能承受的水準上。」[51]競爭的壓力促使這些發行者為了自身的利益而控制發行量，以確保自身在競爭性市場中生存。「如果它所提供的貨幣對用戶的好處還達不到其他貨幣的好處，那它就不可能繼續在這個行業待下去。」[52]這裡，史密斯又復活了。海耶克指出：「只受自己追求利潤之動機驅使的發鈔銀行，將會因此而比以前任何機構更好地服務於公共利益，甚至比那些號稱要追求公共利益的機構更好地服務於公共利益。」[53]而且，貨幣的非國家化會給銀行家帶來巨大利益。「如果新一代年輕的銀行家獲得機會，他們就會迅速地發展出新的銀行形態所需要的技術，這種新的銀行形態不僅是安全的、有利可圖的，而且與以前的制度相比，更有益於社會。」[54]

　　對消費者而言，自利的消費者也會做出有益於社會的選擇。「即使不是靠著洞察力，他們也很快會通過經驗學習並模仿那些最成功的行為，因為這最能增進他們的利益。」[55]「人們很快將會發現理性的思考所能夠告訴他們的一切。」[56]

49（英）海耶克：《貨幣的非國家化》，第96頁。
50（英）海耶克：《貨幣的非國家化》，第69頁。
51（英）海耶克：《貨幣的非國家化》，第105頁。
52（英）海耶克：《貨幣的非國家化》，第126頁。
53（英）海耶克：《貨幣的非國家化》，第115頁。
54（英）海耶克：《貨幣的非國家化》，第106頁。
55（英）海耶克：《貨幣的非國家化》，第74頁。
56（英）海耶克：《貨幣的非國家化》，第74頁。

　　海耶克認為：「在一個給定區域內只能有一種貨幣，這卻絕非貨幣的本質所在，由於政府禁止使用其他貨幣，才經常出現這種情形。」[57] 歷史上，貨幣曾經是非國家化的，海耶克的想法是有歷史依據的。歷史學家卡羅・奇波拉（Carlo Cipolla）指出：19 世紀以前，幾乎沒有任何主權國家能指望在其疆域內享有壟斷貨幣供應的權力。在那個時候，外國貨幣和本國貨幣享有同等權利。各國的貨幣可以不受限制地、自由地從境外流入一個國家境內，並在其境內自由地流通。[58] 一直到 19 世紀，幾乎沒有任何國家享有完全的貨幣主權。在這一時期，貨幣不需要考慮民族國家的疆界，可以四處流動。

　　在歷史上，列支敦士登使用瑞士法郎；聖馬利諾和梵蒂岡使用義大利的里拉；摩洛哥使用法國的法郎。在現代，巴拿馬使用美元；在亞洲，群山環繞的不丹一直使用著印度的貨幣；一直到 1998 年，白俄羅斯和塔吉克斯坦還沒有發行本國貨幣來替代俄羅斯的盧布。[59] 美國的經驗也很具代表性。美國獨立後的很長一段時間裡，墨西哥、英國、法國、葡萄牙、巴西等國家的貨幣仍在美國廣泛流通。1793 年，美國聯邦政府甚至通過立法，保護這些外國貨幣在美國境內順暢流通的權利。直到 1830 年，墨西哥的披索仍占美國境內流通硬幣價值的 22%。[60] 19 世紀以前，貨幣的確經歷過一個非國家化的時代。

　　19 世紀早期，英國成為締造國家貨幣的先驅。美國、日本等國家紛紛效仿，開始締造自身的國家貨幣。[61] 19 世紀 60 年代，美國內戰爆發，出於為戰爭融資的考慮，林肯政府發行了綠背美鈔（Greenback），也稱美國銀行券（United States Notes），美國政府由此統一了美國的國家貨幣。那麼，歷史上貨幣為何從「非國家化」的

57（英）海耶克：《貨幣的非國家化》，第 86 頁。

58 Carlo Cipolla, *Money, Prices and Civilization in the Mediterranean World: Fifth to Seventeenth Century*, New York: Gordian Press, 1967, p. 14.

59 Benjamin Cohen, *The Geography of Money*, Ithaca: Cornell University Press, 1998, pp. 48-49.

60 Benjamin Cohen, *The Geography of Money*, p. 31, p. 34.

61 Emily Gilbert and Eric Helleiner, "Introduction: Nation-States and Money: Historical Contexts, Interdisciplinary Perspectives", in Emily Gilbert and Eric Helleiner, eds., *Nation-States and Money: The Past, Present and Future of National Currencies*, p. 4.

狀態走向了「國家化」呢？要檢驗海耶克的建議是否可行，我們需要
考察這段歷史。

三　國家貨幣為何逐步占據了主導地位？

　　從歷史上看，無論是國家貨幣，還是國際貨幣，都有走向壟斷的
趨勢。當前，大部分國家都用國家貨幣來統一國內的貨幣市場。在國
際上，美元這一國家貨幣則成為國際關鍵貨幣，並且在很長時期內維
持了貨幣霸權。這一趨勢和海耶克的倡議背道而馳。為何國家貨幣與
國際貨幣沒有實現海耶克所希望的「貨幣競爭」，卻恰恰走向了壟斷
呢？

　　研究國際貨幣的政治經濟學家埃里克‧赫萊納（Eric Helleiner）
在其著作《締造國家貨幣：歷史視角下的領土貨幣》中指出：國家貨
幣的崛起需要兩個前提與四個動機。這兩個前提是：民族國家和工業
革命；而四個動機是：減少交易費用、進行宏觀經濟管理、財政需求
以及加強民族認同。[62]這裡分析其中的兩個動機。

　　創造國家貨幣的一個重要動機是降低經濟運行的交易費用。內戰
前的美國，有7000多種銀行券被當作貨幣使用。[63]當時，在美國境內
不僅可以使用外國貨幣，美國各州也可以發行自己的銀行券，部分銀
行券還是由私人銀行發行的。美國南部和西部發行的銀行券在美國東
部信譽度較差，因而沒那麼值錢。在它們被當作貨幣使用時，需要以
低於其票面價值的面額來使用。[64]在不少情況下，不同的州發行的銀
行券在其他州難以流通，商人們需要鑒別哪些貨幣是真，哪些是假，
哪些的票面價值需要打折扣。這樣的貨幣亂局給經濟交往帶來了很大

62　Eric Helleiner, *The Making of National Money: Territorial Currencies in Historical Perspective*, Ithaca: Cornell University Press, 2003, pp. 42-120.
63　Kathleen McNamara, "The Lessons of History: The American Single Currency and Prospects for Economic governance in the EU", *Proceedings of the Conference on Economic Governance*, London, 2003.
64　Fariborz Moshirian, "Elements of Global Financial Stability", *Journal of Multinational Financial Management*, Vol. 14, 2004, p. 307.

的困難。為了整合全國市場，降低經濟運行的交易費用，民族國家開始締造國家貨幣。

創造國家貨幣的另一個重要動機是加強民族認同。國家貨幣帶來了政治上的象徵意義（political symbolism）。從15世紀開始，歐洲貨幣上的圖像就在不斷地變化，這些圖像常常迎合當時流行的價值觀。民眾對遊行示威未必有興趣，但無論哪國民眾都對貨幣感興趣。這讓貨幣具有了重要的教育功能。政府不僅用貨幣上的圖像向民眾灌輸其重視的價值觀，還通過貨幣上的圖像展示政府是時代精神的接受者，以增強其合法性。[65]由於使用國家貨幣，使用者會感到他們生活在一個「想像的共同體」內，從而產生共同體意識。國家貨幣上印製了具有國家象徵意義的人物頭像、自然景觀、歷史事件，可以傳遞給眾多民眾，包括這個國家的窮人以及文盲。國家貨幣在時刻提醒著國內民眾：你是屬於哪個國家的公民。使用共同的貨幣會讓大家覺得：這一群人就像一個人。由於紙幣本身沒有價值，需要國家的存續才能維繫其價值，當個人持有國家貨幣時，他就和這個國家的命運綁定到一起。一個持有1000美元的個人和持有100盎司黃金的個人是不一樣的，貨幣屬於國家，而不是世界。[66]

因此，在贏得獨立後，儘管非洲法郎區的政府每年接受的法國援助占其國內生產總值的2.6%，但在民族主義的驅使下，馬利、馬達加斯加等國家拒絕繼續使用法郎，而堅持發行國家貨幣。在強烈的民族主義驅使下，這些國家的領導人寧可犧牲經濟利益，也不願留在法郎區。[67]蘇聯解體後，俄羅斯對賣給前蘇聯國家的能源和原材料價格給予了很大幅度的折扣（約低於世界市場價格的60%－70%），俄羅

---

65 Jacques Hymans, "The Changing Color of Money: European Currency Iconography and Collective Identity", *European Journal of International Relations*, Vol. 10, No. 1, 2004, pp. 5-31.

66 Eric Helleiner, *The Making of National Money: Territorial Currencies in Historical Perspective*, Ithaca: Cornell University Press, 2003, p. 114.

67 David Stasavage, "When do States Abandon Monetary Discretion: Lessons from the Evolution of the CFA Franc Zone", in Jonathan Kirshner, ed., *Monetary Orders: Ambiguous Economics, Ubiquitous Politics*, Ithaca and London: Cornell University Press, 2003, pp. 90-91.

斯政府希望通過這樣的經濟補貼讓前蘇聯成員國留在盧布區。但是，獨立後的愛沙尼亞產生了反蘇聯與反俄羅斯的民族主義情緒，他們形成了對歐洲的身份認同，要求重返歐洲。國際貨幣基金組織等鼓勵愛沙尼亞留在俄羅斯主導的盧布區，並告知解體後的各成員國政府：如果他們發行本國的貨幣，將不會獲得國際貨幣基金組織的貸款。可以這麼說，愛沙尼亞離開盧布區就等於在經濟上自殺。面對歐盟以及國際貨幣基金組織的警告，愛沙尼亞人毅然發行了自己的國家貨幣，並歡慶他們國家新貨幣的誕生。愛沙尼亞人宣稱，如果這是獨立的代價，他們寧可用馬鈴薯皮維持生計。為了慶祝國家獨立後新發行的貨幣愛沙尼亞克朗，不少人還買了新的錢包。愛沙尼亞總統倫納特・梅里（Lennart Meri）說，愛沙尼亞克朗有很大的象徵意義，它不僅是一張紙，還是一面旗幟，是國家政治與經濟獨立的旗幟。如果繼續待在盧布區，我們獲得了經濟利益，卻犧牲了我們子孫後代的利益，代價不菲。愛沙尼亞的學者也宣稱，他們的貨幣上印著愛沙尼亞的民族英雄，這同他們擁有自己的護照一樣重要。[68] 理念，尤其是民族主義的理念會讓一國的領導人和民眾寧願遭受經濟上的損失，也要擁有自己的國家貨幣。

　　無獨有偶，1997年，當印尼盧比面臨危機的時候，印尼政府的反應是打出公益廣告，上面印著一個貨幣商人戴著用1000億美元製造的恐怖分子面具在進攻盧比，公益廣告號召印尼民眾「保衛盧比」、「保衛印尼」。[69]

　　從領土貨幣演進的歷史來看，實施海耶克貨幣方案的最大障礙在於：缺乏將它付諸實施的政治前提。因為，我們需要回答幾個問題：解決與領土貨幣相伴隨的民族認同問題是否能像解決技術問題那樣容易？獲得實際利益的政府是否會放棄壟斷貨幣發行的權力？有什麼樣

68　Rawi Abdelal, "National Strategy and National Money: Politics and the End of the Ruble Zone, 1991-1994", in Jonathan Kirshner, ed., *Monetary Orders: Ambiguous Economics, Ubiquitous Politics*, Ithaca and London: Cornell University Press, 2003, pp. 98-119.

69　Benjamin J. Cohen, *The Geography of Money*, Ithaca: Cornell University Press, 1998, p. 121.

的力量可以迫使各國政府放棄這項權力？這些都是未知的，或者是不樂觀的。不僅國內的貨幣如此，國際貨幣也存在類似的問題。

美元是當前的國際關鍵貨幣（key international currency），不少學者稱之為「美元霸權」。2009年初，時任中國人民銀行行長周小川指出，導致國際金融動盪的原因是缺乏一種真正的國際貨幣。[70]事實上，在第二次世界大戰結束前夕的布雷頓森林會議上，英國代表團成員約翰‧梅納德‧凱因斯（John Maynard Keynes）就提出了創建國際貨幣的設想，並將其命名為班科（Bancor）。活躍的經濟學者馬丁‧沃爾夫（Martin Wolf）也在《金融時報》呼籲，我們需要全球貨幣。[71]但是，凱因斯和沃爾夫創建全球貨幣的倡議並沒有實現。相反，是美元這一國家貨幣成了國際關鍵貨幣。

海耶克指出：不僅國內貨幣需要權力制約，國際貨幣也是如此。「一個單一的國際性貨幣如果管理不當，在很多方面，不是比一種民族國家貨幣更好，而是更糟。」[72]作為國際關鍵貨幣的美元，儘管不具備完全壟斷的優勢，但是當前卻缺乏任何一種國際貨幣來挑戰其地位。2008年，全球債務有45%是以美元定價，只有32%是以歐元定價。2008年，有66個國家將美元作為儲備貨幣（anchor currency），而只有27個將歐元作為儲備貨幣。2007年，全球86%的交易使用美元。[73]世界各國的外匯儲備中，有近60%的外匯儲備是美元。當索馬利亞海盜索要被扣船隻贖金的時候，他們要求所有的贖金都要以美元支付。

充當國際貨幣有利有弊。[74]美元在國際貨幣金字塔中的獨特地位讓它獲得了很大的利益。有兩項好處尤其明顯：獲得鑄幣稅與延遲支

70 Benn Steil, *The Battle of Bretton Woods: John Maynard Keynes, Harry Dexter White, and the Making of a New World Order*, Princeton: Princeton University Press, 2013, p. 1.

71 Martin Wolf, "We Need a Global Currency", *Financial Times*, 2004-8-3（D1）.

72 （英）海耶克：《貨幣的非國家化》，第21頁。

73 Daniel Drezner, "Will Currency Follow the Flag?", *International Relations of the Asia-Pacific*, Vol. 10, No. 3, 2010, p. 392.

74 Hyoung-kyu Chey, "Theories of International Currencies and the Future of the World Monetary Order", *International Studies Review*, Vol. 14, No. 1, 2012, pp. 51-77.

付。

　　美元作為國際關鍵貨幣，使美國獲得了額外的收益——鑄幣稅（seigniorage）。美國鑄幣局生產的一張100美元紙幣的成本只有十美分左右，而其他國家為獲得一張百元美鈔，必須提供價值相當於100美元的實實在在的商品或者服務。有報導形象地刻畫了美元利用其優勢地位獲得鑄幣稅：「美國享受其他國家沒有的優勢：它印製綠色的紙張，上面印著華盛頓、富蘭克林、傑弗遜等人的頭像。而這些綠色的紙張就叫作『美元』。美國人把這些綠紙印發給世界各國的民眾，他們再把汽車、麵條、身歷聲音響等各種商品賣給美國人，為美國人提供計程車服務、賓館服務等各式各樣的服務。只要這些人仍舊持有這些綠紙——無論是放到他們的床墊下，還是存在他們的銀行裡，抑或在他們之間流通，美國人就能用這些綠紙換回實實在在的商品。」[75]同時，當外國人持有美元時，相當於他們給美國提供了免息或者低息的貸款。據保守估計，1995年，境外流通的美元達到2500億美元，僅利息就有110億—150億美元，相當於美國年消費總量的一個百分點。[76]此後，這一數額不斷增加，根據國際貨幣政治經濟學家巴里·艾肯格林（Barry Eichengreen）的估算：在2010年左右，大約有5000億美元在美國境外流通。為此，外國人必須為美國提供價值5000億美元的實際商品與服務。[77]也有研究估計，美元獲得的鑄幣稅並不是十分明顯，一年的收益大約為400億—700億美元，占美國GDP的0.3%—0.5%。[78]

　　其次，作為國際關鍵貨幣，美元可以為國際收支的赤字融資，這在政治上增強了美國的自主性。20世紀60年代以後，美國國庫擁

75　Thomas Friedman, "Never Mind Yen: Greenbacks are the New Gold Standard", *New York Times*, July 3rd, 1994, p. E5.

76　Benjamin J. Cohen, *The Geography of Money*, Ithaca: Cornell University Press, 1998, p. 124.

77　Barry Eichengreen, *Exorbitant Privilege: The Rise and Fall of the Dollar*, New York, Oxford University Press, p. 4.

78　Richard Dobbs, David Skilling, Wayne Hu, Susan Lund, James Manyika, and Charles Roxburgh, "An Exorbitant Privilege? Implications of Reserve Currencies for Competitiveness", *McKinsey Global Institute Discussion Paper*, 2009, p. 8.

有175億美元的黃金，而此時美國的外債已經超過210億美元。[79]1971年，美國的進口大於出口，這是美國80多年來第一次出現貿易逆差。此後，美國貿易逆差日益擴大。原則上，一個國家不能無限期地維持國際收支赤字；同時，一個國家的債務也不能過度積累。但是，美國的國際收支長期處於赤字狀態，且其國際債務也一直在積累。長期的國際收支赤字與不斷積累的國際債務對世界上其他國家而言都是巨大的問題，這會影響該國的清償能力與國際競爭力。每個國家在面臨國際收支失衡的時候，都面臨巨大的壓力。但是，由於美元享有國際關鍵貨幣地位，美國可通過增加美元發行量來減緩國際收支失衡壓力，延緩國際債務支付，加大其在國際經濟中的自主性。[80]那麼，在國際貨幣領域是否有望實現海耶克所宣導的貨幣競爭，是否可以靠多種貨幣去制約美元霸權呢？不管答案是什麼，我們都要明確國際貨幣領域的政治影響一點也不亞於國內。

冷戰時期，面對蘇聯的軍事威脅，富裕的資本主義國家嚴重依賴美國軍事力量的保護。因此，儘管美國出現國際收支赤字，儘管美元遭遇危機，只要冷戰和兩極格局得以持續，美國的那些富庶盟國就不會允許美元破產，因為那將會削弱美國地緣政治的作用。[81]西德與美國有著緊密的安全聯繫，所以它需要在20世紀60年代支援美元在國際貨幣體系中的地位。[82]美國總統尼克森在1971年宣布單方面對美元實施貶值的時候，西德是繼加拿大之後同意不用自己不斷增加的美元儲備來兌換黃金的國家。[83]布雷頓森林體系解體後，美元的國際地位依然穩固，美國的軍事盟友發揮了積極的作用。1973年，美國通過

79 Jonathan Kirshner, *Currency and Coercion: The Political Economy of International Monetary Power,* Princeton: Princeton University Press, 1997, pp. 192-193.

80 Benjamin J. Cohen, "The International Monetary System: Diffusion and Ambiguity", *International Affairs*, Vol. 84, No. 3, 2008, p. 457.

81 David Calleo, "Twenty-First Century Geopolitics and the Erosion of the Dollar Order", in Eric Helleiner and Jonathan Kirshner, eds., *The Future of the Dollar*, Ithaca: Cornell University Press, 2009, pp. 164-190.

82 Francis Gavin, *Gold, Dollars, and Power: The Politics of International Monetary Relations, 1958-1971*, Chapel Hill: University of North Carolina Press, 2004.

83 （英）蘇珊·斯特蘭奇著，楊雪冬譯：《瘋狂的金錢：當市場超過了政府的控制》，中國社會科學出版社2000年版，第78頁。

和沙烏地阿拉伯結盟，通過石油美元的迴圈，來鞏固美元的地位。[84]

　　2003年，美國發動第二次波斯灣戰爭。有研究者就指出：這是因為伊拉克總統薩達姆・海珊（Saddam Hussein）決定伊拉克出口的石油不再以美元，而是換作以歐元計價。美國出兵的動機是希望維持美元在該地區的作用。[85]2007年，伊朗和委內瑞拉對美元提出了直言不諱的批評和挑戰，它們呼籲OPEC成員國把石油的計價貨幣從美元轉變成一攬子貨幣，伊朗總統內賈德稱美元是毫無用處的一張紙；委內瑞拉總統查維茲（Hugo Chávez）預測美元帝國行將坍塌。但美國軍事上的盟友沙烏地阿拉伯仍然效忠美元，抵制了這兩個國家的呼籲，提議未被採納。[86]

　　綜上，無論是國內的貨幣競爭還是國際的貨幣競爭，背後都有政治邏輯在運作，而不是僅僅靠設計一個最優的經濟方案就能解決。

四　為何西方的援助收效甚微？

　　威廉・伊斯特利（William Easterly）的著作《白人的負擔：為什麼西方的援助收效甚微》，與傑佛瑞・薩克斯（Jeffery Sachs）的《貧窮的終結》形成了論戰之勢。薩克斯在各種場合都宣導對貧窮的國家和個人展開援助，讓他們擺脫貧困陷阱。伊斯特利指出：「薩克斯教授充滿激情且能言善辯，每一次聽他演講，我無不深受感動。可非常遺憾，他的解決方案並不讓人信服。」[87]與薩克斯宣導向全球貧困人口實施大規模援助不同，伊斯特利指出西方的大規模援助大都收

84　*David E. Spiro, The Hidden Hand of American Hegemony: Petrodollar Recycling and International Markets*, Ithaca: Cornell University Press, 1999.

85　Musa Essayyad and Ibrahim Algahtani, "Policy Issues Related to the Substitution of the U.S. Dollar in Oil Pricing", *International Journal of Global Energy Issues*, Vol. 23, No. 1, 2005; Bessma Momani, "Gulf Cooperation Council Oil Exporters and the Future of the Dollar", *New Political Economy*, Vol. 3, No. 3, 2008.

86　Eric Helleiner, "Enduring Top Currency, Fragile Negotiated Currency: Politics and the Dollar's International Role", in Eric Helleiner and Jonathan Kirshner, eds., *The Future of the Dollar*, Ithaca: Cornell University Press, 2009, pp. 69-87.

87　（美）威廉・伊斯特利：《白人的負擔：為什麼西方的援助收效甚微》，第5頁。

效甚微：「在過去的50年中，西方將2.3兆美元用於國際援助，卻無法為孩子們買到12美分的藥品，以減少全球一半的瘧疾死亡率；這2.3兆美元也無法給貧困的家庭提供每頂4美元的蚊帳；這2.3兆美元同樣無法為新生兒母親提供3美元的補助，來預防500萬嬰幼兒的死亡。」[88]伊斯特利的一個重要結論是：採用大計畫，永遠也實現不了美好的願望。他認為西方援助做的事情錯就錯在用宏大計畫來規劃世界發展。

海耶克的名篇〈知識在社會中的運用〉指出了對經濟進行宏大計畫的危險。他認為，建立一個合理的經濟秩序關鍵在於利用各式各樣的資訊與知識，但這些資訊並不是以一種集中或完整的形式存在，而是以不全面的、有時甚至是相互矛盾的形式，被獨立的個人所掌握。[89]我們在參與經濟活動的過程中，比如在實施援助時，如何才能有效地收集和利用這些分散的資訊？有兩種截然對立的方式。第一種方式是中央計畫：由一個權威機構為整個經濟體系集中地制訂計畫。第二是自由競爭：由許多個人分散地制訂計畫。哪一種方式的效率更高，取決於在哪一種制度下能更充分地利用現有的知識。

從中央計畫出發，需要一個由專家組成的權威機構，這個機構雖然掌握著最好的知識，但我們可以肯定這樣一個機構無法收集到全部的資訊，因為市場上還存在一些非常重要但未被組織起來的知識，即特定時空情勢的知識（the knowledge of the particular time and place），這樣的知識不是科學知識。每個人都掌握著一些獨一無二的知識與資訊，而基於這種資訊的決策只能由每個個人來做出，或由他積極參與做出。只有分散的個人參與其中，這種資訊才能被利用。[90]所以，海耶克認為，從長遠來看，靠中央計畫來管理經濟是不可行的、低效的。好的計畫依賴人們對社會中分散知識的利用，而利用這

---

88 （美）威廉·伊斯特利：《白人的負擔：為什麼西方的援助收效甚微》，第3頁。
89 （英）海耶克：〈知識在社會中的運用〉，載《個人主義與經濟秩序》，生活·讀書·新知三聯書店2003年版，第117頁。
90 （英）海耶克：〈知識在社會中的運用〉，載《個人主義與經濟秩序》，第121頁。

些知識最好的方法就是由掌握這些訊息的個人來制訂計畫。那麼,個人又是根據什麼來制訂計畫呢?

　　海耶克認為這個機制就是價格體系(price system),它是交流資訊與溝通資訊的重要機制,每個人都能夠依據自己在某一領域所掌握的資訊,協調他們彼此獨立的行動。[91]「要完成這種調節,不是通過『有意識的控制』,而只有通過具體安排,向每個企業單位傳播它必須獲悉的消息,以便使它能夠有效地調整自己的決定以適應其他人的決定。」[92]海耶克總結了利用價格機制的優點,即快捷和經濟。利用價格來做決策可以省略很多不必要的環節。決策者不需要收集面面俱到的、各式各樣的資訊,只需要通過市場上的價格信號,就能瞭解經濟運行的狀況。也正因為如此,利用價格信號來做經濟決策不僅迅速,而且代價很低。參與這一體系的每個人只需要掌握很少資訊便能採取正確的行動。[93]海耶克為價格機制所取得的成就而發出驚歎:如果這種機制是人類精心設計的結果,如果人們在價格變化的引導下懂得他們的決策之意義遠遠超出其直接目的的範圍,則這種機制早已會被譽為人類智慧的一個最偉大的成就了。[94]

　　通過價格體系的作用,人們就能使資源得到有效利用。不過,在經濟發展的不同階段,海耶克論述的有效性也存在差異。經濟發展早期所需要收集的分散性知識少,計畫還可能取得成效。但當經濟發展程度更高,中央計畫機構難以整合分散的知識時,與市場經濟相比,計劃經濟的效率就顯著降低了。有研究者發現,當後進國家處於追趕階段時,可以通過技術模仿推動經濟發展,此時政府介入是比較有效的,計畫的作用可能優於自由市場;當後進國家步入領先階段時,它們開始需要引領技術創新來驅動經濟發展,此時政府介入便逐漸失去

91（英）海耶克:〈知識在社會中的運用〉,載《個人主義與經濟秩序》,第128—129頁。
92（英)海耶克著,王明毅等譯:《通往奴役之路》,中國社會科學出版社1997年版,第52頁。
93（英)海耶克:〈知識在社會中的運用〉,載《個人主義與經濟秩序》,第129頁。
94（英)海耶克:〈知識在社會中的運用〉,載《個人主義與經濟秩序》,第131頁。

往日的效果。在領先階段，自由市場的優越性尤其顯著。[95]

　　海耶克在《通往奴役之路》一書中，表達了同樣的主張。該書在美國出版後，一再加印，幾度缺貨。海耶克自己也沒有料到他的著作會在美國如此受歡迎。其中一個重要原因是美國的《讀者文摘》刊登了該書的縮編版，而且這一轉載伴隨著再創造。編輯將海耶克的立場簡單化、極端化，以至於海耶克在原書中強調的諸多限制都不見了。[96] 不過，海耶克的主張是一以貫之的。他擔心現代人過於自信，相信自己可以在一個理性設計的基礎上構建一個全新的社會秩序。

　　隨著經濟的演進，經濟系統更為複雜，有人就建議用計劃經濟來管理複雜的經濟系統。但海耶克在《通往奴役之路》中強調，恰恰相反，「整體越複雜，我們就越得憑藉在個人之間的分散的知識」。[97] 他認為，依靠自由市場釋放的價格信號才是管理複雜經濟的最有效辦法。「如果我們曾經必須憑藉有意識的集中計畫發展我們的工業體系的話，我們就絕不會達到它現在所達到的這樣高度的多樣性、複雜性和靈活性。和分權加上調節這種解決經濟問題的方法相比，集中管理這種方法便更顯得是令人難以置信的笨拙、原始和範圍狹小的方法。」[98] 海耶克越來越頻繁地把自己稱為研究「無知」的理論家。他認為每個人只能擁有整個世界全部可得知識中的極少部分。[99]

　　1974年，海耶克在斯德哥爾摩發表諾貝爾經濟學獎獲獎演說，題目是《知識的僭妄》。他指出：市場是一種十分複雜的現象，幾乎永遠不可能了解和計算。市場的每個參與者都擁有特殊的資訊，會影響價格與工資。這些資訊與知識分散在無數的個人中間，但是，這卻是科學的觀察者或者任何一個獨立的頭腦無法全部掌握的。「把科學

---

95 陳瑋、耿曙：〈發展型國家的興與衰：國家能力、產業政策與發展階段〉，《經濟社會體制比較》2017年第2期。

96 （美）安格斯‧伯金：《偉大的說服——哈耶克、弗里德曼與重塑大蕭條之後的自由市場》，第102—106頁。

97 （英）海耶克：《通往奴役之路》，第52頁。

98 （英）海耶克：《通往奴役之路》，第53頁。

99 （美）安格斯‧伯金：《偉大的說服——哈耶克、弗里德曼與重塑大蕭條之後的自由市場》，第132頁。

方法無法做到的事情委託給科學，或按照科學原則去進行人為的控制，有可能招致令人悲哀的後果。」海耶克希望人們記住：市場在整理分散的資訊方面，比任何人類精心設計的方法都更為有效。[100]

　　20世紀70年代，羅馬尼亞總理馬尼亞‧曼內斯庫（Manea Manescu）身上有著經濟學家、統計學家、大學教授、科學院院士等諸多光環。他的著作《經濟控制論》出版以後，風靡一時。可惜，即便是有著「科學」光環的計畫，也難以獲得良好的經濟績效。曼內斯庫治理下的羅馬尼亞，經濟更加集中、日益僵化。根據「經濟控制論」實施的經濟政策不僅沒能完成計畫指標，還讓羅馬尼亞經濟陷入惡性循環。據此，海耶克為理性設定了限度，「我們的經濟制度從來就不是我們設計的，因為我們的智力還不足以承擔此項任務……需要指出的是，如果我們無視我們理性的限度，這種雄心和抱負便有可能促使我們把我們的制度引向毀滅。」[101]

　　個人不要自負地以為自己的理性可以為社會進步做宏大規劃。社會進步常常不靠規劃，而依賴演化，乃至技術進步也如此。技術進步具有不確定性，技術的作用可能長期不能被認識和利用。比如貝爾實驗室發明了雷射，但卻沒有想到會有多大價值。積體電路發明以後，《時代週刊》並沒有將這則新聞放在顯著位置，而以為積體電路的發明僅僅有用於助聽器。直到20世紀90年代，阿斯匹靈才被發現可以用於治療心臟病。[102]技術進步過程中伴隨著各種各樣的不確定性，因此很難用計畫來規劃。用價格信號來協調經濟運行可能存在短期成本，但價格信號不僅具有靈活性，還釋放了人的活力，促進了創新。「雖然在短時期內我們為多樣化和選擇的自由所必須付出的代價有時可能是很高的，但在長期內即使是物質福利的進展也將有賴於這種多

100（英）海耶克：〈知識的僭妄〉，載海耶克著，馮克利譯《哈耶克文選》，江蘇人民出版
　　社2007年版，第406—415頁。
101（英）海耶克著，鄧正來等譯：《法律、立法與自由》，中國大百科全書出版社2000年
　　版，第513—514頁。
102 Nathan Rosenberg, "Uncertainty and Technological Change", in Landau Ralph, Timothy
　　Taylor, and Gavin Wright, eds., *The Mosaic of Economic Growth*, Stanford: Stanford
　　University Press, 1996, pp. 334-353.

樣性，因為我們不能預見從那些可以提供商品或勞務的許多形態中，究竟哪一種可能發展出更好的東西來。」[103] 在經濟生活中、科學研發中以及其他方方面面，不確定總是伴隨人們的生活，因此，需要允許人們大膽地嘗試，而不是自上而下的嚴格計畫。依賴計畫會削弱人們的創新精神。「如果把政治行動範圍搞得過大，以至於幾乎只有官僚機構才能掌握有關這一政治行動的必要知識，那麼個人的首創性一定會減弱。」[104]

　　海耶克指出，儘管經濟計畫在短期內可能獲得巨大的成功，而且能具有「集中力量辦大事」的優勢，但是這樣的成效往往伴隨巨大的浪費。「孤立地看，許多事情中的每一件，都可能在一個有計劃的社會中完成，這個事實使許多人熱衷於計畫……德國和義大利的那些壯麗的公路是常常被引用的例子。」[105] 但是，在海耶克看來，這些吸引眼球的政績工程恰恰是資源被浪費的例證。1957年，蘇聯成功發射了世界上第一顆人造衛星史普尼克（Sputnik），這使得不少美國民眾表現出歇斯底里的情緒，他們埋怨美國政府績效不佳、脆弱得不堪一擊。此後，蘇聯進行了世界上首次太空載人飛行，尤里‧加加林（Yuri Gagarin）成為人類歷史上第一個進入太空的太空人。當時，蘇聯在核、電子、空間等先進的科學技術領域都走在了世界的前列。海耶克指出，這些顯赫成績的背後，蘇聯的資源被扭曲配置了：「引用這種某一方面技術上的高超的事例來證實計畫的普遍優越性也同樣是不明智的。這樣說也許更正確：這種和一般條件不相適應的非凡的技術的卓越成就，是資源被誤用的證明。」[106] 這些資源原本可以按市場的需求投向民眾更為需要的地方。價格就可以提供足夠的資訊讓資源流向最需要的地方。如果資源持續被錯誤地配置，會影響長遠的經濟績效。

103（英）海耶克：《通往奴役之路》，第54—55頁。
104（英）海耶克：《通往奴役之路》，第223頁。
105（英）海耶克：《通往奴役之路》，第56頁。
106（英）海耶克：《通往奴役之路》，第56頁。

1928年到1937年，蘇聯的經濟實現了長時段的、快速的增長，年均增長率為11.9%。[107]蘇聯的官方統計顯示，1945年到1950年，蘇聯的國民所得幾乎翻倍，工業產值，包括重工業產值，接近1945年的兩倍。[108]有研究者指出，蘇聯當時身處經合組織國家以外，卻幾乎是唯一一個實現了與經合組織國家經濟業績趨同的國家。蘇聯成為當時經濟發展最成功的案例。[109]然而好景不長，從20世紀50年代末開始，蘇聯的各項經濟指標的增長便開始放緩。60年代伊始，蘇聯的社會總產值和國民收入的增長率都出現下降。此後，蘇聯的發展便處於停滯與衰退狀態，到1982年，蘇聯的人均GDP位列全球第70位，科技落後已開發國家10－15年。[110]在經濟變得日益複雜的同時，由於經濟計畫缺乏效率，蘇聯的計畫模式的弊端日益顯現。

大規模援助績效不佳的原因和蘇聯計畫模式的弊端都根源於經濟計畫。大規模援助往往是援助機構自上而下地實施計畫，他們無法獲得有效資訊，無法瞭解被援助者的需求，無法有效利用資源。從某種程度上講，蘇聯的計劃經濟模式仍用於全球的援助規劃中，這是導致西方的援助大都效果不佳的重要原因。

五　為何史達林的經濟模式會倒向其政治模式？

史達林執政時期，蘇聯的經濟模式背離了列寧的新經濟政策，走向更為嚴格的計畫模式。如表2-1所示，蘇聯的計畫指標包括了生產的方方面面：產出數量、產品價格、工人的分工、原材料和燃料的使用、總投資、生產成本、企業利潤以及技術進步等。

107 Earl Brubaker, "Embodied Technology, the Asymptotic Behavior of Capital's Age, and Soviet Growth", *The Review of Economics and Statistics*, Vol. 50, No. 3, 1968, pp. 304.

108 Philip Hanson, *The Rise and Fall of the Soviet Economy: An Economic History of the USSR from 1945*, London: Longman, 2003, p. 25.

109 Robert Allen, "The Rise and Decline of the Soviet Economy", *The Canadian Journal of Economics*, Vol. 34, No. 4, 2001, p. 861.

110 Richard Sakwa, *Soviet Politics: An introduction*, London and New York: Routledge, 1989, p. 251.

表2-1　1953年之前蘇聯政府下達給企業的主要計畫指標

（一）生產計畫 　1. 主要產品品種數量 　2. 總產值 　　其中：主要產品總產值、主要協作產 　　　　　品產值、新產品產值 　3. 商品產值 　　其中：主要產品商品產值	（六）原材料消耗計畫 　1. 主要產品原材料消耗定額 　2. 原材料儲備定額 　3. 原材料節約額
（二）生產技術發展計畫 　1. 新技術增產 　2. 新技術採用	（七）生產費用和成本計畫 　1. 生產費用總額 　　其中：直接費用、間接費用 　2. 主要產品工廠成本 　3. 主要產品商業成本 　4. 可比產品成本的降低
（三）基本建設投資計畫 　1. 基本建設投資額 　2. 基本建設工作總量 　3. 生產能力和其他工程項目交付使用 　4. 固定基金大修理	（八）財務計畫 　1. 固定基金總值 　2. 固定基金折舊 　3. 固定基金利用狀況 　　其中：設備利用率 　4. 流動資金總額 　　其中：生產用流動資金、流通資金 　5. 流動資金周轉速度
（四）物資技術供應計畫 　1. 上級機關分配給企業的物資 　2. 企業按協作等方式自行採購的物資	6. 自有流動資金和借入資金 　　其中：銀行信貸 　7. 利潤總額 　8. 盈利率（成本利潤率） 　9. 預算撥款 　　其中：基本建設與固定基金大修理撥 　　　　　款、增補企業流動資金、彌補 　　　　　事業費及其他生產外支出 　10. 預算繳款 　　其中：周轉稅、上繳利潤、上繳多餘 　　　　　自有流動資金
（五）勞動計畫 　1. 勞動生產率 　　其中：全員勞動生產率 　　　　　工人勞動生產率 　2. 企業人員編制數（工人、工程技術 　人員和職員等） 　3. 工資基金 　4. 平均工資 　5. 幹部培養	（九）其他

資料來源：金揮、陸南泉、張康琴主編《論蘇聯經濟：管理體制與主要政策》，遼寧人民出版社1982年版，第33頁。

　　政府對生產目標制定了清晰而具體的指標，對生產過程進行明確的控制。在一段時期，尤其在迅速工業化以及對抗納粹德國入侵時期，這樣的經濟模式卓有成效，取得了較大的經濟成就。但問題也接踵而至，其中一個就是蘇聯的政治生活開始呈現集權化趨勢。經濟計畫和政治集權是如影隨形的嗎？或者如《科學》雜誌提出的諸多問題之一：經濟自由和政治自由二者是相伴相生嗎？海耶克的回答是肯定的。

　　要回答為何蘇聯從史達林的經濟模式倒向其政治模式，就需要理解計劃經濟的政治後果：政府執行經濟計畫會導致民主與法治的衰敗。海耶克在《通往奴役之路》第二章的開篇引用了德國詩人腓特烈·賀德林（Friedrich Holderlin）的詩歌：「使一個國家變成人間地獄的東西，恰恰是人們試圖將其變成天堂。」[111] 像「由政府控制產業發展」這種表面上無關痛癢的原則，「會為那種歧視和壓迫政策提供幾乎無限的可能性」。[112] 值得一提的是，儘管海耶克此書是對蘇聯經濟模式和政治模式的嚴厲批評，南開大學教授滕維藻等人還是在20世紀60年代將《通往奴役之路》譯成中文，由商務印書館出版。此書在當時是內部讀物，但卻是一個縮影。中國對西方學說的翻譯和介紹一直在進行中，這和蘇聯有著非常大的不同。

　　海耶克對當時流行的「計劃經濟可以帶來更為平等的社會」的思潮發出警告：「他們之所以宣導計畫，不再是由於它的生產力高，而是由於它能使我們得到一個比較公正和平等的財富分配。」[113] 但是，「為了實現某些人的公平理想，我們必須付出的代價」。這個代價就是犧牲民主、犧牲法治。海耶克還警告：走計劃經濟的道路是通往奴役的道路。

　　為什麼計劃經濟會破壞民主制度？海耶克斷言：「計畫導致獨

111（英）海耶克：《通往奴役之路》，第29頁。
112（英）海耶克：《通往奴役之路》，第86頁。
113（英）海耶克：《通往奴役之路》，第97頁。

裁，因為獨裁是強制推行各種理想的最有效工具」。[114]如果實施大規模的經濟計畫，那麼民主制度固有的拖沓推諉會讓大多數計畫難以繼續，受到挫敗的民眾會期望把任務交給一小撮專家，或者由個人來完成。在民主制度下，「儘管每個人可能都希望國家以某種方式採取行動，但在政府應該幹些什麼的問題上，幾乎是有多少不同的人，就有多少種看法」。[115]民主制度下，民眾有著順暢的政治參與管道和意見表達途徑。意見紛呈也是民主制度的顯著特點。這麼一來，在民主制度下，事無巨細的計畫難以制訂，也難以執行。急切的民眾就指望專家來制訂並完成這些計畫，把管理經濟的權力交給專家或個人。「希望賦予政府或某些個人權力，使他們能盡其責。如果要有所作為的話，負責的當局必須得擺脫民主程序的羈絆，這種信念變得越來越流行。」[116]

當把權力交給這些專家以後，他們會逐漸掌握專斷的權力。「而且對於各種目標中哪一個應給予優先選擇權，也只有他們這些專家才處於能做決定的地位。不可避免地，專家們將他們的選擇尺度加之於他們為之計畫的集體。」[117]更為危險的是，一旦這些專家掌握了強大的經濟權力，民眾則無法維持政治自由，因為這些專家控制了民眾的所有目標，擁有了影響大眾的手段。專家們對經濟權力的控制會延伸到政治領域，塑造民眾的偏好。「任何控制一切經濟活動的人也就控制了用於我們所有的目標的手段，因而也就必定決定哪一種需要予以滿足和哪一種需要不予滿足。這實際上是問題的關鍵。經濟控制不僅只是對人類生活中可以和其餘部分分割開來的那一部分生活的控制，它也是對滿足我們所有目標的手段的控制。任何對手段具有唯一控制權的人，也就必定決定把它用於哪些目標，哪些價值應得到較高的估價，哪些應得到較低的估價──總之，就是決定人們應當相信和應當

114（英）海耶克：《通往奴役之路》，第72頁。
115（英）海耶克：《通往奴役之路》，第63頁。
116（英）海耶克：《通往奴役之路》，第68頁。
117（英）海耶克：《通往奴役之路》，第66─67頁。

爭取的是什麼。集中計畫意味著經濟問題由社會解決而不由個人解決，而這就必然也要由社會，或者更確切地說，由社會的代表們，來決定各種不同需要的相對重要性。」[118]這個時候，民眾犧牲掉的就不再僅僅是經濟利益。

當經濟計畫開始蔓延到經濟生活方方面面的時候，民眾的政治權利也會逐漸喪失。「我們不能無限地擴大公共行動領域而仍讓個人在其自己的領域中自由自在。一旦國家控制所有手段的公共部分超過了整體的一定比例，國家行為的影響才會支配整個體系。儘管國家直接控制的只是對大部分可取資源的使用，但它的決策對經濟體系其餘部分所產生的影響是如此重大，以致它幾乎間接地控制了一切。」[119]傅利曼也指出：「自由是一個整體，在我們生活中，減少某一方面的自由，很可能會影響到其他方面的自由。」[120]經濟自由沒有了，政治自由也就危在旦夕了。

這樣的社會和競爭性社會的不同在於，它由一個壟斷者決定我們的偏好。我們無從選擇，只有唯命是從。「在一個競爭性的社會中，我們的選擇自由是基於這一事實：如果某一個人拒絕滿足我們的希望，我們可以轉向另一個人。但如果我們面對一個壟斷者時，我們將唯他之命是聽。而指揮整個經濟體系的當局將是一個多麼強大的壟斷者，是可以想像得到的。」[121]這個壟斷者將「決定我們應該取得什麼的，並不是我們自己對何者應喜愛、何者不應喜愛的看法，而是他人對這一問題的看法」。[122]

這個時候，民主制度將不復存在，「即使形式上是民主的，如果它集中管理經濟體系的話，可能會和任何專制政體所曾做的一樣完全破壞了個人自由」。[123]海耶克尤其強調，不要以為還保有民主的外

118（英）海耶克：《通往奴役之路》，第90頁。
119（英）海耶克：《通往奴役之路》，第63頁。
120（美）米爾頓‧傅利曼、羅斯‧傅利曼：《自由選擇》，第66頁。
121（英）海耶克：《通往奴役之路》，第91—92頁。
122（英）海耶克：《通往奴役之路》，第92頁。
123（英）海耶克：《通往奴役之路》，第71頁。

衣就是民主的政體，在實施經濟計畫的過程中，民主已經被犧牲了。「沒有理由相信，只要相信權力是通過民主程序授予的，它就不可能是專橫的。」[124]即便有競選，即便民眾通過選舉授權給領導人，在權力運行過程中，經濟計畫恰恰缺乏對政治權力的限制。因此，計劃經濟會破壞民主制度。不僅如此，海耶克指出計畫經濟還會破壞法治。

　　海耶克認為，法治需要有先定約束，需要人們可以預見。「法治的意思就是指政府在一切行動中都受到事前規定並宣布的規則的約束——這種規則使得一個人有可能十分肯定地預見到當局在某一情況中會怎樣使用它的強制權力，和根據對此的瞭解計畫它自己的個人事務。」[125]如果實施經濟計畫，這兩點都無法保障，政府既無法給民眾一個先定約束，中央計畫機構的行為也無法預見。「法治的基本點是很清楚的：即留給執掌強制權力的執行機構的行動自由，應當減少到最低限度。」[126]計畫不可能讓當權者的行動自由降低到最低限度，計畫恰恰在擴大當權者的自由，擺脫先定約束，讓人們無法預見。

　　試想一下：「當政府要決定飼養多少頭豬，運營多少公共汽車，經營哪些煤礦或按什麼價格出售鞋子時，這些決定不可能從形式原則中推論出來，或者事先做出長期的規定。」[127]要計畫這些事務，我們都不能事先用一般性的規則加以約束。「它們不得不取決於當時的環境，並且在做出這些決定時，常常必須對各種人和各個集團的利害逐個地予以比較權衡。最終必得由某個人的觀點來決定哪些人的利益比較重要。」[128]當一個社會的運行以及利益的優先順序由計畫者權衡取捨，法治就難以維持了。因為在這樣的社會，什麼都由計畫者看情況而定。海耶克說，或許這樣的社會在表面上還維繫法治，但是這樣的法治是假的法治。「如果說，在一個有計劃的社會，法治不能保持，這並不是說，政府的行動將不是合法的，或者說，這樣一種社會就一

124（英）海耶克：《通往奴役之路》，第72頁。
125（英）海耶克：《通往奴役之路》，第73頁。
126（英）海耶克：《通往奴役之路》，第74頁。
127（英）海耶克：《通往奴役之路》，第75頁。
128（英）海耶克：《通往奴役之路》，第75頁。

定是沒有法律的。它只是說，政府強制權力的使用不再受事先規定的規則的限制和決定。」[129]

海耶克指出，自由主義的經濟秩序恰恰需要法治和規則，「自由主義的論點，是贊成盡可能地運用競爭力量作為協調人類各種努力的工具，而不是主張讓事態放任自流。它是以這種信念為基礎的：只要能創造出有效的競爭，這就是再好不過的指導個人努力的方法。它並不否認，甚至還強調，為了競爭能有益地運行，需要一種精心想出的法律框架……它也不否認，在不可能創造出使競爭有效的必要條件的地方，我們就必須採用其他指導經濟活動的方法」。[130]海耶克強調競爭不是自由放任，而需要制度框架，這和亞當·史密斯形成呼應。史密斯擔心私人利益如果沒有制度約束將會導致重大的災難。海耶克同樣如此，「一個有效的競爭制度和其他制度一樣，需要一種明智規劃的並不斷加以調節的法律框架」。[131]他指出，「自由放任」一詞是對於自由主義政策所依據原則的描述。但是，這一簡單描述卻是模糊不清的，也是容易引起誤解的。自由主義的經濟政策不是無所作為，而是要政府積極促進競爭，並為競爭的市場制定出一套可以預見的規則。「每一個政府當然必須有所行動，而政府的每一行動都要干涉這樣或那樣的事。但這並非是問題的關鍵。重要的問題是個人能否預見到政府的行動，並在制訂自己的計畫時，利用這種瞭解作為依據。」[132]

因此，在海耶克來看，蘇聯從「史達林模式的經濟」滑向「史達林模式的政治」只是一步之遙。「各種經濟現象之間密切的相互依存使我們不容易使計畫恰好停止在我們所希望的限度內。」[133]實施大規模的經濟計畫，對海耶克及其追隨者而言，就意味著民主和法治的衰落，是一條通往奴役的道路。

關於經濟自由與政治自由二者的關係，海耶克及其追隨者會毫

129（英）海耶克：《通往奴役之路》，第82頁。
130（英）海耶克：《通往奴役之路》，第40—41頁。
131（英）海耶克：《通往奴役之路》，第43頁。
132（英）海耶克：《通往奴役之路》，第81頁。
133（英）海耶克：《通往奴役之路》，第103頁。

無保留地認為二者如影隨形。他們喜歡用蘇聯時期的例子來佐證這一論點。不過從被西方國家譽為「民主的櫥窗」──印度的經驗來看，經濟自由與政治自由的關係並非如此確鑿無疑。獨立後的印度，實施過較長時期的計劃經濟。印度的首任總理賈瓦哈拉爾·尼赫魯（Jawaharlal Nehru）及其同事都有較強的社會主義傾向。印度贏得獨立以後，以尼赫魯為代表的印度領導人大都認為國家需要對經濟進行積極干預。在聯邦一級，印度政府設置了計劃委員會，印度領導人選拔該委員會中比較能幹的、資深的官僚負責制定鋼鐵政策。事實上，印度的鋼鐵業還取得了不錯的業績。1950年到1964年，印度的鋼鐵產量以年均11％的速度增長。這為此後，乃至今天印度鋼鐵業的發展奠定了基礎。在英吉拉·甘地（Indira Gandhi）擔任總理期間，她甚至規定大型的紡織廠必須按計劃價格向貧困的消費者出售它們的大部分產品。缺乏效率的生產者一遇到市場的不測波動，英吉拉·甘地就宣布將它們國有化。[134]人們對印度計劃經濟所取得的經濟績效或許存在爭議，因為和發展起點類似的國家相比，它的經濟績效處於中間位置。但是，印度的計劃經濟卻沒有倒向集權政治，它仍舊維繫了印度的民主。這或許是一個異常案例，但是它卻提醒海耶克及其追隨者，經濟自由和政治自由二者的關係並非如此明確。

　　海耶克強調：「私有制是自由的最重要的保障，這不單是對有產者，而且對無產者也是一樣。只是由於生產資料掌握在許多個獨立行動的人的手裡，才沒有人有控制我們的全權，我們才能夠以個人的身份來決定我們要做的事情。如果所有生產資料都落到一個人手裡，不管它在名義上是屬於整個『社會』的，還是屬於獨裁者的，誰行使這個管理權，誰就有全權控制我們。」[135]他認為計畫不僅沒有消除不平等，反而製造了人為的不平等。「非人為的力量所造成的不平等比有計劃地造成的不平等，無疑地更容易忍受些，其對個人尊嚴的影響也

134（美）阿圖爾·科利著，朱天飈、黃琪軒、劉驥譯：《國家引導的發展──全球邊緣地區的政治權力與工業化》，吉林出版集團有限責任公司2007年版，第308、319頁。
135（英）海耶克：《通往奴役之路》，第101頁。

小得多。」[136]「一個富人得勢的世界仍比一個隻有得勢的人才能致富的世界要好些，試問誰會否認這一點呢？」[137]

因此，海耶克告誡英國民眾，不要希望通過計畫來實現社會保障，計劃也不能帶來經濟平等，因為這樣做不僅得不償失，反而會讓自己身陷囹圄，使自己生活在一個計畫的牢籠裡。「如果人們在過於絕對的意義上理解保障的話，普遍追求保障，不但不能增加自由的機會，反而構成了對自由的最嚴重的威脅。」[138]

海耶克指出，不要試圖去設計一個宏大的改造社會工程。我們不能像駕馭自然力量那樣駕馭社會力量。如果有人說，「我們必須像學會如何駕馭自然力量那樣學會如何駕馭社會力量」，那他們就錯了。如果你試圖駕馭社會力量，「這不僅是一條通向極權主義的道路，而且是一條通向我們文明的毀滅的道路，一條必然阻礙未來進步的道路」。[139]中國有句古話叫：「聖人不死，大盜不止」，海耶克用自己的話重複了這句名言：「從純粹的並且真心真意的理想家到狂熱者往往只不過一步之遙。……如果讓世界上每一方面最著名的專家毫無阻礙地去實現他們的理想的話，那將再沒有比這個更難忍受和更不合理的世界了。」[140]

因此，要實現人類的進步，不能依賴經濟計畫。「要創造有利於進步的條件，而不是去『計畫進步』」；「維護個人自由的政策是唯一真正進步的政策」。[141]

米爾頓・傅利曼在《資本主義與自由》以及《自由選擇》這兩部書中呼應了海耶克的論述。傅利曼指出，不要以為經濟上實行蘇聯式的計劃，通過恰當的政治安排，就可以保障人們的自由。經濟自由是達到政治自由必不可少的手段。如果經濟上是自由的，經濟力量可

136（英）海耶克：《通往奴役之路》，第103—104頁。
137（英）海耶克：《通往奴役之路》，第102頁。
138（英）海耶克：《通往奴役之路》，第116頁。
139（英）海耶克：《通往奴役之路》，第195頁。
140（英）海耶克：《通往奴役之路》，第57頁。
141（英）海耶克：《通往奴役之路》，第226—227頁。

以牽制專橫的政治力量，而不是加強這一力量，因為經濟力量往往是分散的，難以集中；而政治力量卻容易集中到一起。一個國家可能有很多百萬富翁，卻往往只有一個政治領袖。在資本主義社會，財富的不平等讓富人有足夠的經費出資贊助改變社會的運動；資本家為了迎合市場需求，會出資發行受民眾歡迎的、持有異見的報章雜誌。而當經濟資源掌握在政府手中，人們則無法獲得這些資助來制衡專斷的權力。[142]「凡是那些國家對其公民的經濟活動事無巨細地加以控制，詳細的中央經濟計畫占統治地位的地方，我們發現其公民深受政治束縛，生活水準較低，而且幾乎沒有力量來掌控自己的命運。」[143]傅利曼列舉的一些例子儘管荒誕不經，但卻是一以貫之的邏輯，競爭的自由市場不僅會帶來經濟價值，即更高的經濟績效，還有政治價值，可以保障人的自由。

六　政府是否應該強制推行年金保險？

付達信是湖南省衡陽市的一位農民。由於年歲變老，又無人養老。2008年9月，時年69歲的付達信持刀在北京站廣場搶劫。他這麼做就是為了入獄以便能有地方養老。2008年11月，法院判處付達信兩年有期徒刑，他還抱怨法院判得太輕。進了看守所的付達信與眾不同的是，別人愁眉苦臉，他卻喜上眉梢。因為他不必再為吃飽飯而四處奔波了。一年半後，付達信提前出獄。那麼，為了讓付達信這樣的人到了老年仍有生活保障，政府是否應該強制收取年金保險，防止人們到了老年陷入困境呢？

「經濟自由中很重要的一部分便是支配自己收入的自由：我們給自己花多少錢，花在哪些方面；存多少錢，以何種形式存錢；給別人花多少錢，給誰花等等。當前，我們的收入的40%以上被政府花掉

142（美）米爾頓・傅利曼著，張瑞玉譯：《資本主義與自由》，商務印書館2004年版，第9—23頁。
143（美）米爾頓・傅利曼、羅絲・傅利曼：《自由選擇》，第53頁。

了。」[144]米爾頓・傅利曼和海耶克一樣是新自由主義潮流的旗手。他反對政府強制民眾購買政府提供的年金保險，反對政府替民眾花錢，尤其反對政府介入再分配——無論是對個人在不同時期的分配還是人際間的分配。政府強制購買年金保險是政府介入個人在不同時期的收入分配。傅利曼認為，民眾既可以選擇不購買年金保險，也可以選擇到私人機構那裡購買年金保險。如果政府提供的年金保險比較有效率，那麼其售價會更低，民眾自然願意購買。否則，政府強制民眾購買年金保險，不僅形成壟斷，還導致政府雇用大量的專家和雇員，製造了龐大的官僚機構，這是家長主義的作風。特殊利益集團中最主要的構成就是實施計畫的大批官僚，他們正是靠這些計畫過活的。「大部分福利沒有用在窮人身上，其中有些被行政開支挪用，以優厚的薪酬維持一個龐大的官僚機構。」[145]即便政府強制民眾購買年金保險這樣的做法是出於善良的意願，但傅利曼指出：「我們這些相信自由的人必然會相信自己有犯錯誤的自由。假如有人喜歡活在當下，喜歡眼前享樂，故意選擇一個更為拮据的老年生活。那麼，我們有什麼權力來阻止他這樣做呢？我們是否有權強制他，讓他不能做自己想做的事情？可能他是對的，我們是錯的。」有人或許會說這些人會成為社會的負擔。但是傅利曼問：假如90%的人都不購買保險，到了老年成為社會的負擔，這一論點才有說服力。但是如果只有1%的人會成為負擔，為什麼為了避免這1%的人成為負擔，而限制99%的人的自由呢？因此，政府強制購買年金保險獲得很少的好處，卻花費了很大的代價，這樣的政府干預是得不償失的。[146]

那麼，即便對養老問題不管不顧，政府是否也應該對貧富分化無動於衷呢？政府是否需要積極作為，以促進一個社會更為「平等」呢？每年，《富比士》雜誌都會公布一份全美最富有的400人名單。曾經連續十多年，微軟創始人比爾・蓋茨都位居榜首。2017年，《富

144（美）米爾頓・傅利曼、羅絲・傅利曼：《自由選擇》，第62頁。
145（美）米爾頓・傅利曼、羅絲・傅利曼：《自由選擇》，第103頁。
146（美）米爾頓・傅利曼：《資本主義與自由》，第196—205頁。

比士》雜誌估計他的淨資產為860億美元。躋身財富排行榜的還有投資家華倫‧巴菲特、沃爾瑪的所有者、臉書、谷歌和亞馬遜的創始人、石油大亨等。實際上，美國最富有的人擁有全國三分之一的財富，超過了底層90%的家庭所擁有的財富之和。籃球巨星麥可‧喬丹也是美國富人中的一員。為了實現一個更加公平的社會，我們是否應該對喬丹徵稅呢？桑德爾在其《公正》一書中展示了自由至上主義（Libertarianism）者的論證：當然不應該。讓我們設想一下，喬丹退役以後，芝加哥市政廳或者美國國會為了安撫不滿的芝加哥公牛隊球迷，通過投票要求喬丹再打三分之一賽季的比賽。如果這樣的事情發生了，大家會覺得這樣的法律是不公正的，因為它侵犯了喬丹的自由。可是，如果國會不能強迫喬丹重返籃球場，哪怕只是強迫喬丹去打三分之一賽季的籃球，那麼，它又有什麼權力強迫喬丹放棄他打三分之一賽季的收入呢？[147] 因此，徵稅就是奴役，就像強迫勞動。

　　傅利曼在與妻子合著的《自由選擇》一書的第五章中，談到了他對「公平」問題的看法，這代表了自由主義政治經濟學者對「平等」這一問題的看法。傅利曼反對政府採用經濟政策提供社會福利，促進「平等」。

　　「道義的責任是個人而不是社會的事情，孩子照顧自己的父母是出於愛或責任感。現在，他們為他人的父母解囊是由於受到政府的強制和出於恐懼。」[148] 事實上，政府靠徵稅來提供養老與福利也沒有幫助到窮人，因為，「福利津貼的發放確實是偏於照顧工資較低的人。這種照顧被另外一種情況大大地抵消了。窮人家的子弟開始工作的時間較早，因而開始納稅的年齡都比較早；而富人家的子弟則晚得多。另一方面，就生命週期而言，低收入者的平均壽命比高收入者的平均壽命短。結果，窮人納稅的年頭比富人長，領取福利津貼的年頭比富

147（美）邁可‧桑德爾著，朱慧玲譯：《公正：該如何做是好？》，中信出版社2011年版，第75頁。
148（美）米爾頓‧傅利曼、羅絲‧傅利曼：《自由選擇》，第101頁。

人短」。[149]

　　因此，傅利曼反對政府積極去建設一個結果公平的社會，他強調「機會平等」，指出機會平等的真正含義是：「前途向人才開放。」[150]那些促進機會平等的政策措施是促進我們自由的，而那些強調結果平等的措施則是損害自由的。「只要有自由，今日之窮困潦倒者就有機會成為飛黃騰達者；在此過程中，幾乎上上下下每個人都能受益，過上更加健全、更加富裕的生活。」[151]相反，政府促進結果公平的政策措施，卻會導致一些嚴重的後果。

　　首先，追求結果平等的政策會滋生特權階層。傅利曼對特權階層與既得利益集團心存忌憚。他認為：「用強制力量來追求平等，只能摧毀自由；而且，強制力量，即便最初是為了實現良好的意圖才使用的，最終也會被一小撮人所攫取，他們以之來牟取私利。」[152]「很多人不遺餘力地鼓吹平等理念，通過立法手段將其理念轉化為各種法律法規，並在各種場合大肆宣揚，這些都是他們獲得收入的有效手段。」[153]強調社會平等的蘇聯，那裡的國民可以分為兩類：「一邊是一小撮上層特權階級，各級政府官員以及科技人員；另一邊是廣大的人民群眾，他們的生活水準比先輩們強不了多少。上層階級可以到專門的商店裡購物，可以到專門的學校裡上學，可以享受各式各樣的奢侈品；廣大群眾卻只能消費最基本的生活必需品。我們在莫斯科旅行時，看到一輛大型轎車，於是就問當地的導遊買這輛車要多少錢，導遊答道：哦，這個不賣，這是政治局委員專用的。」[154]其次，追求結果平等的政策會使能力強、受過良好訓練的並且充滿活力的人遠走異國他鄉。因為追求結果平等的社會妨礙了他們這些人的價值實現，他們只好另覓他途。「誰都不願意把自己辛辛苦苦創造出來的成果，拱手讓

149（美）米爾頓‧傅利曼、羅絲‧傅利曼：《自由選擇》，第101頁。
150（美）米爾頓‧傅利曼、羅絲‧傅利曼：《自由選擇》，第127頁。
151（美）米爾頓‧傅利曼、羅絲‧傅利曼：《自由選擇》，第143頁。
152（美）米爾頓‧傅利曼、羅絲‧傅利曼：《自由選擇》，第143頁。
153（美）米爾頓‧傅利曼、羅絲‧傅利曼：《自由選擇》，第137頁。
154（美）米爾頓‧傅利曼、羅絲‧傅利曼：《自由選擇》，第142頁。

給素不相識的人。」[155] 傅利曼列舉了以色列農莊的例子，指出加入集體農莊的人從來沒有超過以色列人口總數的5%。因此，這部分重視平等的人在人口中的比重，可能至多就是5%。不能因為一小部分民眾的平等訴求，而趕走大多數人。

此外，和大部分自由主義政治經濟學家一樣，傅利曼認為追求平等會影響生產效率。那麼，促進平等的舉措是否會影響效率呢？事實上，如表2-2所示，提供福利較多的第一類經濟體經濟的增長率並不比第二類強調自由市場的經濟體表現要差，至少差距不顯著。第一類國家提供福利較多，經濟增長率為2.4%，只比第二類國家低0.3個百

表2-2　1980－1990年兩類國家的經濟指標比較（％）

指標 國家	經濟增長率	失業率	通貨膨脹率
社會民主統合主義國家均值	2.4	4.3	6.7
奧地利	2.4	3.2	3.8
芬蘭	1.5	8.3	6.5
挪威	3.3	4.8	7.2
丹麥	2.7	3.0	8.0
瑞典	1.9	2.2	8.2
市場自由主義國家均值	2.7	7.5	5.8
加拿大	2.6	9.2	6.4
法國	1.9	9.0	7.0
日本	4.2	2.5	2.5
英國	2.0	9.5	7.6
美國	2.6	7.1	5.5

資料來源：Geoffrey Garrett, *Partisan Politics in the Global Economy*, New York: Cambridge University Press, 1998, p. 17, Table 1.3。

155（美）米爾頓・傅利曼、羅絲・傅利曼：《自由選擇》，第140頁。

分點。而且提供福利的國家失業率明顯更低，第一類國家比第二類國家的失業率低了近3個百分點。那麼，是什麼原因彌補了這些福利國家經濟增長的不足呢？

其中一個方面的原因是福利開支。教育開支和醫療開支，讓人們接受到更好的教育，生活得更健康，這屬於人力資本。當福利提高了一個國家的人力資本時，國家的經濟發展會受益，從而抵消了福利帶來的損害。另一方面的原因是，失業保險等福利措施為工人提供保護，提高了工人的流動性，也減緩了產業調整的阻力。當一些產業要升級的時候，需要淘汰原有技術與設備，失業保險「贖買」了工人，他們也就不會動員起來維護舊式技術。在這樣的經濟體中，流動的工人與靈活的產業讓經濟更有活力。再次，福利所提供的補償政策，讓經濟更容易開放，更容易引進競爭政策。全球經濟的不測波動讓各類人群的脆弱性都在增強，需要得到補償的不僅僅是工人，受到全球化負面影響的群體往往會組織起來反對開放。此時政府提供福利，補償受損者，可以為經濟開放提供支撐。最後，經濟發展需要安定的環境。投資者也願意投向政治上更為穩定的地方。福利緩和了勞資矛盾，勞工運動會更為平靜，節約下來的時間可以更多地投入生產，而且更為安定的環境也讓外資更願意湧入。

事實上，如果再加入其他一些指標，美國的「社會發展指數」就會系統地低於福利國家。美國人的平均預期壽命是已開發國家中最低的，嬰兒死亡率是已開發國家中最高的（美國嬰兒在出生第一年的死亡率是日本的兩倍）。[156]傅利曼為了推行其政策理念會將新自由主義的前景塗上玫瑰色。但如果將傅利曼的藥方照單全收，無論在政治還是經濟層面，有所得也就會有所失。

傅利曼認為福利可能增加犯罪，「在英國，各種粗暴的違法犯罪行為，近幾十年來日益增多，而這可能正是追求結果平等的後

156（英）理查・威爾金森、凱特・皮克特著，安鵬譯：《不平等的痛苦：收入差距如何導致社會問題》，新華出版社2010年版，第80—81頁。

果」。[157]這樣的猜想證據不足。美國的槍枝氾濫引發了大量的社會問題，在美國幾乎三分之二的兇殺案中都涉及槍枝。而在福利國家瑞士，政府向所有成年人發放一支來福槍，並允許他們自行保留。如果按人均槍枝計算，瑞士的人均槍枝持有量幾乎高於世界上任何國家，但它卻是世界上最安全的國家。[158]瑞士是平等社會享有更好的安全的典型案例。理查·威爾森（Richard Wilkinson）及其合作者的研究顯示：隨著不平等的增長，暴力犯罪也在增長。在不平等的國家中兇殺案也顯然更多，美國則居於已開發國家兇殺案案發率榜首。此外，就美國內部的情況來看，不平等的州內部兇殺案案發率也更高。[159]經濟的分化給美國帶來了更嚴重的社會問題。1972年時，美國被關押的犯人是30餘萬人，而到2008年，美國在押犯人數量躋身世界之最，約有230多萬人。在德國，每10萬人中有93人被關押；而在美國，則有750人被關押。[160]

　　傅利曼新自由主義的政策主張真的是「前途向所有人開放」嗎？如今，美國的年輕人是否能擁有光明的前途基本要仰仗兩個因素：父母的收入和父母的受教育程度。美國成了已開發國家中最缺乏社會流動的國家之一。在美國有一半以上的父親賺錢的優勢與劣勢會「遺傳」給下一代，而在加拿大只有五分之一。[161]美國已經存在比加拿大、瑞典、芬蘭、挪威，以及德國低得多的代際流動。[162]因此可以戲謔地說：「美國夢」需要去瑞典、挪威等國家實現。這意味著美國的經濟分化開始固化，開始影響下一代美國人。值得一提的是，儘管傅利曼強烈攻擊羅斯福新政和政府干預，事實上，得益於新政提供的就

---

157 （美）米爾頓·傅利曼、羅絲·傅利曼著：《自由選擇》，第141頁。

158 （美）史蒂芬·列維特、史蒂芬·都伯納著，劉祥亞譯：《魔鬼經濟學》，廣東經濟出版社2007年版，第150—151頁。

159 （英）理查·威爾金森、凱特·皮克特：《不平等的痛苦：收入差距如何導致社會問題》，第131頁。

160 Michelle Alexander, *The New Jim Crow: Mass Incarceration in the Age of Colorblindness*, New York and London: The New Press, 2010, p. 6, 8, 59, 92.

161 （美）雅各·哈克、保羅·皮爾森著，陳方仁譯：《贏者通吃的政治》，上海人民出版社2015年版，第17頁。

162 Emily Beller and Michael Hout, "Intergenerational Social Mobility: The United States in Comparative Perspective", *Future of Children*, 2006, Vo. 16, No. 2, pp. 19-36.

業機會，傅利曼才找到一份研究工作。他在美國國家經濟研究局、美國財政部等機構開始了其經濟學研究生涯。儘管那時候他的研究還沒有任何明顯的意識形態傾向，而更像一個統計專家。[163]

七　政府是否應該頒布行醫資格執照？

　　胡萬林原名叫胡震傑，他行走江湖，成為不少人敬仰的「神醫」。1999年1月，胡萬林以涉嫌非法行醫罪被河南商丘警方逮捕。2000年9月，商丘市中級人民法院以「非法行醫罪」判處胡萬林有期徒刑15年。胡萬林刑滿出獄後，重操舊業，再次捲入一起「非法行醫」命案。一名22歲大學生在飲用胡萬林開出的芒硝類「藥物」後死亡。那麼，政府是否應該頒布行醫資格執照，避免悲劇的重演？

　　在傅利曼看來，政府不應該管制人們的擇業自由。「推翻中世紀的行會制度是西方世界興起不可缺少的一步」，在19世紀中期的美國與歐洲，人們無須獲得政府頒發的執照就能做買賣或從事某一職業。有人或許會宣稱頒發從業資格執照是為公眾利益，但傅利曼認為事實並非如此。現實情況往往是，該行業的成員給政府施壓，頒發執照，進而建立行業進入壁壘，保障自身的壟斷收益。在傅利曼看來，這樣做就讓現代經濟倒退回了中世紀的行會制度。在很多時候，頒發執照規定的條款和申請人的專業資質無關。比如在20世紀50年代的美國，獲得藥劑師的從業資格執照要求他不能是一名共產黨員。因此，傅利曼認為，頒發職業執照是國家干預的體現，侵犯了個人自主選擇職業的自由。就醫生而言，美國醫學學會是美國一個大的利益集團。這一利益集團限制這一領域的從業人數，繼而限制了提供醫療服務的數量，抬高了價格。美國醫學學會把醫療業務局限在一小部分人手中，也限制了醫學實驗的數量，從而使得這個領域的知識增長速度更為緩慢。此外，這一規定還增大了患者在遭遇醫療事故時，向醫生索

163（美）安格斯・伯金：《偉大的說服——哈耶克、弗里德曼與重塑大蕭條之後的自由市場》，第211—212頁。

取賠償的困難程度，也使醫療品質下降，因為鑒定醫療事故的證詞往往來自醫學學會的成員，要讓一個醫生提供不利於他同行的證詞是非常不容易的。因此，傅利曼認為每個人都可以自由行醫，不受任何限制。

有人或許會問，沒有職業執照，如果消費者受到欺騙該怎麼辦？傅利曼的回答也是基於人是理性的假定。人是理性的，他們可以做出有效的選擇。如果有人患了感冒，他可以自由選擇醫生為他診治，既可以選擇要價比較便宜的醫生，也可以選擇費用更高的醫生。無論這位醫生是否有職業執照來從事這份工作。病人可以通過私人的評級服務，如好管家（Good Housekeeping）等來查看他們需要的醫生資訊。[164] 正如傅利曼《自由選擇》的書名一樣，他堅持人有選擇的自由。

2004年夏，颶風「查理」在美國佛羅里達州過境，奪走了22人的生命，造成110億美元的經濟損失。在奧蘭多的一家加油站，原本兩美元的冰塊賣到了10美元。時值盛夏，由於颶風造成大面積停電，當地居民不能使用冰箱與空調。人們別無選擇，只好高價去購買冰塊。在平時，商店裡的小型家用發電機的價格為250美元，停電期間卻漲到了2000美元。一位77歲的老婦人在颶風中倖免於難，她和她的丈夫以及女兒住進了一家汽車旅館。這家人被要求每晚支付160美元的房價。正常情況下，這家汽車旅館的房價只需要40美元。颶風過後，一家旅館因索價過高，被處以7萬美元的罰款和賠償。佛羅里達州總檢察長查理·克里斯特（Charlie Christ）指出：在緊急關頭，當人們忙於逃命，當人們在颶風過後尋找基本日用品而被索要高價時，政府不能袖手旁觀。那麼，政府是否應該對價格加以規範呢？如果讓傅利曼及其追隨者來回答這一問題，他們的回答肯定是否定的。

自由主義者假定人是理性的，他們認為：不需要政府頒布行醫資格證，不需要政府強制徵收年金保險。遵循同樣的邏輯，即便企業趁颶風來臨索要高價，政府也不需要對價格進行管制。

164（美）米爾頓·傅利曼：《資本主義與自由》，第148—172頁。

經濟學家湯瑪斯·索維爾（Thomas Sowell）撰文指出，「價格欺詐」是在感情上強有力但在經濟上是毫無意義的表達。當價格明顯高於往常的時候，人們指責這是價格欺詐，但這是市場（在颶風來襲的情況下）產生的「特殊」或者「公平」的價格。傑夫·雅各比（Jeff Jacoby）也指出：價格暴漲儘管讓人惱怒，但是，讓市場自主運行，帶來的好處遠遠超過了它的危害，因為價格上漲為供應商提供了刺激，促使他們生產更多的產品以應對危機。譴責商販並不能加快佛羅里達州重建的步伐。[165]事實上，傅利曼及其芝加哥大學的同事喬治·斯蒂格勒對此類問題展開過討論。他們對比分析了1906年和1946年兩次發生在美國舊金山市的大地震，研究顯示：1906年地震後，舊金山市房租的上漲不僅使得住房資源得到了有效配置，還為建造新房屋提供了極大的刺激。舊金山市住房短缺現象很快就恢復正常。而1946年以後，由於政府規定提高租金是非法的，結果房東寧願自己居住也不願意將房屋出租。租金上限的規定導致住房供給不足，住房短缺問題遲遲得不到解決。[166]

傅利曼等人代表的新自由主義政治經濟學秉承古典自由主義的傳統，強調個人在市場上的選擇權，反對政府對個人選擇與市場機制的干預。從以下幾個案例可以看出，他們的理念是一以貫之的。

1636—1637年，荷蘭的鬱金香泡沫逐漸破滅。[167]在鬱金香泡沫期間，有人為購買一株鬱金香而一擲千金。當時甚至還出現過一個高級品種的鬱金香球根換來一座宅邸的紀錄。但是，當鬱金香泡沫破滅的時候，不少人變得身無分文、債務累累、傾家蕩產。荷蘭各大城市陷入混亂。那麼，我們是否應該禁止這樣的經濟泡沫，尤其要禁止人們非理性地買賣？

---

165 關於颶風「查理」後的價格爭議這一則案例及其辯論，參見麥可·桑德爾《公正：該如何做是好？》，第3—5頁。
166 （美）米爾頓·傅利曼、喬治·斯蒂格勒：〈是屋頂還是天花板──當前的住房問題〉，載詹姆斯·多蒂、德威特·李編著，林季紅等譯《市場經濟大師們的思考》，江蘇人民出版社2000年版，第203—218頁。
167 David Sarna, *History of Greed: Financial Fraud from Tulip Mania to Bernie Madoff*，Hoboken: John Wiley & Sons, 2010, p. 23.

1919年1月，美國內布拉斯加州的參議員投票表決，以31票贊成，1票反對，通過了美國憲法第18號修正案——禁酒法案。內布拉斯加的投票使得支持該法案的州超過了三分之二的多數，該憲法修正案得以通過。根據這項法律規定，1920年1月16日午夜開始，凡是製造、售賣乃至於運輸酒精飲料皆屬違法。[168] 那麼，成年人是否可以自由地飲酒，並可以製造、售賣酒精飲料呢？

2002年，印度將商業代孕合法化，期望借此吸引外國顧客。位於印度西部的城市亞蘭德很快就成為有償代孕中心。這座城市有超過50名婦女，為那些來自英美及其他地方的夫婦代孕。那裡還有診所，為代理孕母提供集體住房，並配備了僕人、廚師和醫生以看護這些代理孕母。蘇曼·多蒂雅（Suman Dodia）以前是一名女僕，她每個月的收入是25美元，通過為一對英國夫婦做代理孕母，多蒂雅可以賺4500美元到7500美元，超過她15年的收入。而那些去亞蘭德的顧客，大約需要支付2.5萬美元的開銷，大概是在美國代孕費用總開銷的三分之一。[169] 那麼，多蒂雅的父母或者政府是否應該禁止多蒂雅去涉足代孕行業呢？

2014年，美國科羅拉多州成為允許買賣大麻的州，購買大麻的民眾排起了長隊。大麻、鴉片等毒品是否可以自由買賣呢？有人會立場鮮明地反對毒品自由買賣。他們認為毒品有害健康，會讓人上癮，讓人在吸食之後產生精神依賴。100多年前，在《論自由》第五章裡，彌爾提及了鴉片貿易。彌爾反對禁運鴉片，理由是政府干涉貿易就是干涉自由，「有一些干涉貿易的問題在本質上就是自由問題」，「這類干涉可以反對之處，不在它們侵犯了生產者或銷售者的自由，而在它們侵犯了購買者的自由」。[170] 在這些問題上，新自由主義政治經濟學的立場和古典自由主義者保持一致。

168　Thomas Pinney, A History of Wine in America: From Prohibition to the Present, Berkeley: University of California Press, p. 1.

169　（美）麥可·桑德爾：《公正：該如何做是好？》，第116頁。

170　（英）約翰·彌爾著，許寶騤譯：《論自由》，商務印書館1999年版，第114頁。

　　自由主義政治經濟學會宣稱：上述案例，政府都不應該管制。這是因為自由主義政治經濟學強調人做政治經濟決策的時候，是「理性的」，他們有能力尋找最能滿足他們需要與欲望的最有效途徑。理性的人可以自己做決定，也有自主性，可以自己管理好自己。由於人是理性的，他知道什麼時候去投資房產，什麼時候去投資稀有花卉。那麼，如果有人不幸在1637年，也就是鬱金香泡沫破滅的前夕斥鉅資購入大量的鬱金香，自由主義政治經濟學者會宣稱：個人也需要自己承擔自身行為的後果。自由市場會將不理性的投資者逐出市場，保持市場效率。「自由企業制度本來就是一種有賺有賠的制度。」[171]自由主義政治經濟學家也會支持多蒂雅做出自己的選擇，成為代理孕母，從而獲得一筆不菲的代孕費用。比起做女傭賺取微薄的收入，多蒂雅有自由做出自己的選擇，她自己清楚地知道她在做什麼。什麼是自己喜歡的事情，什麼是自己厭惡的事情。自由主義政治經濟學家也會反對禁酒令，甚至反對禁止大麻自由買賣，因為，基於個人是理性的這一假定，自由主義者認為個人會求樂避苦，如果消費酒精與大麻讓他們感到愉悅，又不妨害他人，他們就有權利自己做選擇。

　　傅利曼指出有四種花錢辦事的模式：一是花自己的錢給自己辦事；二是花自己的錢給別人辦事；三是花別人的錢給自己辦事；四是花別人的錢給別人辦事。[172]自由主義者會認為第一種模式是最有效率的，因為花自己的錢給自己辦事，自己最清楚自己想要什麼，自己也願意尋找最經濟的辦法來把這件事辦好。如果政府過多地捲入經濟活動，不僅干涉了個人自由，而且常常導致經濟效率的損失。我們常常抱怨「三拍」幹部，即拍腦袋決策，拍胸脯保證，然後拍屁股走人。在自由主義者看來，由於政府干預經濟是花納稅人的錢，因此，他們缺乏動力去尋找經濟有效的辦法。一般而言，政府干預的專案有不少是領導人的拍腦袋決策，缺乏事前嚴格的論證；同時，他們還拍胸脯保證該專案不僅可行，還可以盈利；但是如果項目開始後一旦陷入虧

171（美）米爾頓‧傅利曼、羅絲‧傅利曼：《自由選擇》，第45頁。
172（美）米爾頓‧傅利曼、羅絲‧傅利曼：《自由選擇》，第109—110頁。

損,他們就拍屁股走人。與此形成鮮明對照的是,如果項目由個人投資,個人不僅會獲得投資的收益,也要承擔風險和損失。在這種情況下,就沒有哪個投資者能像政府決策者這樣逍遙自在了。自由主義政治經濟學者認為,政府和市場屬於相對獨立的兩個領域,政府只需要為私人提供安全保障,剩下的事情由個人來完成。管得最少的政府是最好的政府。同樣的邏輯,傅利曼等人也反對政府實施最低工資,反對政府對農產品實施補貼,乃至反對政府改造貧民窟。傅利曼的很多政策建議都成為美國共和黨政策的核心內容。雷根總統的經濟顧問回憶:每次和傅利曼交談時,總統的眼裡總是閃爍著快樂的光芒。[173] 此外,傅利曼在其工作中徹底貫徹了冷戰的二元思維。如果說純粹的共產主義就是政府全面取代市場,那麼它完美的對立面就是自由市場完全不受干擾。[174]

無論是以史密斯等人為代表的古典自由主義政治經濟學,還是以海耶克、傅利曼等人為代表的新自由主義政治經濟學,他們都有一些基本的假定,包括人是自利的、理性的(儘管海耶克認為個人不要無視自身理性的局限,妄圖去設計一個全新的社會秩序);個人是第一位的,社會不過是個人的加總。當被問及「經濟是如何運行的?」「為何要發展經濟?」「政府和經濟是什麼關係?」這三個問題時,他們的回答往往異曲同工。

關於第一個問題,經濟是如何運行的?自由主義政治經濟學的普遍回答是:在自由市場上,自利的個人靠價格信號行事。在這裡,經濟運行的主體是自利的個人;經濟運行的環境是自由市場;經濟運行的關鍵資訊是價格信號。關於第二個問題,為何要發展經濟?自由主義政治經濟學的普遍回答是:提高個人的經濟福利。在這裡,自由主義政治經濟學沒有宏大的「富國強兵」這樣的目標,而是將個人的利

---

173 (美)安格斯·伯金:《偉大的說服——哈耶克、弗里德曼與重塑大蕭條之後的自由市場》,第243、269頁。
174 (美)安格斯·伯金:《偉大的說服——哈耶克、弗里德曼與重塑大蕭條之後的自由市場》,第196頁。

益放在首位。而且他們大都認為，個人利益實現了，更宏大的利益也
能實現，且能更為和諧地實現。關於第三個問題，政府和經濟是什麼
關係？自由主義政治經濟學的普遍回答是：政府與市場二者均是相對
獨立的領域。在這裡，依靠市場的運行往往比政府決策要有效。政府
制定好市場規則，保持市場競爭，而不能干預市場運行。管得最少的
政府是最好的政府。

第三章

理性選擇的政治經濟
──奧爾森、布坎南等人的貢獻

　　自由主義政治經濟學假定人是理性的，他們將這一假定貫穿始終來分析經濟問題。不少經濟學家和政治學家把這一假定擴展到政治領域，認為選民、政治家、官僚等人的行為都是理性的。這一範式仍是以個人為中心的政治經濟學分析範式。在理性選擇學者看來，個人做政治經濟決策時要進行理性的計算。儘管有的時候人不是在刻意地、悉心地算計自身的利益，但是就像鳥不懂空氣動力學，卻能自由飛翔。理性選擇的分析模式從經濟學領域擴展到政治學領域後，產生了持續的、深遠的影響。1996年出版的《政治科學新手冊》（A New Handbook of Political Science）中，援引頻率最高的兩本書就是理性選擇的代表作：安東尼・唐斯（Anthony Downs）的《民主的經濟理論》（An Economic Theory of Democracy）以及曼瑟爾・奧爾森（Mancur Olson）的《集體行動的邏輯》（The Logic of Collective Action）。[1]在理性選擇看來，競選、投票乃至革命等政治行為，都是個人理性的選擇。但有不少政治學家覺得理性選擇的政治經濟學不是「正經」的政治經濟學，是「經濟學帝國主義」的表現，是經濟學家

---

1 Robert Goodin and Hans-Dieter Klingemann, eds., *A New Handbook of Political Science*, New York: Oxford University Press, 1996, p. 32, Appendix 1D.

運用經濟學的分析方法對政治學的「入侵」。接下來我們就來看看，
經濟學的分析方法如何入侵了政治學。

一　為何美國總統選舉投票率呈下降趨勢？

　　已開發國家的投票率整體上呈下降趨勢。就美國總統選舉而言，
19世紀50年代，美國內戰前，總統選舉的投票率為80%左右；到了
19世紀末，仍有70%左右的選民參加總統選舉投票。到20世紀末，
參與總統選舉投票的人數已接近50%。進入21世紀，美國總統選舉
的投票率又有所上升。但是，長期來看，整體投票率卻呈現下降趨
勢。不僅總統選舉如此，美國的中期選舉也是如此。美國中期選舉的
投票率在19世紀末20世紀初的時候大約為60%，隨後一路下滑，到
20世紀八九十年代，已經跌到不足40%。圖3-1展示了美國總統選舉

圖3-1　美國選舉投票率（1892－2000）

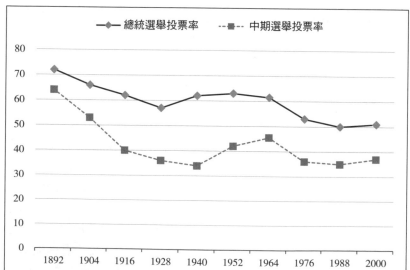

資料來源：Benjamin Ginsberg and Theodore Lowi, Margaret Weir and Robert Spitzer,
We the People: An Introduction to American Politics, New York and London: W. W.
Norton & Company, 2011, p. 218, Figure 7.6。

與中期選舉投票率的長期趨勢。

　　要知道，這一問題並非美國民主政治的特例。在英國、德國、日本以及印度等國家，投票率呈下降趨勢這一問題同樣存在。簡單講，就是各國的選民不願意去投票了。為什麼會出現這樣的狀況？安東尼‧唐斯的《民主的經濟理論》運用理性選擇的視角進行了分析：人們的投票行為和去超市購物一樣，都是一項消費活動。因為無論去購物還是去投票，都要花費時間，「既然時間是稀有的資源，投票自然需要成本」。[2]此時，選民就會開始理性計算，如果投票的收益比去投票的成本低，那麼他們將不會去投票。選民有哪些成本呢？如果去投票，選民需要去投票站，這需要花費時間，需要支付交通費用。此外，選民還需要瞭解候選人的相關資訊，這同樣需要花費時間和精力。面對諸多的候選人，選民對他們的情況，包括政治傾向不夠瞭解，常常不知道把票投給哪位候選人好。要知道，僅憑候選人向公眾與媒體提供的資訊，選民所瞭解到的情況是有偏差的。如果理性地進行一番計算，要去投票的選民就會發現：要瞭解候選人的資訊，他要付出很高的代價，而獲得的收益卻很少。選民需要評估參與投票所獲得的收益。第一種情況就是，如果存在兩個候選人，選民需要鑒別兩位元候選人是否存在差異。如果二者相差無幾，選民可能不會去投票，因為哪位候選人當選都一樣。事實上，理性的政治家為了贏得選舉，可能會將自己的政治主張進行非常類似的包裝，最後，選民會發現：候選人之間的政策綱領相差無幾。如圖3-2所示，橫軸的左端表明政策主張偏左，右端表明政策主張偏右。在多數決的選舉下，極左或者極右的政策難以吸引中間選民，而中間選民對候選人而言意義非凡，因為爭取到他們就能贏得選舉。在（a）的情況下，如果民主黨的候選人的政策綱領比較激進（D1），而共和黨候選人的政策主張比較溫和（R1），那麼民主黨的候選人會喪失大量的中間選票，導致其在選舉中落敗。

2（美）安東尼‧唐斯著，姚洋等譯：《民主的經濟理論》，上海人民出版社2005年版，第241頁。

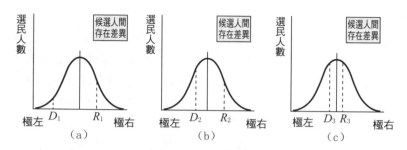

圖3-2　中間選民與兩黨政策綱領調整

在（b）的情況下，民主黨候選人會修訂自己激進的政策主張，將它向中間選民靠攏（D2），這樣的政策主張更為溫和，比共和黨的政策主張（R2）更能吸引中間選民的選票。在這樣的情形下，民主黨的候選人有望贏得選舉。兩黨候選人為了爭奪中間選民，紛紛修訂自身的激進主張，盡量向中間選民靠攏。這樣一來，會導致兩黨的競選綱領越來越接近，政策主張千人一面，從而出現了（c）情況。這就是中間選民定理（median voter theorem）：在多數決的情況下，政治家為了贏得選舉，會調整自身的政策綱領，以接近中間選民的偏好。如此，候選人之間的差異變得越來越小。選民會覺得他們相差無幾，選誰都一樣，選不選都一樣，因此很多選民不會去投票。

當然，現實情況可能遠遠不像「中間選民定理」描述得那樣簡單。理性選擇理論會忽略選民對候選人形象的關注，對候選人兌現其競選承諾能力的評估等因素。而且，這一模型假定候選人之間的政策競爭只有一個維度。事實上，政策競爭往往有多個維度。[3] 競選議題既包括收入分配，也包括就業、教育、移民、對外政策等。候選人可能通過一系列的政策組合，在某些問題上偏左，在另一些問題上偏右；在有些問題上採取激進立場，而在另一些問題上採取保守態度來

3（美）唐納德・格林、伊恩・夏皮羅著，徐湘林、袁瑞軍譯：《理性選擇理論的病變：政治學應用批判》，廣西師範大學出版社2004年版，第209—215頁。

吸引不同層次的選民，而不是走中間路線。

此外，選民偏好可能不像「中間選民定理」這樣呈現「正態分佈」。尤其是當一個國家的收入分配狀況惡化，社會分化嚴重時，選民偏好的分佈可能呈現「啞鈴形」而非「橄欖形」。

由於嚴重的貧富分化，二戰後的巴西被分成了兩個涇渭分明的群體。有學者把巴西稱為 Bel-India，這個構造出來的英文詞彙展示出巴西是一個綜合體，它既有比利時的富裕，也存在印度那樣的極端貧困。[4]因此，人們才說有「兩個巴西」。一個是富人的巴西，它是由百萬富翁、專業人士、農場主、公務員以及熟練工人組成的。這些人生活無憂，對巴西的前途充滿信心，他們緊跟巴西現代化的步伐前進。另一個則是窮人的巴西，三分之二的巴西人屬於這個群體，這些人目不識丁。在農村的巴西貧民過著自給自足的生活，僅能維持生計；在城市的巴西貧民則被失業、犯罪等問題所困擾。[5]巴西社會嚴重的貧富分化將巴西的政治簡化成了「貧富的政治」。20世紀60年代巴西軍政府上台以前，巴西左翼勢力和右翼勢力鬥爭不斷，陷入白熱化。城市貧民、農村無地農民、大學生和知識份子、天主教會中的自由派構成了巴西的左翼勢力。這些人群嚴厲批評政府，他們認為政府優待商人，罔顧大多數人的貧困；他們也批評政府與美國關係太緊密，對跨國公司太友善。[6]他們強烈要求重新分配社會財富，建立一個更加平等的社會。

各個國家對貧富分化處理方式的不同，政治議題的分化程度也會有所差別。在巴西，窮人與富人之間的敵對和仇視狀況十分明顯。巴西嚴重的貧富分化導致政治議題極端化。窮人希望撼動現有產權、重新分配財富；而富人希望維繫現有產權，保護既得利益。貧富分化越大，雙方的爭奪也就越激烈，政治競爭中出現極端議題的可能性也就

4　Tobias Hecht, *At Home in the Street: Street Children of Northeast Brazil*, New York: Cambridge University Press, 1998, p. 215.

5　Gary Wynia, *The Politics of Latin American Development*, New York: Cambridge University Press, 1990, p. 217.

6　Teresa Meade, *A Brief History of Brazil*, New York: Facts on File, 2010, p. 156.

越大。這種貧富分化的經濟社會結構給政治家提供了不同的機會。理性的政治家需要爭取政治支持以獲得並維繫權力。但在分化的社會，尋求支持的行動往往只能走一個極端，而難以找到中間路線。政治家要嘛尋求窮人的支持，要嘛尋求富人的支持，而不能像「中間選民定理」那樣尋求中間路線。在這種情況下，選民是否有必要去投票呢？

在理性選擇的模型裡，選民還要評估他所中意的候選人是否註定會贏或者註定會輸。如果他所中意的候選人註定會贏，那麼他的投票是沒有意義的，是浪費時間和金錢的，選民就不會去投票。如果他所中意的候選人註定會輸，也是同樣道理，他不會浪費時間和精力去為註定會失敗的候選人投票。因此，無論自己喜歡的候選人註定會贏或者註定會輸，選民都不會去投票。

投票人會評估自己的一票對選舉結果的影響。那麼，他這一票的重要性究竟有多大呢？這取決於兩個因素。第一是選舉的人數，人數越少，他這一票就越重要。在5個人的委員會投票和在5000人乃至5萬人的群體裡投票，個人投票的重要性大相徑庭。當選民預計其他人都會去投票的時候，「他自己投票的價值就很小，一個很低的投票成本也不會超過它。這樣想的人越多，總的投票數也就越少」。[7]第二個因素是候選人預計得票差異的大小。兩個候選人越是相持不下，選民的那一票可能就越重要。因此，有些時候，選民會是起「決定性」作用的投票者，他那一票對選舉勝負有著重要影響。如果選民覺得自己是「決定性」投票者，他就更可能去投票。不過，唐斯的批評者指出：在全國性的大選中，成為決定性投票者的概率非常小，可能比在去投票路上發生車禍的概率都小。[8]

許多選民認為付出很大的代價去瞭解候選人是不畫算的，耗費了成本卻沒有相應的收益。他們也就不去瞭解候選人，他們會選擇漠視自己的民主權利，不去參與投票。如果說這是「無知」，那麼理性選

7（美）安東尼·唐斯：《民主的經濟理論》，第243頁。
8（美）唐納德·格林、伊恩·夏皮羅：《理性選擇理論的病變：政治學應用批判》，第85頁。

擇會稱這樣的行為是理性的無知（rational ignorance）。美國選民「理性的無知」達到了令人驚訝的地步：只有39%的美國人能說出他所在州兩位參議員的名字；只有34%的美國人能說出美國國務卿是誰；只有8%的美國人能說出美國最高法院首席大法官的名字。[9]大多數美國人根本不知道，沒有一個共和黨參議員給醫療改革投贊成票。[10]如果他們知道，如果他們還去投票，那這些參議員還能指望連選連任嗎？《脫離中心：共和黨革命以及腐蝕的美國民主》指出：1980年，有38%的民眾認為蘇聯是北約的成員國。2000年，只有55%的美國民眾知道共和黨占據美國眾議院的多數。有超過一半的美國人認為美國的對外援助排在美國聯邦預算支出的前兩位元。而實際上，對外援助還不到預算支出的1%。如果這樣的無知是無關緊要的，那麼，在2001年通過的巨額減稅方案實施兩年後，仍有一半以上的美國人竟想不起稅收曾經有任何減少。[11]因此，理性的選民對投票並不積極。「民主選舉中有權投票的選民經常放棄這一權利。事實上，一些選民從不參加投票，在某些選舉中，棄權者在數量上甚至超過了投票者。」[12]

　　唐斯還指出，一個理性的選民甚至會投票給一個並非自己最擁護的政黨。這也是理性的行為，因為這是兩害相權取其輕。如果選民最中意的政黨完全沒有獲勝的希望，為了避免最壞的情況出現——他最不喜歡的政黨上台，那麼他會投票給其他的、他比較喜歡且有獲勝希望的政黨，以避免他最不喜歡的政黨上臺。[13]

　　在現實政治生活中，唐斯常常面臨質疑。2012年日本大選，其投票率為59.3%，創二戰結束以來新低。儘管投票率很低，但是我們需要回答為什麼還有近六成的人在投票。2000年，美國的投票率跌

---

9 Robert Erikson and Kent Tedin, *American Public Opinion*, New York: Longman, 2001, p. 55.
10 （美）雅各・哈克、保羅・皮爾森：《贏者通吃的政治》，第100、133頁。
11 Jacob Hacker and Paul Pierson, *Off Center: The Republican Revolution and the Erosion of American Democracy*, New Haven and London: Yale University Press, 2005, p. 164.
12 （美）安東尼・唐斯：《民主的經濟理論》，第237頁。
13 （美）安東尼・唐斯：《民主的經濟理論》，第43頁。

破了50％，只有49％的選民去投票？如果選民是如此理性的，為什麼還有49％的選民選擇去投票。如果人人都如此理性，大家應該都不去投票才對。唐斯的理論有助於我們去解釋為何有一半的選民沒有去投票？但卻無助於我們去理解為何還有一半的選民去投票了。[14] 為了挽救他的理論，唐斯指出：「在一個民主制度中，參加選舉是遊戲規則之一，沒有它民主制度就無法運轉。」[15] 如果大家都不去投票，民主制度就會崩潰，選民為了避免民主崩潰，就會去投票。[16] 即便對這些選民而言，候選人沒有差異；即便投票人數太多，他們的一票改變不了選舉的結果；即便投票有成本，他們還是要去投票，因為他們從中獲得了虛擬的收益，「投票的收益之一，來自每個選民的下述認識：除非許多人參加投票，否則民主制度不可能運轉」。[17] 但是，問題在於，如果選民都是理性的，他們會清楚地知道，僅憑他自己的一票是避免不了民主崩潰的。唐斯對其模型的修正與理性選擇的基本假定相抵牾，因為如果維護民主制度是公共財，對任何一個投票者而言，其貢獻都是微乎其微的。為何一個理性的選民自己不待在家中，讓其他人去挽救民主制度？[18] 如果把選民對民主的責任感加入唐斯的模型，那麼，選民就不是自始至終按理性的行為行事，理性選擇模型的基石就坍塌了。

二　為什麼美國的債務居高不下？

　　2013年6月，在希臘首都雅典，人們聚集在國家廣播電視公司總部大樓前，抗議政府以應對債務危機為由關閉該公司的決定。2014年3月，希臘當局宣布將部分地標建築納入私有化專案，以此來緩解

14（美）唐納德・格林、伊恩・夏皮羅：《理性選擇理論的病變：政治學應用批判》，第100頁。
15（美）安東尼・唐斯：《民主的經濟理論》，第245頁。
16（美）安東尼・唐斯：《民主的經濟理論》，第238頁。
17（美）安東尼・唐斯：《民主的經濟理論》，第249頁。
18（美）唐納德・格林、伊恩・夏皮羅：《理性選擇理論的病變：政治學應用批判》，第69頁。

巨大的債務壓力。希臘政府此舉招致希臘民眾的強烈不滿，市民在雅典市中心遊行示威，批評政府賣掉這些關鍵地標是希臘的國恥。

不僅希臘，世界第一經濟大國美國也遭遇了嚴重的債務危機。19世紀時，美國的國家債務占GDP的比重，最低時不到10%，最高時也不到40%。根據全球經濟指標網站（www.tradingeconomics.com）公布的數據，美國聯邦淨債務（Gross Federal Debt）占GDP的比重在2010年時已達到美國GDP的100%；到了2017年，這一數字增至105.4%。[19]

美國的債務問題並不是特例，其他已開發國家同樣遭遇了嚴重的國家債務膨脹。如表3-1所示，主要資本主義國家債務占GDP的比重也呈逐年上升趨勢。除了英國的情況有所緩解，其他國家債務問題都在惡化，其中義大利與日本的狀況尤其嚴重。日本政府的債務，1966

表3-1　主要資本主義國家債務占GDP比重（％）

年份＼國家	加拿大	德國	法國	英國	義大利	日本	美國
1977	45.0	26.7	29.1	68.2	61.2	34.9	46.9
1980	45.5	31.1	30.1	56.0	63.2	55.0	45.3
1985	66.9	40.8	38.0	50.1	88.9	72.1	58.9
1990	74.5	41.5	39.4	33.0	112.5	68.6	66.6
1995	100.8	57.1	63.9	57.2	133.5	87.1	74.2
2000	81.8	60.9	66.2	45.9	124.5	134.1	58.2
2006	64.8	69.1	77.4	46.5	119.3	175.4	66.8

資料來源：R. Glenn Hubbard and Takatoshi Ito, "Overview of the Japanese Deficit Question", in Keimei Kaizuka and Anne O. Krueger, eds., *Tackling Japan' Fiscal Challenges: Strategies to Cope with High Public Debt and Population Aging*, New York: Palgrave Macmillan, 2006, p. 3, Table 1.1。

---

19 參見：https://tradingeconomics.com/united-states/government-debt-to-gdp。

年時占GDP的比重僅為0.2%，到1994年上升至74.8%，2004年又猛增至153.4%。[20]

如此嚴重的國家債務是如何產生的？公共選擇學派重要代表人物詹姆斯・布坎南（James Buchanan）的回答，正如其著作的名字《赤字中的民主》（Democracy in Deficit）——居高不下的財政赤字是政治家在民主制度下的理性選擇。在民主制度下，如果你是一位面臨巨額債務負擔的政治家，你應該做怎樣的選擇呢？傳統智慧是政治家需要「開源節流」。一種辦法是增加稅收來彌補財政赤字，償還債務，這是「開源」；另一種辦法就是減少開支，管好政府的錢袋，這是「節流」。政府花錢少了，政府的赤字就會相應減少，進而緩解政府債務上升的壓力。但是這兩種辦法對理性的政治家而言都是不可取的。

道理很簡單，我們先來看「開源」可能給政治家帶來的損害。如果政治家選擇增加稅收，那麼他會損害部分選民的利益。選民無論是窮人還是富人，都不喜歡增稅。如果增加對窮人的稅收，而窮人又是選民的多數，下次選舉，這位向窮人徵稅的政治家就難以獲得多數人的支持。政治家選擇對富人增稅，同樣面臨政治風險，因為競選活動需要資金，政治家往往需要向富人，也就是他的「金主」們籌集資金。如果增加對富人的稅收，那他從富人那裡籌款的可能性會大大降低。1988年老布希在競選演說中信誓旦旦地宣稱：如果他入主白宮，就絕不加稅。他的名言是：聽好了，我絕不加稅！（Read my lips, no new taxes!）但在他當選美國總統以後，龐大的政府預算赤字迫使老布希不得不食言，同意增稅改革方案。老布希絕不加稅的諾言落空了。「我絕不加稅」成了被美國選民和老布希對手不斷重複的名言。在1992年的大選中，民主黨利用這一點來抨擊老布希，這是導致他謀求連任失敗的重要原因之一。

---

20 Naoyuki Yoshino, "Comments by Naoyuki Yoshino", in Keimei Kaizuka and Anne O. Krueger, eds., *Tackling Japan' Fiscal Challenge: Strategies to Cope with High Public Debt and Population Aging*, New York: Palgrave Macmillan, 2006, p. 28, Table 2.1.

　　我們再來看「節流」。為了遏制居高不下的政府債務，有一部分政治家選擇減少政府開支。問題是，當政府減少支出時，會有不少人受損。如果政治家削減對大學的補貼，大學生將要繳納更高的學費；如果政治家減少養老金，那麼老年人退休後的生活狀況會變得更為淒涼；如果政治家削減醫療支出，那麼病人將支付更高的診療費用。因此，作為選民，沒人願意看到自己的蛋糕被切割。2013年，巴西政府為控制政府債務，調整了公車票價，儘管只提高了不到0.6元人民幣，但卻引發了超過20萬人上街遊行，抗議政府為了「節流」，損害民眾利益。這是巴西民主化以後最大規模的遊行抗議活動。

　　在民主制度下，增加稅收會有人受損，不利於政治家連選連任，這一方案被否定了；減少支出也會有人受損，不利於政治家的政治生存，這一方案也被否定了。相反，即便在政府高債務的情況下，增加支出也是受歡迎的。道理很簡單，如果你和你的競爭對手一同競選，他許諾每個月給每位選民增發500元的補貼，你許諾給選民1000元。在其他條件相同的情況下，你當選的概率更高。那麼，在高額債務的情況下，你從哪裡去找資源來兌現你的承諾呢？兌現承諾的一個可靠辦法就是繼續借債。用借來的新債來還舊債，用借來的債務來收買選民。民主制度有競選壓力，理性的政治家會注意滿足民眾的短期利益，樂意提供慷慨的津貼、良好的醫療等。所有民主政府的政治家都樂意借錢，因為借錢可以自己花，還錢則是下一任政府的事。而且就算他們自己不借錢，他們的競爭者當選以後也會選擇借錢。這樣一來，對理性的政治家而言，還不如自己借了錢，讓政府負債，反而讓競爭者不好接手。理性的政治家借來錢，通過各種途徑讓選民獲益，收買選票，增加當選的可能性。因此，即便在有財政盈餘的年份，政治家也未必想著去解決債務問題。在民主制度下，理性的政治家沒有政治動力去解決赤字問題、債務問題。這就是布坎南指出「赤字中的民主」的邏輯。民主國家競選的壓力會讓他們的財政赤字問題越來越嚴重，相應的問題就是公共債務積累得越來越多。

三 為何赤道幾內亞的居民喝不到潔淨的飲用水？

宏都拉斯是一個相當窮的國家，年人均收入只有4100美元。然而，90%的宏都拉斯民眾都能喝到清潔的飲用水。赤道幾內亞的人均收入高達37000美元，是宏都拉斯的9倍多。然而只有44%的赤道幾內亞人能喝到乾淨的飲用水。[21] 這兩個國家都屬於熱帶氣候，都曾是西班牙的殖民地，而且都是天主教占主導地位的社會。兩個國家為何會形成如此巨大的反差呢？

布魯斯・布魯諾・德・梅斯奎塔（Bruce Bueno de Mesquita）及其合作者阿拉斯泰爾・史密斯（Alastair Smith）在其合著的《獨裁者手冊》（The Dictator's Handbook）裡向人們展示了理性的政治家（統治者）是如何獲得權力並保住權力的。宏都拉斯和赤道幾內亞的領導人都是理性的，但是他們制定的公共政策及其結果卻迥然不同。兩位作者認為原因在於赤道幾內亞是非民主制度，在這樣的制度約束下，領導人的理性選擇並非用良好的公共政策去收買政治支持。為什麼呢？

所謂「一個好漢三個幫」，所有的領導人都不能僅僅依靠自己一個人就能掌握權力並維持權力。「我們必須停止認為領袖們能獨立領導。沒有哪個領導人是單槍匹馬的。」[22] 對領導人而言，有三類人對其維持統治至關重要。第一類是名義選擇人集團（nominal selectorate），第二類是實際選擇人集團（real selectorate），第三類是致勝聯盟（winning coalition）。

「名義選擇人集團」是指在選擇領導人的時候，有法定發言權的人。在美國總統選舉中，所有有資格投票的人都是「名義選擇人」。他們是領導人的潛在支持者，同時是可以被替換的。「實際選擇人集團」是那些擁有真正發言權、能決定領導人的人。在沙烏地阿拉

21（美）布魯斯・布魯諾・德・梅斯奎塔、阿拉斯泰爾・史密斯著，駱偉陽譯：《獨裁者手冊》，江蘇文藝出版社2015年版，第173—174頁。
22（美）梅斯奎塔、史密斯：《獨裁者手冊》，第26頁。

伯，實際選擇人集團就是那些高級皇室成員，這群人可以選擇他們的國王，他們是領導人的重要支持者。國際奧會總共只有115個委員席位，都有投票權，他們代表世界各地的運動員投票決定未來的奧運會在哪裡舉辦，他們是具有實際決定權的「實際選擇人」。同理，國際足聯的24個執行委員決定世界盃的舉辦地，他們也是「實際選擇人」。「致勝聯盟」是實際選擇人集團的一個子集，他們的支持對領導人的政治生存至關重要，他們是領導人不可或缺的支持者。國際奧會總共只有115個委員席位，重大決定只需要獲得58票就可以通過。

也就是說，當一個城市獲得其中58個委員的支持，就能舉辦奧運會。這58個委員就是競逐奧運會舉辦權的致勝聯盟。在國際足聯的24票中，某個城市獲得13票就能贏得世界盃的舉辦權，13個委員就可以形成致勝聯盟。如果致勝聯盟的人數很多，那這個國家就是我們通常所說的民主國家。宏都拉斯的現任總統胡安·奧蘭多·埃爾南德斯（Juan Orlando Hernández）獲得了36.8%的選民支持，於2013年當選總統。反過來如果致勝聯盟的人數非常少，那麼不管這個國家有沒有選舉制度，它都是事實上的非民主國家。在赤道幾內亞，想要當選，只需照顧好小的核心集團的利益就行。不同國家的制度差異導致理性的領導人會採用不同的政策。

《獨裁者手冊》的作者提出了5項通用的權力規則。[23]第一，致勝聯盟越小越好。聯盟人數越少，意味著統治者只需要少數人就能保持權位，少數人構成的致勝聯盟使得領導人擁有更多的控制權。因此，宏都拉斯的總統需要討好更多的人才能當選總統；而沙烏地阿拉伯的國王只需要籠絡幾位重要的王室成員就能當選國王。對獨裁者而言，當然是致勝聯盟越小越好。

第二，「名義選擇人」的數量越多越好。名義選擇人越多，一旦聯盟中有人對統治者不滿，統治者就可以輕易替換他。有了被替換的危險，聯盟的成員才會對統治者保持忠誠，規規矩矩。從這個意義上

23（美）梅斯奎塔、史密斯：《獨裁者手冊》，第45頁。

看，「朝為田舍郎，暮登天子堂」的意義不僅在於納賢，還在於皇帝可以通過科舉考試替換不忠誠的聯盟成員。路易十四在傳統貴族集團——「佩劍貴族」之外開闢了新的管道，允許「穿袍貴族」這樣一群新貴進入核心集團。[24]路易十四這樣做，是讓「致勝聯盟」的人明白，如果不能保持對國王的忠誠，那麼他們將會被替換。作者還指出，專制國家也搞選舉，就是通過這樣的辦法，替換有二心的聯盟成員。

第三，控制收入。統治者需要通過分配收入來讓其支持者發財。賴比瑞亞的塞繆爾‧卡尼翁‧多伊（Samuel Kanyon Doe）於1980年發動軍事政變勝利後，成了賴比瑞亞的統治者。他上臺後就將其核心支持者軍隊的月工資從85美元提高到250美元。從1959年到1990年，李光耀一直擔任新加坡總理。新加坡的人民行動黨控制著新加坡的公屋分配，每到選舉的時候，不投票支持人民行動黨的街區會被削減公屋的分配數額和維修費用。[25]

第四，回報致勝聯盟對你的支持。統治者對致勝聯盟的回報一定要給夠，但也不要過多給予，因為致勝聯盟的成員往往希望成為統治者而不是僅僅希望仰仗統治者。

第五，絕對不要從致勝聯盟口袋裡往外拿錢給人民。作者指出，理性的獨裁者取悅的對象不應該是全體人民，而必須是致勝聯盟。饑餓的人民不可能有精力推翻統治者，而致勝聯盟如果利益受損，則往往會變節，成為統治者的大麻煩。事實上，1946年到2008年間，威權國家垮台的原因主要來自內部。據統計，統治集團內部發動政變占威權政府垮臺總數的68%，而大眾反叛只占到了11%。[26]因此，獨裁者更應該擔心統治集團同盟的成員。在考慮收買誰的時候，普通大眾不在路易十四的考慮範圍之列，因為他們沒有對國王構成直接的威

24（美）梅斯奎塔、史密斯：《獨裁者手冊》，第28頁。
25（美）梅斯奎塔、史密斯：《獨裁者手冊》，第117—118頁。
26 Milan Svolik, *The Politics of Authoritarian Rule*, New York: Cambridge University Press, 2012, p. 5, Figure 1.1.

脅。「薩達姆‧海珊（Saddam Hussein）在人民因經濟制裁飽受苦難之時還大建奢華宮殿。聯合國為了減輕孩子們受到的影響，為伊拉克提供嬰幼兒配方奶粉──然而，薩達姆默許他的黨羽進行竊取。這些奶粉被拿到中東各地的市場上出售，為薩達姆帶來收入，即便奶粉短缺造成伊拉克嬰兒死亡率翻倍。」[27]按作者的邏輯，道理很簡單，因為貧窮的民眾無法挑戰薩達姆的統治，而致勝聯盟能。無獨有偶，20世紀70年代，衣索比亞遭遇乾旱和饑荒，當其他國家試圖援助衣索比亞的時候，他們的皇帝海爾‧塞拉西一世（Haile Selassie I）卻向援助者索要錢財。作者認為，這位皇帝之所以能長期執政，因為他懂得「首先餵飽他的支持者，再餵飽自己；飽受饑荒之苦的人民只能翹首以盼」。[28]

　　在作者看來，這些都是成功的獨裁者，但是也有不成功的，比如古羅馬的凱撒。凱撒是一位改革家，他將土地分給退伍的士兵，取消保稅制，並將窮人的債務減免了25%。這些措施受到了民眾的歡迎，但卻損害了顯貴的利益。保稅制和放債是羅馬顯貴搜刮錢財的重要來源，凱撒的改革切斷了其核心支持者的財路。因此，凱撒的核心支持者才要謀劃除掉他。作者認為凱撒的錯誤在於他損害了「致勝聯盟」的利益去改善民眾的生活，因而喪失了其核心支持者的忠誠。[29]從這一邏輯出發，作者回答了人們的疑問：為何一些一心為民的領導人會倒臺，而那些腐敗透頂的獨裁者卻常常可以安安穩穩地統治幾十年。

　　現在，我們就不難理解為何宏都拉斯的居民能喝上潔淨的飲用水而赤道幾內亞的居民則不能。宏都拉斯是民主國家，其統治者要保持權力，就必須滿足一個較大的致勝聯盟；而赤道幾內亞是非民主國家，統治者只需要滿足較小致勝聯盟的利益就能獲得權力並維持統治。小型的致勝聯盟助長了穩定、腐敗、以私人物品為導向的體

27（美）梅斯奎塔、史密斯：《獨裁者手冊》，第169頁。
28（美）梅斯奎塔、史密斯：《獨裁者手冊》，第235頁。
29（美）梅斯奎塔、史密斯：《獨裁者手冊》，第220—221頁。

制。[30] 不僅國家如此，公司、社會團體也如此。

　　由於國際奧會總共只有115個委員席位，重大決定只需要獲得58票就能通過，這意味著只要收買少數委員就能左右投票結果。新聞媒體不斷曝光，奧會委員在決定奧運會舉辦城市前的確有收受賄賂的行為。國際奧會委員每一票的價碼大概在10萬至20萬美元。國際足聯更糟糕，人們很難理解卡達為何能擊敗澳大利亞、日本、韓國和美國獲得2022年世界杯的主辦權。作者認為，因為國際足聯委員收受了大筆賄賂，世界盃的主辦權才交給了卡達。其中一位叫阿莫斯·阿達姆（Amos Adamu）的委員索賄80萬美元，被媒體曝光。[31] 事實上，國際足聯的腐敗醜聞不斷湧現。2015年6月3日，國際足聯主席約瑟夫·布拉特（Joseph Blatter）宣布辭職，諷刺的是，他剛於2015年5月29日連任國際足聯主席。布拉特於1998年當選國際足聯主席，並於2002年、2007年、2011年以及2015年連任，其新一任的任期原本應該在2019年結束。同時，深陷腐敗醜聞的國際足聯多名官員因涉嫌貪腐而被捕。

　　不僅專制國家、社會團體遵循這一邏輯，民主國家也同樣符合這一邏輯。美國加州貝爾市人口不足4萬，年人均收入在1萬到2.5萬美元。1993年，其市政經理羅伯特·里佐（Robert Rizzo）上臺的時候，他的年薪是7萬多美元；當2010年他被迫下臺的時候，他的年薪竟高達80萬美元。要知道，美國總統的年薪才40萬美元，加州州長的年薪只有20多萬美元；與貝爾市鄰近的洛杉磯市長的年薪也是20萬美元。貝爾市5名議員中的4位，除了拿正常的年薪，每年會額外拿到10萬美元，這是里佐回報其核心支持者的辦法。里佐總共任職了17年。梅斯奎塔等人認為民主國家領導人與非民主國家領導人並無本質區別：只要是領導人，就必須優先保證自己鐵杆支持者的利益。因為致勝聯盟人數太多，民主國家領導人往往難以直接用錢收買聯盟，他們通行的做法是給政策。民主黨針對富人徵稅，改善窮人福利；共和

30（美）梅斯奎塔、史密斯：《獨裁者手冊》，第39頁。
31（美）梅斯奎塔、史密斯：《獨裁者手冊》，第211—214頁。

黨減少對富人徵稅，削減窮人福利，二者都是在討好自己的核心支持者。共和黨人對癌症、阿茲海默症等老年病的醫學研究提供支援，因為共和黨的核心支持者是更為富有的群體，活得更久，更容易患上這些老年病。[32]非民主體制收買少數人，民主體制收買多數人，其本質都是理性的政治家在「收買」支持者。

從這一邏輯出發，《獨裁者手冊》的作者也解釋了為何作為民主國家的美國要去推翻另一些民主的國家。1965年，美國進攻民主的多明尼加共和國，推翻其領導人；20世紀70年代，美國政府支持推翻智利民選總統薩爾瓦多·阿葉德（Salvador Allende）。在作者看來，美國政府的邏輯是，「向民主國家收買政策的代價太高，因為很多不喜歡這項政策的人需要獲得補償」。[33]在民主國家，美國要轉變其政策，需要收買的致勝聯盟人數太多，成本太高。把民主國家領導人替換成獨裁者，比如把阿葉德替換為奧古斯托·皮諾切特（Augusto Pinochet），事情就好辦了很多。在獨裁國家，美國政府只需要收買較小的致勝聯盟就能達成目的。這是理性選擇的政治，「統治者自私的算計和行為是所有政治的推動力」。[34]

值得注意的是，《獨裁者手冊》中的獨裁者，都按照書中的建議如此「理性」地行事，在短期內獲得了權力與利益，但是大都結局悲涼。1974年，衣索比亞發生政變，國王海爾·塞拉西一世在宮中被軍隊逮捕，隨即宣布退位。一年後，他在拘禁中去世。賴比瑞亞的撒母耳·多伊的統治激起了內戰，1990年在和反對派武裝的交火中被捕，遭受酷刑後被處決，時年39歲。伊拉克的薩達姆·海珊政權於2003年被美國推翻，他的兩個兒子被美軍擊斃。同年，薩達姆被美軍抓獲，3年後，69歲的薩達姆在巴格達被處以絞刑。2014年，美國洛杉磯法院裁定，貝爾市前市政經理羅伯特·里佐在管理城市期間非法斂財，判處其12年監禁並責令償還880萬美元。

32（美）梅斯奎塔、史密斯：《獨裁者手冊》，第200頁。
33（美）梅斯奎塔、史密斯：《獨裁者手冊》，第244頁。
34（美）梅斯奎塔、史密斯：《獨裁者手冊》，第21頁。

1712年，清軍入關多年，在奠定其統治基礎後，康熙帝宣布將丁銀稅額固定，不再增收，將現行錢糧冊內有名丁數作為定額，不再增減。這就是著名的「永不加賦」。如果統治者相信自己會長遠統治，他會做長遠的打算，不僅照顧「致勝聯盟」這樣的核心集團，也會照顧普通民眾的利益，因為民眾得益，進而實現經濟發展是其持久收入的來源。照顧民眾的利益，統治者不僅在經濟上得益，在政治上也是如此。因為除了核心集團中會出現反對者，普通民眾裡面也會出現。統治者不僅被政變所侵擾，也會被起義所困擾。民眾中出現反抗領袖，能組織起集體行動的時候，對統治者的挑戰更為直接和嚴重。那麼，什麼時候會出現集體行動呢？我們將在本章第六小節來討論。

四　為何官僚機構越來越臃腫？

世界各地的官僚機構變得越來越臃腫。儘管難以準確測量日益膨脹的官僚機構，但是，我們仍有一些間接的測量辦法。比如，公共支出占GDP的比重。威廉・尼斯坎南（William Niskanen）寫道，與許多其他已開發國家一樣，大約有1/6的國民收入花費在美國官僚機構上。[35]現在看來，在不少國家還不止1/6。如表3-2我們可以看到：1960年，美國公共支出占GDP的比重為27.5%，1998年上升到34%。在1960年的英國，公共支出占GDP的比重為33.1%；1998年，這一比重上升到43.4%。1960年，瑞典公共支出占GDP的比重為28.7%，1998年上升到49.9%。尼斯坎南還提供了另一些指標，如政府提供的產品和服務、官僚機構的工資等，這些指標無一例外都呈現上升趨勢。[36]那麼，為何官僚結構會不斷膨脹呢？

我們先從官僚機構的幾個特性談起。第一，官僚機構提供的服務往往有難以計量的特點。在私人市場，我們提供多少噸牛奶、生產多

35（美）威廉・尼斯坎南著，王浦劬等譯：《官僚制與公共經濟學》，中國青年出版社2004年版，第4頁。
36（美）威廉・尼斯坎南：《官僚制與公共經濟學》，第16—17頁。

少輛汽車是可以測量的，但官僚機構為我們提供了多少國防卻是難以測量的，因為大部分官僚機構提供的服務不是計件工作。即便是計件工作，我們也無法判定一位處理了20份檔的官員比處理了10份檔的官員更為賣力地工作，因為處理的事件往往不是標準化的。

　　第二，官僚群體提供服務但無法盈利，也無法從節約中獲得好處。官僚這一群體獲得的收益和私人部門不同，私人部門如果提高效率，會賺取更多的利潤，企業家最終會獲得收益，而官僚機構每年度的預算節餘不能由該機構據為己有，盈餘需要上繳國庫。這一規定對官僚機構而言，意味著降低行政成本的努力得不到回報。因此，他們沒有任何動力去降低行政成本。官僚機構每年從立法機構那裡獲得相應的預算，一般情況下，立法機構會根據它今年的開銷來決定該機構明年的預算。如果這個官僚機構今年厲行節約，為納稅人省下一筆錢，那麼，在可以預見到來年，它獲得的預算金額會相應地減少。在這種條件下，理性的官僚不僅不會主動節約供應公共財的成本，反而會鋪張浪費，最大限度地用盡預算甚至超支。

表3-2　1960－1998年部分國家公共支出占GDP的比重（％）

年份 國家	1960	1970	1980	1985	1990	1998
美國	27.5	30.3	33.4	33.2	34.1	34.0
英國	33.1	33.2	42.2	42.8	41.9	43.4
瑞典	28.7	37.1	57.2	51.9	48.8	49.9
新加坡	11.9	12.8	23.5	39.2	31.5	33.2
哥倫比亞	8.4	16.2	14.9	17.1	16.4	18.9
肯尼亞	11.5	16.2	20.4	30.1	32.2	34.6
印度	11.4	14.1	18.0	25.2	24.0	23.6

資料來源：B. Guy Peters, *Politics of Bureaucracy*, London and New York: Routledge, 2001, p.4, Table 1.1。

第三，大部分官僚機構提供的服務有獨家壟斷的性質。提供國防的只有國防部門，提供環保的只有環保機構，提供治安的只有員警系統。由於官僚機構提供的服務有壟斷的特點，也就免除了各個官僚機構的競爭壓力。官僚機構不像企業那樣，有動力去取悅消費者。競爭的缺乏使得他們也沒有動力去改善服務。

尼斯坎南認為，官僚與我們普通人一樣，都是個人利益最大化者。由於官僚機構不能營利，因此，他們會找尋其他出路，追求非營利、非金錢的目標。而更大的官僚機構，往往伴隨更多的好處。[37] 比如，如果一位官僚所負責的官僚機構擴大了，會給他帶來諸多好處：他會有更高的薪酬；有更大的辦公室、更多的職務津貼；享有更高的聲譽；擁有更大的權力；也有更多的任命權；該機構做的事情也會更多（做的事情越多，他自己的影響力也會增長，升遷機會也會相應地增加）。當然，龐大的機構也會帶來兩項負擔：首先，龐大的官僚機構更不容易管理；其次，機構太龐大也難以進行組織轉變。我們看到，隨著官僚機構的擴大，給官僚們帶來的負擔少而好處多。尼斯坎南指出，官僚所追求的大部分目標都與官僚所在機構的預算規模呈正相關。這意味著該機構享有的預算越大，它獲得的權力越大，機構負責人地位越高，控制的資源也就越多。因此，為了追求收入、地位、權力，一個理性的官僚必然千方百計地追求本機構預算最大化。所以，最敬業的官僚往往把他們的目標描述為使他們所負責的特定服務的預算最大化。[38]

那麼，作為撥款方的議會為何不約束官僚的行為而任由其擴大預算呢？尼斯坎南認為：官僚機構和議會的關係具有雙邊壟斷的特點。換句話說，作為委託人的議會和作為代理人的官僚機構都具有壟斷性質。官僚機構的撥款者，比如議會，具有壟斷性質，因為全國只有一個議會。同時，官僚機構也具有壟斷的特點，一般只有一個外交部、一個環保部、一個國防部。作為特定公共財的唯一提供者，官僚

37（美）威廉・尼斯坎南：《官僚制與公共經濟學》，第37頁。
38（美）威廉・尼斯坎南：《官僚制與公共經濟學》，第38—39頁。

完全瞭解公共財真實的生產成本。在與議會就預算進行討價還價的過程中，官僚瞭解議會的偏好，而議會卻缺乏手段獲取有關生產成本的準確資訊。議會就像監管者，官僚就像機械師。表面上看，監管者擁有更大的權力。但實際上，當機器壞了的時候，監管者需要聽機械師的。議會缺乏資訊優勢，結果是官僚可以提出高於實際成本的預算，向議會謊稱這一高成本的預算是唯一可行的選擇。和議會相比，官僚機構享有專家的資訊優勢。不僅如此，與官僚機構相比，議會沒有動力去認真審查官僚機構的預算，因為和私人部門不同，沒有一個人擁有議會，也沒有人可以賣掉它。即便削減了官僚機構的撥款，剩餘的經費也不能被審查專家占有。

　　因此，具有壟斷地位的議會在選擇提供公共服務的官僚機構時，其實沒有選擇權。當議會撥款給環保部的時候，環保部只有一家。「儘管名義上官僚機構與其資助者之間的關係是雙邊壟斷。但在大多數情況下，由於官僚機構有更強的動機，掌握更多資訊，因此官僚機構擁有壓倒性的壟斷權力」。[39]處於壟斷地位的官僚機構掌握了更多的資訊，有更強的動力；而議會既缺乏資訊又缺乏動力對官僚機構進行監督。按尼斯坎南的分析，理性的官僚都是「預算最大化者」，官僚機構的壟斷權力越大，過度開支的比例就越大。在提供公共財的時候，官僚機構的運行缺乏監管與競爭，官僚獲得了很大的自主性。因此，官僚機構常常提供無效率的公共財。一份問卷調查顯示了民眾對官僚機構低效的不滿。如表3-3所示：在被問及誰提供更為體貼的服務時，只有11.5%的美國受訪民眾認為官僚機構比商業部門表現更好；有37.5%的美國民眾認為商業部門比官僚機構表現更好。在被問及哪個部門更為公平時，僅有18.8%的美國受訪者認為官僚機構做得更好；有44.5%的美國民眾認為商業部門做得更好。有67%的美國民眾認為官僚部門的人數太多；同時有67%的美國民眾認為官僚機構的工作人員不如商業部門的人努力。在澳大利亞，情況也類似，有

39（美）威廉・尼斯坎南：《官僚制與公共經濟學》，第30頁。

表3-3　美國民眾對官僚機構與商業部門提供服務的評價

	服務更體貼	更公平	人數過多	工作更不努力
官僚機構	11.5%	18.8%	67.0%	67.0%
商業部門	37.5%	44.5%	—	—

資料來源：B. Guy Peters, *Politics of Bureaucracy,* London and New York: Routledge, 2001, p. 44, Table 2.1。

54%的澳大利亞民眾認為官僚部門的人數太多，同時有63%的澳大利亞民眾認為官僚機構的工作人員不如商業部門的人努力。[40]

　　尼斯坎南試圖向我們展示：官僚不是，至少不完全是受民眾的普遍福祉或者國家利益驅動的人。[41]他們的理性行為可能是違背公共利益的。在實施政府專案的過程中，官僚的選擇可能會違背項目的初衷。美國住房及城市發展部（Department of Housing and Urban Development）的官僚部門把建設資金分配給投資風險較小的城市。這樣，投資專案失敗的概率更低，他們也會避免招致公眾的批評。但是，該項目的初衷卻是要幫助那些衰敗的城市，也就是投資風險更高的城市。[42]退伍軍人管理醫院的官僚罔顧醫院提供的服務品質，因為服務品質難以測量。他們把精力放在可測量的目標上，比如增加醫院的床位，延長醫院的護理時間等。[43]

　　為了讓官僚部門提供更好的服務，尼斯坎南提出了幾個解決方案，比如讓官僚機構之間展開競爭，「應當鼓勵和允許現有官僚機構提供目前由其他官僚機構提供的服務」。[44]這樣做的好處在於：首先，它打破了特定官僚機構對公共財供應的壟斷；其次，它能揭示公共財

40 B. Guy Peters, *Politics of Bureaucracy*, London and New York: Routledge, 2001, p. 44, Table 2.1.

41 （美）威廉‧尼斯坎南：《官僚制與公共經濟學》，第35頁。

42 John Gist and R. Carter Hill, "The Economics of Choice in the Allocation of Federal Grants: An Empirical Test", *Public Choice*, Vol. 36, No. 1, 1981, pp. 63-73.

43 Cotton Lindsay, "A Theory of Government Enterprise", *Journal of Political Economy*, Vol. 84, No. 5, 1976, pp. 1061-1077.

44 （美）尼斯坎南：《官僚制與公共經濟學》，第193頁。

供應的成本。我們知道，由於官僚機構壟斷資訊，議會往往難以預測公共財供應的成本。那麼，解決這一問題的辦法就是讓官僚機構之間進行競爭和競價。我們看一個例子，為了保護環境，環保署要求企業安裝硫淨化器。企業紛紛遊說，說這樣做成本太高。環保署自己估計，要減少一噸二氧化硫的排放，成本在250－700美元，還可能高達1500美元。1993年，美國環保署對二氧化硫的排放權進行拍賣，這使得環保署發現企業誇大了它們的成本。每噸二氧化硫的排放成本降至70美元，甚至在這一價位時，很多企業仍願意安裝硫淨化器，也不願意購買排放權。[45]由於競爭，環保署迫使企業說了真話。這一邏輯對官僚機構也同樣適用，如果允許不同官僚機構以競價的方式提供同樣的公共財，就能揭示真實成本。此外，尼斯坎南還建議，應允許官僚們將一部分預算結餘作為自己的收入。如果能分到節省的盈餘，官僚機構才願意節省預算。

　　尼斯坎南看到官僚機構問題的同時，也有意無意地忽視了這樣的事實。西方已開發國家往往有著強大的官僚隊伍。從表3-4的資料可以看出，發展中國家的政府雇員數量遠遠低於已開發國家，而且越是落後的國家或地區，政府雇員占總人口的比重越低。已開發國家政府雇員總數占總人口數的7.7%，處於世界最高水準；而非洲國家政府雇員人數僅占總人口的2%，居世界末位。就中央或聯邦雇員占總人口的比重而言，已開發國家也是最高的，為1.8%；而非洲仍名列末位，為0.9%。就地方政府雇員占總人口的比重來看，已開發國家為2.5%，非洲國家為0.3%。由此不難看出，已開發國家並非所謂的「小政府、大社會」。即便到了今天，已開發國家政府雇員占總人口的比重也遠遠高於發展中國家。正是由於已開發國家有著龐大的官僚系統，其經濟社會職能才能得到有效的履行。發展中國家由於政府雇員不足，很多基本的國家職能都無法履行，經濟發展也無從談起。[46]

45（英）蒂姆·哈佛德著，趙恒譯：《臥底經濟學》，中信出版社2006年版，第82頁。
46　黃琪軒：〈另一個世界是可能的：後危機時代的中國與世界發展〉，《世界經濟與政治》2011年第1期。

表3-4   20世紀90年代早期政府雇員占總人口比重（％）

	所有政府雇員	中央（聯邦）政府雇員	地方政府雇員	教育與衛生事業的政府雇員
非洲	2.0	0.9	0.3	0.8
亞洲	2.6	0.9	0.7	1.0
東歐國家	6.9	1.0	0.8	5.1
拉美及加勒比海地區	3.0	1.2	0.7	1.1
中東和北非	3.9	1.4	0.9	1.6
經合組織國家	7.7	1.8	2.5	3.4
全球平均	4.7	1.2	1.1	2.4

資料來源：Salvatore Schiavo-Campo, Giulio de Tommaso, Amitabha Mukherjee, "An International Statistical Survey of Government Employment and Wages", *World Bank Policy Research Working Paper*, 1997, No. 1806。

五　為什麼美國食糖價格是其他國家的兩倍？

　　在美國，食糖的價格至少是世界市場價格的兩倍。美國政府通過貿易壁壘，保護本國的食糖產業，但卻讓美國的消費者和納稅人每年至少承擔30億美元的費用。顯而易見，美國政府的行為損害了美國消費者的利益。其實，這樣的限制不僅出現在美國，在世界各地都廣泛存在。由於政府徵收紡織品關稅，英國消費者每年需要為購買衣物多支付5億英鎊；加拿大的消費者每年要多支付7.8億加元；澳大利亞的每個家庭每年要多支付300澳元。因為歐盟的農業保護政策，一個居住在歐洲的四口之家每年需要為購買食品多支付1500美元。據統計，全球用於農業保護的成本每年高達3500億美元，這些補貼足夠讓全球的4100萬頭奶牛坐上飛機，而且是頭等艙，繞地球飛行一圈半。[47]為什麼會出現這樣的貿易壁壘呢？

　　尋租理論的創始人是戈登‧圖洛克（Gordon Tullock）。而安妮‧

47　參見WTO：10 Benefits of the WTO Trading System。

克魯格（Anne Krueger）是最早使用「尋租」（rent-seeking）這一術語的學者。經濟租是支付給商品或要素的特殊價格，這個價格要比該要素最低供給的價格高，高出的部分就是經濟租。例如，一位大學畢業生通常能獲得 10 萬元的年薪，這是勞動力最低的供給價格。一位出類拔萃的畢業生，他要嘛是研發的好手，要嘛善於和客戶溝通，能獲得 50 萬元的年薪。那他獲得的高出的 40 萬年薪就是經濟租。再如，在市區租一套房子的均價是每月 2 萬元，但有一套房子恰好臨近地鐵，交通便利，還可以俯瞰公園的景色，這套房子每月的租金可以達到 5 萬元。這多出來的 3 萬元就是經濟租。美國的食糖價格比世界市場高一倍，消費者向生產者支付的高出一倍的價格就是經濟租。之所以存在「經濟租」，往往是由於某種要素或商品比較稀有。當人們對該要素或商品的需求增加時，這些要素與商品的供給卻沒有太大變化，即供給對需求的變化缺乏彈性。因此，這些要素或商品的供給者往往可以索要高價。得益於這樣的稀有性，要素與商品所有者獲得的超額經濟收益就是經濟租。有些稀有是由自然原因造成的，比如有人聰明過人，有的地方交通便利。但是，有的稀有是由政府造成的。尋租指的是，「利用資源通過政治過程獲得特權，從而構成對他人利益的損害大於租金獲得者收益的行為」。理性的人有兩種基本的方式獲得財富：從事生產或者進行掠奪。當人們靠從事生產來致富的時候，他不僅自己獲得了收益，他人和社會也能獲得好處；而當人們靠掠奪來致富的時候，他自己獲得了收益，社會卻遭受了損失。在美國食糖產業的案例中，食糖生產商通過美國政府實施的貿易保護政策達成了自己的經濟目的，這個目的就是獲得和保持租金。他們通過遊說政府，限制海外食糖進口，控制了國內食糖供給，並讓美國的食糖價格比世界食糖價格高出一倍。在這一過程中，政府官員並非扮演被動的角色。美國民主黨參議員約翰·布魯（John Breaux）坦言：他在參議院的選票不能購買，但是可以被租用。[48] 政府官員不但接受食糖廠商

---

48 Jacob Hacker and Paul Pierson, *Off Center: The Republican Revolution and the Erosion of American Democracy*, p. 216.

的尋租，而且還會主動與他們聯繫，通過為其創造租金（即創租）來滿足自己的利益需求。在國際貿易中，尋租者是進出口商，特權擁有者是政府，尋租過程是廠商通過向政府官員行賄、遊說等手段實現調整關稅、貿易限制等活動。

在尋租的過程中，廠商或者利益集團需要投入一部分資源對政府官員進行遊說，以達到自己的目的。在華盛頓設立公共關係辦事處的公司，1968年時約為100家，到1978年已經超過了500家。1971年，只有175家公司在華盛頓有註冊的遊說者，到了1982年，這一數字增加到近2500家。1976年，公司的政治行動委員會數量還不到300個，到20世紀80年代中期，已經超過了1200個。[49]在美國華盛頓特區，有超過3000個行業協會在此設立了辦公室，雇用了近10萬人進行遊說。通用汽車公司（General Motors）以及美國國際集團（AIG）每年投入數百萬美元對政府進行遊說。[50]利益集團花了很大的代價，耗費了大量的資源去遊說政府，這部分資源沒有被用於生產過程，實際是被浪費了。每逢選舉季，美國蔗糖遊說集團會向美國參、眾兩院提供170萬美元的政治獻金，同時給掌控美國食糖立法的農業委員會每位委員9000美元的資助。有研究顯示，製糖遊說集團對美國參、眾兩院議員每增加1000美元的捐款，這些議員投票支持製糖產業政策的概率就提高4—7個百分點。[51]這些商業集團是理性的，既然政府的干預能讓它們獲得租金，為什麼不去尋租呢？

對政府官員而言，創租同樣是理性的。1974年貿易法案表決時，工會強烈反對該議案通過。議員收到工會提供的政治獻金越多，他越有可能反對該議案。1985年，美國國會試圖通過保護主義的紡織品貿易法案。紡織品與服裝業公司的工會給的政治獻金越多，美國議員

49 David Vogel, *Fluctuating Fortunes: The Political Power of Business in America*, New York: Basic Books, 1989, Chapter 8.
50 James Gwartney, Richard Stroup, Russell Sobel and David Macpherson, *Microeconomics: Private and Public Choice*, Mason: South-Western Cengage Learning, 2008, p. 137.
51 Jonathan Brooks, Colin Cameron and Colin Carter, "Political Action Committee Contributions and U.S. Congressional Voting on Sugar Legislation", *American Journal of Agricultural Economics*, 1998, Vol. 80, No. 3, pp. 441-454.

則越有可能投票支持該保護主義法案。[52] 有研究者指出，勞工組織每花費35.2萬美元，就能增加一張議員對北美自由貿易區這一議題的反對票。為了讓議員在烏拉圭回合的談判中增加一張反對票，勞工組織需要花費31.3萬美元。[53] 這些議員通過投票活動影響政府政策，也讓自己獲得更多的政治獻金。

尋租理論試圖展示：政府官員與新古典經濟學裡的生產者和消費者一樣，都是理性的、自利的和效用最大化的。不要被他們訴諸「公眾利益」的表像所迷惑。1833年到1850年，英國熟練男性工人積極支持立法以保護童工和婦女，大家都認為這是人道主義的法律。事實上，這一系列的法律卻遭到了婦女組織的強烈反對，因為它們排斥兒童和婦女就業。通過減少童工和婦女等競爭者，英國熟練男性工人可以獲得經濟租，他們積極支持「人道主義」立法其實是在尋租。[54]100多年後，美國工會關心童工問題是為了阻止低度發展國家對美國的出口，進而獲得貿易限制帶來的經濟租。他們的目的並不是幫助低度發展國家的工人。2000年初，美國同意增加柬埔寨出口到美國的紡織品數額，而柬埔寨則同意提高其勞工標準，包括大幅度提高勞工工資。執行該協定以後，柬埔寨紡織工人每月可以獲得40美元，相比之下，柬埔寨的大學教授每月收入只有20美元。然而，這個協定因遭到美國工會的阻撓而未能通過。[55]

尋租者自己獲得了好處，卻給社會帶來了負擔。據估計，20世紀60年代，尋租占了印度7%的國民收入和土耳其15%的國民收入。[56]尋租在哪些方面給社會帶來了負擔呢？首先，尋租的限制減少

52 Gene Grossman and Elhanan Helpman, "Trade Wars and Trade Talks", *Journal of Political Economy*, V. 103, No. 4, 1995, p. 704.

53 Robert Baldwin and Christopher Magee, "Is Trade Policy for Sale? Congressional Voting on Recent Trade Bills", *Public Choice*, Vol. 105, No. 1/2, 2000, p. 99.

54 （英）加利·安德森、羅伯特·托利森：〈對英國工廠法的一種尋租解釋〉，載（美）大衛·柯蘭德主編，馬春文等譯《新古典政治經濟學──尋租和DUP行為分析》，長春出版社2005年版，第187─204頁。

55 Robert Gilpin, *Global Political Economy: Understanding the International Economic Order*, Princeton: Princeton University Press, 2001, p. 228.

56 Anne Kruger, "The Political Economy of the Rent-Seeking Society", *American Economic Review*, Vol. 64, No. 3, 1974, p. 294.

了產量，使得產品價格更高。就美國食糖產業的案例來看，外國的蔗
糖產品被限制在外，消費者只能消費更少的產品，卻需要支付更高的
價格。其次，尋租引發的保護限制了競爭，保護了落後的技術，阻礙
了技術的進步。社會只能長期使用陳舊的技術，而享受不到新技術帶
來的好處。最後，這麼多廠商在華盛頓設立辦公室，雇用大量的人員
進行遊說，這些資源原本可以用於生產，現在卻用於非生產活動，造
成了社會產出的損失。

　　因此，在不少人看來，尋租是廠商或利益集團為了尋求政府特殊
政策關照而造成的資源浪費活動。當政府增加了其在市場中的角色，
用公共政策分配資源時，尋租就會有空間。因為，政府官員在分配資
源時並不是一心為公的，他們常常為自己身邊的利益團體分配更多的
資金、提供優惠的政策。在美國，政府的轉移支付只有六分之一到了
窮人手中，剩下的六分之五到了各種利益集團那裡。[57]它們要嘛有著
更好的組織，比如行業協會與工會；要嘛可能更容易鑒別，是競選的
票源，如老年人與農場主。政府干預經濟的權力越大，可能帶給企業
的租金也就越多。這樣會誘使企業從生產性的活動轉向尋租這樣的非
生產性活動。

六　為何政府要為食糖廠商損害廣大選民的利益？

　　20世紀80年代中期，美國製造商發現他們難以在國際市場立
足，因此強烈反對高估美元幣值，積極推動美元貶值。要知道，幾乎
所有的政策都有獲益者，也有受損者，推動美元貶值會損害消費者
的利益。消費者比生產商的人數更多，為什麼他們不聯合起來反抗
呢？1931年，英國宣布放棄金本位制並允許英鎊貶值，這讓前往曼
哈頓的英國遊客震驚不已。與以前相比，他們所持有的英鎊只能兌換
更少的美元。一名遊客氣惱地說：「在英國，一英鎊還是一英鎊。我

---

57 James Gwartney, Richard Stroup, Russell Sobel and David Macpherson, *Microeconomics: Private and Public Choice*, p. 138.

要把身上的英鎊帶回家去花。儘管這麼說有些過火，這難道不是在打劫嗎？」[58]美國貨幣貶值的案例和前文提到的美國蔗糖廠商的案例類似。作為民主國家的美國，為何要為一小部分人的利益去損害更廣大選民的利益？既然美國的蔗糖廠商損害了廣大消費者的利益，消費者為什麼不團結起來遊說政府放棄對蔗糖產業的保護呢？

曼瑟爾・奧爾森的著作對政治學影響很大，其中「集體行動的邏輯」一詞被政治學者廣泛使用。在《集體行動的邏輯》一書中，奧爾森指出，有共同利益的個人組成的集團會增進那些共同利益，這種流行觀點看來沒有什麼價值。[59]下面的例子將會展示：消費者往往出於理性的算計，為了維護自己的利益，而不去爭取自己的利益。澳大利亞政府提高關稅保護本國的製衣業，澳大利亞的每個家庭每年要多支付300澳元。那麼，一個普通的消費者會面臨兩個選擇：去政府門前抗議；或者無動於衷，待在家裡。理性的人會做出成本和收益的分析。

如表3-5所示，你作為一名普通消費者，遇到上述情況，將面臨四種選擇。第一種是象限 I 展示的情形。如果你和所有澳大利亞的消費者都去抗議，那麼，政府可能會對廣大選民的不滿有所忌憚，取消對小集團的保護。如此一來，你所獲得的好處是生活成本少了300澳元，但是，你卻要承擔一些成本，包括交通費用，還有時間成本。第二種是象限 II 展示的情形。如果所有人都待在家裡，就你一個人去抗議，可想而知，政府根本不會理睬你的訴求。你得不到任何好處，卻要支付相應的交通費用等成本。而且，「不能帶來明顯效應的無私行為有時候甚至被認為是不值得稱讚的」。一個想用一隻鉛桶來擋住洪水的人甚至會被認為是一個怪人而不是一個聖人。「無疑，用一隻鉛桶可能無限小地降低河水的高度，就像獨個農民限制自己的產量可以

---

58 Barry Eichengreen, *Exorbitant Privilege: The Rise and Fall of the Dollar*, New York: Oxford University Press, 2011, p. 35.

59 （美）曼瑟爾・奧爾森著，陳鬱等譯：《集體行動的邏輯》，上海人民出版社 1995 年版，第3頁。

表3-5　集體行動的邏輯分析

別人的選擇 你的選擇	去抗議	待在家
去抗議	I 好處：生活成本少了 300 澳元 成本：交通費用、耗費時間等	II 好處：無 成本：交通費用、耗費時間等
待在家	III 好處：生活成本少了 300 澳元 成本：無	IV 好處：無 成本：無

無限小地提高價格一樣，但是在兩例中效應都是可以忽略不計的，而且那些為了獲得微不足道的改善而犧牲自己的人甚至得不到無私行為應得的讚揚。」[60] 因此，如果你做出第二種選擇，不僅支付了成本無法獲得收益，你特立獨行的行為還可能被嘲弄。

　　我們來看象限 III 展示的第三種選擇，如果大家都去抗議，就你沒去，那麼，政府同樣擔心如此大範圍的不滿會影響他們連選連任，迫於民眾壓力，政府會取消貿易保護。你沒有任何損失，卻得到了好處，每年減少了 300 澳元的生活成本。最後，我們看第四種選擇，如象限 IV 所示，包括你在內，大家對保護主義政策不滿，但是大家只是在心裡犯嘀咕，卻沒有人去抗議。結果就是，政府幾乎不知道你不滿，保護主義政策也不會變。如此一來，你沒有付出，也沒有收穫。

　　那麼，一個理性的人應該如何選擇呢？如果大家都去抗議，你的理性選擇應該是不去（III），因為待在家裡不需要支付任何成本，卻可以享有同樣的收益。如果大家選擇不去抗議，你的理性選擇還是不去（IV），因為即便你一個人去了，仍然改變不了結果。所以，無論大家去還是不去，你的理性選擇都是不去。如果大家都這麼想，都想「搭便車」，那就不會有人去抗議。這就是集體行動的困境。基於自己的利益考慮（成本收益分析），人們的行動常常罔顧自己的利益

60（美）曼瑟爾・奧爾森：《集體行動的邏輯》，第 73 頁。

（減少300澳元的生活成本）。

　　作為一個理性個人，在集體行動中使自己利益最大化的選擇是坐享其成，自己貢獻得越少越好，獲得的收益則越多越好。有研究者發現，儘管環保主義者對他們的事業抱著強烈的認同感，但他們卻不願意為環保事業慷慨解囊。他們每年給環保事業捐的錢，還抵不上25000位每天吸兩包煙的煙民的開銷。[61]如果每個成員都是理性個人，集體行動就難以實現。奧爾森認為集體行動的邏輯在政治生活中的很多方面都是適用的。他發現，出席工會會議的人數常常不足5%。當每個工人都希望別人出席會議而自己不出席的時候，他們的行為和態度是理性的。如果一個強大的工會符合成員利益的話，出席率高對大家更有利。但是，單個個體工人沒有任何激勵，因為無論是否出席會議，他都能獲得工會帶來的收益。[62]奧爾森還指出，沒有出現馬克思預言的那種世界的階級鬥爭，部分原因也是由於集體行動的困境造成的。「資產階級的一員的理性行為就是不顧其階級利益，而只把精力放在他的個人利益上。同樣，一個認為無產階級政府能給他帶來好處的工人，會覺得不顧自己的生命和資源起來革命推翻資產階級政府是非理性的。」[63]

　　在一項有關集體行動的實驗中，有研究人員把100美元分給實驗的參與者，參與者之間不能進行資訊交流。如果參與者都願意把這100美元用來投資，那麼這100美元將變成200美元。但是，只要有一位參與者拒絕投資，則投資失敗。拒絕投資者仍可以保留自己的100美元，而那些願意投資的成員將會損失50美元。這項合作對所有人而言都有好處：如果每個人都願意合作的話，他們將會得到更多。但是，實驗的結果卻並非總是指向合作。他們往往難以達成集體行動。

　　怎樣才能解決這一問題呢？除了對集團成員實施強制來達成集體

61　Russell Hardin, *Collective Action*, Baltimore: The Johns Hopkins University Press, 1982, p. 11.
62　（美）曼瑟爾‧奧爾森：《集體行動的邏輯》，第97頁。
63　（美）曼瑟爾‧奧爾森：《集體行動的邏輯》，第129頁。

行動，還有其他一些辦法。奧爾森指出，一個辦法是減少參與行動的人數。奧爾森引用了社會學家約翰‧詹姆斯（John James）的研究成果：採取行動的團體往往比不採取行動的團體人數要少。採取行動的團體的平均成員人數是6.5人，而不採取行動的成員人數為14人。美國參議院委員會小組的平均人數是5.4人，眾議院委員會小組的平均人數是7.8人。這些團體都相當小，並不是人多好辦事。[64]「除非一個團體中的人數很少，或者除非存在強制或其他某些特殊手段以使個人按照他們的共同利益行事，有理性的、尋求自我利益的個人不會採取行動以實現他們共同的或集團的利益。」[65]較小集團戰勝較大集團是很普遍的。「因為前者一般是有組織的、積極的，而後者通常是無組織的、消極的。」[66]因此，縮小集團的規模，達成集體行動的可能性就更高。換句話說，小團體常常更有力量。奧爾森認為集團越大，就越不可能去增進它的共同利益。為什麼會這樣呢？

　　遊說是有成本的。前面指出，每個選舉季，美國製糖遊說集團給美國參、眾兩院170萬美元的政治獻金，同時給掌控美國食糖立法的農業委員會的每位委員9000美元的資助。我們把數字變得簡單一些，假定你是製糖業的老闆，如果要成功遊說政府，你得有20萬美元的開銷。遊說成功後，政府會為製糖業提供貿易保護，或者提供1000萬美元的補貼。當這個產業有10家企業的時候，每家企業可以獲得100萬美元的好處，而當這個產業有100家企業的時候，每家企業只有10萬美元的好處。那麼，情況顯而易見：第一，集團成員越多，單個成員就分的就越少。第二，集團人數越多，協調成本越高。大家都期待他人行動，而自己搭便車。如果集團變得更小，個人分得的份額就更多，這樣的小集團也更容易讓大家協調一致。「在一個很小的集團中，由於成員數目很小，每個成員都可以得到總收益的相當大的一部分。這樣，集體物品就常常可以通過集團成員自發、自利的

64（美）曼瑟爾‧奧爾森：《集體行動的邏輯》，第65頁。
65（美）曼瑟爾‧奧爾森：《集體行動的邏輯》，第2頁。
66（美）曼瑟爾‧奧爾森：《集體行動的邏輯》，第152頁。

行為提供。」[67]第三，小的集團更容易達成集體行動是因為小的集團更容易實施「選擇性激勵」（selective incentives），也就是要論功行賞、區別對待、賞罰分明。美國退休者協會為廣大的退休人員服務，如果它遊說政府擴大醫療保健的範圍，那麼超過65%的公民會從中受益。但是，退休者協會的領導人卻深諳「選擇性激勵」的道理：所有會員每年只要繳納16美元的會費，他們將為會員提供保險折扣、郵購藥品折扣、旅行折扣等好處。如果沒有這些區別對待的激勵措施，誰會加入這一協會？誰又會繳納會費呢？集團越小，就越容易清晰地界定各個成員對集體的貢獻，也越容易展開內部監督。這樣，集團的領導人也更容易將得來的好處區別對待，使各個成員的貢獻與報酬相匹配。第四，小的集團更容易通過聲望激勵個體行動。奧爾森指出，即便不依賴經濟激勵，小集團也更容易達成集體行動。「經濟激勵並不是唯一的激勵，還有聲望、尊敬等社會和心理目標。不過，社會壓力和社會聲望也只有在較小的團體中才會有作用。」[68]

奧爾森認為列寧比較成功地運用了這一原則。列寧在《怎麼辦》中敘述了共產黨要依靠忠誠守紀、富有犧牲精神的少數人，而不能僅僅將希望寄託在無產階級的共同利益。[69]靠大多數解決不了問題，只能依靠革命人的小團體，才能積極行動起來，實現革命目標。

用奧爾森的邏輯，我們就能回答為何美國製造商能成功推動美元貶值；美國的製糖廠商為何能主導政策制定，而廣大消費者則不能。事實上，在全世界都廣泛存在這種小集團對多數人的掠奪。日本的保護主義政策讓日本的消費者每年承受1050億美元的損失，相當於1989年日本GNP的3.6%。[70]1990年，實施關稅保護以及進口數量限制讓美國的消費者承受了700億美元的經濟損失。同時，保護政策的受益者非常集中。受到高度保護的21個產業給美國消費者造成的

67（美）曼瑟爾·奧爾森：《集體行動的邏輯》，第28頁。
68（美）曼瑟爾·奧爾森：《集體行動的邏輯》，第70—72頁。
69（美）曼瑟爾·奧爾森：《集體行動的邏輯》，第129頁。
70 Yoko Sazanami and Shujiro Urata and Hiroki Kawai, *Measuring the Costs of Protection in Japan*, Washington D. C.: Institute for International Economics, 1995. p. 1.

經濟損失占據了損失總量的一半。就紡織與服裝加工業而言，政府對這一產業的保護就給美國消費者造成了240億美元的損失。儘管服裝產業獲得了巨大的收益，分攤到每位消費者身上的損失還不到100美金。[71]

製造商是與政策利益攸關，而且是利益比較集中的利益集團。美元貶值讓他們獲得了具體的、顯著的好處，因此製造商更容易聯合。美國消費者是比較分散的群體。與生產商推動美元貶值所獲得的巨大收益相比，美元貶值只對消費者的購買力產生了並不顯著的影響。因此，儘管消費者眾多，他們卻很難聯合起來反對美元貶值。幾輪美元貶值的過程中，美國國內幾乎聽不到反對的聲音。[72]生產者組成的利益集團一般都比消費者集團有更大的政治影響力。生產者一般根據產業組成利益集團，利益很集中，規模相對小。而消費者則是由來自不同職業、不同階層、不同地區的人組成，背景各異，人數眾多，各自的行為也不易監督，所以很難達成有效的集體行動。

七　為何人們要花錢實施報復？

理性選擇政治經濟學面臨很多挑戰和批評。有研究者指出，理性選擇政治經濟學重視邏輯推演，但是卻罕有系統性的經驗證據支撐。[73]此外，以階級、國家以及文化為中心的政治經濟學也對其構成了挑戰。我們在接下來的幾章會詳細展示這些挑戰。另一類挑戰來自以個體的為中心的政治經濟學內部。這樣的挑戰不是演繹式的以個體為中心的分析，而是通過對個體的實驗，展示「理性人」假定的不足。[74]

71 Gary Hufbauer and Kimberly Elliot, *Measuring the Costs of Protection in United States*, Washington D. C.: Institute for International Economics, 1994, p. 11.
72 Barry Eichengreen, *Globalizing Capital: A History of the International Monetary System*, Princeton: Princeton University Press, 1996, p. 152.
73 （美）唐納德‧格林、伊恩‧夏皮羅：《理性選擇理論的病變：政治學應用批判》，第1頁。
74 下面的資料參見黃琪軒《比較政治經濟學與實驗研究》，《國家行政學院學報》，2011年第2期。

　　《怪誕行為學》的作者丹・艾瑞里（Dan Ariely）是行為經濟學家。他在《怪誕行為學》（2）第五章中講述了一個信任與報復的實驗。假定你和一位匿名參與者 A 共同參加一個實驗，你和 A 都各自獲得了 10 美元。此時，你有兩種選擇：（1）保有這 10 美元；（2）將10 美元交給 A。如果你選擇相信 A，交出 10 美元，實驗組織者會獎勵 A 40 美元。此時，A 手裡就有了 50 美元。而這時的 A 同樣面臨兩種選擇：（1）給你 25 美元的回報；（2）自己獨吞這 50 美元。作者發現，實驗中很多人選擇相信匿名的合作夥伴，交出 10 美元；他們的匿名夥伴也會投桃報李，將其中的 25 美元返還給第一位實驗參與者。這和理性選擇的預測並不一致。但更有意思的是，當匿名參與者決定獨吞 50 美元的時候，實驗組織者告訴你：你可以自己掏腰包來懲罰這位匿名參與者。如果你支付 1 美元，他將損失 2 美元；如果你支付 25 美元，他將損失 50 美元。此時，理性選擇會告訴你不能自掏腰包實施報復，因為這樣不理性，這樣做損人不利己。但是，實驗結果表明，當第一名實驗參與者有機會報復欺騙他的夥伴時，他往往會實施報復，並且實施嚴厲的報復。事實上，懲罰和報復並不會給實驗參與者帶來任何經濟收益，為何他們要做損人不利己的事呢？這是實驗研究對理性選擇的挑戰──人們往往並不按理性選擇給出的邏輯做事。

　　來自經濟學內部的實驗常常顯示，人們在獲得利益的時候比較保守，而在避免損失的時候更願意採取冒險行動。實驗經濟學做過這樣的實驗，結果如下：

問題一　假定你比現在多 300 美元，你面臨下列的選擇：
A. 確定地增加 100 美元的收益。（72%）
B. 有 50% 的概率獲得 200 美元，而有 50% 的概率獲得 0 美元。（28%）
問題二　假定你比現在多 500 美元，你面臨下列的選擇：
A. 確定地損失 100 美元。（36%）
B. 有 50% 的概率損失 200 美元，而有 50% 的概率損失 0 美元。（64%）

　　實驗結果表明：當面臨損失的時候，有64%的實驗參與者願意採取冒險行動來挽回損失。在政治實驗中，人們也是對失去更敏感。[75]因此，有國際關係研究者將此實驗用於解釋戰爭的起源。而在政治經濟學領域，學者用它來解釋拉丁美洲國家經濟改革的時間和步伐。在政治經濟決策中，個體對所得與所失的敏感程度是不一樣的，大家往往對失去更敏感。

　　有政治學實驗對歧視進行了研究。[76]研究人員隨心所欲地對一群人進行分組。（比如讓實驗參與者報數，然後按奇數與偶數把實驗參與者分成兩組。）然後，研究人員給每個參與者一筆錢。他可以按任意的比例將這筆錢分給兩組成員。但是，分錢者自己卻不能獲得這筆錢，這樣可以避免分錢者成為利益相關者。實驗結果顯示：大部分情況下，各組成員在分錢的時候，往往分給本組成員更大的份額。這說明：因為人都需要有所歸屬，需要尋找認同，所以只要將人一分組，他就會毫無理由地相互歧視。既然這麼武斷的劃分標準（報數）都能帶來歧視行為，那麼按其他標準進行的「分組」，如按疆界、膚色、語言等產生的歧視可能更為顯著。認同與歧視的影響是廣泛的，它們不僅影響國際政治經濟決策，也會影響各國國內的政治經濟決策。在某些情況下，個人與群體對認同的訴求會讓群體做出匪夷所思的政治經濟決策。這些實驗把「認同」引入個人決策是對理性選擇的質疑。

　　理性選擇告訴我們，理性的個人對經濟物品的需求是多多益善，但實驗結果卻顯示，個人常常出於公平的考慮而拒絕「帕累托改進」。在分錢的實驗中，研究人員將100美元分配到各組，每組有兩個參與者，第一個參與者負責資金分配，第二個參與者可以接受或者拒絕這項分配提議。如果分配方案被第二個參與者接受，那麼雙方按

---

75 George Quattrone and Amos Tversky, "Contrasting Rational and Psychological Analyses of Political Choice", *American Political Science Review*, Vol. 82, No. 3, 1988, pp. 719-736.

76 Jonathan Mercer, "Anarchy and Identity", *International Organization*, Vol. 49, No. 2, 1995, pp. 229-252.

提議分得這筆錢；如果分配方案被第二個參與者拒絕，那麼雙方一無所獲。經濟學的分析會推斷：既然有一美元比沒有一美元要好，第二個參與者會接受任何大於零的分配提案。實驗結果卻顯示：分錢雙方極少出現99：1的分配結果，而更多是接近50：50的分配。分配提案越靠近99：1，提案被拒絕的概率就越高。在一次試驗中，76%的實驗參與者將資金平均分配。[77]實驗結果表明，儘管人們喜歡在收入上有所改善，但卻厭惡不公平。有實驗發現，為了獲得「友善」的對待，或者為了懲罰那些「不友善」的行為，人們也可以犧牲自己的物質利益。[78]這些實驗試圖展示：從理性選擇出發推斷人們在現實生活中的行為，結論往往是有誤導性的。政府部門在制定分配政策時，如果僅僅考慮改善民眾的收入，而忽略了分配狀況的改善，政策遭到抵制的概率就會增大。政治經濟學的研究需要考慮人們的公平感、正義感，需要我們檢驗「榮譽」、「激情」、「愛國主義」等因素對人們政治經濟行為的影響。

不過，這類挑戰對理性選擇構成的威脅與它們自身面臨的問題一樣多。理性選擇的「理性人」是「平均人」。無論從演繹出發，還是從實驗的歸納開始，他們分析的都是普通人與「平均人」。那麼，「平均人」是否可以分析關鍵的政治經濟行為？分析普通選民或許可以，因為他們大部分是普通人，樣本足夠大的時候，極端個體就被掩蓋了。分析官僚或許也合適，他們也接近普通人，且人數眾多。但是，分析一些政治家的行為，無論是理性選擇還是實驗研究就未必這麼合適了。前面提到，傅利曼列舉了以色列農莊的例子，他指出加入集體農莊的人從來沒有超過以色列人口的5%。因此，這部分重視平等的人在總人口中的比重，可能至多就是5%。生物學也常常展示人口中總有一部分人有強烈的利他主義傾向。社會學常常去研究一部分

77　Richard Thaler, "Anomalies: The Ultimatum Game", *Journal of Economic Perspectives*, Vol. 2, No. 4, 1988, p. 198.

78　Matthew Rabin, "Incorporating Fairness into Game Theory and Economics", *The American Economic Review*, Vol. 83, No. 5, 1993, pp. 1281-1302.

舉止怪異的人。如果不是平均人，而是人口中一部分「反常人」進入
了政治經濟活動的中心，那結果會怎樣？

　　以往有研究試圖指出，個人的生理狀況不同，會導致對戰爭與
和平的選擇不同。不少人認為：女性比男性更具和平主義的傾向。[79]
因此，他們認為，女性掌權的社會，戰爭爆發的概率更低。有問卷調
查顯示，婦女更不願意支持使用武力；婦女對人員傷亡也更為敏感；
一旦有人員傷亡，婦女對戰爭的支持會大大降低。[80]但是，也有研究
發現：女性決策者不同於普通女性的認知。一旦女性決策者面臨戰爭
決策，她做出的選擇可能與男性決策者並無二致。換句話說，女性領
導人選擇和平的概率並不比男性領導人高。女性領導人要在男性主導
的政治環境中崛起，可能需要比男性領導人更具進攻性。[81]那麼，男
性領導人會和普通男性具有一樣的特質嗎？理性選擇用領導人的「理
性」去分析革命，和實驗研究對普通人進行實驗問題一樣，他們都把
目光聚焦到了「平均人」而不是「異常人」。但是，重大的政治經濟
變遷，常常就是那一小撮人推動的。

79 Benjamin Page and Robert Shapiro, *The Rational Public: Fifty Years of Trends in Americans'Policy Preferences*, Chicago: University of Chicago Press, 1992, p. 295.

80 Richard Eichenberg, "Gender Differences in Public Attitudes toward the Use of Force by the United States, 1990-2003", *International Security*, Vol. 28, No. 1, 2003, pp. 110-141.

81 Mary Caprioli and Mark Boyer, "Gender, Violence, and International Crisis", *Journal of Conflict Resolution*, Vol. 45, No. 4, 2001, pp. 503-518.

第四章
馬克思與政治經濟學中的新視角

　　羅伯特・海爾布隆納（Robert Heilbroner）如此評價馬克思：馬克思是資本主義體系所曾遭受過的最嚴肅、最敏銳的檢視……不管你是否同意他的發現，人們都要尊重這位人類的先驅，他將其足跡不可磨滅地留了下來。[1] 儘管馬克思的名字和社會主義經濟體制聯繫在一起，但是他關於社會主義的論著卻很少。相反，他透徹地研究了資本主義體系的經濟運作，以及資本主義制度所產生的問題。[2] 馬克思的巨著《資本論》經歷了漫長的創作過程，歷時18年。1851年，馬克思說，他將在5個星期內完成該著作；到了1859年，馬克思說，他將在6個星期內完成寫作；到了1865年，馬克思說他已經完成了《資本論》的寫作。實際上，此時馬克思完成的是一大堆字跡模糊的手稿，還要用兩年時間才能整理成《資本論》第一卷出版。1883年馬克思逝世後，還有3卷內容有待整理。1885年，恩格斯整理出版了《資本論》第二卷；1894年，恩格斯整理出版了第三卷。《資本論》的第四卷，也就是我們所說的《剩餘價值理論》由卡爾・考茨基（Karl Kautsky）

---

1 （美）羅伯特・海爾布隆納：《經濟學統治世界》，第141頁。
2 （美）史蒂文・普雷斯曼著，陳海燕等譯：《思想者的足跡：五十位重要的西方經濟學家》，江蘇人民出版社2001年版，第99頁。

整理，於1905年到1910年陸續出版。考茨基在出版此書時，沒有把它作為《資本論》的第四卷，而是把它分成三卷獨立出版。[3]

　　僅憑一部《資本論》，就可以奠定馬克思對資本主義政治經濟研究與批判的卓著聲譽。近代以來研究資本主義有三位大家：卡爾‧馬克思、馬克斯‧韋伯（Max Weber）以及約瑟夫‧熊彼得（Joseph Schumpeter），[4]或許我們還可以加上維爾納‧桑巴特（Werner Sombart）。為了研究資本主義，並批判資本主義，馬克思幾乎讀遍了以往的政治經濟學理論。翻開馬克思的著作，看一看其著作的註腳，你就能發現他的閱讀有多麼廣泛，引證有多麼翔實。馬克思有著毫無保留的批判精神，他的大量著作都包含「批判」一詞，《資本論》的副標題就是：政治經濟學批判。

　　事實上，馬克思的研究遠不止是對傳統政治經濟學的批判，他不僅有破，還有立。他在批判以「個人」為中心的政治經濟學視角的同時，引領了政治經濟學中以「階級」為中心的視角。

一　為何人類社會的財富水準顯著提升？

　　一提到馬克思，大家就會想到他對資本主義與資產階級無情的批判。如果我們閱讀《共產黨宣言》，就會發現，這部文獻中最吸引人的是馬克思對資產階級成就的承認。[5]在人類的經濟史上，近代以來，社會的經濟增長率實現了巨大的提升。從西元元年到西元1400年，全世界經濟的年均增長率僅為0.05%，換言之，經濟總量翻倍需要1400年。17世紀，荷蘭經濟走向商業資本主義，它的年均經濟增長率達到了0.5%，這樣，荷蘭的經濟總量用140年就能翻倍；而英國工業革命期間，年均經濟增長率為2%，如此，35年就能翻倍。[6]面對人

3（美）史蒂文‧普雷斯曼：《思想者的足跡：五十位重要的西方經濟學家》，第130頁。
4 Tom Bottomore, *Theories of Modern Capitalism*, New York: Routledge, 2010, pp. 1-14.
5（美）亨利‧威廉‧斯皮格爾：《經濟思想的成長》（上），第396頁。
6 蕭國亮：〈序言〉，載（英）羅伯特‧艾倫《全球經濟史》，譯林出版社2015年版，第2頁。

類社會經濟增長率的進步以及財富水準的提升，史密斯等自由主義政治經濟學家會歸功於理性的個人、分工、自由選擇、競爭性市場等。而馬克思會坦言，資產階級對經濟增長起到了極大的推動作用。除此之外，馬克思還發現資產階級做了哪些貢獻呢？

　　第一，資產階級推翻了封建統治。儘管馬克思對資產階級進行了無情的批判，但是，他並不懷念「田園詩」般的封建時代。馬克思高度肯定了資產階級推動了一個新時代的誕生。「資產階級在它已經取得了統治的地方把一切封建的、宗法的和田園詩般的關係都破壞了。它無情地斬斷了把人們束縛於天然首長的形形色色的封建羈絆，它使人和人之間除了赤裸裸的利害關係，除了冷酷無情的『現金交易』，就再也沒有任何別的聯繫了。它把宗教虔誠、騎士熱忱、小市民傷感這些情感的神聖激發，淹沒在利己主義打算的冰水之中。它把人的尊嚴變成了交換價值，用一種沒有良心的貿易自由代替了無數特許的和自力掙得的自由。總而言之，它用公開的、無恥的、直接的、露骨的剝削代替了由宗教幻想和政治幻想掩蓋著的剝削。」[7]在批評資產階級「公開的、無恥的、直接的、露骨的剝削」的同時，馬克思肯定了資產階級的進步性，即與束縛人的封建社會相比，資本主義是歷史的進步。如果沒有資產階級打破封建社會對人的禁錮，社會經濟難以實現質的飛躍。

　　亨利·梅因（Henry Maine）的名著《古代法》第五章結尾，有一句膾炙人口、廣為傳誦的名句：「所有進步社會的運動，到此處為止，是一個『從身份到契約』的運動。」[8]「從身份到契約」是前現代社會向現代社會的轉變。而資產階級推動了「從身份到契約」，從封建制度到資本主義制度的轉變。生產力的發展，讓封建制度不能適應生產力發展的要求。馬克思在《哲學的貧困》中有這樣一句名言：「手推磨產生的是封建主的社會，蒸汽磨產生的是工業資本家的社會。」[9]這正是馬克思強調的「生產力決定生產關係」。

7《馬克思恩格斯選集》第一卷，人民出版社1975年版，第253頁。

8（英）亨利·梅因著，沈景一譯：《古代法》，商務印書館1959年版，第112頁。

9《馬克思恩格斯選集》第一卷，人民出版社1975年版，第142頁。

　　第二，資產階級推動了世界經濟與文化聯繫。凱因斯（John Maynard Keynes）在《和約的經濟後果》一書中展示了20世紀初世界經濟聯繫所達到的高度。「倫敦居民早上可以一邊在床上喝早茶，一邊用電話訂購世界各地的商品，這些產品質量優異，並且會一大早就被送到顧客的家門口；同時，他們也可以用同樣的方法來投資於世界各地的自然資源和新企業，不用費力甚至不用承擔什麼風險就可以獲得預期的成果和收益；或者他一時高興，或得到什麼資訊，就可以把他的財產託付給那個洲大都會的市民。如果他願意，他可以立刻乘坐舒適又廉價的交通工具去任何國家或地區，並且不需要護照或是其他手續。他可以派僕人去附近銀行的辦公場所非常方便地獲得珍貴的金屬，然後就可以帶著這些貴金屬出國，即使不瞭解該國的宗教、語言和習俗也沒有關係，並且稍被干預就會大驚小怪地認為自己受到了嚴重侵犯。最重要的是，他們認為這種情形是正常的、自然而然的、永恆的。」[10]凱因斯不是馬克思主義者，但是他所描述的現象就是我們後來冠名的「經濟全球化」。事實上，他應該參考馬克思對此的描述。為什麼會出現經濟全球化？在馬克思看來，資產階級起著重要的推動作用。「不斷擴大產品銷路的需要，驅使資產階級奔走於全球各地。它必須到處落戶，到處開發，到處建立聯繫。」[11]在資產階級的推動下，全球經濟聯繫逐步增強，不僅促進了全球經濟的融合，也促使了全球文化的融合。

　　資產階級在推動世界文化的傳播和融合。「物質的生產是如此，精神的生產也是如此。各民族的精神產品成了公共的財產。民族的片面性和局限性日益成為不可能，於是由許多種民族的和地方的文學形成了一種世界的文學。」[12]

　　第三，資產階級無意中推動了落後國家與民族的進步。馬克思曾

10（英）約翰·梅納德·凱因斯著，張軍等譯：《和約的經濟後果》，華夏出版社2008年版，第9—10頁。
11《馬克思恩格斯選集》第一卷，第254頁。
12《馬克思恩格斯選集》第一卷，第254—255頁。

指出：「工業較發達的國家向工業較低度發展的國家所顯示的，只是後者未來的景象。」[13]由於資產階級遍布世界各地，他們在摧毀舊有體系的同時，給新事物的成長帶來了機會。「古老的民族工業被消滅了，並且每天都還在被消滅。

它們被新的工業排擠掉了，新的工業的建立已經成為一切文明民族的生命攸關的問題；這些工業所加工的，已經不是本地的原料，而是來自極其遙遠的地區的原料；它們的產品不僅供本國消費，而且同時供世界各地消費。舊的、靠本國產品來滿足的需要，被新的、要靠極其遙遠的國家和地帶的產品來滿足的需要所代替了。過去那種地方的和民族的自給自足和閉關自守狀態，被各民族的各方面的互相往來和各方面的互相依賴所代替了。」

資產階級在創造一個全新的世界，「資產階級，由於一切生產工具的迅速改進，由於交通的極其便利，把一切民族甚至最野蠻的民族都卷到文明中來了。它的商品的低廉價格，是它用來摧毀一切萬里長城、征服野蠻人最頑強的仇外心理的重炮。它迫使一切民族——如果它們不想滅亡的話——採用資產階級的生產方式；它迫使它們在自己那裡推行所謂文明，即變成資產者。一句話，它按照自己的面貌為自己創造出一個世界。」[14]馬克思看到了資產階級摧枯拉朽的力量。

第四，資產階級在積極推動世界呈現城市化趨勢。在馬克思看來，農村生活是愚昧狀態，而邁向城市化則讓農村居民擺脫了這樣的愚昧。「資產階級使農村屈服於城市的統治。它創立了巨大的城市，使城市人口比農村人口大大增加起來，因而使很大一部分居民脫離了農村生活的愚昧狀態。正像它使農村從屬於城市一樣，它使未開化和半開化的國家從屬於文明的國家，使農民的民族從屬於資產階級的民族，使東方從屬於西方。」[15]城市生活開始變成世界主要地區的主導生活。馬克思對「東方從屬於西方」的論述，也為後來的依賴論等理論

13《資本論》第一卷，人民出版社1995年版，第8頁。
14《馬克思恩格斯選集》第一卷，第254—255頁。
15《馬克思恩格斯選集》第一卷，第255頁。

提供了啟示。

第五，資產階級在極大地促進經濟發展，這也是資產階級最為關鍵的貢獻。馬克思對資產階級這一方面的讚譽無以復加，「資產階級在它的不到一百年的階級統治中所創造的生產力，比過去一切世代創造的全部生產力還要多，還要大」。[16] 這句話簡短而有力，資產階級的出現讓人類的經濟發展水準有了質的飛躍。

第六，資產階級推動了政治統一。這是資產階級對政治的貢獻。「資產階級日甚一日地消滅生產資料、財產和人口的分散狀態。它使人口密集起來，使生產資料集中起來，使財產聚集在少數人的手裡。由此必然產生的結果就是政治的集中。」[17] 以往分散的市場阻礙了資產階級的發展，他們需要統一市場，才能獲得更多的利潤。因此，他們和統治者聯合，積極推動國家與民族的政治統一。「各自獨立的、幾乎只有同盟關係的、各有不同利益、不同法律、不同政府、不同關稅的各個地區，現在已經結合為一個擁有統一的政府、統一的法律、統一的民族階級利益和統一的關稅的統一的民族。」[18]

資產階級的發展需要建立強大的民族國家，這也符合馬克思指出的「經濟基礎決定上層建築」的觀點。經濟基礎是指一個社會中占統治地位的生產關係各個方面的總和，即生產資料所有制形式、各種不同的社會集團在生產中的地位及相互關係、產品分配方式三個方面的總和。馬克思的經濟基礎和生產關係是兩個術語，但內容相同。相對於生產力而言，叫生產關係；相對於上層建築而言，占統治地位的生產關係叫經濟基礎。資本主義的經濟基礎推動了統一的國家、統一的民族，當然相應推動了「民族國家」這樣的理念與意識形態的出現。

資產階級在做出重要貢獻的同時，馬克思也看到了資本主義社會的問題。他研究資本主義時有一個基本的分析單位，就是階級。馬克

16《馬克思恩格斯選集》第一卷，第256頁。
17《馬克思恩格斯選集》第一卷，第255頁。
18《馬克思恩格斯選集》第一卷，第255—256頁。

思指出：至今一切社會的歷史都是階級鬥爭的歷史。[19]「階級」在馬克思的著作中反復出現。《資本論》第三卷最後一章的題目就是「階級」，但馬克思只寫了一個片段（一頁半）就中斷了。[20]他指出：「地租、利潤、工資這三大收入形式相適應的發展資本主義社會的三大階級，即土地所有者、資本家、雇傭工人。」[21]在《路易·波拿巴的霧月十八日》中，馬克思認為階級是「數百萬家庭的經濟條件使他們的生活方式、利益和教育程度與其他階級的生活方式、利益和教育程度各不相同並互相敵對，就這一點而言，他們是一個階級」。[22]更多時候，馬克思將資本主義社會的階級結構簡化為資產階級與無產階級，兩個階級始終處於對立與鬥爭狀態。為什麼這兩個階級會如此對立，而不能合作呢？

馬克思的政治經濟學揭示了資本主義制度下工人與資本家不平等的權力關係。在這種權力關係下，「原來的貨幣占有者作為資本家，昂首前行；勞動力占有者作為他的工人，尾隨於後。一個笑容滿面，雄心勃勃；一個戰戰兢兢，畏縮不前，像在市場上出賣了自己的皮一樣，只有一個前途——讓人家來鞣。」[23]在資本主義社會，資本家的優勢不僅體現在經濟上，也在政治上有顯著的體現。我們來看歷史上美國大選的例子。

二　為何19世紀末的麥金利能贏得選舉？

　　1896年的美國總統選舉，資本集團的影響達到了高潮。民主黨推出了候選人威廉·布萊恩（William Bryan），他在施政綱領中對美國大公司進行了猛烈的攻擊，這讓美國東部的銀行家和工業家感到極為震驚。為阻止布萊恩當選，資本集團把大量的美元投到共和黨候選

19《馬克思恩格斯選集》第一卷，第250頁。

20（英）亨利·威廉·斯皮格爾：《經濟思想的成長》（上），第401頁。

21《資本論》第三卷，第1001頁。

22《路易·波拿巴的霧月十八日》，人民出版社2001年版，第105頁。

23《資本論》第一卷，第205頁。

人威廉・麥金利（William McKinley）的錢箱。最終，麥金利的選舉團隊籌集到了1000萬美元的競選經費，布萊恩只籌到30萬美元。[24]當布萊恩在全國巡迴演講時，麥金利待在家中就贏得了總統選舉。100年後的俄羅斯也出現了類似的一幕。在1996年大選前的4個月，葉爾欽的支持率只有5%，俄羅斯的資本集團紛紛動員起來，他們利用手裡擁有的雄厚資金和覆蓋全國的媒體，給予葉爾欽全面的支持。葉爾欽在其回憶錄中寫道：金融巨頭們一個個來到我們的競選團隊。他們投身其中，分別從組織上、精神上或財力上給予支持。[25]在這樣強大的支持下，葉爾欽最終贏得大選。

　　強大的資本集團深度地介入政府的日常事務。在19世紀後半期的美國，鐵路部門賄賂政府官員變得極為普遍。大多數鐵路公司給政府官員發放免費的乘車通行證。聯合太平洋鐵路公司將自己的股票打折賣給政府官員。經濟權力和政治權力的融合使得不少資本家非常歡迎各式各樣的政府干預。他們希望獲得政府的土地贈予，也希望提高保護性關稅，他們還希望政府幫他們鎮壓罷工。20世紀末俄羅斯的情況也如出一轍。葉爾欽指出：俄羅斯「金融巨頭試圖操縱國事的方式各不相同。一些銀行家們將莫斯科的官員、市政府玩於股掌之中；還有一些銀行家，例如別列佐夫斯基和古辛斯基，投入所有資金創建強大的電視集團公司、印刷股份公司，就其實質而言，也就是試圖壟斷大眾傳播媒介」。[26]這些資本集團公然地、直接地對政府日常工作施加影響，在政治家背後操縱國家。

　　20世紀60年代中期，不到三分之一的美國人認為：政府並非關照所有選民的利益，而是照顧大集團的利益。到了2008年，超過70%的選民持這一看法，最近幾十年，持這一看法的美國民眾超過三分之二。[27]從20世紀60年代中期到90年代中期，美國的民意開始出

24（美）埃里克・方納：《給我自由！——一部美國的歷史》（下），第820頁。
25（俄）伯里斯・葉爾欽著，曹縵西等譯：《午夜日記——葉利欽自傳》，譯林出版社2001年，第33頁。
26（俄）伯里斯・葉爾欽：《午夜日記——葉利欽自傳》，第105頁。
27（美）雅各・哈克、保羅・皮爾森：《贏者通吃的政治》，第101頁。

現轉變：認為政府被少數大型利益集團所左右的美國民眾人數翻倍，
比重高達76%；認為政府官員對民眾的想法不管不顧的占總人口的比
重，從36%上升到66%。[28] 普林斯頓大學教授拉里・巴特爾斯（Larry
Bartels）的研究顯示：20世紀80年代末90年代初，美國參議院對不
同收入群體的回應存在巨大差異。如果把美國選民劃為三等，就收入
為前三分之一的選民而言，參議員的立場與之高度一致；而對收入處
於中間位置三分之一的選民而言，參議員的態度與其訴求的關聯程度
則弱得多；對收入最底層的三分之一的選民而言，參議員對其訴求的
回應乃至呈現負相關。[29] 巴特爾斯的研究得到了其同事的回應。

　　《富裕與影響：美國的經濟不平等與政治權力》的作者，普林斯
頓大學政治學者馬丁・吉倫斯（Martin Gilens）展示了美國的財富如
何造成了政治影響。他發現：在美國，大多數人支持的政策並不會自
動變成法律。當政策得到美國頂層人群支持的時候，才有可能變成法
律。同時，在沒有大選的年份，美國政府不僅不回應美國窮人的訴
求，甚至回應呈現負值。這意味著收入最低的10%的美國底層民眾
想要美國政府做什麼，往往適得其反。[30] 這和馬克思對資本主義國家
的看法相吻合。

　　馬克思的國家觀體現了他的社會觀。在自由主義者看來，社會
是多元的；而在馬克思看來，資本主義社會是兩極分化的，「現代的
國家政權不過是管理整個資產階級的共同事務的委員會罷了」。[31] 這
被後來的學者稱為「工具主義國家觀」（instrumentalist theory of the
state），即國家是統治階級鎮壓被統治階級，維繫其統治的工具。與
自由主義的政治經濟學不同，馬克思把精力集中在資本主義內部的權
力分配問題上，這是古典經濟學所忽視的。傳統的古典經濟學對不受

28 *American Political Science Association Task Force*, "American Democracy in an Age of Rising Inequality", *Perspectives on Politics*, 2004, Vol. 2, No. 4, p. 655.
29 （美）拉里・巴特爾斯著，方卿譯：《不平等的民主：新鍍金時代的政治經濟學分析》，上海人民出版社2012年版，第268頁。
30 Martin Gilens, *Affluence and Influence: Economic Inequality and Political Power in America*, New York: Princeton University Press, 2012, p. 172, Figure 6.1; p. 216, Figure 7.12.
31 《馬克思恩格斯選集》第一卷，第253頁。

約束的自由企業帶來的顯著的不公正性未置一詞。[32] 自由主義的政治經濟學強調產權保護，而馬克思則看到了產權保護背後的階級性。在馬克思的早期作品中，他指出木材盜竊成了德國各州法院被起訴最多的犯罪行為。柴火是當時窮人的主要燃料，而且他們世代以來都靠從樹林裡撿來的柴火作為燃料。但是，地主擁有了對樹林的財產權。為了保護地主的產權，相關法律就規定：撿柴火是盜竊行為。馬克思認為有產者在德國的州議會中占了統治地位，這樣的議會不會顧及數量越來越多、處境越來越糟的窮人的利益。[33] 在馬克思看來，資本主義的法院、政府、員警機構等國家機器，都不是全民利益，而是資產階級利益的代表。

1969年，美國有502起騙稅案件，犯法的大都是富人，平均每起騙稅案件的涉案金額為19萬美元。但是在這些騙稅案中，只有20%的涉案者被判入獄，平均量刑期為7個月。同年，美國偷盜汽車以及入室行竊的犯罪，有60%會被判入獄。就偷車案而言，平均每起涉案金額為992美元，平均量刑期為18個月；入室盜竊的平均涉案金額為321美元，平均量刑期為33個月，要知道，偷車和入室行竊的涉案者大都是窮人。[34]

國家不是中立的，它代表有產者的利益。法律也不會是中立的，相反，法院會以維護自由的名義，維護有產者的利益。馬克思指出：「資產階級用來束縛無產階級的奴隸制的鎖鏈，無論在哪裡也不像在工廠制度上這樣原形畢露。在這裡，法律上和事實上的一切自由都不見了。……在這裡，工廠主是絕對的立法者。他隨心所欲地頒布工廠的規則；……即使他在這個法規中加上最荒謬的東西，法院還是會對工人說：你們既然自願地訂了這個契約，那你們現在就得履行它。」[35]

32（英）約翰·米爾斯著，高湘澤譯：《一種批判的經濟學史》，商務印書館2005年版，第160頁。
33（美）傑瑞·穆勒著，佘曉成等譯：《市場與大師：西方思想如何看待資本主義》，社會科學文獻出版社2016年版，第220—221頁。
34（美）霍華德·津恩著，許光春等譯：《美國人民史》，上海人民出版社2013年版，第416頁。
35《資本論》第一卷，第489頁。

在資本主義國家，國家機器會維護資產階級的利益，國家成為資本家對抗工人的一種工具。那麼，資本家和工人的分化是如何產生的呢？

馬克思指出，資產階級和無產階級的分化並非如古典經濟學家認為的那樣，是勤勞者與懶惰者分化導致的。傳統的認識是：「在很久很久以前有兩種人，一種是勤勞的、聰明的，而且首先是節儉的精英，另一種是懶惰的，耗盡了自己的一切，甚至耗費過了頭的無賴漢。」[36] 馬克思指出，這樣的虛擬歷史毫無依據。在資本主義制度建立的早期，國家需要幫助資本家完成「原始積累」（primitive accumulation）。「大家知道，在真正的歷史上，征服、奴役、劫掠、殺戮，總之，暴力起著巨大的作用。」[37] 資本的原始積累並非傳統政治經濟學所描述的那樣是田園詩般的歷程。資本的原始積累伴隨著對邊緣群體的「剝奪」，「對他們的這種剝奪的歷史是用血和火的文字載入人類編年史的」。[38]

資本的原始積累有幾個途徑：首先，國家幫助資產階級在世界展開殖民活動，掠奪落後地區的財富。「美洲金銀產地的發現，土著居民的被剿滅、被奴役和被埋葬於礦井，對東印度開始進行的征服和掠奪，非洲變成商業性的獵獲黑人的場所：這一切都標誌著資本主義生產時代的曙光。」[39] 殖民的歷史就是資本原始積累的歷史，這一過程離不開國家的幫助。

其次，國家剝奪傳統自耕農的土地，讓他們變成一無所有的雇傭工人。英國的「圈地運動」，即「15世紀以來的血腥立法」，這一歷程持續了幾百年。在馬克思看來，正是英國政府頒布了一系列圈地法令，殘暴地摧毀了傳統村莊，把自耕農從自己的土地上趕走，才把傳統的耕地變為牧場。「被暴力剝奪了土地、被驅逐出來而變成了流浪者的農村居民，由於這些古怪的恐怖的法律，通過鞭打、烙印、酷

---

36 《資本論》第一卷，第820頁。
37 《資本論》第一卷，第821頁。
38 《資本論》第一卷，第822頁。
39 《資本論》第一卷，第860頁。

刑,被迫習慣於雇傭勞動制度所必需的紀律。」[40]在國家的幫助下,大量的不受法律保護的無產者被拋向了市場。國家幫助資本家獲得了「自由勞動者」。而馬克思指出:「這裡所說的自由,具有雙重意義:一方面,工人是自由人,能夠把自己的勞動力當作自己的商品來支配;另一方面,他沒有別的商品可以出賣,自由得一無所有,沒有任何實現自己的勞動力所必需的東西。」[41]

馬克思的政治經濟既有政治,又有經濟。資本的原始積累離不開政治和權力。「資本在它的萌芽時期,由於剛剛出世,不能單純依靠經濟關係的力量,還要依靠國家政權的幫助才能確保自己搾取足夠的剩餘勞動的權利,資本獲得所謂的『剩餘索取權』只是由於強權!」[42]

資產階級的產生並不是有些人「勤勞」、「聰明」、「節儉」。殖民以及「圈地運動」等資本原始積累的過程,都是以暴力為基礎的。馬克思指出:「所有這些方法都利用國家權力,也就是利用集中的、有組織的社會暴力,來大力促進從封建生產方式向資本主義生產方式的轉化過程,縮短過渡時間。」[43]這一過程伴隨著權力介入和暴力掠奪,而「暴力本身就是一種經濟力」。[44]馬克思對資本原始積累的這句總結成為《資本論》中的名言,被後人不斷引用:「資本來到世間,從頭到腳,每個毛孔都滴著血和骯髒的東西。」[45]當原始積累階段結束以後,資本家再積累的來源就是剩餘價值。

三　為何巴西工人沒有從「經濟奇蹟」中獲益?

二戰結束以後,巴西經濟表現不俗,經濟增長速度、工業化水準、國際直接投資總量、基礎設施建設等都取得了長足的進步。尤其

40《資本論》第一卷,第846頁。
41《資本論》第一卷,第197頁。
42《資本論》第一卷,第312頁。
43《資本論》第一卷,第861頁。
44《資本論》第一卷,第861頁。
45《資本論》第一卷,第871頁。

是在20世紀六、七十年代，巴西創造了舉世矚目的「經濟奇蹟」，國際地位也迅速提升。此時的巴西，被視為國家引導的工業化的成功典範。[46]

　　1967年到1973年，巴西的國內生產總值以年均11.5%的速度增長，與此同時，巴西的工業化也取得了巨大的成績，巴西製造業以年均12.9%的速度增長。其中，鋼鐵產量從1964年的280萬噸增加到1976年的920萬噸；轎車產量從1964年的18.4萬輛增加至1976年的98.6萬輛，而且巴西生產的轎車有著較強的國際競爭力，大部分轎車出口到海外市場。[47]這一時期，巴西的出口保持了強勁的增長勢頭，1968年巴西的出口總額為19億美元，到1973年達到62億美元。[48]尤其值得注意的是，巴西製成品的出口不斷攀升，年均增長38%。1968年，巴西製成品的出口金額為4億美元；到1973年，增長至20億美元；製成品占出口總額的比重也從20.3%增長至32.4%。[49]隨著製成品的出口越來越多，巴西出口也呈現多樣化的趨勢，這讓巴西擺脫了長期依靠咖啡出口的局面，展現了巴西產業升級與國際競爭力的提升。

　　這一時期，國際投資者對巴西經濟充滿了信心，大量外資紛紛湧入。1964年，巴西的國際直接投資額為4740萬美元；到1980年，巴西吸引的國際直接投資額達到了14.61億美元，增長了近31倍。[50]不僅如此，巴西還大力發展基礎設施，修建了橫跨亞馬遜叢林的高速公路，動工修建了當時世界上規模最大的水電工程——伊泰普水電站，成立巴西國家航空公司，開工新建核電項目。1980年，巴西的人均收入要高於當時的韓國、新加坡、香港地區以及台灣。[51]而人均收入的增長常常掩蓋了巴西收入與分配不平等的現實。巴西的工人沒有從

46 Gabriel Ondetti, Land, *Protest, and Politics: The Landless Movement and the Struggle for Agrarian Reform in Brazil*, Pennsylvania: The Pennsylvania State University Press, 2008, p. 57.
47 Teresa Meade, *A Brief History of Brazil*, New York: Facts on File, 2010, pp. 167-168.
48 Riordan Roett, Brazil: *Politics in a Patrimonial Society*, Westport: Praeger, 1999, pp. 149-150.
49 Riordan Roett, Brazil: *Politics in a Patrimonial Society*, pp. 149-150.
50 Jorg Meyer-Stamer, *Technology, Competitiveness and Radical Policy Change: The Case of Brazil*, London: Frank Cass & Co. Ltd., 1997, p. 40, Table 2.
51 Eul-Soo Pang, *The International Political Economy of Transformation in Argentina, Brazil, and Chile since 1960*, New York: Palgrave Macmillan, 2002, p. 124.

巴西的「經濟奇蹟」中獲益。

巴西軍政府上台以後，竭力壓低工人工資，使得工資漲幅低於通貨膨脹率。同時，軍政府還撤銷了工人的一項重要權利——擁有10年以上工齡的工人享有職業穩定的權利。[52]這讓勞工群體更加無權。巴西所實施的最低工資的實際購買力在不斷下降，軍政府統治期間，巴西的最低工資實際購買力至少降低了25%。[53]如果把1959年1月的最低工資指數定為100，到1973年1月，這項指數降至39。1972年，52.5%的巴西民眾的生活水準還達不到當時的最低工資水準。[54]1985年，巴西實施的最低工資的購買力還不到1940年的50%。根據一項調查，1985年，77.7%的聖保羅工人的收入比1940年時的最低工資還要少。[55]巴西的情況和不少馬克思主義政治經濟學家的預測相一致，在資本主義社會，經濟增長的好處往往被資本家所攫取，工人難以分到好處。資本家與工人的經濟利益是衝突的。工人創造了價值，得到的卻很少。因此，馬克思主義者認為資本主義制度是「剝削」（exploitation）的。

馬克思認為資本家與工人二者在自由市場上的權力是不對等的。亞當·史密斯在《國富論》中也強調了這一點：雇主人數較少，能更加容易地聯合起來。這也符合奧爾森「集體行動的邏輯」，小的集團更容易聯合。史密斯也看到了法律對資本家的偏袒，資本家持有資本，在勞資衝突中能維持更久。馬克思在《資本論》中將這幾點放大、強化，並從中看到了資本主義的「剝削」性。即便在自由市場，工人與資本家討價還價的地位也不平等。

首先，資本家擁有生產資料，而工人不具備。作為少數人的資本家壟斷了生產資料，而人數眾多的勞動者卻沒有生產資料。當勞動者

52（巴西）博勒斯·福斯托：《巴西簡明史》，第261頁。
53 Thomas Skidmore, *The Politics of Military Rule in Brazil: 1964-1985*, New York: Oxford University Press, 1988, pp. 222-223.
54（巴西）博勒斯·福斯托：《巴西簡明史》，第270—271頁。
55 Ignacy Sachs, "Growth and Poverty : Some Lessons From Brazil", in Jean Dreze and Amartya Sen, eds., *The Political Economy of Hunger*, Volume 3: Endemic Hunger, New York: Oxford University Press, 1991, p. 107.

不能獨立生產時，資本家與工人之間的權力關係就產生了。勞動者可以自由做出兩種選擇：出賣勞動力或者餓死。「工資決定於資本家和工人之間的敵對的鬥爭。勝利必定屬於資本家。資本家沒有工人能比工人沒有資本家活得更長久。」[56]

其次，資本家與工人二者還存在一個差異，即資本家手中的資本能儲備，而勞動者擁有的勞動力則不能。資本家擁有資本，而工人擁有勞動力。在面臨罷工的時候，資本家可以將資本儲備起來；而工人卻不能將勞動力儲備起來，留作將來使用。可以儲備的資本與不能儲備的勞動力競爭，工人與資本家討價還價的餘地就大打折扣。

再次，資本主義的國家是資本家對抗工人的工具。如我們在上一節展示的那樣，在馬克思眼中，國家權力並不是中立的。資本主義的國家權力服務於資本主義的經濟運行。在勞資衝突的過程中，「資本家的聯合是常見的和有效的，工人的聯合則遭到禁止並會給他們招來惡果」。[57]《謝爾曼反托拉斯法》原本是用來阻止大企業的壟斷行為，但法官卻用它來發布禁止罷工的禁令。為反對美國鐵路工人罷工，時任司法部長奧尼爾找到兩條理由：罷工阻礙了郵件傳遞，也違反了《謝爾曼反托拉斯法》。他說服史蒂芬·格羅弗·克利夫蘭總統（Stephen Grover Cleveland）調遣上千名軍警保護火車。值得一提的是，此時的奧尼爾是好幾家鐵路公司的董事會成員。因此，路易士·布蘭戴斯（Louis D. Brandeis）大法官在1922年的一封信裡寫道：「不要過於相信立法。國家的干預很容易落到別有用心的人手裡，並成為他們壓迫大眾的工具。」[58]

最後，龐大的「產業後備軍」（industrial reserve army）讓資本家能贏得勞資衝突。馬克思指出：「過剩的工人人口形成一支可供支配的產業後備軍，它絕對地隸屬於資本，就好像它是由資本出錢養大的

56《馬克思恩格斯全集》第三卷，人民出版社2002年版，第223頁。

57《馬克思恩格斯全集》第三卷，第223頁。

58（美）拉古邁拉·拉詹、路易吉·津加萊斯著，余江譯：《從資本家手中拯救資本主義》，中信出版社2004年版，第44頁。

一樣。」[59] 在職工人容易被這支「產業後備軍」所替換。因此，職業的不安全感削弱了工人對抗資本家的能力。由於這種不平等的關係，資本家可以隨心所欲地占有工人的剩餘價值。那麼，資本家與工人之間的關係為什麼是「剝削」與「被剝削」，而不是「自由」、「平等」的交換呢？這和馬克思提出的勞動價值論（labor theory of value）相關。

亞當・史密斯相信在人類社會的早期階段，土地被私人占有之前，勞動是唯一的價值源泉；李嘉圖則將土地排除在考慮之外，認為土地只是價值的索取者而不是創造者。至於資本，李嘉圖認為它創造了「百分之六七」的價值，即斯蒂格勒後來所宣稱的「93%的勞動價值論」。[60] 馬克思的「勞動價值論」比史密斯和李嘉圖徹底，他認為只有勞動才能創造價值，資本家只是占有了工人創造的價值。

馬克思指出，資本主義生產過程中，資本家會去購買原材料、廠房以及勞動力。這些可以簡單劃分為兩部分：不變資本與可變資本（constant capital and variable capital）。廠房、機器、原材料都屬於不變資本，它們不會產生新的價值。它們在生產過程中被耗費，其價值會轉化進入新的產品。有人會說，現代機器生產本身也創造價值，而馬克思說，這些機器就是過去的勞動，是以金屬形式儲藏的過去的勞動。「機器不在勞動過程中服務就沒有用。不僅如此，它還會由於自然界物質變換的破壞作用而解體，鐵會生銹，木會腐朽。」[61] 單單靠這些不變資本，資本家沒法發財致富，他需要找到一種特殊的商品。資本家找到了，他「在市場上發現這樣一種商品，它的使用價值本身具有成為價值源泉的獨特屬性……這樣一種獨特的商品，這就是勞動能力或勞動力」。[62]

可變資本就是用來購買勞動力的那部分資本，這是能給資本家帶

59《資本論》第一卷，第728—729頁。

60（美）羅伯特・海爾布隆納著，陳小白譯：《改變世界的經濟學家》，華夏出版社2016年版，第131頁。

61《資本論》第一卷，第214頁。

62《資本論》第一卷，第194—195頁。

來價值增殖的部分。馬克思指出，「勞動力的價值和勞動力在勞動過程中的價值增殖，是兩個不同的量。資本家購買勞動力時，正是看中了這個價值差額」。[63]商品的價值是由生產這種商品的社會必要勞動時間決定的。而社會必要勞動時間是：在現有的社會正常的生產條件下，在社會平均的勞動熟練程度和勞動強度下製造某種使用價值所需要的勞動時間。[64]勞動力有價值，而且「同任何其他商品的價值一樣，勞動力的價值也是由生產從而再生產這種獨特物品所必要的勞動時間決定的」。[65]

　　第一，工人要維持自己的生存。馬克思指出，「生產勞動力所必要的勞動時間，可以歸結為生產這些生活資料所必要的勞動時間，或者說，勞動力的價值，就是維持勞動力占有者所必要的生活資料的價值」[66]。第二，工人需要維持家庭生存。要保證資本主義制度能繼續下去，工人不僅要自己謀生，而且要結婚生子，為資本家提供未來的工人。「因此，生產勞動力所必需的生活資料的總和，要包括工人的補充者即工人子女的生活資料，只有這樣，這種特殊商品所有者的種族才能在商品市場上永遠延續下去。」[67]馬克思指出：一個工人的勞動力價值和任何別的商品的價值一樣，就是用它的生產成本所耗費的勞動時間衡量。比如說，如果生產一個工人及其家庭一天生存所需的物品，需要花費6小時勞動時間，那麼他一天的勞動力價值就是6小時。此時，資本家和工人進行「等價交換」，資本家付給工人6小時的工資，在這一天內，「勞動力就像出租一天的任何其他商品（例如一匹馬）一樣，歸資本家使用」。[68]所以，馬克思指出，資產階級的政治經濟學把工人當作馬，「工人完全像每一匹馬一樣，只應得到維持勞動所必需的東西」[69]。

63《資本論》第一卷，第225頁。
64《資本論》第一卷，第52頁。
65《資本論》第一卷，第198頁。
66《資本論》第一卷，第199頁。
67《資本論》第一卷，第199—200頁。
68《資本論》第一卷，第216頁。
69《馬克思恩格斯全集》第三卷，第232頁。

　　那麼，如果資本家只讓工人每天工作6個小時，他能賺錢嗎？當然不能。所以，資本家會延長工人的勞動時間。工人的全部勞動時間分為兩個部分：必要勞動時間和剩餘勞動時間。前面6個小時就是工人的必要勞動時間，而資本家延長的部分，就成了剩餘勞動時間，這是剩餘價值（surplus value）的來源。「剩餘價值都只是來源於勞動在量上的剩餘，來源於同一個勞動過程的持續時間的延長。」[70]馬克思指出：價值增殖過程不外是超過一定點而延長了的價值形成過程。[71]

　　資本家付給工人6小時的工資，卻讓他工作一整天，比如12小時，「勞動力維持一天只費半個工作日，而勞動力卻能勞動一整天。因此，勞動力使用一天所創造的價值比勞動力自身一天的價值大一倍」[72]。所以，馬克思強調，資本主義的自由、平等只局限在流通流域。在流通領域，工人和資本家等價交換。工人賣給了資本家勞動力的使用權，「勞動力的買和賣是在流通領域或商品交換領域的界限以內進行的，這個領域確實是天賦人權的真正樂園」[73]。說它是自由的，是因為勞動力的買者和賣者，根據自身的自由意志進行買賣。說它是平等的，是因為它們的交換遵循了等價交換的原則。資本家根據勞動力的價值，支付給工人工資。但是，一旦進入生產領域，資本主義就沒有了自由和平等，在工人的必要勞動時間以外，資本家會延長工人的剩餘勞動時間，來獲得剩餘價值。因此，「資本主義生產不僅是商品的生產，它實質上是剩餘價值的生產。工人不是為自己生產，而是為資本生產」[74]。

　　馬克思指出：「資本主義生產——實質上就是剩餘價值的生產，就是剩餘勞動的吸取——通過延長工作日，不僅使人的勞動力由於被奪去了道德上和身體上的正常發展和活動的條件而處於萎縮狀態，而

70《資本論》第一卷，第230頁。
71《資本論》第一卷，第227頁。
72《資本論》第一卷，第226頁。
73《資本論》第一卷，第204頁。
74《資本論》第一卷，第582頁。

且使勞動力本身未老先衰和過早死亡。」[75]在馬克思早年的作品《1844年經濟學哲學手稿》中，馬克思做了詳細的摘錄筆記：有些工人每天緊張勞動16小時，才勉強買到不致餓死的權利。[76]為了獲得更多剩餘價值，資本家會不斷延長工人的剩餘勞動時間。在馬克思寫作的年代，資本家大都依靠延長工人的勞動時間賺取利潤。馬克思描寫當時的鐵路工人：在10—12年以前，他們每天只勞動8小時。但是在最近5—6年的時間裡，鐵路工人的勞動時間延長到了14、18甚至20小時。[77]這樣的情況在馬克思的著作中反復出現。馬克思在《資本論》第十章《工作日》中引用了恩格斯《英國工人階級狀況》中的素材以及當時的政府報告與新聞，這些材料栩栩如生。大量工人因為過度勞動而殘疾、死亡。由於過度勞動，麵包工人很少活到42歲；鍋爐工人連續工作超過29小時；鐵路工人由於疲憊不堪，事故頻發；10歲的小女孩從小就當了童工，由於得不到教育，把上帝（God）念成狗（Dog）。為了獲取更多的剩餘價值，資本家罔顧工人的幸福、健康與安全。馬克思揭示出資本主義生產的殘酷性，「如果但丁還在，他一定會發現，他所想像的最殘酷的地獄也趕不上這種製造業中的情景」。[78]馬克思把資本比作吸血鬼，比作狼。資本需要靠吸取勞動者的鮮血才能存活。「作為資本家，他只是人格化的資本。他的靈魂就是資本的靈魂。而資本只有一種生活本能，這就是增殖自身，獲取剩餘價值，用自己的不變部分即生產資料吮吸盡可能多的剩餘勞動。資本是死勞動，它像吸血鬼一樣，只有吮吸活勞動才有生命，吮吸的活勞動越多，它的生命就越旺盛。」[79]這種剝削和搾取給工人造成了極大的傷害。「資本由於無限度地盲目追逐剩餘勞動，像狼一般地貪求剩餘勞動，不僅突破了工作日的道德極限，而且突破了工作日的純粹身體的極限。它侵占人體成長、發育和維持健康所需的時間。它掠奪

---

75 《資本論》第一卷，第307頁。
76 《馬克思恩格斯全集》第三卷，第237頁。
77 《資本論》第一卷，第286頁。
78 《資本論》第一卷，第269頁。
79 《資本論》第一卷，第306頁。

工人呼吸新鮮空氣和接觸陽光所需要的時間」。[80]要知道，靠單個資本家的好心，是改變不了資本主義的殘酷性的。這「不取決於個別資本家的善意或惡意。自由競爭使資本主義生產的內在規律作為外在的強制規律對每個資本家起作用」。[81]

資本家要盡最大限度剝削工人，造成工人難以分享經濟增長帶來的好處。不僅巴西如此，在其他資本主義國家也同樣如此。在二戰後的韓國，企業長期實行的是最大限度地降低勞工工資，最大限度地延長勞動時間。20世紀50年代到80年代中期，韓國工人的工資一直被壓得很低。儘管1981年韓國的勞動生產率提高了16％，但韓國工人的實際工資卻下降了5％。[82]戰敗後的日本，為了恢復資本主義體制的秩序，無視社會保障制度與公共服務，國民福利被壓縮到相當低的水準。這個時期的日本是「被遺忘的都市」。[83]事實上，美國工人的狀況也好不到哪裡去。自20世紀70年代以來，美國聯邦政府和國會讓最低工資降幅超過了40％。[84]1968年，經通貨膨脹調整後的聯邦最低工資時薪為9.54美元；到2014年，降至7.25美元。[85]20世紀五六十年代，拿最低工資的工人可以掙到全行業平均工資的45％；但到了2006年，最低工資已經不到平均工資的21％。[86]

資本家之所以如此渴求錢財，不僅僅是出於貪念。在資本主義社會，資本家面臨與同行無休止的競賽，他必須努力積累資本。他不是積累，就是被別人積累。[87]

80《資本論》第一卷，第312頁。

81《資本論》第一卷，第286頁。

82 Bruce Cumings, "The Origins and Development of the Northeast Asian Political Economy: Industrial Sectors, Product Cycles, and Political Consequences", in Frederic Deyo, ed., *The Political Economy of the New Asian Industrialism*, Ithaca and London: Cornell University Press, 1987, p. 80.

83（日）井村喜代子著，季愛琴等譯：《現代日本經濟論》，首都師範大學出版社1996年版，第136—137頁。

84（美）拉里・巴特爾斯：《不平等的民主：新鍍金時代的政治經濟學分析》，第25頁。

85（美）約瑟夫・斯蒂格利茨著，張昕海譯：《重構美國經濟規則》，機械工業出版社2017年版，第79—80頁。

86（美）拉里・巴特爾斯：《不平等的民主：新鍍金時代的政治經濟學分析》，第229—230頁。

87（美）羅伯特・海爾布隆納：《經濟學統治世界》，第131頁。

四 資本主義企業的利潤率為何呈下降趨勢？

當代資本主義的產業不斷升級，技術不斷進步。但讓人感到奇怪的是，二戰後資本主義的企業卻面臨利潤率下降的壓力。湯瑪斯·魏斯科普夫（Thomas Weisskopf）估計：1949年到1975年，美國企業的平均利潤率從13%下降到了8%。[88] 而弗雷德·莫斯利（Fred Moseley）的研究顯示，在同一時期，美國企業的平均利潤率下降了18%。[89] 愛德華·沃爾夫（Edward Wolff）則估計美國企業的平均利潤率從1947年的14.5%下降到1976年的12.2%。[90] 如圖4-1所示，大衛·科茲（David Kotz）展示了從20世紀60年代至2008年，美國非金融部門利潤率的下降趨勢。除美國外，魏斯科普夫發現，1955年到1985年，其他資本主義國家，如英國、法國、瑞典、西德、義大利、日本、加拿大等國都出現了平均利潤率在波動中呈整體下降的趨勢。[91]

事實上，不少馬克思主義者都在努力尋找資本主義國家平均利潤率下降的證據，值得我們注意的是，採用不同的測量方式、不同時間段的資料會有偏差，或得出完全不同的結論。那麼，就上述初步的資料來看，資本主義國家的企業為什麼遭遇平均利潤率的下降呢？

馬克思主義者會認為：這與馬克思的預測是吻合的。資本主義經濟會出現技術進步與平均利潤率下降並存的情況。資本主義社會到處是競爭，資本家需要擴大企業規模，推動技術進步，讓自己在競爭中獲勝。「資本主義生產的發展，使投入企業的資本有不斷增長的必要，而競爭使資本主義生產的內在規律作為外在的強制規律支配著每一個資本家。」[92] 在馬克思與恩格斯那裡，競爭就是敵對的同義詞，

88　Thomas Weisskopf, "Marxian Crisis Theory and the Rate of Profit in the Postwar U.S. Economy", Cambridge Journal of Economics, Vol. 3, No. 4, 1979, pp. 341-378.

89　Fred Moseley, *The Falling Rate of Profit in the Postwar United States Economy*, New York: Saint Martin's Press, 1991, p. 87.

90　Edward Wolff, "The Productivity Slowdown and the Fall in the U.S. Rate of Profit, 1947-76", *Review of Radical Political Economics*, Vol. 18, No. 1-2, 1986, p. 95, Table 2.

91　Thomas Weisskopf, "An Analysis of Profitability Changes in Eight Capitalist Economies", *Review of Radical Political Economics*, Vol. 20, No. 2-3, 1988, pp. 68-79.

92　《資本論》第一卷，第683頁。

圖4-1　美國非金融部門利潤率的變遷

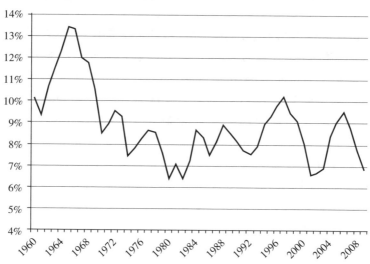

資料來源：David Kotz, "Social Structures of Accumulation, the Rate of Profit, and Economic Crises", in Jeannette Wicks-Lim and Robert Pollin, eds., *Capitalism On Trial: Explorations in the Tradition of Thomas E. Weisskopf*, Northampton: Edward Elgar, 2013, p. 339, Figure 23.1。

市場競爭就是另外一種形式的戰爭。資本家如果不能在競爭中獲勝，就面臨破產的危險。如果要擴大生產規模，資本家需要雇用更多的工人，對工人的需求增加，會推動工人工資的上漲。但工人工資的上漲則會侵蝕資本家的利潤。因此，大部分資本家在競爭壓力下會採用另一種辦法：推動技術進步，採用新的機器設備。先進機器的使用將提高這個資本家工廠生產效率。

　　對單個資本家而言，「像其他一切發展勞動生產力的方法一樣，機器是要使商品便宜，是要縮短工人為自己花費的工作日部分，以便延長他無償地給予資本家的工作日部分。機器是生產剩餘價值的手段」。[93]如果一個資本家率先採用新技術，他就會因為生產效率提高

93《資本論》第一卷，第427頁。

而賺取更多的利潤。「採用改良的生產方式的資本家比同行業的其餘資本家，可以在一個工作日中占有更大的部分作為剩餘勞動。」[94]而對其他資本家而言，他們也得紛紛採用新技術，否則就會因為效率滯後而被更有效率的資本家吞併。「作為競爭的強制規律，迫使他的競爭者也採用新的生產方式。」[95]他不是積累，就是被別人積累；資本家不採用新技術，也會被別人積累。因此，資本家競相採用新技術是與其他資本家進行競爭的需要。

由於資本家的剝削，勞工常常組織起來反抗，資本家也面臨工人的競爭。引入機器可以減少工人罷工對生產過程帶來的損失。「由於工廠的全部運動不是從工人出發，而是從機器出發，因此不斷更換人員也不會使勞動過程中斷。」[96]而推動技術進步，用機器代替工人可以讓資本家獲得更大的討價還價能力。為什麼呢？首先，大部分技術進步都是資本密集型的技術進步，或者說是節約勞動型的技術進步。由於技術替代了勞動，失業工人增多，「產業後備軍」增加，資本家的議價能力得到了增強。其次，機器使得資本家對工人的技術依賴減少。以往的車間生產對技術工人的要求高，技術工人對生產過程有著較大的主導權。但機器的使用讓生產過程變得簡單，生產過程不再依賴工人的技術，資本家奪回了對生產過程的控制權。最後，由於機器的使用，生產過程變得更簡單，婦女和兒童都可以進入生產過程，替代了男性工人。資本家使用機器的目的是「力圖把有反抗性但又有伸縮性的人的自然界限的反抗壓到最低限度。而且，由於在機器上勞動看來很容易，由於婦女和兒童比較溫順馴服，這種反抗無疑減小了」。[97]機器的使用，使得「這種活十分簡單，從事這種苦役的人員可以迅速地經常地更換」，[98]「工人終於毫無辦法，只有依賴整個工廠，從而依賴資本家」。[99]

---

94 《資本論》第一卷，第370頁。
95 《資本論》第一卷，第370—371頁。
96 《資本論》第一卷，第485頁。
97 《資本論》第一卷，第464頁。
98 《資本論》第一卷，第485頁。
99 《資本論》第一卷，第486頁。

　　技術學的研究者認為技術進步有自身的規律，在馬克思看來，資本主義社會的技術進步背後有著重要的階級推手，即資本家。資本家推動技術進步，採用新機器，是出於兩個競爭的需要：與其他資本家競爭，與工人競爭。他們會始終不渝地推動技術進步，因為技術進步與機械化是勞動節約裝置。那麼，問題就出來了。

　　當單個資本家採用新技術的時候，他會獲得超額的利潤。馬克思指出：在機器生產還被壟斷的這個過渡時期，利潤特別高，這是資本家與新機器的「初戀時期」。[100] 但是，當其他資本家在競爭壓力下紛紛採用新技術，「初戀」帶來的利潤就會消失。「當新的生產方式被普遍採用，因而比較便宜地生產出來的商品的個別價值和它的社會價值之間的差額消失的時候，這個超額剩餘價值也就消失。」[101] 事實上，不僅是超額利潤會消失，資本家連最初的利潤率都無法獲得。因為既然剩餘價值是工人創造的，而資本家使用新的機器替代了工人，那麼也就減少了剩餘價值的來源。所有資本家都在積極推動技術進步，用機器替代工人，就會出現馬克思指出的：資本有機構成（organic composition of capital）提高，它可以用不變資本與可變資本的比率來衡量。資本有機構成是每個勞動者占有生產資料的數量。在資本主義制度下，每個勞動者占有的生產資料越多，就意味著資本有機構成越高。1841年，英國的紡紗工人總共只有448人，但他們所照管的紗錠卻比1829年的1088個工人所照管的還要多53353個。[102] 每個勞動者在生產過程中占有越來越多的生產資料，也就是說，單位資本雇傭的勞動者減少了。

　　馬克思指出，儘管隨著社會資本總量的增長，雇傭的勞動力也會增加。但是，等量資本雇傭的勞動力會越來越少。「誠然，隨著總資本的增長，總資本的可變組成部分即併入總資本的勞動力也會增加，但是增加的比例越來越小。」[103] 資本主義的剝削會變成無源之水。這

100《資本論》第一卷，第468頁。
101《資本論》第一卷，第470頁。
102《馬克思恩格斯選集》第一卷，第203頁。
103《資本論》第一卷，第726頁。

麼看來，機器的使用會削弱資本主義的生存基礎。為什麼資本家會做出如此不理性的選擇呢？

我們又可以回到奧爾森「集體行動的邏輯」。個體理性與集體理性常常是相悖的。從資本主義的整體理性而言，應該更多地雇傭勞動力到生產線上，以獲得更多的剩餘價值。但是從資本家的個體理性來看，卻要更多地使用資本密集型的技術革新，以率先獲得更多的利潤。即使他不這麼做，他的同行也會這麼做。因此，單個資本家的個體理性是需要用機器替代工人。這些資本家「不管是否願意，人人都走向他們的結局，而且他們是在不知不覺的情況下合力走向滅亡」。[104]因此，這樣的個體理性導致了集體的不理性。由於資本有機構成提高，資本主義社會總資本剝削的勞動力份額在變少，剩餘價值率在減少，而剩餘價值是平均利潤率的基礎，因而資本主義國家在經歷技術進步的同時，會出現平均利潤率下降的趨勢。

馬克思發現，資本主義不僅會出現資本有機構成提高、平均利潤率下降的趨勢，還會出現資本集中的趨勢。在英國的製造業城市伯明罕，亞當·史密斯所津津樂道的製針業，1900年時還有50家製針工廠；到1939年，整個英國的製針企業縮減至12家；而到了1980年，整個英國只剩下一家製針廠。[105]由於激烈的競爭，資本主義的企業變得越來越集中，馬克思預言大企業會成為資本主義經濟的主體。《資本論》問世的時候，世界上的大企業還很少，仍然是以小企業為主，在1867年宣稱大企業將支配世界跟當前我們宣布50年後美國的小業主義取代大公司一樣驚人。[106]在資本主義社會，不僅工人沒有安全感，資本家同樣也沒有安全感。由於競爭，資本有機構成在逐步提高，跟不上這一步伐的資本家會破產，淪為無產者。這一過程是「一個資本家打倒許多資本家」[107]或者少數資本家打倒多數資本家的過

104（美）羅伯特·海爾布隆納：《經濟學統治世界》，第134頁。

105 Clifford Pratten, "The Manufacture of Pins", *Journal of Economic Literature*, Vol. 18, No.1, 1980, pp. 93-96.

106（美）羅伯特·海爾布隆納：《經濟學統治世界》，第138頁。

107《資本論》第一卷，第874頁。

程。「隨著這種集中或少數資本家對多數資本家的剝奪」[108]，大多數資本家也會淪落成無產者。同時，中間階級也會逐漸消失。馬克思和恩格斯在《共產黨宣言》裡預言：「以前的中間等級的下層，即小工業家、小商人和小食利者，手工業者和農民——所有這些階級都降落到無產階級的隊伍裡來了，有的是因為他們的小資本不足以經營大工業，經不起較大的資本家的競爭；有的是因為他們的手藝已經被新的生產方法弄得不值錢了。無產階級就是這樣從居民的所有階級中得到補充的。」[109]美國的經濟變遷從一個側面印證了馬克思的預言。1800年到1825年，大約有四分之三的美國人在自己的農場或小店鋪工作；但二戰以後，自我雇用的人數卻只占美國總人口的十分之一。[110]自我雇用的人群正在減少，越來越多的人要嘛受雇於資本家，要嘛失業。資本主義的階級關係將會非常簡單，大量資本家破產，中間階級將會消失，而剩下的只有資產者和無產者。「我們的時代，資產階級時代，卻有一個特點：它使階級對立簡單化了。整個社會日益分裂為兩大敵對的陣營，分裂為兩大相互直接對立的階級：資產階級和無產階級。」[111]事實上，馬克思中間階級消失的預言在當今的世界各地也引發了擔憂。

五　為何美國貧富差距擴大了？

近幾十年來的美國，財富越來越多地流向了富人。20世紀50年代末，美國總收入流向最富有的0.1%的經濟名人的比重為0.2%，到了2005年，這一數字變成了10.9%。與此同時，收入流向最富有的1%的居民的比重，則在同一時段翻了一倍多，從10.2%增長到21.8%。[112] 1981年到2005年，最富有的1%的美國人的實際收入

---

108 《資本論》第一卷，第874頁。
109 《馬克思恩格斯選集》第一卷，第259頁。
110 （美）羅伯特・海爾布隆納：《經濟學統治世界》，第139頁。
111 《馬克思恩格斯選集》第一卷，第251頁。
112 （美）拉里・巴特爾斯：《不平等的民主：新鍍金時代的政治經濟學分析》，第1頁。

翻倍,最富有的0.1%的美國人的實際收入增加了近2倍,最富有的0.01%的美國人(由約1.3萬名美國人構成的超級富人群體)的實際收入則增加了4倍。[113]1985年到2005年,美國最富有的400人,平均淨財產從6億美元增加到了28.1億美元,20多年間增加了3倍多。2005年,這群人的財富總值超過了加拿大的國內生產總值。[114]美國富人群體收入的高速增長,顯著擴大了他們在美國經濟中的份額。美國最富有的1%的居民的收入,2007年時為美國總收入的18%;而1974年時只有8%。最富有的1%的居民的收入占總收入的比重,和1928年美國大蕭條來臨前接近。(1928年,最富有的1%的居民的收入占美國總收入的24%。)[115]

在20世紀90年代的經濟擴張中,有將近一半的收入增量進入了最富有的1%的人的腰包;在21世紀前10年的經濟增長中,有接近三分之二的收入增量進入了這些人的腰包。[116]從2002年到2007年,最富有的1%的美國人的收入上漲了62%;相比之下,底層90%家庭的收入只增長了4%。[117]2004年,美國底層40%的家庭的平均資產只有微不足道的2200美元,比1983年時這一群體的平均家庭資產5400美元少了一半左右。[118]大多數美國人,不僅僅是窮人,都為基本的生存問題而備感憂慮:讓孩子得到體面的教育,賺到一份可以應付家庭開銷的薪水,或者退休後能有足夠的存款。[119]2007年的一項調查顯示,有72%的受訪者認為美國的收入差距過大;有68%的受訪者認為現有的收入分配是不公平的。[120]對普通美國人而言,他們發現未來越來越沒有保障;他們覺得美國的經濟越來越偏離「包容性增長」。

113 (美)拉里·巴特爾斯:《不平等的民主:新鍍金時代的政治經濟學分析》,第9頁。
114 (美)拉里·巴特爾斯:《不平等的民主:新鍍金時代的政治經濟學分析》,第10頁。
115 (美)雅各·哈克、保羅·皮爾森:《贏者通吃的政治》,第6頁。
116 (美)雅各·哈克、保羅·皮爾森:《贏者通吃的政治》,第190頁。
117 (美)唐納德·巴蕾特、詹姆斯·斯蒂爾著,陳方仁譯:《被出賣的美國夢》,上海人民出版社2013年版,第16頁。
118 (美)雅各·哈克、保羅·皮爾森:《贏者通吃的政治》,第20頁。
119 (美)約瑟夫·斯蒂格利茨著,張昕海譯:《重構美國經濟規則》,機械工業出版社2017年版,第3頁。
120 Benjamin Page and Lawrence Jacob, *Class War: What Americans Really Think about Economic Inequality*, London: The University of Chicago Press, 2009, pp. 40-41.

　　沃爾瑪的首席執行官告訴公司的主管和董事：美國的最低工資已經落後於時代，我們親眼見證了我們很多顧客，正為生活而掙扎。每個月1號到15號，我們的顧客開支增加；在月底，他們的開支減少。這讓我們明白了一個簡單的道理：我們的顧客在每個月領取薪酬前的一段日子，沒錢購買基本生活物品。[121]

　　法國經濟學家湯瑪斯・皮凱提（Thomas Piketty）的《21世紀資本論》問世後立刻成為暢銷書。他的著作用長時段的經濟資料呼應了馬克思的觀點。他試圖展示，從18世紀以來的經濟史資料看，資本的平均收益一直高於經濟增長率，這意味著靠資本獲得收入和靠工資獲得收入的兩個群體之間的分化不斷加大，其結果就是財富集中。皮凱提從以往的資料推斷，如果沒有相應的政治干預，財富集中的趨勢將繼續下去：資本的平均收益會在4%—5%，而經濟增長率在1%—1.5%。[122]這樣，靠資本獲益的群體會分到更多的份額，而靠出賣勞動力謀生的群體則分到較小的份額。資本主義有重新回到世襲資本主義（patrimonial capitalism）的危險。在經濟發展的過程中，資本所獲得的份額較高，勞動者所獲得的份額就較少，二者的差距將越拉越大，這就是馬克思所預言的工人階級的貧困化（immiseration of the working class）。而且，在資本主義制度下，這一問題並不會隨著技術進步而得到有效遏制。不少學者預言技術進步會改善民眾的生活，因為技術進步減輕了工人的工作負擔，創造了更多的物質財富。而馬克思則認為：在資本主義條件下，不要指望技術進步能改善工人階級的處境。為什麼技術進步難以改善工人階級的處境呢？馬克思引用了彌爾的一句話：「值得懷疑的是，一切已有的機械發明，是否減輕了任何人每天的辛勞。」[123]他指出：不用懷疑，機器的發明無法改善工人的處境。

121　（美）拉里・巴特爾斯：《不平等的民主：新鍍金時代的政治經濟學分析》，第251頁。
122　（法）湯瑪斯・皮凱提著，巴曙松等譯：《21世紀資本論》，中信出版社2014年版，第590頁。
123　《資本論》第一卷，第427頁。

　　首先，由於機器的使用，可供資本家剝削的人群擴大了。以往資本家主要剝削男性工人，隨著機器的使用，原本由熟練男性工人做的工作，現在婦女和小孩都可以做了。機器瓦解了傳統的家庭分工，資本家剝削的對象擴大到了婦女和小孩。「這種代替勞動和工人的有力手段，就立即變成了這樣一種手段，它使工人家庭全體成員不分男女老少都受資本的直接統治，從而使雇用工人人數增加。為資本家進行的強制勞動，不僅奪去了兒童遊戲的時間，而且奪去了家庭本身通常需要的、在家庭從事的自由勞動的時間。」[124]「機器把工人家庭的全體成員都拋到勞動市場上，就把男勞動力的價值分到他全家人身上了。因此，機器使男勞動力貶值了。」[125]同時，以往靠男性勞動者工作就能養活整個家庭，現在，隨著技術進步，男性勞動力貶值，他掙得的工資已經難以養活整個家庭。其子女和妻子也不得不為資本家工作以養家糊口。「大多數工人之所以能供養家庭，是因為他們的妻子和孩子也在拼命工作。」[126]機器在使男性勞動力貶值的同時，讓資本家可以剝削更多的人群，包括婦女和小孩。機器原本是「縮短勞動時間的最有力的手段，竟成為把工人及其家屬的全部生活時間變成受資本支配的增殖資本價值的勞動時間的最可靠的手段」。[127]技術進步使得以往靠一個人能養活的家庭，現在要全家人一起去工廠掙工資，才能勉強維持生計。

　　其次，機器的使用，造成了工人技術的貶值。在引入機器之前，資本家主要依靠熟練工人的技術，熟練工人對生產過程有著相當大的主導權。機器的使用，讓資本家重新奪回了對生產過程的控制。「分工的進一步發展使工人的手藝化為烏有，從前需要用手藝的地方，現在任何人都能做得到，從而工人之間的競爭也就加劇了。」[128]

　　最後，機器的使用，造成了「相對過剩人口」。馬克思預言資本

---

124 《資本論》第一卷，第454頁。
125 《資本論》第一卷，第454頁。
126 （美）傑瑞・穆勒：《市場與大師》，第216頁。
127 《資本論》第一卷，第454頁。
128 《馬克思恩格斯選集》第一卷，第202—203頁。

主義會持續被失業問題困擾，工人階級會出現貧困化趨勢，「貧困比人口和財富增長得還要快」。[129] 在資本主義的條件下，「大工業的本性決定了勞動的變換、職能的更動和工人的全面流動性」。[130] 資本家推動的技術進步往往是資本密集型的技術進步，它替代了勞動，使得工人的工作失去了穩定性。因而，機器的使用帶來了失業問題，它「破壞著工人生活的一切安寧、穩定和保障，使工人面臨這樣的威脅：在勞動資料被奪走的同時，生活資料也不斷被奪走，在他的局部職能變成過剩的同時，他本身也變成過剩的東西」。[131]

　　面臨大規模的失業，有資本家會指責是由於工人生育了過多的小孩，導致勞動力供給過剩，「原來你們的婚姻比你們的手藝還要多產」。[132] 但是，馬克思則認為，失業問題是資本家的陰謀。因為資本家需要維持一支龐大的「產業後備軍」以增強對工人的控制。「過剩的工人人口是積累或資本主義基礎上的財富發展的必然產物，但是這種過剩人口反過來又成為資本主義積累的槓桿，甚至成為資本主義生產方式存在的一個條件。過剩的工人人口形成一支可供支配的產業後備軍，它絕對地隸屬於資本，就好像它是由資本出錢養大的一樣。」[133] 這些相對過剩人口，「為不斷變化的資本增殖需要創造出隨時可供剝削的人身材料」。[134] 因此，資本主義的失業問題會一直困擾工人階級。如表4-1所示，二戰後，主要資本主義國家的失業率呈不斷上升趨勢。

　　馬克思認為，出現大規模的失業並不是沒有足夠的工作機會。由於資本家的競爭壓力，需要推動技術進步，用資本密集型技術代替勞動者。「勞動生產力越是增長，資本造成的勞動供給比資本對工人的需求越是增加得快。工人階級中就業部分的過度勞動，擴大了它的後

---

129 《馬克思恩格斯選集》第一卷，第263頁。
130 《資本論》第一卷，第560頁。
131 《資本論》第一卷，第560頁。
132 《馬克思恩格斯選集》第一卷，第196頁。
133 《資本論》第一卷，第728─729頁。
134 《資本論》第一卷，第729頁。

表4-1　1960－1999年主要資本主義國家失業率統計（％）

	法國	德國	義大利	英國	美國
1960—1974	2.06	0.62	3.95	2.00	4.99
1975—1984	6.40	3.30	6.04	7.09	7.67
1985—1999	10.28	6.09	9.73	9.14	6.41

資料來源：Engelbert Stockhammer, *The Rise of Unemployment in Europe: A Keynesian Approach*, Northampton: Edward Elgar, 2004, p. 7, table 1.3。

備軍的隊伍，而後者通過競爭加在就業工人身上的增大的壓力，又反過來迫使就業工人不得不從事過度勞動和聽從資本的擺佈。工人階級的一部分從事過度勞動迫使它的另一部分無事可做，反過來，它的一部分無事可做迫使它的另一部分從事過度勞動，這成了各個資本家致富的手段。」[135]

　　資本家以及資本主義國家的政府對大規模失業帶來的「產業後備軍」樂觀其成。因為產業後備軍加強了資本家的權力。「部分地由於使資本過去無法染指的那些工人階層受資本的支配，部分地由於使那些被機器排擠的工人游離出來，製造了過剩的勞動人口，這些人不得不聽命於資本強加給他們的規律。」[136]對整個工人階級而言，無論是在經濟繁榮時期還是在危機時期，他們都無法向資本家索要更高的工資，改善工作條件。「產業後備軍在停滯和中等繁榮時期加壓力於現役勞動軍，在生產過剩和亢進時期又抑制現役勞動軍的要求。」[137]產業後備軍在削弱工人權力的同時，賦予了資本家更大的權力，「失業工人的壓力又迫使就業工人付出更多的勞動。勞動供求規律在這個基礎上的運動成全了資本的專制」。[138]馬克思提醒人們注意，技術進步不是中性的，而是有階級性的。因為技術進步加劇了工人的脆弱性，

135《資本論》第一卷，第733頁。
136《資本論》第一卷，第469頁。
137《資本論》第一卷，第736頁。
138《資本論》第一卷，第737頁。

提高了資本家的議價能力。「勞動生產力越高，工人對他們自己就業手段的壓力就越大，因而他們的生存條件，即為增加別人財富或為資本自行增殖而出賣自己的力氣，也就越沒有保障。」[139] 馬克思看到機械化使得勞動者本身過剩，這點是史密斯沒有察覺到的。[140]

托馬斯・佛里曼（Thomas Freedman）的暢銷書《世界是平的：21世紀簡史》展示了讓世界變得越來越平坦的幾大動力，尤其是電腦與互聯網的發展，讓美國的工作不斷外包到勞動力更為廉價的國家和地區。[141] 傅利曼認為技術進步帶來了美國工人的失業，需要更重視教育才能讓普通美國民眾避免技術進步的衝擊。但是，技術進步也無法解釋在過去幾十年裡，高技能的人越來越多從事低技能的工作；也無法解釋技術工人的日子同樣不好過。[142] 在過去30年中，美國大學畢業生的實際收入年均增長不到1%；1989年至1997年，美國的數學家和電腦科學家的收入增加不過4.8%，工程師的收入則減少了1.4%。與此形成鮮明對照的是，美國公司的首席執行官的收入增長了100%。[143] 2002年，美國電腦程式師的人數已不足50萬人，與1990年相比下滑了12%。到2006年，美國的電腦程式師的就業人數又進一步下滑到43萬餘人。[144] 馬克思主義者認為要消除技術進步的玫瑰色，因為技術進步有階級性，不會讓所有階級受益。

不僅技術進步難以改善工人階級的狀況，對馬克思以及恩格斯而言，自由貿易也難以改善工人階級的處境。為什麼呢？因為既然工資是由生產工人所需的生活資料的社會必要勞動時間決定的，自由貿易降低了工人的生活成本，工資會隨之下降。資本家推動自由貿易只是對自己有利，而對工人不會有什麼好處。「他們很瞭解，廠主希望降低糧食價格就是為了降低工資，同時也知道，地租下降多少，資

139《資本論》第一卷，第743頁。
140（美）羅伯特・海爾布羅納：《改變世界的經濟學家》，第146頁。
141（美）湯瑪斯・佛里曼著，何帆等譯：《世界是平的：21世紀簡史》，湖南科學技術出版社2009年版，第42—154頁。
142（美）約瑟夫・斯蒂格利茨：《重構美國經濟規則》，第11頁。
143（美）拉裡・巴特爾斯：《不平等的民主：新鍍金時代的政治經濟學分析》，第15頁。
144（美）唐納德・巴蕾特、詹姆斯・斯蒂爾：《被出賣的美國夢》，第89頁。

本的利潤也就上升多少。」[145] 當糧食價格降低以後，工資也隨之降低了。「仍然繼續相信那些經濟學家的論據的勞動者將發現自己口袋裡的法郎已經融化。」[146] 馬克思指出，自由貿易也是有階級性的，自由貿易是資本的自由，就是要「排除一些仍然阻礙著資本前進的民族障礙」，讓資本能「充分地自由活動」。[147] 在資本主義社會，工人只能得到生存工資（subsistence wage），也叫最低工資。那什麼是最低工資呢？要讓工人能勉強養活自己並在某種程度上延續自己的子嗣，就需要一些物品，生產這些工人生活必需品的最低限度的支出就是最低工資。[148]

　　資本主義在進步，而工人卻無法分享其進步的好處，工人階級會陷入貧困化。資本主義社會會被持續的兩極分化所困擾。因此，在一極是財富的積累，在另一極，是貧困、勞動折磨、受奴役、無知、粗野和道德墮落的積累。[149] 馬克思在早年的著作中指出了工人階級將陷入絕對貧困，但是在《資本論》的寫作過程中，他放棄了這一想法，「實際工資從來不會和勞動生產率按同一比例增加」[150]。此時，他意識到工人階級會陷入相對貧困，工人階級所得的份額不如資本所得的份額增長快。也就是說，無產階級的收入會有所提高，但其相對狀況會下降。這也正是皮凱提在《21世紀資本論》中所展示的，資本的收入會比勞動力的收益要高，資本主義社會會持續分化。另外，值得注意的是，馬克思指出工人的貧困化不僅出現在物質層面，在精神層面仍是如此。

六　為什麼日本人的幸福感下降了？

　　1958年到2004年，日本的人均收入幾乎提高了7倍，但日本人

---

145 《馬克思恩格斯選集》第一卷，第200頁。
146 《馬克思恩格斯選集》第一卷，第202頁。
147 《馬克思恩格斯選集》第一卷，第207頁。
148 《馬克思恩格斯選集》第一卷，第206頁。
149 《資本論》第一卷，第743頁。
150 《資本論》第一卷，第698頁。

的幸福程度卻輕微地下降了。[151]物質生活的進步並沒有帶來快樂的增加，在不少地方甚至伴隨著痛苦的增長。眾所周知，亨利·福特（Henry Ford）很早開始用生產線生產汽車，同時將工人工資翻倍——從每天2.5美元上漲到5美元，但我們卻很少注意到汽車的生產線作業給工人帶來的傷害。1914年，一位工人的妻子給亨利·福特寫信：「你們所使用的生產線是一種奴隸驅趕裝置，我的上帝。福特先生，我的丈夫回家以後一頭臥倒，他太累了，難道不能進行改進？」有人指責福特，把工資提高了61%，把勞動生產率提高了362%。[152]物質生活提高的同時，民眾的幸福感卻在降低，這樣的狀況在當今資本主義社會並不少見。

2013年，蓋洛普諮詢公司公布了一項調查結果，這項調查涵蓋了全球142個國家的22萬職員。調查結果顯示：2011 — 2012年，只有13%的人真心喜歡自己的工作，並願意為他們的公司做出積極的貢獻。[153]2013年，一項對英國工人的調查顯示，37%的英國工人認為他們的工作毫無意義。[154]為什麼伴隨著物質財富的增加，人們卻變得不喜歡自己的工作，甚至不喜歡自己所過的生活呢？

馬克思主義者會認為，在資本主義制度下，工人階級的貧困化也會體現在精神層面。在馬克思後期的著作中，他沒有再堅持工人的工資會持續下降，他指出，「在工人自己所生產的日益增加的並且越來越多地轉化為追加資本的剩餘產品中，會有較大的部分以支付手段的形式流回到工人手中，使他們能夠擴大自己的享受範圍，有較多的衣服、傢俱等消費基金，並且積蓄一小筆貨幣準備金」。[155]馬克思在早年作品《1844年經濟學哲學手稿》中提出了「異化」（alienation）一

---

151 Gregory Clark, *A Farewell to Alms: A Brief Economic History of the World*, Princeton: Princeton University Press, 2007, p. 375.

152 李劍鳴主編：《世界現代化的歷程》（北美卷），江蘇人民出版社2012年版，第128頁。

153 參見蓋洛普網站（http://www.gallup.com）2013年10月發布的報告："Worldwide, 13% of Employees Are Engaged at Work"。

154 參見YouGov網站（https://yougov.co.uk）2013年發布的報告："37% of British workers think their jobs are meaningless"。

155 《資本論》第一卷，第713—714頁。

詞，該詞出自拉丁語（alius），是其他、他人、他者的意思。在《資本論》中，馬克思用「拜物教」來描述同類現象。異化在資本主義的經濟中表現為四個方面。

首先，勞動者與勞動產品相異化。工人生產出勞動產品，他親手創造出來的勞動產品卻變成了異己的力量，甚至變成反對他的力量。「勞動所生產的物件，及勞動的產品，作為一種異己的存在物，作為不依賴於生產者的力量，同勞動相對立。」[156]為什麼呢？因為工人生產的勞動產品歸資本家所有，無論他生產多少，他都不能占有這些勞動產品。他生產得越多，資本家越強大，工人就越依賴於資本家。「物件的占有竟如此表現為異化，以致工人生產的物件越多，他能夠占有的物件就越少，而且越受他的產品即資本的統治。」[157]馬克思指出：「勞動為富人生產了奇蹟般的東西，但是為工人生產了赤貧。勞動創造了宮殿，但是給工人創造了貧民窟。勞動創造了美，但是使工人變成畸形。勞動用機器代替了手工勞動，但是使一部分人回到野蠻的勞動，並使一部分工人變成機器。勞動生產了智慧，但是給工人生產了愚鈍和癡呆。」[158]馬克思還說：「工人生產得越多，他能夠消費的就越少；他創造價值越多，他自己越沒有價值，越低賤；工人的產品越完美，工人自己越畸形；工人創造的物件越文明，工人自己越野蠻；勞動越有力量，工人越無力；勞動越機巧，工人越愚鈍，越成為自然界的奴隸。」[159]因此，「工人在勞動中耗費的力量越多，他親手創造出來反對自身的，異己的物件世界的力量就越大，他本身，他的內部世界就越貧乏，歸他所有的東西就越少」[160]。這意味著他給予對象的生命作為敵對的和異己的東西同他相對立。[161]工人創造的產品越多，他就變成廉價的商品。物的世界的增值與人的世界的貶值成正比。[162]

156《馬克思恩格斯全集》第三卷，第267頁。
157《馬克思恩格斯全集》第三卷，第268頁。
158《馬克思恩格斯全集》第三卷，第269頁。
159《馬克思恩格斯全集》第三卷，第269頁。
160《馬克思恩格斯全集》第三卷，第268頁。
161《馬克思恩格斯全集》第三卷，第268頁。
162《馬克思恩格斯全集》第三卷，第267頁。

工人親手創造的勞動產品成了外在於他、反對他的物品。這是工人與自己生產的產品異化。

　　其次，勞動者與勞動過程異化。在馬克思看來，勞動應該成為人生活的第一需要。在勞動過程中，工人實現自我價值，能夠得到自我肯定。因此，真正的勞動要實現人的自由而全面的發展。馬克思在《德意志意識形態》中描述了理想的勞動狀態：「我有可能隨自己的興趣今天幹這事，明天幹那事，上午打獵，下午捕魚，傍晚從事畜牧，晚飯後從事批判，這樣就不會使我老是一個獵人、漁夫、牧人或批判者。」[163]但是，在資本主義條件下，勞動過程有兩個特性：工人的勞動過程是被強制的，而不是自願的；工人的勞動過程是單調的，而不是有創造性的。

　　工人的勞動受到外在的強制約束。「他們不僅僅是資產階級的、資產階級國家的奴隸，他們每日每時都受機器、受監工，首先是受各個經營工廠的資產者本人的奴役。這種專制制度越是公開地把營利宣布為自己的最終目的，它就越是可鄙、可恨和可惡。」[164]表面上自由的工人，卻是事實上資本主義國家和資產階級的奴隸。馬克思看到自由工廠的運行背後並不自由，工人的勞動受到約束與強制。「資產階級平時十分喜歡分權制，特別是喜歡代議制，但資本在工廠法典中卻通過私人立法獨斷地確立了對工人的專制。」[165]強制勞動令人憎惡，因此，工人不喜歡自己的工作。

　　工人的勞動過程不僅受到強制，並且單調乏味。「由於推廣機器和分工，無產者的勞動已經失去了任何獨立的性質，因而對工人也失去了任何吸引力。工人變成了機器的單純的附屬品，要求他做的只是極其簡單、極其單調和極容易學會的操作。」[166]查理‧卓別林主演的《摩登時代》就是工人工作的寫照。這樣單調乏味的工作，對工人

163《馬克思恩格斯全集》第三卷，第85頁。
164《馬克思恩格斯全集》第三卷，第258頁。
165《資本論》（第一卷）第488頁。
166《馬克思恩格斯全集》第三卷，第258頁。

沒有任何吸引力，只是機械地、重複地做同樣的工作。馬克思指出：
「在18世紀中葉，某些手工工廠寧願使用半白癡來從事某些簡單的、
然而構成工廠秘密的操作。」[167]「工廠手工業把工人變成畸形物，它
壓抑工人的多種多樣的生產志趣和生產才能，人為地培植工人片面的
技巧。」[168]馬克思引用恩格斯《英國工人階級狀況》中的論述：「在
這種永無止境的苦役中，反復不斷地完成同一個機械過程；這種苦役
單調得令人喪氣，就像息息法斯的苦刑一樣；勞動的重壓，像巨石般
一次又一次地落在疲憊不堪的工人身上。」[169]

　　這樣的勞動過程對工人造成了損害。馬克思指出：「不斷從事
單調的勞動，會妨礙精力的集中和煥發，因為精力是在活動本身的
變換中得到恢復和刺激的。」[170]不斷重複的工作讓工人疲憊不堪，同
時「機器勞動極度地損害了神經系統，同時它又壓抑肌肉的多方面運
動，侵吞身體和精神上的一切自由活動。甚至減輕勞動也成了折磨人
的手段，因為機器不是使工人擺脫勞動，而是使工人的勞動毫無內
容」。[171]馬克思引用了英國印刷業工人的例子，「過去在英國的印刷
業中，與舊的工廠手工業和手工業制度相適應，學徒工是從比較簡單
的活過渡到比較複雜的活。他們經過一段學習時期，最終會成為熟練
的印刷工人。凡從事這門手工業的人，都必須能讀會寫。隨著印刷機
的出現，一切都變了。印刷機使用兩種工人：一種是成年工人，他們
看管機器；另一種是少年，大多從11歲到17歲，他們的工作只是把
紙鋪開送到機器上，或者從機器上把印好的紙取下來。他們（特別
是在倫敦）在一星期中有好幾天要連續不斷地從事這種苦工達14、
15、16小時，甚至往往一連勞動36小時，而中間只有兩小時吃飯和
睡覺的休息時間！他們當中大部分人不識字，他們通常都是非常粗野

---

167 《資本論》第一卷，第419頁。
168 《資本論》第一卷，第417頁。
169 《資本論》第一卷，第486頁。
170 《資本論》第一卷，第395頁。
171 《資本論》第一卷，第486—487頁。

的、反常的人」。[172]以往的印刷工作讓工人能學習技術，從學徒工成長為熟練工，學會讀寫，提升自己；而現在的工作則將他們變成了粗野的人、目不識丁的人。由於沒有技能，他們遭到解雇後難以找到工作。「當他們長大到不適於從事兒童勞動時，也就是最遲到17歲時，就被印刷廠解雇。他們成為罪犯的補充隊。企圖在別的地方為他們找到職業的某些嘗試，也都由於他們的無知、粗野、體力衰退和精神墮落而遭到了失敗。」[173]有學者認為工人的失業是自願失業。按馬克思的理解，其實根本不是什麼「自願的失業」。因為在資本主義工廠工作，這些工人的身心都受到損害，卻沒有從中學習到任何技能。一旦失業，這些工人根本找不到工作。

這樣，生產過程成為外在於工人的存在。強制的、單調的工作過程導致的結果就是工人憎惡勞動，逃避勞動，「他在自己的勞動中不是肯定自己，而是否定自己，不是感到幸福，而是感到不幸，不是自由地發揮自己的體力和智力，而是使自己的肉體受折磨，精神遭摧殘。因此，工人只有在勞動之外才感到自在，而在勞動中則感到不自在，他在不勞動時覺得舒暢，而在勞動時就覺得不舒暢。」[174]勞動原本是人的內在需求，而現在，有哪個工人會喜歡強制的、單調的工作？「勞動的異化性質明顯地表現在，只要肉體的強制或其他強制一停止，人們就會像逃避鼠疫那樣逃避勞動。外在的勞動，人在其中使自己外化的勞動，是一種自我犧牲、自我折磨的勞動。」[175]

機械大生產的勞動是分工的勞動。史密斯和馬克思都看到了分工的利弊，史密斯更多強調的是積極的一面，而馬克思則更多看到消極的方面。馬克思看到分工使得資本主義的勞動過程單調、有害，靠使各個工人畸形化來發展社會勞動生產力。[176]「一切發展生產的手段（包括種種管理方法）都變成統治和剝削生產者的手段，都

172《資本論》第一卷，第558頁。
173《資本論》第一卷，第558頁。
174《馬克思恩格斯全集》第三卷，第270頁。
175《馬克思恩格斯全集》第三卷，第270頁。
176《資本論》第一卷，第422頁。

使工人畸形發展，成為局部的人，把工人貶低為機器的附屬品，使工人受勞動的折磨，從而使勞動失去內容。」[177]比起分工的形式，馬克思更關注分工在資本主義條件下的強制性。從《德意志意識形態》到《哥達綱領批判》，馬克思更關注不是分工的消失，而是取代強制勞動的可能性。

　　再次，勞動者與自己作為人的屬性相異化。馬克思指出：人作為一個「類存在物」，是因為人的勞動是有意識的生命活動。勞動，即自由自覺的活動，是人的能動的生活，也是人區別於動物的本質。正是在改造物件世界中，人才真正地證明自己是類存在物。「蜘蛛的活動與織工的活動相似，蜜蜂建築蜂房的本領使人間的許多建築師感到慚愧。但是，最蹩腳的建築師從一開始就比最靈巧的蜜蜂高明的地方，是他在用蜂蠟建築蜂房以前，已經在自己的頭腦中把它建成了。」[178]人通過有意識的勞動，去改造世界。「有意識的生命活動把人與動物的生命活動直接區別開來。正是由於這一點，人才是類存在物。」[179]

　　動物勞動是為了生存，人的勞動需要有自我實現。但是在資本主義經濟中，人的勞動被貶低得跟動物勞動一樣，失去了創造性，失去了自我實現。「對馬克思而言，這本身就是違背人性的。動物耗盡自身僅僅是為了生存需要，而人類與動物的區別就在於自由創造的能力。馬克思認為勞動是人類的一種自我表達行為，一個改變世界的創造過程，也是一個打上創造者個性烙印的創造過程。因此，只有勞動在表達了個人獨特的內在和自我的時候，才是最為人性的。」[180]

　　資本主義的勞動讓人失去人性。人越來越不像人，而像動物。動物只是按照自身需要進行片面的生產，而人卻可以有意識、有目的、全面地改造世界，並且通過改造自然界的自由自覺的活動，表達

177《資本論》第一卷，第743頁。
178《資本論》第一卷，第208頁。
179《馬克思恩格斯全集》第三卷，第273頁。
180（美）傑瑞·穆勒：《市場與大師：西方思想如何看待資本主義》，第237—238頁。

自己，提高自己。異化勞動卻把自主活動、自由活動貶低為維持人的肉體生存的手段，跟動物別無二致。在資本主義條件下，勞動從人的自由自覺的活動變成僅僅維持肉體生存的手段，使人脫離了自己的本質。勞動者和自己的「類存在」相異化了。

　　最後，勞動者與他的同胞異化。在資本主義社會，勞動產品不歸工人所有，而歸資本家。「如果勞動產品不屬於工人，並作為一種異己的力量與工人相對立，那麼這只能是由於產品屬於工人之外的另一個人。如果工人的活動對他本身來說只是一種痛苦，那麼這種活動就必然給另一個人帶來享受和歡樂。不是神也不是自然界，只有人本身才能成為統治人的異己力量。」[181] 這樣，原本應該有的同胞之情，現在變成了敵對關係。在勞動過程中，勞動者受到資本家的強制。「如果人把自身的活動看作一種不自由的活動，那麼他是把這種活動看作替他人服務的，受他人支配的，處於他人的強迫和壓制之下的活動。」[182] 這樣的資本主義社會扭曲了勞動者與同胞之間的關係。因此，即便工人階級在物質上得到改善，在精神上，卻會持續貧困，會疏遠自己的同胞。「吃穿好一些，待遇高一些，持有財產多一些，不會消除奴隸的從屬關係和對他們的剝削，同樣，也不會消除雇傭工人的從屬關係和對他們的剝削。」[183] 這樣的社會關係是無情的、敵對的、金錢化的。

　　20世紀80年代和90年代，由於愛滋病開始在美國流行，出現了一個新的市場。這個市場的主要成員由愛滋病人群和其他被診斷患有不治之症的人構成。它的運作方式如下：假設某個擁有10萬美元人壽保險的人被醫生告知：他最多再能活一年，而這位元患者需要錢來治療。於是，一位投資者提出以折扣價的方式，比如5萬美元，從這位患者手中買下這份保單，並且替他繳納年度保險費。在這位保單原始持有人去世後，該投資者便可以得到10萬美元。1998年，《紐約時

---

181 《馬克思恩格斯全集》第三卷，第276頁。
182 《馬克思恩格斯全集》第三卷，第276頁。
183 《資本論》第一卷，713—714頁。

報》報導了這樣一則故事：一位艾滋病患者肯德爾・莫里森（Kendall Morrison）和一名投資者達成了這樣的保險單交易。當時莫里森已經病入膏肓，但愛滋病新藥的發明，延長了他的壽命。這讓投資者大失所望。莫里森說：「以前，我從來沒有覺得有人希望我死掉。現在，他們不停地寄聯邦快遞給我並打電話，好像在問我，你還活著嗎。」[184]

我們怎麼能期待這樣被分割的人能有完整的生活和美滿的人生？因而，即便物質生活得到改善，日本民眾的幸福感仍呈現輕微下降趨勢。民眾的幸福感不會隨著經濟增長而增長。有研究顯示，在不平等的國家，人與人之間更缺乏信任，更容易患精神疾病，更多吸食毒品。一項調查顯示，從1952年到1993年，美國學生也變得越來越焦慮。[185] 這是資本主義生產方式造成的後果，民眾會在精神上出現貧困化。因此，布勞格（Mark Blaug）才會指出，馬克思所言工人階級的貧困化，不是關於物質的貧困，而是工人階級的貧困化、增長的不幸和精神墮落。[186]

七　為何資本主義國家不斷受經濟危機困擾？

約翰・高伯瑞（John Kenneth Galbraith）的著作《1929年大崩盤》是對那一時期美國經濟危機的絕妙記錄。在這次危機爆發之前與爆發之後，資本主義不斷被經濟危機所困擾。1825年危機被馬克思確認為週期性的經濟危機的開始。1825年以後，資本主義經濟危機間歇性地爆發。例如，1836年、1847年、1857年、1866年、1873年、1882年、1890年、1900年、1907年、1914年、1921年、1929—1933年、1937—1938年等年份都爆發了經濟危機。第二次世界大戰後，經歷了戰後初期的快速增長，資本主義國家在20世紀70年代以後又

184（美）麥可・桑德爾著，鄧正來譯：《金錢不能買什麼：金錢與公正的正面交鋒》，中信出版社2012年版，第154—156頁。
185（英）理查・威爾金森、凱特・皮克特：《不平等的痛苦：收入差距如何導致社會問題》，第3—149頁。
186（英）馬克・布勞格：《經濟理論的回顧》，第198頁。

再度陷入危機，經濟停滯的同時伴隨嚴重的通貨膨脹，因此當時的危機亦被稱為「滯漲」。80年代初，拉美國家經歷了嚴重的債務危機；80年代末，美國經歷了儲貸危機（S&L Crisis），全美3000多家儲貸機構中，有上千家無法兌付儲戶存款；1987年，以美國紐約股市暴跌為開端，美國的金融地震引發了全球股災。進入90年代，日本也經歷了股票市場的蕭條與經濟停滯；1992年，歐洲貨幣體系出現問題，爆發貨幣危機；1994年，墨西哥比索匯率狂跌，股票價格大幅度下跌，墨西哥和土耳其爆發危機；1997年，亞洲經濟危機從泰國開始，波及印尼、韓國，1998年，危機擴散到俄羅斯等國家。2000年，由於互聯網泡沫破裂，美國與歐洲股市大跌，遭遇危機；2001年，土耳其以及阿根廷又爆發危機，阿根廷危機期間，兩周之內五易總統。從2007年開始，次貸危機席捲美國，2008年，美國的危機引發了全球性的危機，這次危機波及了歐盟、日本等世界主要金融市場，也引發了全球企業破產浪潮。全球主要經濟體的經濟指標急劇下降，全球經濟經歷了一次嚴重的衝擊。以上危機的原因和形式各不相同，但卻證明了馬克思的預言——危機將始終和資本主義相伴隨。

斯皮格爾認為馬克思從未提出一個獨立的、內容充實的經濟波動理論。[187]有學者認為這是因為在馬克思看來，危機受到無窮多因素的影響，所以不可能在任何一個抽象的層面得到一個完整的解釋。[188]馬克思關於危機的論述散見在《資本論》及《剩餘價值理論》中的多個章節。馬克思對危機的論述有重要價值，海爾布隆納指出，馬克思的預言被不斷驗證，尤其是當時的政治經濟學者都沒有認識到資本主義內在的危機傾向。[189]

馬克思對危機的關注點有好幾個，包括生產部門的比例失調導致危機等，這裡無法一一展開。薩伊等人認為，供給自動創造需求，一

187（美）亨利・威廉・斯皮格爾：《經濟思想的成長》（上），第408頁。

188 邱海平：〈經濟危機理論〉，載《當代馬克思主義政治經濟學十五講》，中國人民大學出版社2016年版，第155頁。

189（美）羅伯特・海爾布隆納：《經濟學統治世界》，第138頁。

種產品，生產得越多，對要素需求就越大。買的過程就是賣的過程，供給與需求相聯繫、相適應。因此，資本主義不會出現普遍性的危機。在前資本主義時代，馬克思認為不會有經濟危機。「在人們為自己而生產的狀態下，確實沒有危機，但是也沒有資本主義生產。我們從來沒有聽說過，古代人在他們的奴隸生產中知道有危機這一回事，雖然在古代人中，曾經有個別的生產者破產。」[190] 資本主義之所以會有危機，是因為人們不再為自己生產產品，「沒有一個資本家是為了消費自己的產品而進行生產的」。[191] 馬克思注意到，如果為他人生產產品，就可能存在買和賣的脫節：「危機的可能性在於賣和買的彼此分離。」[192] 因為出賣商品的人會遇到困難。「已經賣掉了商品而現在持有貨幣形式的商品的人並不是非要立刻重新買進、重新把貨幣轉化為個人勞動的特殊產品不可。」[193]

　　如果持有貨幣的人並不著急買進產品，而是把貨幣儲存起來，延緩使用，這就為下一步支付帶來了壓力。「賣者——假定他的商品具有使用價值——的困難僅僅來自於買者可以輕易地推遲貨幣再轉化為商品的時間。」[194] 一旦他推遲了消費的時間，就可能引發連鎖效應，「不僅是因為商品賣不出去，而且是因為商品不能在一定期限內賣出去，在這裡危機所以發生，危機所以具有這樣的性質，不僅由於商品賣不出去，而且由於以這一定商品在這一定期限內賣出為基礎的一系列支付都不能實現」[195]。一系列支付不能實現，債務鏈條被干擾，就會引發信用危機，進而出現經濟危機。因此，以貨幣為媒介的商品流通包含了經濟危機的可能性——買和賣的分離以及支付連鎖關係的破壞。

　　馬克思還提到資本主義企業平均利潤率的下降也會導致危機。

---

190 《剩餘價值理論》第二卷，人民出版社1975年版，第573頁。
191 《剩餘價值理論》第二卷，第573頁。
192 《剩餘價值理論》第二卷，第580頁。
193 《剩餘價值理論》第二卷，第581頁。
194 《剩餘價值理論》第二卷，第581頁。
195 《剩餘價值理論》第二卷，第587頁。

企業獲得的利潤率呈下降趨勢，這會給資本家帶來負面影響。利潤的減少抑制了資本積累，進而導致投資不足。投資的不足會引發經濟低迷，最後導致危機。

跟投資相關的是產業後備軍的變動，當資本主義在經濟活躍時期，企業規模擴大，對勞動力需求增長。資本家吸納了產業後備軍，失業者減少，這會帶來工資的提高。而工資的提高會減少資本家的利潤，進而抑制積累，並導致投資不足，這也會導致危機。馬克思指出：「現代工業特有的生活過程，由中等活躍、生產高度繁忙、危機和停滯這幾個時期構成的、穿插著較小波動的十年一次的週期形式，就是建立在產業後備軍或過剩人口的不斷形成、或多或少地被吸收、然後再形成這樣的基礎之上的。」[196]

馬克思還關注到資本主義危機的一個結構性原因，這個原因被後來的學者所不斷地、反復地強調，就是「生產相對過剩」。在經濟危機期間，某些企業家會將賣不出去的產品銷毀，似乎出現了「生產過剩」。「在商業危機期間，總是不僅有很大一部分製成的產品被毀滅掉，而且有很大一部分已經造成的生產力被毀滅掉。在危機期間，發生一種在過去一切時代看來都好像是荒唐現象的社會瘟疫，即生產過剩的瘟疫。」[197]

而馬克思則認為：「生產過剩」這個詞有誤解。「只要社會上相當大一部分人的最迫切的需要，或者哪怕只是他們最直接的需要還沒有得到滿足，自然絕對談不上產品的生產過剩。」[198]馬克思強調，看似過剩其實是工人買不起這些產品。「生產能力的過剩與支付能力的需要有關。這裡涉及的不是絕對生產過剩。」[199]支付能力在這裡指的是占人口絕大多數的無產者，他們缺乏消費能力。由於資本家盡最大限度地搾取工人的剩餘價值，工人所得的經濟份額太低，難以形成

196《資本論》第一卷，第729頁。
197《馬克思恩格斯選集》第一卷，第257頁。
198《剩餘價值理論》第二卷，第602頁。
199《剩餘價值理論》第二卷，第578頁。

有效的購買力。馬克思指出：「發生生產過剩的時候尤其令人奇怪的是，正是充斥市場的那些商品的真正生產者——工人——缺乏這些商品。」[200] 而獲得利潤、有消費能力的資本家會大肆消費嗎？不會！「只有在越來越多地占有抽象財富成為他的活動的唯一動機時，他才作為資本家或作為人格化的、有意志和意識的資本執行職能。因此，絕不能把使用價值看作資本家的直接目的，他的目的也不是取得一次利潤，而只是謀取利潤的無休止的運動。」[201] 在這場謀取利潤的無休止的運動中，資本家不是好的消費者。按馬克思的理解，在資本主義社會，資本家不僅最大限度地搾取工人剩餘價值，他自己也會盡最大可能積累資本，擴大生產規模，以期在競爭中獲勝。因此，資本家是為他人生產，自己卻不怎麼消費。資本家會不斷擴大生產，「按照生產力的發展程度（也就是按照用一定量資本剝削最大量勞動的可能性）進行生產，而不考慮市場的現有界限或有支付能力的需要的現有界限」[202]。這裡就出現了「生產相對過剩」。「它們的生產過剩之所以成為生產過剩，僅僅因為會出現相對的，或者說，被動的生產過剩的那些物品存在著生產過剩。」[203] 資本家不斷擴大生產規模，而工人的購買力在縮減，資本家自身又不是好的消費者。在這種情況下，「生產資本愈增殖，它就必然更加盲目地為市場生產，生產愈益超過了消費，供應愈益力圖擴大需求，由於這一切，危機的發生也就愈益頻繁而且愈益猛烈」[204]。

危機的根源在於資本主義制度本身，在於資本主義的基本矛盾，即生產的社會化與生產資料私人占有制之間的矛盾。資本主義制度下，資本家不顧民眾的支付能力，無限擴大生產；單個企業管理得井井有條，而整個社會的生產則陷入無政府狀態。

按馬克思的說法，資本主義的生產關係已經不適應資本主義的

200《剩餘價值理論》第二卷，第578頁。
201《資本論》第一卷，第179頁。
202《剩餘價值理論》第二卷，第610頁。
203《剩餘價值理論》第二卷，第605頁。
204《馬克思恩格斯選集》第一卷，第203頁。

生產力，經濟危機就是資本主義生產力與生產關係之間矛盾的體現。「幾十年來的工業和商業的歷史，只不過是現代生產力反抗現代生產關係、反抗作為資產階級及其統治的存在條件的所有制關係的歷史。只要指出在週期性的重複中越來越危及整個資產階級社會生存的商業危機就夠了。」[205] 資本主義不僅是剝削的、異化的，還是自我毀滅的。資本主義週期性的危機將觸發革命。

在危機中，無產者深受苦難，他們會組織起來反抗資本家，反對資本主義制度。不僅如此，不少資本家破產，淪為無產者，憎惡資本主義的人會越來越多。資本主義的掘墓人——無產者會日益壯大。「隨著那些掠奪和壟斷這一轉化過程的全部利益的資本巨頭不斷減少，貧困、壓迫、奴役、退化和剝削程度不斷加深，而日益壯大的、由資本主義生產過程本身所訓練、聯合和組織起來的工人階級的反抗也不斷增長。」[206]

最終，人類社會會拾級而上，走向共產主義。在19世紀中期的歐洲，馬克思與恩格斯寫作《共產黨宣言》的時候就指出：一個幽靈，共產主義的幽靈，在歐洲遊蕩。[207]「生產資料的集中和勞動的社會化，達到了與它們的資本主義外殼不能相容的地步，這個外殼就要炸毀了。資本主義私有制的喪鐘就要響了，剝奪者就要被剝奪了。」[208] 馬克思和恩格斯號召全世界無產者聯合起來，推翻資本主義制度，建立共產主義社會。

事實上，馬克思預言的革命在俄國、中國等國家爆發了，而在他寄予厚望的發展資本主義國家，無產階級革命要嘛遲遲沒有爆發，要嘛沒有取得足夠的成功。如果要解答這一現象，需要看看當代資本主義有哪些變化，延緩了其革命的爆發。

我們知道，當代資本主義的經濟已經和馬克思所處的時代有了較

---

205 《馬克思恩格斯選集》第一卷，第257頁。
206 《資本論》第一卷，第874頁。
207 《馬克思恩格斯選集》第一卷，第250頁。
208 《資本論》第一卷，第871頁。

大的差別。當代資本主義的技術工人增多，工人的主體已不再是藍領
工人。技術工人獲得的工資更高，工作更有保障。「經理革命」的出
現，讓那些不是資本家，而有卓越管理才能的經理人在掌控公司，領
到高薪。資本主義的社會階層或許不是單單的無產者與有產者，社會
階層在變得多元化。此外，有兩個方面的政治變化也值得我們注意：
資本主義國家「國家自主性」的變化和工會作為政治力量開始發揮重
要作用。

　　首先，國家是否能調節資本主義的矛盾？馬克思的唯物史觀告
訴我們，要讓政府來糾正資本主義體系的錯誤，是根本不可能的。國
家是經濟上占統治地位的階級的代理人，不可能成為社會不同成員之
間衝突利益的仲裁者。因此，資本主義根本無可救藥。[209]而有的學者
注意到，資本主義國家在發展過程中，獲得了「相對自主性」，他們
不僅僅是資產階級短期利益的代理人，也成為長期與全域利益的代理
人。為了維護資產階級的長遠統治，資本主義國家需要調和矛盾。西
奧多・羅斯福（Theodore Roosevelt）在麥金利遇刺後意外地就任美
國總統，他運用國家力量，積極限制資本集團影響政治的權力。1902
年，賓夕法尼亞煤礦工人舉行罷工。羅斯福任命了一個委員會調解勞
資矛盾。強大的煤礦主堅持動用軍隊來對付礦工。羅斯福的做法與以
往總統大相徑庭。他考慮派遣軍隊從礦主那裡奪取礦山，重新開礦。
此前，沒有任何一位總統威脅使用軍隊來反對這些大公司。而西奧
多・羅斯福有效運用國家權力，遏制了資本集團的強大力量。在不少
時候，資本主義國家具有「相對自主性」，不再被資本家俘獲，起碼
不是完全俘獲。馬克思主義在某種意義上改造了資本主義，因為——
資本主義國家在面臨挑戰的時候開始積極行動，推動建立社會福利制
度，緩和階級矛盾。資本主義國家也紛紛採用凱因斯主義管理宏觀經
濟政策，嘗試解決「有效需求不足」這一問題，也就是馬克思揭示
的「生產相對過剩」。北歐國家的「統合主義」（corporatism）資本主

209（美）羅伯特・海爾布隆納：《經濟學統治世界》，第136頁。

義模式，更是將國家居中，把資本家與工人的利益進行統合，實現經濟的長遠發展，促成階級矛盾的緩和。資本主義國家在調和階級矛盾上，開始發揮重要的作用。

其次，工會等工人組織開始積極發揮政治作用。馬克思在早年即指出工人階級會走向貧困化。作為無產階級貧困化的一個後果，就是工人平均身高下降。從1830年到1860年，英國工人的平均身高的確下降了，這是當時工人生活水準下降的一個體現。但隨後，英國工人的身高卻開始增高。這是因為1850年到1865年，英國工人階級的實際薪酬漲了17%，全職工人每週平均工作時間也逐漸減少，1856年為65小時，1873年縮減為56小時。在馬克思撰寫《資本論》期間，1865年到1895年，英國工人的生活水平提高了50%。[210]因此可以說，馬克思選擇英國作為其研究資本主義的物件是選取了典型案例，但是在選取工資變動的產業時，卻可能選取了非典型案例。那一時期，英國典型產業的工資在緩慢上升，而不是下降。馬克思指出：「資本是根本不關心工人的健康和壽命的，除非社會迫使它去關心。」[211]而工會作為有組織的政治力量，在日益崛起。因為工會的出現，工人的工資開始上升，工人的健康水準和壽命得到提高。的確，工人階級所得到的相對份額減少，資本主義社會的貧富差距擴大。但是工人獲得的絕對份額在逐步增加。相對份額是否如此重要？貧富差距的擴大在資本主義社會產生「相對剝奪感」，但是正如西達・斯考切波（Theda Skocpol）在她的著作中展示的，這樣的「相對剝奪感」卻未必帶來革命。

不過，就美國而言，工會的作用在近幾十年又有了變化。第二次世界大戰結束的時候，有三分之一的美國工人加入了工會，而現在的工會會員只占工人總數的九分之一。在美國私營部門，20世紀70年代，工會會員占工人總數的四分之一，到2010年，這一數字變為

210（美）傑瑞・穆勒：《市場與大師：西方思想如何看待資本主義》，第252、256、257頁。
211《資本論》第一卷，第311頁。

7%。[212] 美國勞動者加入工會的比重在 1960 年的時候為 30%；到 1984 年變為 20%；到 2014 年降至 11.1%。[213] 由於缺乏工會的制約，美國近幾十年的貧富差距進一步擴大，社會矛盾加劇。

　　資本有機構成提高、平均利潤率下降、資本集中、無產階級的貧困化、週期性的經濟危機，馬克思所展示的這些資本主義的發展趨勢是否存在，在多大程度存在本身就存在爭議。馬克思主義學者和其他陣營的學者都可以找到支持與反對的證據。即便使用「科學」手段，在研究社會問題時，不同的視角也常常會找出不同的證據，得出不同的答案。以往的政治經濟學是以「個體」為中心，而馬克思打開了政治經濟學的一個新視角，以「階級」為中心的政治經濟學。

212（美）雅各‧哈克、保羅‧皮爾森：《贏者通吃的政治》，第 45 頁。
213（美）約瑟夫‧斯蒂格利茨：《重構美國經濟規則》，第 73 頁。

第五章

政治經濟學中馬克思的跟隨者
——希法亭、列寧等人的貢獻

　　馬克思開創了政治經濟學的一個新傳統，這個傳統的重要特徵是以階級為中心的分析視角。這一分析視角吸引了不少跟隨者。隨著資本主義的發展，馬克思的跟隨者沿著馬克思開創的事業繼續推進，他們對世界資本主義發展過程中出現的新現象、新問題展開討論。由於資本主義的影響遍及世界各地，這些跟隨者也遍及世界各地。在這些跟隨者當中，既有來自英、美、德等已開發國家的理論家，也有來自拉美、埃及等發展中國家的學者。他們中大部分人的分析主題主要集中在「帝國主義的政治經濟學」，同時涉及諸多相關領域。在經典馬克思主義中，「帝國主義」一詞主要指發展國家之間的競爭，這種競爭體現在政治、軍事以及經濟等方面。已開發國家之間的競爭可能導致衝突升級，甚至會引發世界戰爭。在經典馬克思主義中，已開發國家與落後國家之間的關係是次要的。而隨著馬克思主義政治經濟學的發展，「帝國主義」一詞有了新變化。馬克思的跟隨者將帝國主義用來描述已開發國家對低度發展國家的控制和剝削，其代表理論就是「依賴論」。[1]從希法亭（Rudolf Hilferding）所著《壟斷資本》到依賴

1（英）布魯厄著，陸俊譯：《馬克思主義的帝國主義理論》，重慶出版社2003年版，第91頁。

論，馬克思主義的政治經濟學家繼續用不同的視角講述不同的故事，
對資本主義展開批判。

一　為何金融集團「大到不能倒」？

2008年金融危機後，《大到不能倒》（Too Big to Fail）成了暢銷
書，而紀錄片《黑金風暴》（Inside Job）也受到追捧。金融自由化帶
來的好處由金融資本家獲得。但是，當世界遭遇金融危機的時候，金
融資本家卻沒有為此付出代價。因為他們「大到不能倒」，政府用納
稅人的錢為金融資本埋單。

2008年金融危機的成本約為美國全年GDP總量的40%—90%，
相當於16兆美元。美國金融部門在將收益歸於己有的同時，把金
融風險帶來的損失留給了美國民眾。2007年到2013年，有400萬
人失去了自己的住房，薪資的中位數下降了近8%。[2]事實上，金
融資本已經成為美國最重要的利益集團之一。格蕾塔·克瑞普納
（Greta Krippner）在其著作《危機的資本化：金融崛起的政治起源》
（*Capitalizing on Crisis：The Political Origins of the Rise of Finance*）
中展示了20世紀60年代末70年代初以來美國經濟出現的金融化
（financialization）趨勢。她看到美國的金融部門已然變成了主導美國
經濟的力量。2001年時，股票市場的盈利已經占美國經濟整體利潤
來源的40%。福特汽車公司原本是以製造業起家，而現在這家公司的
主要收入來源卻是靠給買車者提供貸款來獲得利潤。和福特一樣，通
用汽車和通用電氣等製造商也紛紛拓展了金融業務，使得來自金融業
務的利潤變成了其公司的主要收入來源。「公司的美國」（Corporate
America）已經變成了「銀行的美國」（Bank America）。[3]如圖5-1所
示，在美國經濟中，金融、保險以及房地產行業所占的利潤份額已遠

---

2 （美）約瑟夫·斯蒂格利茨：《重構美國經濟規則》，第44、13頁。
3 Greta Krippner, *Capitalizing on Crisis: The Political Origins of the Rise of Finance*,
　Cambridge: Harvard University Press, 2011, p. 4.

遠超過製造業以及其他服務行業。

　　「20世紀50年代，美國經濟處於快速發展階段，金融服務業占GDP的比重為2.8%。20世紀80年代末，金融部門的利潤增至企業利潤總額的26%。而到2001年，金融部門的利潤更是達到企業總利潤的46%。2000年後直至危機之前，美國金融業的利潤平均值占企業總利潤的32%。」1979年到2005年，金融業為美國最為富裕的0.1%的人群貢獻了70%的收入增長，而美國金融業的從業人員的薪酬隨著管制的解除，呈現大幅上升趨勢。2006年，金融業的薪酬比非金融業要高出72%，其高薪中30%—50%的收益來自政府賦予其壟斷地位而獲得的壟斷收益。[4]

圖5-1　美國經濟中各產業的利潤對比（1950—2001）

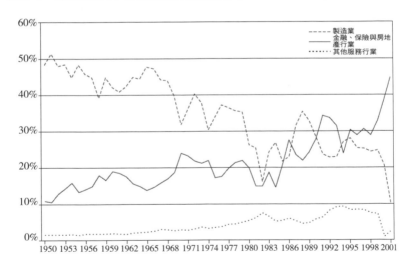

資料來源：Greta Krippner, *Capitalizing on Crisis: The Political Origins of the Rise of Finance*, Cambridge: Harvard University Press, 2011, p. 31. Figure 1。

4（美）約瑟夫‧斯蒂格利茨：《重構美國經濟規則》，第46—47頁。

　　龐大的金融資本形成了強大的政治勢力。金融資本家冒著巨大風險去賺取超額收益，引發了金融危機。他們獲得了收益，卻沒有承擔風險。因為他們將自己和整個行業乃至國民經濟綁定到了一起，美國政府不得不動用巨額納稅人的錢去救助這些金融寡頭。這就是金融集團「大到不能倒」的邏輯。希法亭於1910年出版了他的馬克思主義政治經濟學著作《金融資本：資本主義最新發展研究》。該書被認為是除《資本論》之外，馬克思主義政治經濟學史上最具影響力的著作之一。[5]按希法亭的理解，當時的資本主義已經和馬克思生活時代的資本主義有所不同了。資本主義的發展已經進入了一個新階段，而這個階段的特點是金融資本的統治。什麼是金融資本呢？希法亭指出：「金融資本意味著資本的統一化。以前被分開的產業資本、商業資本和銀行資本等，現在被置於產業和銀行的支配者通過緊密的個人聯絡而結成的金融貴族的共同領導之下。這種聯合是以大壟斷聯合從而消除個別資本家自由競爭為基礎的。」[6]希法亭判斷，馬克思看到的資本集聚和資本集中在當前已經到了一個新階段。日益崛起的、以金融資本為代表的大資本排擠小資本，使得資本主義的壟斷趨勢日益明顯。

　　如果說馬克思分析的資本主義是以英國為典型案例，以自由競爭的資本主義為代表；那麼，希法亭分析的資本主義則是以德國為典型案例，以壟斷資本主義為代表。希法亭指出：一旦以資本集中和集聚的程度達到卡特爾化和托拉斯化的程度以及銀行支配產業的程度——簡言之，以所有資本向金融資本轉化的程度為標準，那麼，不是自由貿易國家的英國，而是保護關稅的國家德國和美國，變成了資本主義發展的典型國家。[7]資本主義步入壟斷階段，這樣的觀察被俄國的列寧、美國的保羅·巴蘭以及保羅·斯威齊等人所繼承和發展。

　　希法亭認為，在德國和美國，銀行的作用與英國有著顯著的不

5（加）M. C. 霍華德、（澳）J. E. 金著，趙吉偉等譯：《馬克思主義經濟學史（1883—1929）》，中央編譯出版社2014年版，第99頁。

6（德）魯道夫·希法亭著，福民等譯，王輔民校：《金融資本》，商務印書館1994年版，第343頁。

7（德）魯道夫·希法亭：《金融資本》，第347頁。

同。銀行開始變成資本主義政治經濟生活的主角。如果說馬克思時代，資本是分散的，可以劃分為商業資本、產業資本以及銀行資本，那麼在希法亭著作中，金融資本（finance capital）意味著資本的統一。因此，資本主義國家的「金融化」並非新的現象。受益於希法亭的《金融資本》，列寧在其1916年出版的著作《帝國主義是資本主義的最高階段》一書中分析了資本主義國家的「金融化」趨勢。列寧指出，現在的政治經濟變遷和馬克思時代已經不同了，「在半個世紀以前馬克思寫《資本論》的時候，絕大多數經濟學家都認為自由競爭是一種『自然規律』」[8]。而現在，經濟生活的重大方面通常不受自由競爭的支配。因為現在，「資本主義轉化為帝國主義」[9]。和早期資本主義不同，當資本主義到了帝國主義階段，此時的資本主義依靠的不再是工業資本。「帝國主義的特點，恰好不是工業資本而是金融資本。」[10]這樣龐大的經濟力量可以轉化成強大的政治力量，支配世界政治經濟。「金融資本是一種存在於一切經濟關係和一切國際關係中的巨大力量，可以說是起決定作用的力量，它甚至能夠支配而且實際上已經支配著一些政治上完全獨立的國家。」[11]

　　沿襲希法亭的著作，列寧也看到了銀行角色的變化。銀行基本的和原來的業務是在支付中起仲介作用。但是，新的情勢發展導致了銀行開始扮演更加重要的政治經濟角色。「隨著銀行業的發展及其集中於少數機構，銀行就由仲介人的普通角色發展成為勢力極大的壟斷者，它們支配著所有資本家和小業主幾乎全部的貨幣資本，以及本國和許多國家的大部分生產資料和原料產地。為數眾多的普通仲介人成為極少數壟斷者的這種轉變，是資本主義發展成為資本帝國主義的基本過程之一。」[12]在資本主義國家，銀行已經實現了從「仲介者」到「壟

8（蘇聯）列寧著，中共中央編譯局譯：《帝國主義是資本主義的最高階段》，人民出版社2001年版，第13—14頁。
9《帝國主義是資本主義的最高階段》，第15頁。
10《帝國主義是資本主義的最高階段》，第80頁。
11《帝國主義是資本主義的最高階段》，第71頁。
12《帝國主義是資本主義的最高階段》，第23頁。

斷者」的轉變。壟斷已代替自由競爭，成為資本主義政治經濟的基本
特徵。「自由競爭是資本主義和一般商品生產的基本特性；壟斷是自
由競爭的直接對立面，但是我們眼看著自由競爭開始轉化為壟斷：自
由競爭造成大生產，排擠小生產，又用更大的生產來代替大生產，使
生產和資本的集中達到這樣的程度，以致從中產生了並且還在產生著
壟斷。」[13]資本主義已經步入了壟斷階段。在資本主義走向壟斷的過程
中，銀行充當著重要角色。銀行變成了龐大的資本家團體，它們通過
形形色色的活動，增強自身的壟斷力量。首先，大銀行兼併小銀行。
列寧列舉了德國銀行的例子，「小銀行被大銀行排擠，大銀行當中僅
僅九家銀行就差不多集中了所有存款的一半」[14]。

　　其次，大銀行通過發展網點，建立更廣闊的網路，從而形成更
強大的影響力。「我們看到，銀行管道的密網擴展得多麼迅速，它佈
滿全國，集中所有的資本和貨幣收入，把成千上萬分散的經濟變成一
個統一的全國性的資本主義經濟，並進而變成世界性的資本主義經
濟。」[15]銀行形成了強大的政治經濟實力，不斷擴張自己的地盤，同時
不斷擴大自身的勢力。銀行通過兼併收購以及拓展網點，使得資本主
義國家經濟力量更加集中，進而形成新的政治力量。「隨著資本的集
中和銀行周轉額的增加，銀行的作用根本改變了。分散的資本家合成
了一個集體的資本家。」[16]這樣的「集體的資本家」開始介入資本主義
國家政治經濟生活的各層面。列寧指出：「其實，這是集權，是壟斷
巨頭的作用、意義和實力的加強。」[17]

　　最後，銀行開始影響大企業。隨著「集體的資本家」的出現，
大企業，尤其是大銀行，開始主導經濟生活，「大企業，尤其是大銀
行，不僅直接吞併小企業，而且通過『參與』它們的資本、購買或交
換股票，通過債務關係體系等等來『聯合』它們，征服它們，吸收它

13《帝國主義是資本主義的最高階段》，第77頁。
14《帝國主義是資本主義的最高階段》，第24頁。
15《帝國主義是資本主義的最高階段》，第26頁。
16《帝國主義是資本主義的最高階段》，第27頁。
17《帝國主義是資本主義的最高階段》，第26頁。

們加入『自己的』集團。」[18]這樣，「銀行資本和工業資本日益融合……銀行發展成為具有真正『包羅一切的性質』的機構」[19]。此時的銀行高度捲入工業經濟，「在工業高漲時期，金融資本獲得巨額利潤，而在衰落時期，小企業和不穩固的企業紛紛倒閉，大銀行就『參與』賤價收買這些企業，或者『參與』有利可圖的『整理』和『改組』」。[20]股份公司的出現進一步為銀行資本和產業資本的結合創造了條件。希法亭發現股份制的發展並沒有牽制大企業與大銀行，因為小股東所持有的些許股票是毫無影響的，小股東的增長只不過增強了大資本家的力量。因為大資本家只要持有很少一部分股票，就足以控制整個企業。希法亭指出：「在實踐中，足以控制股份公司的資本額通常還要小，只是資本的三分之一或四分之一，甚至比這個數目還小。而股份公司的控制者卻支配別人的資本，就像他支配自己的資本一樣。」[21]列寧也與希法亭相呼應，「只要占有40%的股票就能操縱一個股份公司的業務，因為總有一部分分散的小股東實際上根本沒有可能參加股東大會」。因此，股權的分散只不過是「加強金融寡頭實力的一種手段而已」。[22]在股份制下，金融寡頭有了更好的槓桿來剝奪公眾。「集中在少數人手裡並且享有實際壟斷權的金融資本，由於創辦企業、發行有價證券、辦理公債等等而獲得大量的、愈來愈多的利潤，鞏固了金融寡頭的統治，替壟斷者向整個社會徵收貢賦。」[23]

　　希法亭和列寧都看到資本主義進入了一個新階段，這個階段是帝國主義，而帝國主義的重要特點就是壟斷。這個時候，「一個工業部門的生產總量，往往有十分之七八集中在卡特爾和托拉斯手中」[24]。這些金融寡頭有著強大的「市場力量」和政治力量。

　　首先，就市場力量而言，金融寡頭擁有的市場力量在於它們可

18《帝國主義是資本主義的最高階段》，第24—25頁。
19《帝國主義是資本主義的最高階段》，第36頁。
20《帝國主義是資本主義的最高階段》，第47頁。
21（德）魯道夫·希法亭：《金融資本》，第120頁。
22《帝國主義是資本主義的最高階段》，第41頁。
23《帝國主義是資本主義的最高階段》，第45頁。
24《帝國主義是資本主義的最高階段》，第16頁。

以左右市場價格。「貨幣資本和銀行使極少數最大企業的這種優勢變成更強大的而且是名副其實的壓倒優勢，就是說，幾百萬中小『業主』，甚至一部分大『業主』，實際上完全受幾百個金融富豪的奴役。」[25]競爭性的小企業會逐漸退出歷史舞臺，「現在已經是壟斷者在扼殺那些不屈服於壟斷、不屈服於壟斷的壓迫和擺佈的企業了」[26]。

　　其次，就其政治力量而言，金融寡頭的政治力量則在於它們更有能力俘獲政府，政府更直接地充當金融寡頭剝削大眾的工具。新的壟斷力量會帶來新的強制關係，「統治關係和由此產生的強制，正是『資本主義發展的最新階段』的典型現象，正是勢力極大的經濟壟斷組織的形成所必然引起而且已經引起的結果」[27]。強大的政治力量深刻影響著社會生活與政治生活。現有的法律無法約束這些金融寡頭做大，「在任何情況下，在一切資本主義國家，不管有什麼樣不同的銀行法，銀行總是大大地加強並加速資本集中和壟斷組織形成的過程」[28]。隨著金融寡頭在經濟上日益強大，它們會日益滲透到政治生活中。「壟斷既然已經形成，而且操縱著幾十億資本，它就絕對不可避免地要滲透到社會生活的各個方面去，而不管政治制度或其他任何『細節』如何。」[29]列寧引用相關資料指出：「法蘭西共和國是金融君主國」，在這樣的國家，「金融寡頭統治一切，既控制著報刊，又控制著政府」[30]。列寧還引用德國作家的話，由於金融寡頭勢力太強大，「德國憲法所保證的經濟自由，在經濟生活的許多方面，已經成了失去內容的空話」，在現有的財閥統治下，「即使有最廣泛的政治自由，也不能使我們免於變成非自由民的民族」[31]。馬克思早就斷言資本主義的國家是資產階級的工具；金融資本崛起後，國家成為金融資本操縱的工具。

---

25 《帝國主義是資本主義的最高階段》，第11頁。
26 《帝國主義是資本主義的最高階段》，第19頁。
27 《帝國主義是資本主義的最高階段》，第20—21頁。
28 《帝國主義是資本主義的最高階段》，第29頁。
29 《帝國主義是資本主義的最高階段》，第49頁。
30 《帝國主義是資本主義的最高階段》，第46頁。
31 《帝國主義是資本主義的最高階段》，第50頁。

　　從金融資本對美國政治的影響來看，無處不見金融資本的強大影響力。美國共和黨的參議院銀行委員會主席菲爾・格拉姆（Phil Gramm）在1999年主導廢除了新政時代的《格拉斯—斯蒂格爾法案》（Glass-Steagall Act），這一法案在投資與商業銀行之間劃定界限，確保吸收存款的銀行不會使用聯邦擔保的資金從事高風險的投機，以防止系統金融風險的出現。格拉姆在會議上用手指著證券交易委員會主席亞瑟・萊維特（Arthur Levitt）說：除非投資者的鮮血把水染成了深紅色，否則我不會讓你實施任何異想天開的監管。[32]從1989年到2002年，格拉姆從美國的商業銀行那裡獲得了大量政治獻金，他也是從華爾街獲得資金最多的五名美國政客之一。[33]2003年退休後，他接受了瑞士聯合銀行集團的職務，為其效力，遊說美國國會和財政部。格拉姆的妻子，美國商品期貨交易委員會主席溫迪・格雷姆（Wendy Graham）在1993年離任前夕，批准了安隆公司（Enron Corporation）金融衍生工具可免予監管，而她在幾個星期後得到了安隆公司董事會的一個席位。隨後幾年中，她在安隆獲得的工資和股票收入在91.5萬美元到180萬美元之間。由於不受監管，美國金融行業的風險日益累積。當安隆公司突然崩塌的時候，數千名員工的退休帳戶也被洗劫一空。不僅格拉姆夫婦如此，羅伯特・魯賓（Robert Rubin）在擔任美國的財政部長期間，也多次拒絕加強對金融衍生工具的監管。離任後，魯賓擔任了美國花旗銀行的高級顧問。儘管花旗銀行面臨虧損，但他卻獲得了1.26億美元的現金和股票。[34]在一些馬克思主義者看來，金融資本滲透到了資本主義政治生活的各個層面。

　　列寧對「金融資本」所持有的態度從下文就可以看出：「資本主義已經發展到這樣的程度，商品生產雖然依舊『占統治地位』，依舊被看作全部經濟的基礎，但實際上已經被破壞了，大部分利潤被那些

32　Arthur Levitt, *Take on the Street: What Wall Street and Corporate America Don't Want You to Know*, New York: Pantheon Books, 2002, p. 205.
33　（美）雅各・哈克、保羅・皮爾森：《贏者通吃的政治》，第193頁。
34　（美）雅各・哈克、保羅・皮爾森：《贏者通吃的政治》，第194、243頁。

幹金融勾當的『天才』拿去了。這種金融勾當和欺騙行為的基礎是生產的社會化,人類歷盡艱辛所達到的生產社會化這一巨大進步,卻造福於⋯⋯投機者。」[35] 著名的金融評論家馬丁・沃爾夫(Martin Wolf)指出:沒有哪個行業能與金融業相比,它是收益私人化、損失社會化的天才。[36] 資本主義進入帝國主義階段後,列寧看到了一個食利者階層的崛起,他們攫取了社會發展經濟成果的大部分。這樣的食利者充斥的資本主義是腐朽的、沒落的。「帝國主義,或者說金融資本的統治,是資本主義的最高階段⋯⋯金融資本對其他一切形式的資本的優勢,意味著食利者和金融寡頭占統治地位。」[37] 他們依靠國家政府,推動經濟的金融化,同時,享受著食利階層不勞而獲的、寄生的生活。

二 已開發國家為何再度實施貿易保護?

19世紀是世界資本主義自由貿易的黃金時期。不過,好景不長,19世紀後期,世界主要資本主義國家開始了新一輪的貿易保護主義。1879年,時任德國宰相的俾斯麥(Otto von Bismarck)開始對農業與工業進行貿易保護。其他歐洲國家都紛紛效仿德國的保護性經濟政策,通過提高關稅來刺激本國工業化發展。法國在19世紀80年代以及1892年兩次上調關稅。瑞典在1892年加強了工業保護。義大利在1878年徵收了適度的關稅,又在1887年大幅上調關稅。俄羅斯在1877年、1885年與1891年大幅上調了工業關稅。奧地利、匈牙利和西班牙也分別在19世紀70年代與80年代轉向貿易保護。巴爾幹半島國家則進一步轉向了更高程度的貿易保護。[38]

---

35 《帝國主義是資本主義的最高階段》,第20頁。
36 (美)雅各・哈克、保羅・皮爾森:《贏者通吃的政治》,第5頁。
37 《帝國主義是資本主義的最高階段》,第51頁。
38 Paul Bairoch, "European Trade Policy, 1815-1914", in Peter Mathias and Sidney Pollard, eds., *The Cambridge Economic History of Europe, Vol. VIII: The Industrial Economies, The Development of Economic and Social Policies*, New York: Cambridge University Press, 1989, pp. 51-69.

　　二戰以後，已開發國家的保護主義又有了新的形式。美日雙方展開了激烈的貿易談判，美國利用其對國際市場的主導權，不斷迫使日本接受「自願」的出口限制。1972年，美國迫使日本接受對紡織品的自願出口限制，而且這樣的限制一直持續不斷：1969年和1978年針對日本的鋼鐵；1977年針對彩電；1981年到1993年針對汽車。1988年，美國國會通過了「超級301條款」，並利用該條款，讓美國的超級電腦、衛星以及木材等產品進入了日本市場。[39]如何解釋這一輪又一輪發生在已開發國家的貿易保護主義潮流？已開發國家選擇保護主義是應對經濟危機的權宜之計嗎？20世紀初，魯道夫‧希法亭的著作《金融資本》試圖指出：這些已開發國家紛紛選擇保護主義是未來的世界潮流，而不是權宜之計。霍華德等人在《馬克思主義經濟學史》中認為《金融資本》的第22章有關「爭奪經濟區的鬥爭」是希法亭比較具有原創性的部分。[40]而這部分正是要回答已開發國家為何紛紛選擇保護主義。

　　希法亭指出：隨著金融資本逐步壯大，成為主導資本主義世界的力量，自由貿易的時代就要結束了。金融資本所希望的不是自由，而是統治。它們呼喚強大的國家對內實施保護主義，對外推行擴張政策併吞並殖民地。通過關稅和稅收政策可以保證國內的金融資本能擁有一個比較穩定的國內市場；而對外擴張能幫助金融資本將利益延伸到國外。國家代表金融資本在世界各地進行干預，把世界轉變成為金融資本的投資場所。[41]在金融資本時代，金融資本需要的不是自由主義，而是寡頭統治與帝國主義的經濟政策。

　　在金融資本看來，自由貿易是有害的。各國的資產階級都在紛紛尋找和擴大本國的經濟區（economic territory），這樣才能獲得壟斷利潤。為什麼對金融資本而言，自由貿易是有害的呢？希法亭認為自

39　Andrew Gordon, *A Modern History of Japan: From Tokugawa Times to the Present*, New York: Oxford University Press, 2003, p. 293
40　（加）M. C. 霍華德、（澳）J. E. 金：《馬克思主義經濟學史（1883—1929）》，第98頁。
41　（德）魯道夫‧希法亭：《金融資本》，第385頁。

由貿易剝奪了那些具有卡特爾化能力的產業在國內市場的壟斷。儘管沒有這樣的卡特爾關稅，國內的卡特爾也會發展起來，但是，第一，國內卡特爾化的速度會變慢；第二，卡特爾的穩定性會變得更小；第三，國內的卡特爾會擔心國際卡特爾的對抗。[42]因此，金融資本的政策有三個目的：第一是建立盡可能大的經濟區；第二是通過保護性的關稅排除外國競爭；第三是把這一經濟區變成民族壟斷聯盟的開發區。[43]希法亭的「國家經濟區」實際上比國家更大，因為它不僅包括了已開發國家自身的領土，還包括了它們所擁有的殖民地以及勢力範圍等。[44]希法亭注意到各個資本主義國家現在實施保護主義，建立經濟區的目的是服務於民族資本家的利益，它們要建立和維繫國內壟斷性的卡特爾，獲得壟斷利潤，以便讓「民族的資本家」打敗其他國家的資本家。

我們可以歸納出希法亭的「卡特爾關稅」與以往的關稅有幾個方面的不同：首先，以往的關稅是保護幼稚產業，而現在的關稅則是為強大的壟斷資本提供壟斷利潤。「古老的保護性關稅的使命，除了彌補既有的不利自然條件外，就是促進在被保護產業的建立。它應保護處於發展中的國內產業，防止被已發展起來的外國產業的強大競爭所阻礙或者消滅。」[45]這樣的關稅就是李斯特（Freidrich Liszt）所宣導的關稅，是為弱者建立的關稅。在壟斷時代，「卡特爾關稅」所發揮的作用就顯著不同了。那些最具有出口競爭力的產業也需要高額關稅的保護。希法亭將這樣的關稅稱為「卡特爾關稅」，是保護強者的關稅，是可以促進卡特爾化的關稅。因此，現在已開發國家關稅服務的物件已經從弱者變成了強者，為國內強大的壟斷者服務。

其次，以往的關稅是臨時性的，而現在的關稅則是永久性的。按希法亭的理解，既然以往的關稅是出於保護幼稚產業的需要，那麼它

42（德）魯道夫・希法亭：《金融資本》，第358頁。
43（德）魯道夫・希法亭：《金融資本》，第375頁。
44（英）布魯厄：《馬克思主義的帝國主義理論》，第102頁。
45（德）魯道夫・希法亭：《金融資本》，第350頁。

們就是培育性的關稅，是短暫的而不是長期性的。實施「培育關稅」是為了幫助被保護產業度過幼稚產業的成長時期。這也是李斯特所宣導的，「任何國家，借助於保護政策，據有了工商優勢，達到了這個地位以後，就能夠有利地恢復自由貿易政策」[46]。但是，按照希法亭的看法，李斯特的想法是難以實現的。因為在壟斷資本主義階段，關稅變成了卡特爾關稅，這樣的關稅將長久存在。因為，卡特爾關稅可以提高國內的價格，讓金融資本獲得超額利潤，讓他們可以間接向國內徵稅。在卡特爾關稅的保護下，金融資本的積累會得到強有力的促進。既然金融資本追求壟斷利潤的欲求沒有止境，而國家又是金融資本的代言人，那麼「卡特爾關稅」的實施則會是長期的、永久性的。

最後，以往的關稅是防禦性的，而現在的關稅則是進攻性的。希法亭指出：「保護性關稅的職能發生了徹底的變化，實際上走到了自己的反面。從抑制外國產業占領國內市場的手段變成了國內企業占領外國市場的手段，由弱者手中的防禦武器變成了強者的進攻武器。」[47]這種做法的特點是「國內高價，國際低價」。為什麼低價賣給海外消費者會讓卡特爾有利可圖呢？在世界市場上，卡特爾必須按照世界市場的價格來銷售，甚至以低於其生產價格來出售。由於卡特爾在國內獲得了超額利潤，所以才能在國際市場以低於競爭者的價格出售其產品。如果這樣可以獲得國外市場，它們就可以擴大生產，實現規模經濟，進而降低成本。這種做法類似於「傾銷」，廠商通過低價在國際市場銷售，以便打敗對手，占領世界市場。概括起來，「國內高價，國際低價」的目的有兩個：一是實現規模經濟，銷售得越多，單位成本越低；二是通過低價打垮競爭對手。如果其他國家的資本家不能像在「卡特爾關稅」保護下的資本家這樣實現低價銷售，那他們就難以贏得競爭。

如果大家都保護自己的國內市場，到哪裡去尋找世界市場呢？希法亭沒有提供明確的答案，他似乎假定有國家沒有能力保護，從而留

46（德）弗里德里希·李斯特：《政治經濟學的國民體系》，第16頁。
47（德）魯道夫·希法亭：《金融資本》，第354頁。

下了大塊沒有保護的世界。[48]這就是各個已開發國家需要努力擴大自己經濟區的原因所在。希法亭認為，壟斷組織剝削經濟區內的所有消費者，無論是宗主國的消費者還是殖民地的消費者都包括在內。

資本主義的新的發展階段，對國內而言是壟斷過度，在國際上可能是集中不足。一個國家的金融資本要和其他國家的金融資本競爭，自然要借助國家的力量，通過實施保護主義，通過建立和擴大自己的經濟區，來贏得競爭。保護性關稅成了各國卡特爾競爭的武器。因此，國家和金融資本更加緊密地結合，參與到世界資本主義競爭中。「卡特爾試圖通過國家的權力和外交干預來加強自己在競爭中的地位。」[49]對後發的資本主義國家而言，資產階級的力量相比於先發國家較為弱小，因此，後發國家的金融資本更迫切地希望得到國家保護。希法亭預言，德國的資產階級最終會和英國的資產階級展開爭奪。因為德國一直缺乏殖民地，「這種情況必然大大加劇德國與英國及其衛星國之間的對立，最後訴諸暴力解決」。[50]這一點被列寧進一步深化。

國家之間爭奪經濟區的競爭會日益加劇，金融資本需要更加緊密地與國家政權結合。「一切在外國有利益關係的資本家，呼籲建立一個強大的國家政權，憑藉它的權威保護自己即便是在世界最遙遠的角落的利益；呼籲舉起必然到處可見的戰爭旗幟，從而能夠到處豎起商業的旗幟。」[51]在爭奪經濟區的鬥爭中，國家力量對資本家的意義尤其重要。「政治力量成為經濟競爭中的決定性因素；對金融資本來說，國家的權力地位成為直接的利潤利益。現在，外交把代表金融資本當作自己最重要的職能。」[52]

希法亭做出這樣概括的意義在於：在資本主義新的發展階段，資本主義國家的主流意識形態，國家的角色都與此前有很大的不同。希法亭指出了自由主義在英國與在歐洲大陸不同，經濟自由主

48（英）布魯厄：《馬克思主義的帝國主義理論》，第101頁。
49（德）魯道夫・希法亭：《金融資本》，第358頁。
50（德）魯道夫・希法亭：《金融資本》，第381頁。
51（德）魯道夫・希法亭：《金融資本》，第370頁。
52（德）魯道夫・希法亭：《金融資本》，第380頁。

義在英國比在歐洲大陸的任何地方都得到了更強的貫徹。[53] 這是因為英國是先開發國家，這裡的資本家可以用自由主義的意識形態來對抗國家。因為在自由競爭時代，國家常常對資本家進行武斷干預。如此一來，自由主義就是英國資本家對抗強大國家的思想武器。而對德國這樣的後開發國家而言，他們不是要驅逐國家干預，而是要邀請國家介入。對先開發國家而言，國家可能是資本家的對手；而對後開發國家而言，國家卻是資本家參與全球資本主義競爭的有力推手。以德國資本家為代表，他們不再相信自由主義，而是強化民族主義來服務於其金融資本的全球擴張。希法亭看到，金融資本裏挾著「民族主義」，「現在是把國家從一種障礙物轉化為自己發展的工具」。[54] 事實上，不僅19世紀末興起了保護主義的浪潮，20世紀以來，已開發資本主義國家一次又一次興起保護主義的浪潮。用希法亭的視角看，20世紀，老牌資本主義國家英國實施了「帝國特惠制」，即建立自己的經濟區，為自己的金融資本服務。二戰後美國實施的諸多「非關稅壁壘」，也是服務於同樣的目的。布魯厄指出：「因為壟斷集團仍不能控制世界市場，它們需要關稅的保護，並且因而試圖盡可能遠地擴展它們受保護的市場，和尋求金融資本對擴張主義政策的支持。因為開始了這些論證，希法亭成為經典馬克思主義的帝國主義理論的真正創始人。」[55]

三　19世紀末的英國為何大量輸出資本？

英國的對外投資從19世紀五六十年代開始增長，1870年至1914年，每年向海外的淨投資額占該時期英國年儲蓄的30%。[56] 英國在19世紀末20世紀初對外輸出了數額龐大的資本。從1875年到1914年，

53（德）魯道夫・希法亭：《金融資本》，第344頁。
54（德）魯道夫・希法亭：《金融資本》，第383頁。
55（英）布魯厄：《馬克思主義的帝國主義理論》，第110頁。
56 Roderick Floud and Paul Johnson, eds., *The Cambridge Economic History of Modern Britain, Vol. 2: Economic Maturity, 1860-1939*, Cambridge: Cambridge University Press, p. 191.

英國的海外投資達到了20億—30億英鎊。當英國年人均國民收入還不到40英鎊的時候，英國金融家對外國政府與企業的證券投資相當於每個英國人每年在國外購買了4.5英鎊的證券。[57]

希法亭的《金融資本》指出：已開發國家資產階級出於競爭的需要，不得不紛紛向海外投資。「資本輸出在不同形式上受到本國保護關稅的有力促進，也同樣受到外國保護關稅的鼓勵，它同時也為資本在世界範圍的滲透和資本的國際化作出貢獻。」[58] 這是「資本試圖補償由經濟區的縮小造成的對生產力發展的阻礙，但不是通過向自由貿易的過渡，而是通過擴大本國的經濟區和加速進行資本輸出。」[59]列寧也非常重視已開發國家的資本輸出，他指出：資本輸出是資本主義發展到新階段的典型特徵。「對自由競爭占完全統治地位的舊資本主義來說，典型的是商品輸出。對壟斷占統治地位的最新資本主義來說，典型的則是資本輸出。」[60]

帝國主義為何要從商品輸出轉向資本輸出呢？這是因為，在這一時期，出現了所謂的「過剩資本」。「臨近20世紀時，我們看到已經形成了另一種壟斷：第一，所有已開發的資本主義國家都有了資本家的壟斷同盟；第二，少數積累了巨額資本的最富的國家處於壟斷地位。在先進的國家裡出現了大量的『過剩資本』。」[61]列寧強調，這樣的「過剩」是相對過剩。這是因為，資產階級不願將資金用於改善工人的生活，更樂意將相對過剩的資本輸出到其他國家，換來更高的利潤。列寧指出：「只要資本主義還是資本主義，過剩的資本就不會用來提高本國民眾的生活水準（因為這樣會降低資本家的利潤），而會輸出國外，輸出到落後的國家去，以提高利潤。在這些落後國家裡，利潤通常都是很高的，因為那裡資本少，地價比較賤，工資低，原料也便宜。其所以有輸出資本的可能，是因為許多落後的國家已經捲入

57 Lance Davis and Robert Huttenback, *Mammon and the Pursuit of Empire*, New York: Cambridge University Press, 1988, p. 36.
58（德）魯道夫·希法亭：《金融資本》，第360頁。
59（德）魯道夫·希法亭：《金融資本》，第360頁。
60《帝國主義是資本主義的最高階段》，第53頁。
61《帝國主義是資本主義的最高階段》，第53頁。

世界資本主義的流轉，主要的鐵路線已經建成或已經開始興建，發展
工業的起碼條件已有保證等等。其所以有輸出資本的必要，是因為在
少數國家中資本主義『已經過度成熟』，『有利可圖的』投資場所已
經不夠了。」[62]因此，已開發國家的資本家紛紛行動起來，熱衷於資本
輸出。只是，各國資本家的資本輸出方式存在各自的特點。英國資本
家主要是輸出生產資本，也就是到海外開礦設廠；法國的資本家則是
「靠放高利貸發財」，「法國帝國主義與英國殖民帝國主義不同，可以
叫作高利貸帝國主義」[63]。英國的投資者認識到國內工業的投資回報率
正在減少，而新興市場基礎設施的投資回報率則相對較高。[64]表5-1展
示了1870年到1913年，英國海外的投資獲得了更高的回報率。在此
期間，英國海外投資的年均回報率為5.72%，而國內投資的年均回報
率是4.60%。[65]在法國和義大利的投資回報率要比英國高出50%，在
加拿大和美國投資的回報率則要高出60%。[66]因此，一個理性的英國
資本家會選擇投資海外。

　　對民族國家而言，大量的資本輸出可能有害，但對資本家而
言，他們卻可以獲益，對全球資本主義的發展而言也可能有利。「因
此，如果說資本輸出會在某種程度上引起輸出國發展上的一些停滯，
那也一定會有擴大和加深資本主義在全世界的進一步發展作為補償
的。」[67]19世紀中後期到20世紀初，倫敦金融從業者的人數翻了一倍，
從1871年的17萬人增加到1911年的36.4萬人。[68]在德國與美國的國
外貸款還不到其國民總收入的2%的時候，英國的海外資產占國民收

---

62 《帝國主義是資本主義的最高階段》，第53─54頁。

63 《帝國主義是資本主義的最高階段》，第55頁。

64 Roderick Floud and Paul Johnson, eds., *The Cambridge Economic History of Modern Britain, Vol. 2: Economic Maturity*, 1860-1939, p. 191.

65 Michael Edelstein, "Overseas investment in the age of high imperialism: the United Kingdom, 1850-1914", in Roderick Floud and Paul Johnson, eds., *The Cambridge Economic History of Modern Britain, Vol. 2: Economic Maturity*, 1860-1939, p. 198.

66 Michael Dintenfass, *The Decline of Industrial Britain: 1870-1980*, London and New York: Routledge, 1992, p. 49.

67 《帝國主義是資本主義的最高階段》，第55─56頁。

68 Ronald Michie, *The City of London. Continuity and Change, 1850–1990*, Basingstoke: Palgrave Macmillan, 1992, p. 14.

表5-1　英國各類投資的回報率（%）

投資類型＼年份	1870—1913	1870—1876	1877—1886	1887—1896	1897—1909	1910—1913
國內投資	4.60	7.62	5.37	6.42	1.35	3.60
國外投資	5.72	6.60	8.06	5.23	5.20	1.79
國外投資減去國內投資	1.12	-1.02	2.69	-1.19	3.85	-1.81

資料來源：Michael Edelstein, "Overseas investment in the age of high imperialism: the United Kingdom, 1850-1914", in Roderick Floud and Paul Johnson, eds., *The Cambridge Economic History of Modern Britain, Volume 2: Economic Maturity*, 1860-1939, p. 198。

入的比例已經從1850年的7%上升到1870年的14%；到1913年，這一比例已高達32%。[69]倫敦作為英國的金融中心更多面向外部世界，而非英國北部的製造業城市。「倫敦通常更加關心墨西哥發生的事情而不是英國內部的事情，更加關心發生在加拿大的罷工而不是威爾斯的罷工。」[70]

　　更讓人扼腕的是，倫敦作為國際金融中心與昔日的阿姆斯特丹類似，在輸出資本的同時為自身的潛在競爭者提供了大量資金。美國的獨立戰爭和購買路易斯安那州的資金主要是從法國和荷蘭借來的。僅僅在幾年內，這些借款的票據就跨過英吉利海峽轉移到了英國投資人的手中。英國投資人又將這些資金投向美國。1883年，一位美國國會議員曾有一個形象的比喻：「美國貨幣市場的晴雨錶掛在倫敦證券交易所裡。」[71]到19世紀50年代，隨著歐洲資本再一次開始大量流入

69　Michael Edelstein, "Foreign Investment, Accumulation and Empire, 1860-1914", in Roderick Floud and Paul Johnson, eds., *The Cambridge Economic History of Modern Britain, Vol. 2: Economic Maturity*, 1860-1939, p. 191.

70　Youssef Cassis, *Capitals of Capital: The Rise and Fall of International Financial Centres, 1780-2009*, New York: Cambridge University Press, p. 84.

71　Robert Sobel, *Panic on Wall Street: A History of America's Financial Disasters,* Washington D. C.: Beard Books, 1999, p. 42.

美國，英國人又一次發揮了領導作用。如表5-2所示，18世紀60年代初，英國人在美國投資額占到了外國在美國投資總額的9/10，甚至到了一戰爆發前的1913年，這一比例仍然高達2/3左右。

19世紀中後期，美國的鐵路建設是最受倫敦金融家們青睞的投資項目之一。19世紀50年代，為償付英國賣給美國的鐵軌，數不清的美國鐵路公司在英國發行了債券。美國南北戰爭末期，倫敦城的所有主要銀行都加入了對美國鐵路的投資熱潮，包括巴林銀行、羅斯柴爾德銀行等老牌銀行。19世紀70年代早期，為美國鐵路發行的債券達到了倫敦發行鐵路債券的70%，占據了私人企業債券的45%。[72]值得一提的是，後來聞名遐邇的美國金融聯合機構摩根財團也是在這一背景下創立的。祖上來自英國的富商朱尼厄斯・摩根（Junius Spencer Morgan）經人介紹成為美國債券經手人喬治・皮博迪（George Peabody）的合夥人。他後來成為皮博迪公司的實際運作者與繼承人，在倫敦市場為美國的內戰與戰後的鐵路等基礎設施建設融資。皮博迪逝世後，朱尼厄斯・摩根遵照皮博迪的遺願將公司重新命名為J.S.摩根公司。[73]而朱尼厄斯・摩根之子正是後來家喻戶曉的J.P.摩根（John Pierpont Morgan）。這正是列寧看到的：遍布全球的銀行，「金融資本的密網可以說確實是佈滿了全世界。在這方面起了很大作用的，是設在殖民地的銀行及其分行」。[74]事實上，英國金融資本家是在資助英國未來的競爭對手，英國的做法在損害英國工業的同時，也為英國資本家贏得了大量的利潤。

值得注意的是，資本輸出並非像列寧預言的那樣流向了最落後的地區。事實上，1914年之前，資本沒有輸往最貧困的地方，而是流向了美洲、大洋洲等生活水準較高的地區；第二次世界大戰結束後，美國的資本輸出流向已開發國家的也比流向第三世界的多。

72　Youssef Cassis, *Capitals of Capital: The Rise and Fall of International Financial Centres 1780-2009*, p. 57.
73　（美）羅恩・徹諾著，金立群校譯：《摩根財團：美國一代銀行工朝和現代金融業的崛起》，中國財政經濟出版社1996年版，第1—17頁。
74　《帝國主義是資本主義的最高階段》，第57頁。

表5-2　1861－1913年英國投資占美國境內所有外國投資的比重（%）

年份	比重
1861	90.0
1865	88.0
1870	85.5
1875	83.0
1880	80.5
1885	79.5
1890	77.0
1895	74.5
1900	66.0

資料來源：John Dunning, *Studies in International Investment* (Vol. 6), London: Routledge, 2001, pp. 178-181。

　　列寧不斷強調，這樣的資本輸出具有寄生性。「在世界上『貿易』最發達的國家，食利者的收入竟比對外貿易的收入高4倍！這就是帝國主義和帝國主義寄生性的實質。」[75]這樣豐厚的回報，是建立在這些已開發國家的資本家剝削落後國家的基礎上的。「這就是帝國主義壓迫和剝削世界上大多數民族和國家的堅實基礎，這就是極少數最富國家的資本主義寄生性的堅實基礎！」[76]既然英國是典型的資本輸出國家，那麼，資本家的寄生性在英國也就特別明顯。「英國資本的大量輸出，與大量的殖民地有最密切的聯繫。」[77]這樣，資本輸出導致了一個寄生的資產階級出現。「以『剪息票』為生，根本不參與任何企業經營、終日遊手好閒的食利者階級，確切些說，食利者階層，就大大地增長起來。帝國主義最重要的經濟基礎之一——資本輸出，更加使

75《帝國主義是資本主義的最高階段》，第89頁。
76《帝國主義是資本主義的最高階段》，第55頁。
77《帝國主義是資本主義的最高階段》，第55頁。

食利者階層完完全全脫離了生產，給那種靠剝削幾個海外國家和殖民地的勞動為生的整個國家打上了寄生性的烙印。」[78] 大量食利者階層的興起，標誌著進入帝國主義的資本主義國家日趨腐朽沒落。

除了獲得比國內更高的利潤，列寧還看到：對資本家而言，資本輸出還有其他方面的積極意義。那就是已開發國家的資本家可以用獲得的超額利潤來收買一部分工人階級，進而分化工人階級隊伍。「帝國主義有一種趨勢，就是在工人中間也分化出一些特權階層，並且使他們脫離廣大的無產階級群眾。」[79] 這樣的特權階級也從帝國主義的全球擴張，獲得超額利潤的過程中分到了好處，「帝國主義意味著瓜分世界而不只是剝削中國一個國家，意味著極少數最富的國家享有壟斷高額利潤，所以，它們在經濟上就有可能去收買無產階級的上層，從而培植、形成和鞏固機會主義」。[80] 這樣，列寧看到了已開發國家的海外投資對資產階級而言有著雙重意義。短期而言，資本輸出對資產階級有著積極的意義，既提高了利潤，又可以分化工人。但是，已開發國家的海外擴張也蘊含著危險——各國資產階級都積極推動本國政府實施海外擴張，爭奪殖民地。如此，這些國家之間的關係會劍拔弩張，最終導致戰爭。

四　第一次世界大戰為何爆發？

第一次世界大戰爆發前，英國和德國的關係日趨惡化。1885年，英國「貿易工業蕭條調查委員會」的調查報告指出：在世界各地，來自德國的競爭已構成了對英國日益嚴重的衝擊。在商品生產方面，英國的領先優勢已不再顯著。德國人比英國人更瞭解世界市場，比英國人更能迎合當地民眾的消費需求和偏好，而且德國人有著更大的決心

---

78 《帝國主義是資本主義的最高階段》，第88頁。
79 《帝國主義是資本主義的最高階段》，第94頁。
80 《帝國主義是資本主義的最高階段》，第92頁。

在一切可能的地方立足並經營下去。[81]

　　這一時期，隨著德國商品出口帶來的衝擊加劇，英國對德國的抱怨不斷增強。在英國的官方檔以及報刊文章中，充斥著對德國的負面報導。據說德國人頻頻使用不正當的競爭手段：他們銷售假冒偽劣產品，而且這些產品上面還常常打著英國的商標；他們派人到英國商行做學徒，以便獲取商業機密；他們毫無原則地迎合當地人的需要，為了迎合消費者的需要，他們甚至向無知讓步，將銷售目錄翻譯成當地的語言。19世紀末，英國人的抱怨達到了頂點。他們抨擊英國政府購買德國巴伐利亞地區生產的鉛筆，或者埋怨英國政府進口德國囚犯製造的刷子；英國報刊還強烈譴責英國人購買德國生產的廉價服裝，說這些服裝是用回收的英國羊毛製成的。即使是英國人使用德國製造的紙牌、樂器、馬鞭這樣的小玩意，也足以讓英國人感到火冒三丈。當時，英國進行的幾乎每一次官方調查，每一次訪問團的調查報告都會反復涉及一個主題：英國失去了領先地位，錯過了應有的機會，放棄了不該放棄的市場。[82]

　　英國人對德國的抱怨與日俱增的同時，德國也出現了對英國的嚴重不滿。在德國崛起以前，英國人的每一個構想都受到了德國人的讚揚。但德國經濟的迅速成長使得他們把英國人視為歐洲木偶劇院的惡魔導演，這個惡魔導演在16世紀與17世紀就一直控制著世界。「仇視」一詞在絕大多數經濟學的著作中很難找到，但在德國卻頻繁出現。[83]英國與德國的矛盾與日俱增。

　　在列寧看來，英國和德國這樣的敵對情緒不過是兩國資本家爭奪海外市場的結果。作為馬克思主義重要代表人物的列寧，對第一次世界大戰的爆發給出了完全不同的解釋。由於資本輸出勢在必行，各大

81（英）F. H. 欣斯利編，中國社會科學院世界歷史研究所組譯：《新編劍橋世界近代史：物質進步與世界範圍的問題（1870—1898）》（第11卷），中國社會科學出版社1999年版，第81頁。

82（英）大衛·蘭德斯：《解除束縛的普羅米修士》，第326—329頁。

83（美）查理斯·金德爾伯格著，高祖貴譯：《世界經濟霸權（1500—1990）》，商務印書館2003年版，第245、259頁。

國紛紛為金融寡頭尋找資本輸出國和勢力範圍，這樣勢必導致英德兩國對世界的爭奪與衝突。「在金融資本時代，私人壟斷組織和國家壟斷組織是交織在一起的，實際上這兩種壟斷組織都不過是最大的壟斷者之間為瓜分世界而進行的帝國主義鬥爭中的一些環節而已。」[84]隨著資本主義的國家步入了資本主義的壟斷階段，也就是帝國主義階段，金融寡頭爭奪世界市場的鬥爭日益尖銳化，而國家作為各國資本家的代理人，其鬥爭也日益尖銳。既然國家是資產階級的工具，那麼，第一次世界大戰就源於資產階級的全球擴張，推動了國際關係走向劍拔弩張之勢，進而推動了戰爭的爆發。

　　資本主義進入了帝國主義階段，各國資產階級都要忙著瓜分世界，「帝國主義是資本主義的壟斷階段。這樣的定義能包括最主要之點，因為一方面，金融資本就是和工業家壟斷同盟的資本融合起來的少數壟斷性的最大銀行的銀行資本；另一方面，瓜分世界，就是由無阻礙地向未被任何一個資本主義大國占據的地區推行的殖民政策，過渡到壟斷地占有已經瓜分完了的世界領土的殖民政策」[85]。在國內層面，國家需要積極推進國家壟斷，直接干預國民經濟，實現資本主義的再生產，以保障金融寡頭獲得超額利潤。在國際層面，資本主義國家也積極參與海外市場開拓，以為金融資本謀求更大的利益。國家壟斷的直接後果就是國家作為金融寡頭的代言人，成為金融寡頭的工具，紛紛捲入爭取世界殖民地的鬥爭，掀起瓜分世界的狂潮。

　　資本家需要瓜分世界，「並不是因為他們的心腸特別狠毒，而是因為集中已經達到這樣的階段，使他們不得不走上這條獲取利潤的道路」。[86]金融資本跟其他資本一樣，都要追逐剩餘價值。而在壟斷資本主義時期，追逐剩餘價值的方法就是要獲得原料產地和產品銷售市場。如果世界各地的金融資本都要這麼做，他們之間就會存在激烈的競爭。「金融資本也估計到可能獲得的原料產地，唯恐在爭奪世界上

84《帝國主義是資本主義的最高階段》，第63頁

85《帝國主義是資本主義的最高階段》，第77頁。

86《帝國主義是資本主義的最高階段》，第65頁。

尚未瓜分的最後幾塊土地或重新瓜分已經瓜分了的一些土地的瘋狂鬥爭中落後於他人，總想儘量奪取更多的土地，不管這是一些什麼樣的土地，不管這些土地在什麼地方，也不管採取什麼手段。」[87]已開發國家的資本家之間也存在激烈的競爭，「資本主義愈發達，原料愈感缺乏，競爭和追逐全世界原料產地的鬥爭愈尖銳，搶占殖民地的鬥爭也就愈激烈」。[88]為什麼資本主義國家要通過暴力的方式而不是和平的手段來瓜分世界呢？列寧指出，因為在當時，殖民地已經被瓜分完畢。「我們所考察的這個時期的特點是世界瓜分完畢。所謂完畢，並不是說不可能重新瓜分了——相反，重新瓜分是可能的，並且是不可避免的，而是說在資本主義各國的殖民政策之下，我們這個行星上無主的土地都被霸占完了。」[89]列寧看到，「在金融資本時代，當世界上其他地方已經瓜分完畢的時候，爭奪這些半附屬國的鬥爭也就必然特別尖銳起來」。[90]「當非洲十分之九的面積已經被占領（到1900年時）、全世界已經瓜分完畢的時候，一個壟斷地占有殖民地、因而使瓜分世界和重新瓜分世界的鬥爭特別尖銳起來的時代就不可避免地到來了。」[91]

讓情況更糟的是，以往的殖民地被瓜分得並不平衡，而且帝國主義之間的發展也不平衡。隨著新興帝國主義的崛起，他們國內的資產階級要求根據其國家實力，重新瓜分殖民地。「資本主義在殖民地和海外國家發展得最快。在這些國家中出現了新的帝國主義大國（如日本）。全世界帝國主義之間的鬥爭尖銳起來了。金融資本從特別盈利的殖民地企業和海外企業得到的貢款日益增加。」[92]

列寧批評考茨基，因為考茨基認為資本主義國家會以國際卡特爾的形式和平地分割世界。列寧指出：不幸的是，世界已經被瓜分完

87《帝國主義是資本主義的最高階段》，第73—74頁。
88《帝國主義是資本主義的最高階段》，第72頁。
89《帝國主義是資本主義的最高階段》，第66頁。
90《帝國主義是資本主義的最高階段》，第72頁。
91《帝國主義是資本主義的最高階段》，第111頁。
92《帝國主義是資本主義的最高階段》，第86頁。

畢，帝國主義國家的發展又不平衡，新興國家的資產階級做出任何新的嘗試都意味著不得不重新瓜分世界，那必然意味著衝突。他援引相關著作指出，「所以近來全歐洲和美國都充滿了殖民擴張和『帝國主義』的狂熱，『帝國主義』成了19世紀末最突出的特點」。[93]列寧問道：「在資本主義基礎上，要消除生產力發展和資本積累與金融資本對殖民地和『勢力範圍』的瓜分這兩者之間不相適應的狀況，除了用戰爭以外，還能有什麼其他辦法呢？」[94]和平只是戰爭的間歇，戰爭才是時代的主題。「不管形式如何，不管是一個帝國主義聯盟去反對另一個帝國主義聯盟，還是所有帝國主義大國結成一個總聯盟，都不可避免地只會是兩次戰爭之間的『喘息』。」[95]

因此，當資本主義走向帝國主義（imperialism）階段，這一時期的資本主義就被戰爭的陰雲籠罩。列寧指出：「給帝國主義下這樣一個定義，其中要包括帝國主義的如下五個基本特徵：（1）生產和資本的集中發展到這樣高的程度，以致造成了在經濟生活中起決定作用的壟斷組織；（2）銀行資本和工業資本已經融合起來，在這個『金融資本』的基礎上形成了金融寡頭；（3）和商品輸出不同的資本輸出具有特別重要的意義；（4）瓜分世界的資本家國際壟斷同盟已經形成；（5）最大資本主義大國已把世界上的領土瓜分完畢。帝國主義是發展到壟斷組織和金融資本的統治已經確立、資本輸出具有突出意義、國際托拉斯開始瓜分世界、一些最大的資本主義國家已把世界全部領土瓜分完畢這一階段的資本主義。」[96]在這一時期，權力集中在大的金融資本手中，財富流向寄生的食利者階級。資本主義從自由競爭的、前進的資本主義變成了壟斷的、垂死的、腐朽的資本主義。

布魯厄指出：列寧的《帝國主義是資本主義的最高階段》是一部通俗論著，在馬克思主義文獻中具有值得尊敬的重要地位。列寧在總

---

93 《帝國主義是資本主義的最高階段》，第76頁。
94 《帝國主義是資本主義的最高階段》，第87頁。
95 《帝國主義是資本主義的最高階段》，第107頁。
96 《帝國主義是資本主義的最高階段》，第78頁。

結前人理論的同時，考察當時的實際情況，為決策提供依據。[97]列寧對帝國主義的分析是其革命觀的關鍵。帝國主義將資本主義帶到了最後階段，並為世界的社會主義革命準備了先決條件。[98]由於帝國主義會導致世界戰爭，因此，共產黨人就可以借此機會，變帝國主義戰爭為國內戰爭，他們需要武裝工人，以革命的戰爭反對反革命的戰爭，奪取政權。

五　為何美國軍費開支如此巨大？

　　1950年初，美國的總預算約為400億美元，其中軍事開支120億美元。到了1955年，美國的總預算為620億美元，而軍事開支則增加到400億美元。1960年，美國的軍事開支預算達458億美元，占財政開支的近50%。1970年，美國軍事預算又增加到800億美元，其中花在武器系統上的有400億美元。這400億美元中有三分之二作為政府的軍事採購合約，給了12—15家大公司。[99]1945年到1970年，美國政府在軍事上的開支達到1.1兆美元，這一數額超過了美國1967年所有產業和住宅價值的總和。同時，由於龐大的軍事開支，美國工業體系中出現了龐大的國防工業體系。1945年到1968年，美國國防部的工業體提供了價值高達440億美元的產品和服務，它超過了通用電氣公司、杜邦公司和美國鋼鐵公司銷售額的總和。[100]

　　「星戰計畫」是雷根政府所熱衷的軍事計畫，為此要花費美國政府數十億美元。儘管該計畫的前三次實驗都以失敗告終，但美國政府還是推動了第四次實驗。美國政府還為此計畫的投資提供了擔保。但是，第四次實驗又一次失敗了。美國國防部長卡斯帕·溫伯格

97（英）布魯厄：《馬克思主義的帝國主義理論》，第118頁。
98（英）大衛·麥克萊倫著，李智譯：《馬克思以後的馬克思主義》，中國人民大學出版社2004年版，第105頁。
99（美）霍華德·津恩：《美國人民史》，第352頁。
100（美）大衛·F.諾布林著，李風華譯：《生產力：工業自動化的社會史》，中國人民大學出版社2007，第5頁。

（Caspar Weinberger）批准了偽造的資料，來證明實驗取得了成功。蘇聯解體後，美國民眾認為蘇聯的威脅已經不復存在。1992年的一項調查顯示，有59%的美國民眾希望在下一個五年裡，美國政府將國防開支減少50%。但是，美國政府卻對民意置若罔聞。同年，美國國會投票，一致贊成投入1200億美元保衛「歐洲」，儘管此時歐洲已經不再面臨解體的「蘇聯」的威脅。[101]

　　如果說美國龐大的軍事開支是為了應付蘇聯的威脅，那麼，冷戰結束後，為何美國仍維持了龐大的軍事開支？冷戰後的很長一段時期，美國在單極體系下的優勢地位是歷史上前所未有的。如表5-3所示，2006年，美國軍事開支位居世界第一，且遙遙領先。美國軍事開支超過排名第二的國家十多倍，比中國、日本、德國、俄羅斯、法國以及英國六國的軍事開支加起來還要多。

表5-3　美國與其他國家國防開支對比（2006）

	軍事開支（單位:十億美元）	占主要大國國防開支百分比（%）	占全世界國防開支百分比（%）	國防開支占GDP的比重（%）
美國	528.6	65.6	46.0	4.1
中國	49.5	6.1	4.0	2.0
日本	43.9	5.4	4.0	1.0
德國	36.9	4.6	3.0	1.4
俄羅斯	34.7	4.3	3.0	4.1
法國	53.0	6.6	5.0	2.5
英國	59.2	7.3	5.0	2.7

資料來源：Stephen Brooks and William Wohlforth, *World Out of Balance: International Relations and the Challenge of American Primacy*, Princeton: Princeton University Press, 2008, p. 29, Table 2.1。

101（美）霍華德‧津恩：《美國人民史》，第585頁。

事實上，不單美國如此，在《日美安保條約》以及和平憲法的約束下，日本的軍費也呈現快速增長態勢。1977年，日本的軍費預算達到61億美元，居世界第九位；而十年以後，這個數字攀升到254億美元，居世界的第六位。[102]十年間，日本的軍費增長了四倍。

沿襲希法亭等人對壟斷資本的分析，美國的馬克思主義政治經濟學者保羅·巴蘭（Paul Baran）以及保羅·斯威齊（Paul Sweezy）於1966年出版了《壟斷資本：論美國的經濟與社會秩序》（*Monopoly Capital: An Essay on the American Economic and Social Order*）。這是美國學者運用馬克思主義政治經濟學視角分析美國戰後政治經濟的主要著作。巴蘭和斯威齊是「消費不足論者」，他們認為資本主義經濟因為工人的有限購買力而經受持久的需求短缺，[103]戰後，以軍事開支為代表的浪費性開支刺激了總需求。壟斷資本因此具有了提高浪費水準的特徵。

如果說馬克思把分析的主要目光聚焦於英國，希法亭將分析的注意力聚焦在德國，巴蘭和斯威齊二人則聚焦於美國。因為，在第二次世界大戰以後，美國才是壟斷資本的典型代表。「因為馬克思在分析資本主義的時候，英國是最富有和最發達的資本主義國家，因此，英國是馬克思理論的典型案例，而當時，要考察壟斷資本主義，則美國成為典型案例。」[104]

《壟斷資本》的出發點是大公司。[105]作者指出：在今天，資本主義世界典型的經濟單位，「不是為無法知道的市場生產一種統一產品的微不足道部分的小商號，而是生產一個甚至幾個工業部門的大部分產品的大規模企業，它能控制自己的產品的價格、生產的數量以及投資的種類和規模。換言之，典型的經濟單位具有一度認為只有壟斷組

---

102 Akira Iriye, "Japan's Defense Strategy", *Annals of the American Academy of Political and Social Science*, Vol. 513, No. 1, 1991, pp. 45-46.

103 （英）布魯厄：《馬克思主義的帝國主義理論》，第140頁。

104 （美）保羅·巴蘭、保羅·斯威齊著，南開大學政治經濟學系譯：《壟斷資本：論美國的經濟和社會秩序》，商務印書館1977年版，第12頁。

105 （加）M. C. 霍華德、（澳）J. E. 金：《馬克思主義經濟學史（1929—1990）》，第116頁。

織才具有的那種特徵」。[106]在競爭資本主義下，單個企業家是價格的接受者，「而在壟斷資本主義下，大公司則是價格的制定者」。[107]美國的大公司壟斷了國家經濟的方方面面，「新商品、新技術、新供應來源、新組織形式全都會被少數巨型公司所壟斷」。[108]

巴蘭和斯威齊認為，當市場上只有一些大公司的時候，競爭性的鬥爭已經消失了，這些大公司普遍採用「自己活也讓別人活」的策略。公司在與對手競爭的時候，已經不再採取傳統的競爭策略——降價。因為壟斷者認識到這是自我拆臺、自找失敗的做法。取代價格戰的是大公司之間的勾結和共謀。這樣一來，大公司獲得的利潤就不斷增加。怎樣使增長的利潤得以吸收，這是《壟斷資本》的核心問題。[109]巴蘭和斯威齊發現，在壟斷資本主導的時代，馬克思的「平均利潤率下降」的趨勢會受到挑戰。由於獲得了壟斷地位，這些資本主義的大公司會獲得越來越多的剩餘。剩餘必定具有強大的和持久不斷的增長趨勢。[110]

他們因此提出「剩餘增長的規律」。經濟剩餘的最簡短定義就是一個社會所生產的產品與生產成本的差額。[111]按作者的統計，1929年時，美國的剩餘在數量上相當於其國民生產總值的46.9%；1963年，這一數字上升到56.1%。[112]伴隨著剩餘的不斷增長，資本主義開始面臨一個新問題。以往，馬克思主義預設資本主義存在一個競爭性的制度，而當前，資本主義經歷了一個根本的變化——從競爭資本主義過渡到了壟斷資本主義。在壟斷資本主義時代，人們需要用「剩餘增長的規律去代替利潤下降的規律」。[113]

吸收剩餘變成了一個迫切的問題。巴蘭和斯威齊指出：壟斷資本

106（英）保羅・巴蘭、保羅・斯威齊：《壟斷資本：論美國的經濟和社會秩序》，第11—12頁。
107（英）保羅・巴蘭、保羅・斯威齊：《壟斷資本：論美國的經濟和社會秩序》，第56頁。
108（英）保羅・巴蘭、保羅・斯威齊：《壟斷資本：論美國的經濟和社會秩序》，第75頁。
109（加）M. C. 霍華德、（澳）J. E. 金：《馬克思主義經濟學史（1929—1990）》，第117頁。
110（美）保羅・巴蘭、保羅・斯威齊：《壟斷資本：論美國的經濟和社會秩序》，第69頁。
111（美）保羅・巴蘭、保羅・斯威齊：《壟斷資本：論美國的經濟和社會秩序》，第15頁。
112（美）保羅・巴蘭、保羅・斯威齊：《壟斷資本：論美國的經濟和社會秩序》，第16頁。
113（美）保羅・巴蘭、保羅・斯威齊：《壟斷資本：論美國的經濟和社會秩序》，第74頁。

主義是一個自相矛盾的制度。它形成了越來越多的剩餘，但是卻沒法為這些剩餘找到出路。因此，現在資本主義面臨的問題和主流教科書嘗試處理的問題相反。現在不是需要如何利用好稀有的資源，而是怎樣處理掉過多的剩餘。現在的問題是太多了，而不是太少了。[114]只有在壟斷資本主義下，「太多了」的問題才會是在所有時候影響每一個人的普遍問題。[115]在壟斷資本主義下，如果剩餘不能找到出路，停滯會成為資本主義經濟運行的常態。在巴蘭和斯威齊看來，剩餘的吸收主要有三種方式：第一，剩餘被消費掉；第二，剩餘被用來做投資；第三，剩餘被浪費掉。

凱因斯提倡用國家的投資和消費來解決有效需求不足。在巴蘭和斯威齊看來，國家為吸收剩餘起著重要的作用。在壟斷資本主義下，國家的職能就是為壟斷資本的利益服務。[116]要為壟斷資本服務，國家就需要找到吸收剩餘的有效方式。「壟斷資本主義的問題不是要不要刺激需求。它必須刺激需求，否則就只有滅亡。」[117]刺激需求和吸收剩餘是聯繫在一起的。在巴蘭和斯威齊看來，資本主義國家吸收剩餘有很多辦法，通過廣告來促銷商品以及增加軍事開支是吸收剩餘的重要辦法，這樣做能掩蓋資本主義的經濟停滯。在《壟斷資本》一書中的第七章，作者尤其強調：維持龐大的軍事開支是資本主義消化剩餘的有效方式。

首先，維持龐大的軍事開支有助於已開發國家維持對邊緣國家的剝削。巴蘭和斯威齊指出：資本主義從其萌芽開始，就是一種國際制度，「如果不把這個制度的國際性放在分析的最中心，就會完全不可能懂得軍隊在資本主義社會中的作用」。[118]在這一國際制度下，中心國家需要剝削落後國家。因此，資本主義的國際制度是一個對抗的關係網。「其中剝削者與被剝削者對抗，相互競爭的剝削者又彼此對

114（美）保羅·巴蘭、保羅·斯威齊：《壟斷資本：論美國的經濟和社會秩序》，第106頁。
115（美）保羅·巴蘭、保羅·斯威齊：《壟斷資本：論美國的經濟和社會秩序》，第107頁。
116（美）保羅·巴蘭、保羅·斯威齊：《壟斷資本：論美國的經濟和社會秩序》，第167頁。
117（美）保羅·巴蘭、保羅·斯威齊：《壟斷資本：論美國的經濟和社會秩序》，第108頁。
118（美）保羅·巴蘭、保羅·斯威齊：《壟斷資本：論美國的經濟和社會秩序》，第168頁。

抗。」[119]領導的國家永遠需要最強大的軍隊。那麼，美國維繫如此龐大的軍事開支就不足為奇了。

巴蘭和斯威齊指出：美國需要龐大的軍隊，並非因為面臨蘇聯的威脅。不是因為蘇聯的進攻性，而是蘇聯的出現，對資本主義制度構成了挑戰。因為社會主義本質上是一種國際主義的運動。蘇聯的出現使得廣大落後國家紛紛效仿，危及了壟斷資本對落後國家的剝削。而壟斷資本家需要擴展其全球市場與利益，「資本主義沒有對外貿易就不能存在，而社會主義每前進一步，就意味著資本主義貿易地區的縮小」。[120]因此，不是蘇聯的軍事威脅，而是蘇聯的制度威脅了美國。同時，美國公司需要在全球建立和擴大工廠。「只有通過美國軍隊越來越多的直接的和大規模的干預，才能使舊秩序多維持片刻。」[121]

其次，或者說更重要的是，龐大的軍事開支可以吸收過多的剩餘。巴蘭和斯威齊指出：國家的支出，尤其是軍費，以不同形式的浪費的方式吸收了過剩的剩餘。而且軍費開支能在不傷害統治階級任何權力的情況下來吸收剩餘。[122]對壟斷資本家而言，龐大的軍事機構不會構成對這些私人企業的競爭，「軍隊對私人商業來說是一個理想的顧客，每年花費數以十億計的美元，而條件則是於出售人最有利的」[123]。因此在國會中，反對軍事預算擴大的人如此之少，每當議員提出為軍隊增加幾十億美元的預算撥款時，即出現「莊嚴的全體一致的場面」。[124]正如蘭德斯所說，政府唯一不太考慮節約的領域是兵器製造領域，人們很少在用於殺人的工具上計較價錢。[125]「在軍火上，更多的軍火，永遠是更多的軍火。」[126]只要能操縱好軍火的數量，「寡頭統治集團的領袖們就可以在經濟引擎中保持恰當的蒸汽源頭」。[127]

119（美）保羅・巴蘭、保羅・斯威齊：《壟斷資本：論美國的經濟和社會秩序》，第169頁。
120（美）保羅・巴蘭、保羅・斯威齊：《壟斷資本：論美國的經濟和社會秩序》，第180頁。
121（美）保羅・巴蘭、保羅・斯威齊：《壟斷資本：論美國的經濟和社會秩序》，第193頁。
122（英）布魯厄：《馬克思主義的帝國主義理論》，第149頁。
123（美）保羅・巴蘭、保羅・斯威齊：《壟斷資本：論美國的經濟和社會秩序》，第195頁。
124（美）保羅・巴蘭、保羅・斯威齊：《壟斷資本：論美國的經濟和社會秩序》，第198頁。
125（英）大衛・蘭德斯：《解除束縛的普羅米修士》，第254頁。
126（美）保羅・巴蘭、保羅・斯威齊：《壟斷資本：論美國的經濟和社會秩序》，第201頁。
127（美）保羅・巴蘭、保羅・斯威齊：《壟斷資本：論美國的經濟和社會秩序》，第201頁。

　　刺激需求——創造和擴充市場——日益成為壟斷資本主義下商業政策和政府政策的主題。[128]巴蘭、斯威齊和凱因斯存在一致之處,他們都相信國家需要扮演重要的經濟角色。但巴蘭和斯威齊卻不相信國家的干預能夠帶來一個穩定的、無衝突的資本主義。[129]壟斷資本主義既不能滿足人類的需求,也沒有使人快樂。「壟斷資本主義社會的產品中有很大的和日益增長的一部分,從真正的人類需要來判斷,是無用的、浪費的或者起積極破壞作用的。最明顯的實例,是每年吞噬價值以百億美元計的貨物和勞務的軍事機器。」[130]這樣的軍事開支不僅浪費了資源,還毒化了人民心靈。在巴蘭和斯威齊看來,這樣的社會是一個全面沒落的社會。

　　早年馬克思主義政治經濟學對帝國主義的分析主要集中在已開發國家,而後來的學者逐漸轉向世界政治經濟中的低度發展國家。保羅·巴蘭《增長的政治經濟學》是轉型的開始,「依賴論」的學者承接了巴蘭對低度發展國家的關注。

六　為何18世紀的印度會出現「去工業化」趨勢?

　　1750年的時候,世界上大多數產品大都是由中國與印度製造的,其中中國製造的產品占世界總量的33%,印度占25%。儘管亞洲的人均產量低於西歐國家的人均產量,但差距並不顯著。到1913年,世界格局發生了巨大變化。中國和印度占世界製造業的比重分別下降至4%和1%。英國、美國和歐洲其他國家的製造業產量占到世界總產量的四分之三。此時英國製造業的人均產量是中國的38倍,是印度的58倍。[131]表5-4展示了中國和印度自18世紀中期以來的「去工業化」趨勢。為何18世紀中期以後,印度的製造業會逐步萎縮?依賴論學者會指出,印度製造業的衰退和英國製造業的繁榮是一枚銀幣

128 (美)保羅·巴蘭、保羅·斯威齊:《壟斷資本:論美國的經濟和社會秩序》,第107頁。
129 (英)布魯厄:《馬克思主義的帝國主義理論》,第149頁。
130 (美)保羅·巴蘭、保羅·斯威齊:《壟斷資本:論美國的經濟和社會秩序》,第324頁。
131 (英)羅伯特·艾倫:《全球經濟史》,第8頁。

的兩面。陷入對已開發資本主義國家的依賴讓印度的經濟出現了「去工業化」趨勢。

　　依賴論（dependency theory）的學者大致有兩班人馬，第一部分來自美國，以保羅・巴蘭為代表，其代表作為《增長的政治經濟學》。巴蘭的著作在傳統馬克思主義的基礎上，對落後國家資本主義

表5-4　世界人均工業化水準（1750－1913）

年份 國家	1750	1800	1860	1913
奧匈帝國	7	7	11	32
比利時	9	10	28	88
法國	9	9	20	59
德國	8	8	15	85
義大利	8	8	10	26
俄國	6	6	8	20
西班牙	7	7	11	22
瑞典	7	8	15	67
瑞士	7	10	26	87
英國	10	16	64	115
加拿大	—	5	7	46
美國	4	9	21	126
日本	7	7	7	20
中國	8	6	4	3
印度	7	6	3	2
巴西	—	—	4	7
墨西哥	—	—	5	7

資料來源：Paul Bairoch, "International Industrialization Levels from 1750 to 1980", *The Journal of European Economic History*, Vol. 11, No. 2, 1982, p. 281。

的經濟發展問題做出了明確的突破，對低度發展理論做了系統的闡述。巴蘭在馬克思主義帝國主義理論研究中的地位可以和希法亭比肩。[132] 作為馬克思的追隨者，巴蘭適應新的形勢，是率先用馬克思主義的觀點分析第三世界問題的學者。[133] 20世紀50年代，巴蘭在學術上持有的政治立場讓他發表文章都成問題。在巴蘭公開表示對古巴革命的支持後，他在史丹福大學的教職受到了威脅。但史丹福大學的校長向富有的校友以及捐助人致歉，因為他不能解聘巴蘭。[134]

　　另一部分學者是巴蘭的跟隨者，主要來自拉美等低度發展國家。他們包括安德烈・岡德・弗蘭克（Andre Gunder Frank）、特奧托尼奧・多斯桑托斯（Theotonio Dos Santos）、費爾南多・卡多佐（Fernando Cardoso）、恩佐・法勒托（Enzo Faletto）、薩米爾・阿明（Samir Amin）等人。[135] 他們之間也存在差異，如弗蘭克屬於激進革命派的代表，多斯桑托斯屬於正統中庸論的代表，而卡多佐則屬於溫和改良派的代表。[136] 弗蘭克在《每月評論》（Monthly Review）發表論文〈不發達的發展〉（The Development of Underdevelopment）後，被美國政府視為對美國國家安全的威脅。弗蘭克收到了來自美國司法部長的信件，告知他不能再進入美國國境。[137]

　　那麼，什麼是依賴（dependency）呢？根據多斯桑托斯的看法：「依賴是這樣一種狀況，即一些國家的經濟受制於它所依賴的另一國經濟的發展與擴張。兩個或更多的國家經濟之間以及這些國家的經濟與世界貿易之間存在著互相依賴的關係，但結果是某些國家（統治國）能夠擴展和加強自己，而另一些國家（依賴國）的擴展和自身的加強則又是前者擴展——對後者的近期發展可以產生積極的或消極的

132（加）M. C. 霍華德、（澳）J. E. 金：《馬克思主義經濟學史（1929—1990）》，第168頁。
133（澳）海因茨・沃爾夫岡・阿恩特著，唐宇華等譯：《經濟發展思想史》，商務印書館1997年版，第121頁。
134 J. E. King, *Economic Exiles*, London: Palgrave Macmillan, 1988, p. 176.
135 Richard Peet, Elaine Hartwick, *Theories of Development: Contentions, Arguments, Alternatives*, New York: The Guilford Press, 2015, p. 189.
136 張建新：《激進國際政治經濟學》，上海人民出版社 2011 年版，第188—213頁。
137 Richard Peet, *Elaine Hartwick, Theories of Development: Contentions, Arguments, Alternatives*, p. 192.

影響——的反映，這種相互依賴關係就呈現依賴的形式。」[138]因此，「我們把依賴確立為一種歷史狀況，它造成了一種世界經濟結構，即有利於一些國家卻損害另外一些國家經濟發展的結構，並決定了這些國家內部經濟發展的可能性，從而形成了它們的經濟社會現實」[139]。卡多佐以及法勒托也指出：資本主義通過市場把不同的經濟體系聯繫在一起。這些經濟體不僅有不同發展水準的產業體系，而且在全球資本主義體系中占據的位置也不同，存在一種支配與被支配的關係。[140]世界經濟劃分為已開發國家與低度發展國家；有中心國家，也有邊緣國家。處於依賴狀態的邊緣國家在國際分工中沒有自主權，生產什麼？如何生存？為誰生產？它們都不能自行決定。那麼，邊緣國家可能通過發展工業，變成中心國家嗎？

　　馬克思對此比較樂觀，他認為：「英國在印度要完成雙重的使命：一個是破壞的使命，即消滅舊的亞洲式的社會；另一個是重建的使命，即在亞洲為西方式的社會奠定物質基礎。」[141]馬克思還指出：「我知道，英國的工業巨頭們之所以願意在印度修築鐵路，完全是為了要降低他們的工廠所需要的棉花和其他原料的價格。但是，你一旦把機器應用於一個有鐵有煤的國家的交通運輸，你就無法阻止這個國家自己去製造這些機器了。」[142]這樣，馬克思對低度發展國家在帝國主義的推動下，實現工業化和現代化持樂觀態度。對此同樣持樂觀態度的還有以沃爾特・羅斯托（Walt Rostow）等為代表的「現代化」理論學者。羅斯托在《經濟增長的階段》一書中指出，所有國家的經濟增長會經歷五個階段——傳統社會，為經濟起飛做準備的階段，起飛階段，走向經濟成熟階段以及大眾高消費時代。[143]他們認為低度開

138（巴西）特奧托尼奧・多斯桑托斯著，楊衍永等譯：《帝國主義與依附》，社會科學文獻出版社1999年版，第302頁。

139（巴西）特奧托尼奧・多斯桑托斯：《帝國主義與依附》，第305頁。

140（巴西）費爾南多・卡多佐、恩佐・法勒托著，單楚譯：《拉美的依附性及發展》，世界知識出版社2002年版，第22頁。

141《馬克思恩格斯選集》第一卷，人民出版社2012年版，第857頁。

142《馬克思恩格斯選集》第一卷，第860頁。

143（美）W.W.羅斯托著，郭熙保等譯：《經濟增長的階段：非共產黨宣言》，中國社會科學出版社2012年版，第4—16頁。

發國家最終能拾級而上，變成已開發社會。什麼是「已開發社會」，
人們熟悉的已開發社會的模式就是美國、日本、英國、德國等國家。
現代化理論的學者樂觀地認為落後國家要實現現代化，要達到已開發
國家所達到的發展水準，是可能的。「發展的過程」就是完成或者是
重複歐美國家社會變革的過程，而阻礙發展的障礙是傳統社會的羈
絆。如果落後國家經濟長期停滯，這是由於所謂的「封建社會」或者
「封建殘餘」在作祟。

　　但是，依賴論學者卻認為，對「低度發展」國家而言，現存的已
開發國家的模式是不可複製的。[144]拉美等國家與已開發國家的差異並
非時間上的差別，即一個處於「傳統社會」，一個處於「現代社會」。
他們認為，這些低度發展國家並非處於18世紀或者19世紀已開發國
家的發展狀態。依賴論對傳統馬克思主義以及現代化理論提出質疑與
批評。他們認為低度發展國家要實現現代化，變成已開發國家的希望
渺茫。弗蘭克指出：馬克思錯誤地預測說英國的工業化是印度未來
的鏡子，那是不可能的。[145]阿明也指出：馬克思對印度的預計太樂觀
了，壟斷資本就是要阻止可能出現的當地的資本主義。[146]那麼，巴蘭
問：「為什麼落後的資本主義國家沒有沿著其他資本主義國家的歷史
所常見的資本主義發展道路前進，以及為什麼它們一直沒有什麼進展
或者進展緩慢？」[147]

　　弗蘭克提出要區分「未開發」（undevelopment）和「低度發展」
（underdevelopment）。他指出：「目前的已開發國家過去雖然可能
經歷過『未開發』，但是絕對沒有經歷過『低度發展』狀態。」因
為，低度發展是依賴的體現，是「衛星國（satellite）和現在已開發
的宗主國（metropolitan countries）之間過去和當前經濟等關係的產

144（巴西）特奧托尼奧‧多斯桑托斯：《帝國主義與依附》，第276—277頁。
145（德）安德列‧岡德‧弗蘭克著，高銛等譯：《依附性積累與不發達》，譯林出版社1999
　　年版，第94頁。
146（埃及）薩米爾‧阿明著，高銛譯：《不平等的發展：論週邊資本主義的社會形態》，商
　　務印書館1990年版，第167頁。
147（美）保羅‧巴蘭著，蔡中興、楊宇光譯：《增長的政治經濟學》，商務印書館 2000年
　　版，第223頁。

物」。[148]因此，現在的低度發展狀態是世界資本主義全球擴張的歷史形成的，而不是傳統社會的遺留。世界資本主義經歷了幾個世紀的擴張，「已經有效和徹底地滲入了低度發展世界中甚至顯然最為孤立的地方」。[149]即便世界上最邊遠的角落，看似「傳統社會」有著頑固痕跡的地方，也被統統納入了世界資本主義體系。拉美最低度發展的地區是那些曾經有過高度繁榮的出口地，因而也就是商業的地區。它們在資本主義發展的歷史上曾經有過「依賴性發展」，也曾經經歷過繁榮。已開發與低度發展是資本主義同一枚銀幣的兩面，是已開發國家的發展造就了邊緣國家的低度發展。「低度發展並不是由於孤立於世界歷史主流之外的那些地區中古老體制的存在和缺乏資本造成的。恰恰相反，不論是過去還是現在，造成低度發展狀態的正是造成經濟發展（資本主義本身的發展）的同一個歷史進程。」[150]因此，低度發展不是傳統社會的遺留，而是深陷於依賴地位導致的。資本主義的形成和發展從一開始就確定了資本主義中心和邊緣的關係。作為邊緣的拉美國家，從一開始就加入了資本主義的體系。作為這一體系的一分子，它們始終作為邊緣經濟而存在。[151]弗蘭克認為：「這些地區在世界資本主義發展進程中的從屬性依賴地位就是它們低度發展的原因所在。」[152]

　　離開世界資本主義的發展來討論阿根廷等國家的落後狀態是沒有意義的。低度發展不是一個國家內的現象，不是孤立的現象，它是世界形勢發展的產物，是資本主義在世界擴張的結果。[153]歷史上，這些國家被殖民者和不平等條約打開國門，變成了西方資本主義「內部市

148（德）安德列‧岡德‧弗蘭克：〈不發達的發展〉，載（美）查理斯‧威爾伯編，高銛等譯《發達與不發達問題的政治經濟學》，商務印書館2015年版，第162頁。
149（德）安德列‧岡德‧弗蘭克：〈不發達的發展〉，載（美）查理斯‧威爾伯編，高銛等譯《發達與不發達問題的政治經濟學》，第163頁。
150（德）安德列‧岡德‧弗蘭克：〈不發達的發展〉，載（美）查理斯‧威爾伯編，高銛等譯《發達與不發達問題的政治經濟學》，第168頁。
151（巴西）費爾南多‧卡多佐、恩佐‧法勒托：《拉美的依附性及發展》，第31頁。
152（德）安德列‧岡德‧弗蘭克：《依附性積累與不發達》，第2頁。
153（巴西）特奧托尼奧‧多斯桑托斯：《帝國主義與依附》，第300頁。

場」的附屬物。[154]「低度發展不是先於資本主義的一個落後階段，它是資本主義的一種結果，是資本主義發展的一種特殊形式，即依賴性資本主義。」[155]

　　亞當・史密斯以樂觀的情緒看待國際分工，而依賴論的學者則不然。「依賴的基礎是國際分工。這種國際分工使某些國家的工業獲得發展，同時又限制了另一些國家的工業發展。」[156]這樣的國際分工形成了一個全球的剝削鏈條。如圖5-2所示，這條剝削鏈由世界資本主義中心開始，它從一些國家的中心城市抽走經濟盈餘；這些中心城市則從各地區中心城市抽走盈餘；地區中心則剝削地方中心。在地方中心活動的大莊園主和大商人則剝削小農和小業主，小農和小業主則剝削在土地上幹活的勞動者。每一個環節上都是少數人侵占多數人的盈餘。[157]

　　依賴論的學者指出：巴西聖保羅這樣的大城市，其工業的發展並不會帶動巴西經濟的發展。以聖保羅為中心城市，輻射其他地區性的中心城市，把這些地區性的城市變成殖民地的衛星城市，有助於中心國家進一步搾取資本。[158]這樣的剝削鏈就是從中心通過次一級的中心，層層掠奪剩餘。「把這些受害國家以前積累的和現時產生的剩餘的一大部分掠走，不可能不對這些國家的資本積累造成嚴重阻礙。把這些國家置於毀滅性的外來競爭中，不可能不窒息他們的幼稚工業。」[159]

　　中心國家掠奪殖民地邊緣國家，導致了這些邊緣地區的低度發展。印度和日本的對照是依賴論學者喜歡援引的例子，這是一種跨案例比較。歷史上，印度的經濟陷入低度發展，正是印度對英國的依賴造成的。弗蘭克引用的材料指出：「印度曾經是一個偉大的製造業國

154（美）保羅・巴蘭：《增長的政治經濟學》，第264頁。
155（巴西）特奧托尼奧・多斯桑托斯：《帝國主義與依附》，第302頁。
156（巴西）特奧托尼奧・多斯桑托斯：《帝國主義與依附》，第303頁。
157（巴西）特奧托尼奧・多斯桑托斯：《帝國主義與依附》，第355頁。
158（德）安德列・岡德・弗蘭克：〈不發達的發展〉，載（美）查理斯・威爾伯編，高銛等譯《發達與不發達問題的政治經濟學》，第167頁。
159（美）保羅・巴蘭：《增長的政治經濟學》，第231頁。

圖5-2　邊緣對中心的依賴及其剝削鏈

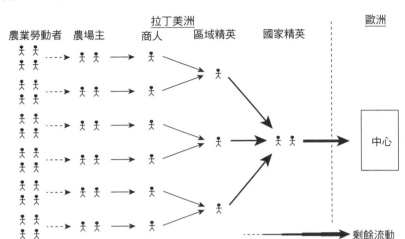

資料來源：Katie Willis, *Theories and Practices of Development*, New York: Routledge,　2005, p. 79, Figure 3.1。

家，它的工業產品多少世紀以來供應著廣大亞洲市場與歐洲市場的需求。」[160]1760年時，英國蘭開夏使用的紡織機幾乎和印度使用的一樣簡陋。[161]但是，由於陷入依賴，印度的製造業被摧毀了，套用馬克思的話來講，就是印度失去了一個舊世界，但並沒有獲得一個新世界。弗蘭克引用一份報告：「1815年至1832年，印度棉織品出口值從130萬英鎊降至10萬英鎊以下，或者說這項貿易在16年間損失了12/13。在同一時期，進口到印度的英國棉織品總值從2.6萬英鎊上升至40萬英鎊，增加了16倍。到1850年，多少世紀以來一向出口棉織品到全世界的印度卻進口了英國出口棉布的1/4。」[162]印度的紡織業是被英國摧毀的。而且弗蘭克指出：不但印度的紡織工業垮掉了，它的鋼鐵工

160（德）安德列・岡德・弗蘭克：《依附性積累與不發達》，第105頁。
161（美）保羅・巴蘭：《增長的政治經濟學》，第234頁。
162（德）安德列・岡德・弗蘭克：《依附性積累與不發達》，第94頁。

業也同樣被摧毀了。巴蘭認為：如果把英國從印度搾取的大量經濟剩餘投資於印度，那麼印度的經濟發展就會和現在的暗淡前景大相逕庭。[163] 日本的命運非常不同，是什麼樣的力量使得日本能夠走上一條與現代低度發展國家完全不同的道路呢？巴蘭的回答是：日本是亞洲國家中唯一能夠逃脫淪為西歐以及美國資本主義殖民地以及附屬國地位的國家。1866年，西方列強強迫日本簽訂條約，將最高關稅定為5%，導致日本不可能用關稅來保護本國工業的發展。所幸的是，和其他亞洲國家相比，日本除了在短期內關稅自主權受到限制外，自身並沒有陷入依賴。1894年和1911年，日本重新獲得了關稅自主權，它立即提高稅率以保護本國工業。[164] 巴蘭認為：由於日本擺脫了依賴的命運，它有機會獨立發展國民經濟。[165] 弗蘭克也認為：日本沒有變成中心國家的衛星國，因此日本的發展結構沒有受到衛星化了的國家那樣的限制。[166]

弗蘭克對美國北部和南部的發展道路進行了跨案例比較。他發現：在美國內部，北部與南部的不同命運也和依賴的程度密切相關。美國的北部和南部與世界資本主義體系的關係有很大的不同。正是由於美國東北部地區相對貧乏且氣候不佳，也沒有足夠的礦產，導致西班牙、英國等殖民者相對忽視美國北方的殖民地。因此，美國的東北部能相對獨立地發展自身的工業，實現資本積累和資本集中，最終能參與世界資本主義體系，並從中分一杯羹。而美國南部則陷入了對已開發國家的依賴。[167] 弗蘭克指出：當衛星國與它們的宗主中心的聯繫處於最微弱狀況的時候，則是衛星國經濟發展最好的時期。[168]

依賴論學者認為：宗主中心總是希望遏制邊緣地帶的發展。美洲

163（美）保羅·巴蘭：《增長的政治經濟學》，第236頁。
164（英）羅伯特·艾倫：《全球經濟史》，第122—125頁。
165（美）保羅·巴蘭：《增長的政治經濟學》，第247頁。
166（德）安德列·岡德·弗蘭克：〈不發達的發展〉，載（美）查理斯·威爾伯《發達與不發達問題的政治經濟學》，第170頁。
167（德）安德列·岡德·弗蘭克：《依附性積累與不發達》，第64—65頁。
168（德）安德列·岡德·弗蘭克：〈不發達的發展〉，載（美）查理斯·威爾伯《發達與不發達問題的政治經濟學》，第169頁。

是英巨大的市場。為了限制北美，防止殖民地和英國展開競爭，英國頒布了一系列法令，如《1699年羊毛法》（Wool Act of 1699）、《1732年帽子法》（Hat Act of 1732）以及《1750年鐵法》（Iron Act of 1750）等。這些法令旨在禁止北美殖民地製作和生產上述產品。「依賴國只有當統治中心發生危機時才能相對地擁有較大的決策自主權。這時，依賴的紐帶遭到削弱，出現了依賴國統治階級在經濟和政治上採取主動行動的可能性。」[169]美國在1776年贏得獨立是擺脫依賴的第一步。而此後，歐洲大陸的戰爭為美國擺脫依賴創造了新的機會。在拿破崙戰爭和1812年戰爭期間，戰爭切斷了美國進口廉價製成品的管道，美國新英格蘭地區的資本開始從運輸原材料轉移到製造製成品。由於中斷了與中心國家的聯繫，美國的工業化起步了。「若非如此，美洲大陸可能會變成印度一樣被殖民者統治。」[170]據此，依賴論學者認為：如果能擺脫依賴，這些邊緣國家的經濟就有望實現飛躍。「自從1949年中國掙脫資本主義而解放以來，它真正取得了無可比擬的進步。亞洲的另一個主要地區日本從1868年以來設法取得了很大的工業發展；而且，這一發展之所以可能，必須歸因於日本具有獨立的非殖民地地位，以及它在發展中沒有外國投資。」[171]

　　依賴論學者遠遠不如馬克思樂觀。根據馬克思的看法，資本主義是低度發展國家擺脫落後狀態需要經歷的必要階段；而巴蘭認為，資本主義是低度發展國家擺脫落後的障礙；弗蘭克認為，低度發展國家的落後狀態是資本主義引起的。[172]由於印度陷入了對已開發國家的依賴，它的紡織業和冶金業被驅逐出了市場。19世紀，亞洲各國從世界製造業的中心變成了生產並出口農產品的低度發展國家。從1750年到1880年，英國占世界製造業的份額從2%上升至23%。[173]因此，

169（巴西）特奧托尼奧·多斯桑托斯：《帝國主義與依附》，第409頁。
170（美）查理斯·佩羅：《組織美國》，載（美）弗蘭克·道賓主編，馮秋石、王星譯《經濟社會學》，上海人民出版社2008年版，第30頁。
171（德）安德列·岡德·弗蘭克：《依附性積累與不發達》，第152頁。
172（澳）海因茨·沃爾夫岡·阿恩特：《經濟發展思想史》，第134頁。
173（英）羅伯特·艾倫：《全球經濟史》，第8頁。

按弗蘭克的理解，已開發和低度發展是一枚銀幣的兩面。印度的「去工業化」成就了英國的「工業化」。

七　為何現在的阿根廷遠遠落後於美國？

英格蘭銀行經濟學家艾倫‧比蒂（Allen Beattie）寫了一部通俗的經濟史《美國不是故意的》（False Economy: A Surprising Economic History of the World）。在該書的開篇，比蒂就用阿根廷和美國做對比：「短短一個世紀以前，美國和阿根廷還是競爭對手，從差不多的地方開始起跑。兩國都趕上了20世紀初的第一波全球化浪潮。兩國都很年輕，都有著富饒的農場、信心百倍的出口商。兩國都把新世界的牛肉送上了原來歐洲殖民宗主國的餐桌。20世紀30年代大蕭條降臨之前，在全世界最富裕的10個經濟體中，阿根廷是排得上號的。19世紀末，數百萬渴望逃離貧困家鄉的義大利和愛爾蘭移民都曾在兩者之間猶豫不決：是去布宜諾斯艾利斯還是紐約？是去南美洲的大草原還是北美洲的大草原？」[174]100年後，世界各地的移民大都不用再做這樣艱難的選擇。阿根廷已經被美國遠遠地甩在了後面。依賴論的學者會指出，美國與阿根廷的命運之所以大相徑庭，是因為阿根廷陷入了「依賴」，國際約束與國內約束一道形成的依賴結構限制了阿根廷的發展。

依賴有多種形式，如貿易依賴、金融依賴、投資依賴、技術依賴等。這些不同形式的依賴並非獨立存在，它們之間相互影響也相互補充。依賴論學者討論得較多的是貿易依賴。

首先，從出口的產品形式來看，低度發展國家主要生產原材料以及低階產品。他們並非不願意生產高階產品，但在國際分工中，低度發展國家的貿易陷入了對已開發國家的依賴。生產什麼，如何生產，為誰生產，都被已開發資本主義國家所影響。這些低度發展國家並沒

174（英）艾倫‧比蒂著，闔佳譯：《美國不是故意的：一部經濟的辛酸史》，中國人民大學出版社2010年版，第3頁。

有自主權。

如表5-5所示，低度發展國家往往生產棉花、咖啡、蔗糖等原材料。長期出口原材料，使得這些邊緣國家的經濟陷入了一種「主產品陷阱」或者說是「低水準陷阱」。[175]即便到現在，有些低度發展國家開始出口製成品，但是舊的國際分工和新的國際分工並無本質不同。以往，低度發展國家提供原材料，已開發國家提供製成品；現在，低度發展國家供應初級產品和製成品，而已開發國家提供設備和「軟體」──技術研發、管理。[176]因此，在國際分工中，邊緣國家始終出口低附加值產品，而中心國家則壟斷了高附加值產品的出口。

其次，低度發展國家難以影響出口產品的價格，它們面臨日益惡化的貿易條件。「貿易條件由中心經濟的金融、貿易部門及其在當地的代理人決定。」[177]例如，當今掌握全球糧食運銷的是四家跨國公司，

表5-5　部分國家出口依賴的程度（1985）

國家	商品	所占出口收入的比重（%）
布隆迪	咖啡	85
哥倫比亞	咖啡	65
古巴	蔗糖	86
衣索比亞	咖啡	77
迦納	可哥	75
馬拉威	煙草	57
塞席爾	油籽	65
索馬利亞	牲畜	87
烏干達	咖啡	86

資料來源：James Cypher and James Dietz, *Process of Economic Development*, New York: Routledge, 2004, p. 335, Table 11.3。

175（德）安德列・岡德・弗蘭克：《依附性積累與不發達》，第119頁。
176（埃及）薩米爾・阿明：《不平等的發展》，第178頁。
177（巴西）費爾南多・卡多佐、恩佐・法勒托：《拉美的依附性及發展》，第47頁。

號稱「四大糧商」，即美國ADM、美國邦吉（Bunge Limited）、美國嘉吉（Cargill）、法國路易達孚（Louis Dreyfus）。這四家企業是世界糧食價格的操縱者。依賴論學者發現，「初級產品的價格不斷下降，製成品的價格卻在不斷上漲」。[178]圖5-3展示了已開發國家進口的初級產品與出口的工業製成品的價格對比情況。這張圖表明已開發國家進口的初級產品的比價不斷下跌。這為依附論學者的關切提供了佐證，低度發展國家面臨的貿易條件不斷惡化。通過不平等的交換，低度發展國家被剝削了。這就是弗蘭克強調的：只要世界市場把宗主國生產的製成品定價過高，而把殖民地生產的產品定價過低，那就存在不平等的交換。[179]

再次，由於生產結構單一，低度發展國家在國際經濟交換中容易受國際價格波動影響，國內經濟也難以穩定。低度發展國家長期從事單一作物的生產，他們都會面臨一個制約，即「恩格爾定律」：隨著家庭和個人收入的增加，家庭收入中用於食品方面支出的比例將逐漸減小。隨著已開發國家人均收入的增加，民眾在食品上的開銷越來越少，而出口這些產品的低度發展國家分到的份額也會越來越少。同時，由於低度發展國家的出口經濟高度依附於世界貿易，所以已開發國家的經濟波動對出口經濟有著更為直接的影響。巴西的經濟長期依賴咖啡出口，導致歷史上巴西的經濟常常隨著咖啡的進出口變化而大起大落。單一的經濟結構使得國內的經濟也難以穩定。當中心國家對邊緣國家某種產品感興趣的時候，邊緣國家依靠出口該產品可以有短暫的發展。但是一旦中心國家對該產品喪失興趣或者需求下降時，邊緣國家的經濟發展就會再度跌入低谷，出現經濟停滯或者倒退。[180]因此，依賴論學者認為，在國際貿易中，生產和出口初級的、單一的經濟作物「依賴性發展」，這樣的發展是不穩定的、沒有前途的。

178（巴西）特奧托尼奧·多斯桑托斯：《帝國主義與依附》，第282頁。
179（德）安德列·岡德·弗蘭克：《依附性積累與不發達》，第82頁。
180（埃及）薩米爾·阿明：《不平等的發展》，第201頁。

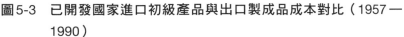

圖5-3　已開發國家進口初級產品與出口製成品成本對比（1957 —
1990）

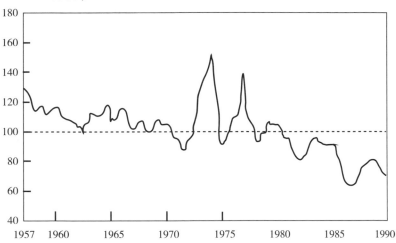

資料來源：Jill Steans, Lloyd Pettiford, Thomas Diez and Imad El-Anis, *An
Introduction to International Relations Theory: Perspectives and Themes*, London:
Pearson Education Limited, 2010, p. 85, Figure 3.2。

　　最後，在貿易的相互依存上，低度發展國家更加依賴已開發國
家。已開發國家的貿易，有80%是在已開發國家之間進行的，只有
20%的貿易是和不已開發國家進行的。與此形成鮮明對比的是，低度
發展國家之間的貿易則很少，有約80%的貿易是和已開發國家進行
的。[181] 這樣的資料顯示低度發展國家的出口嚴重依賴已開發國家，二
者的相互依賴是不對稱的。值得注意的是，這樣的資料並不能說明已
開發國家對低度發展國家的依賴程度低，按依賴論學者的意見，因為
已開發國家壓低了低度發展國家產品的價格。儘管低度發展國家將自
身出產的原材料大量地輸送到已開發國家，但是，由於已開發國家的
跨國公司掌握著國際市場定價權，這些原材料的價格被壓得非常低。

因此，已開發國家從低度發展國家購買了大量且低價的原材料。要知道，離開銅、鐵、鋁、稀土、原油等原材料，已開發國家的生產也沒法進行。從20世紀70年代爆發的兩次石油危機我們可以看到，已開發國家對低度發展國家也相當依賴。已開發國家對低度發展國家貿易依存度的統計資料低掩蓋了已開發國家嚴重依賴低度發展國家低價原材料的假像。

除了貿易依賴，低度發展國家對已開發國家還存在其他形式的依賴，比如金融依賴。金融依賴存在幾個方面的表現：首先，低度發展國家常常依賴於已開發國家的貨幣。由於在貿易上依賴已開發國家，為了方便國際交易，美元在世界經濟中扮演了儲備貨幣的角色。2008年，有66個國家將美元作為儲備貨幣，[182]如巴拿馬等一些拉美國家直接將美元作為本國貨幣。這樣，美國等已開發國家可以獲得豐厚的「鑄幣稅」。

其次，低度發展國家常常被迫開放資本市場。美國以及國際經濟組織如世界銀行、國際貨幣基金組織常常敦促低度發展國家開放資本市場。但是，一旦遇到金融危機，美國等已開發國家與低度發展國家分擔的成本卻有很大的不同。美國擁有龐大的金融資產，華爾街的金融人才儲備堪稱世界之最，美國金融部門的管理技能也十分嫻熟，他們在全世界享有的絕對優勢是其他國家難以企及的。金融自由化不僅為美國金融資本的投機行為帶來豐厚的利益，還能為美國金融資本左右他國的政治經濟打開方便之門。即使金融自由化存在風險，美國作為世界上最強大的金融帝國，其抗風險的能力也遠遠強於低度發展國家。[183]金融危機爆發時，風險與成本常常是由低度發展國家的民眾承擔，收益卻主要由已開發國家的金融資本獲取。

最後，低度發展國家常常在債務問題上被已開發國家左右。由

---

182 Daniel Drezner, "Will Currency Follow the Flag", *International Relations of the Asia-Pacific*, Vol.10, No. 3, 2010, p. 392.

183 Jonathan Kirshner, "Globalization and National Security", in Jonathan Kirshner, ed., *Globalization and National Security*, New York: Routledge, 2006, p 13.

於經濟波動較大，加之實施「進口替代戰略」，包括阿根廷在內的不少低度發展國家常常被債務負擔所困擾。第二次石油危機期間，出於吸引外資以彌補財政赤字的考慮，聯準會在1979年以及1981年三次單方面提高了利率，此時的平均利率從6.25%上漲到24%，[184] 此舉讓不少美元回流美國。由於大部分發展中國家都持有美元債務，這一舉措引發了發展中國家的債務危機。低度發展國家需要償付的利息陡增，使得它們面臨艱難的選擇，要嘛宣布無力償還債務，要嘛接受非常不利的條款，就債務問題與美國進行磋商。1982年墨西哥出現債務危機，國際資本大規模撤離，巴西也受到嚴重衝擊。當巴西償付外債困難的時候，巴西的「經濟奇蹟」就走到了盡頭。1983年，巴西經濟陷入衰退的泥淖，國民收入跌入二戰後的最低值；巴西工業受到了最為嚴重的衝擊，工業產值下跌了7.9%，商業產值下跌了4.4%，農業的產出下跌了2.1%，巴西的GDP下跌了5%，人均GDP下跌了7.3%。[185] 在美元儲備枯竭的情況下，1983年2月，巴西不得不求助於國際貨幣基金組織，接受了該組織嚴苛的救助方案，接踵而來的是巴西與國際貨幣基金組織之間發生的一系列爭執和經濟的繼續衰退，同時承受繁重的債務負擔。1984年，巴西居民每生產1619美元的產值，就得用781美元去償還外債。[186] 因此，低度發展國家居高不下的債務使得它們的經濟風險增加，這是低度發展國家在金融上依賴於已開發國家的重要體現。

在貿易依賴、金融依賴之外，還有一種依賴形式就是投資依賴。外國資本控制的日益加強限制了低度發展國家建立獨立的民族工業。處於外國壟斷集團的控制下，低度發展國家難以反抗。因為這些外國資本集團掌握了技術、資本和管理技能。這樣，低度發展國家最終被

---

184 Marcos Arruda, *External Debt: Brazil and the International Financial Crisis*, London: Plato Press, 2000, p. 12.

185 Thomas Skidmore, *The Politics of Military Rule in Brazil: 1964-1985*, New York: Oxford University Press, 1988, p. 238.

186 Marcos Arruda, *External Debt: Brazil and the International Financial Crisis*, p. 11.

外國資本集團所控制和操縱。[187]這些跨國公司從低度發展國家獲得了豐厚的經濟盈餘，但這些資金並沒有留在東道國，而是以利息以及紅利的名目，轉移到了母國，輸送到了已發展國家。[188]作為東道國的低度發展國家卻沒有足夠的資金進行投資。至於本地資本，它們集中程度不足，難以達到和外國壟斷資本競爭的規模，只好選擇那些非競爭的補充部門，如買辦貿易和服務部門。[189]

此外，還有一種依賴形式——技術依賴。低度發展國家對已開發國家的技術依賴主要體現在：首先，低度發展國家沒有掌握技術的自主權，他們需要向已開發國家購買技術、機器和材料，使得低度發展國家受制於中心國家對技術的控制。壟斷資本能絕對掌握技術價格，[190]低度發展國家不得不以高昂的代價獲得這些技術。因此，技術依賴是不平等交換的又一個方面。

其次，依賴已開發國家的技術損害了低度發展國家自主掌握技術的能力。技術的發展有很強的累積性，低度發展國家長期引進技術，導致其技術出現「引進」到「持續引進」的惡性循環，制約了低度發展國家自身的技術能力的發展和積累。有學者研究發現：對一些發展中國家而言，技術引進不僅沒有帶來技術進步，反而導致了這些國家出現技術倒退。[191]

最後，依賴於已開發國家的技術，致使低度發展國家不能主導自己的技術軌跡。一般而言，低度發展國家人口眾多，應該採用勞動密集型的技術。資本主義的滲透給低度發展國家的農村帶來了危機，導致大量農業人口流入城市。這樣一來，低度發展國家對勞動密集型技術的需求更加迫切。但是，由於低度發展國家引進的是已開發國家的技術，而這些技術大都是資本密集型技術，這使得低度發展國家的

---

187 （巴西）特奧托尼奧・多斯桑托斯：《帝國主義與依附》，第291頁。
188 （美）保羅・巴蘭：《增長的政治經濟學》，第274頁。
189 （埃及）薩米爾・阿明：《不平等的發展》，第176頁。
190 （埃及）薩米爾・阿明：《不平等的發展》，第127—128頁。
191 Devora Grynspan, "Technology Transfer Patterns and Industrialization in LDCs: A Study of Licensing in Costa Rica", *International Organization*, 1982, Vol. 36, No. 4, pp. 795-806.

技術發展和自身的需求嚴重脫節。在經濟增長的過程，低度發展國家的技術引進帶來的就業機會並不多。比如在巴西，這裡的企業長期致力於發展資本和技術密集型產業，以服務於巴西富人的需求；但巴西卻缺乏勞動密集型產業以滿足普通民眾的需求。[192]在這樣的技術結構下，巴西面臨嚴重的就業問題。巴西城市剩餘勞動力的持續增長消耗了經濟發展帶來的收益，也讓巴西社會的不平等問題長期難以得到有效解決。[193]新技術的採用給低度發展國家的居民帶來了災難性的後果。「企業結構不能吸收農村中被解放的勞動力和一般增長的人口」[194]，造成貧困人口持續增加。技術依賴導致了不充分的工業化，不充分的工業化造成失業，造成了沒有工業化的城市化。

由於存在貿易、金融、投資、技術等方面的依賴，依賴論學者認為，阿根廷等國家與美國的差距會越來越大，資本主義體系就如一群衛星環繞著的中心，經濟決策是依據已開發國家的要求和利益來制定的。歸根到底，依賴是建立在各種形式的經濟剝削之上的。[195]因此，低度發展國家的社會普遍特徵是：經濟增長率較低；資源耗盡；在邊緣國家投資的跨國公司將大量利潤匯回母國；居高不下的外債；經濟更加不穩定等。在低度發展國家，傳統社會被扭曲到無法辨認的程度，它們失去了獨立性，其主要職能是為世界市場而生產。而這樣的依賴性發展幾乎沒有進步的前景。所以，低度發展國家並不能實現現代化。它們徹底地變成了依賴的、週邊的、邊緣的社會。低度發展國家在依賴的狀態下深陷絕境，它的前進路子都被堵塞了。[196]

那麼，這些國家的民族資產階級是否可以給這些國家帶來希望，推動低度發展國家實現工業化和現代化呢？依賴論認為，這樣的希望

192　Celso Furtado, *Economic Development of Latin America*, NewYork: Cambridge University Press, 1976, p. 64, p. 178.

193　Cristobal Kay, "Agrarian Reform and Industrial Policy", in Richard Boyd, Benno Galjart and Tak-Wing Ngo, eds., *Political Conflict and Development in East Asia and Latin America*, New York: Routledge, 2006, p. 46.

194　（巴西）特奧托尼奧·多斯桑托斯：《帝國主義與依附》，第293—294頁。

195　（巴西）費爾南多·卡多佐·恩佐·法勒托：《拉美的依附性及發展》，第30頁。

196　（埃及）薩米爾·阿明：《不平等的發展》，第281頁。

很渺茫。因為依賴不僅是這些國家的外部情況，也反映了低度發展國家的內部情況。[197]低度發展國家對已開發國家的依賴要持續下去，不僅需要外部環境，也需要內部支援。「統治中心中占主導地位的利益集團和依賴性社會中占主導地位的利益集團必然聯繫在一起……外部統治只有得到當地國家內部一些從外部統治中獲益的階層的支持才能實現。」[198]

國際上的依賴塑造了低度發展國家國內的階級結構。在世界資本主義滲透到低度發展國家的過程中，宗主國的資本家重塑了低度發展國家的階級結構。他們把農村的社會結構轉變為至今尚存的依賴於資本主義的結構，而把舊時代的地主變成了世界資本主義的代理人。[199]巴蘭指出：英國培養出許多新的階層和既得利益集團來維護它的統治，這些階層和利益集團的利益和英國的統治聯繫在一起，他們所享有的特權是以英國的統治為基礎的。[200]擁有大莊園的買辦資產階級成為歐洲資產階級利益的傳送帶。正是國內各階級的內在聯繫使依賴成為可能。[201]這裡的有產階級最終變成帝國主義在本國的代理人──買辦階級。低度發展國家的買辦階級和帝國主義的利益綁定在一起。因此，「國家統治集團不是作為經濟階層，而更像是作為政治統治階級而與外國企業相聯繫」。[202]

因此，不少依賴論學者指出：在低度發展國家內部有一個與國際體系相聯繫的內部剝削體系。這些人過著奢侈的生活，住著豪華住宅，擁有大量的僕役。他們和中心國家的資產階級一道，共同剝削低度發展國家的工人。低度發展國家要發展，不能寄希望於這裡的資產階級。但是，依賴論也遇到了重要的挑戰：如何解釋一些邊緣地帶實現了發展？中國的學者對這一重要問題做出了自己的回答。[203]

197（巴西）費爾南多・卡多佐、恩佐・法勒托：《拉美的依附性及發展》，第24頁。
198（巴西）特奧托尼奧・多斯桑托斯：《帝國主義與依附》，第307頁。
199（德）安德列・岡德・弗蘭克：《依附性積累與不發達》，第95頁。
200（美）保羅・巴蘭：《增長的政治經濟學》，第237頁。
201（巴西）費爾南多・卡多佐、恩佐・法勒托：《拉美的依附性及發展》，第35頁。
202（巴西）費爾南多・卡多佐、恩佐・法勒托：《拉美的依附性及發展》，第85頁。
203 王正毅：《邊緣地帶發展論：世界體系與東南亞的發展》，上海人民出版社 1997 年版。

　　阿明等人指出：中心國家的資產階級剝削世界各地的無產階級，既包括中心國家的，也包括週邊國家的，而對週邊國家無產階級的剝削尤其殘酷。[204]在低度發展國家，工人階級受到的剝削特別嚴重。在中心地區實現了和諧的同時，週邊地區則日益呈現不和諧。[205]階級鬥爭不是在國別進行的，而是在世界展開的。[206]無產階級的核心是在週邊地區而不是在中心地區，因為週邊的無產階級受到的剝削更為殘酷。[207]阿明也將未來社會變遷的希望寄予低度發展國家的無產階級。

　　在依賴論之後，馬克思主義的政治經濟學家跟隨先行者的步伐繼續前行。伊曼紐·華勒斯坦（Immanuel Wallerstein）的世界體系論把分析單位更為明確地放在「世界體系」。中國的發展也和這一世界體系息息相關。[208]而約翰·羅默（John Romer）等分析馬克思主義者則以「個人」為單位來分析馬克思的「剝削」等問題。這些發展都和經典馬克思主義倡導的階級分析有所差異，分析單位出現了上升和下移。不管馬克思的跟隨者有哪些變化，這一派的政治經濟學家始終秉持著馬克思毫無保留的批判精神。

204（埃及）薩米爾·阿明：《不平等的發展》，第164頁。
205（埃及）薩米爾·阿明：《不平等的發展》，第312頁。
206（埃及）薩米爾·阿明：《不平等的發展》，第307頁。
207（埃及）薩米爾·阿明：《不平等的發展》，第309頁。
208 王正毅：《世界體系論與中國》，商務印書館2000年版。

第六章

政治經濟學中的國家視角
——李斯特與漢米爾頓的遺產

　　弗里德里希‧恩格斯（Friedrich Engels）曾指出：「德國人早已證明，在一切科學領域內，他們與其餘的文明民族不相上下，在大部分領域內甚至勝過它們。只有一門科學，在它的大師們當中，沒有一個德國人的名字，這就是政治經濟學。」[1] 而我們這一章涉及的經典，就有兩個德國人撰寫的篇章，一是弗里德里希‧李斯特（Friedrich List）的《政治經濟學的國民體系》（The National System of Political Economy），一是馬克斯‧韋伯（Max Weber）的《民族國家與經濟政策》。韋伯的研究領域相當廣泛，《新教倫理與資本主義精神》是以文化為中心的視角，而《民族國家與經濟政策》則是以國家為中心的政治經濟學重要作品。本章還將介紹兩位作者及其作品，一位是英國人湯瑪斯‧孟（Thomas Mun），他的代表作是《英國得自對外貿易的財富》（England's Treasure by Foreign Trade），他寫作這部作品時，英國正試圖從荷蘭手中爭奪世界經濟霸權。另一位是亞歷山大‧漢米爾頓（Alexander Hamilton），美國的開國元勳，獨立戰爭後擔任美國的第一任財政部長。漢米爾頓試圖讓美國躋身世界強國之林，在

---

1 《馬克思恩格斯全集》第十三卷，人民出版社 1962 年版，第 524 頁。

當今聯準會發行的10元美鈔正面，就印著他的頭像。

　　本章所討論的四位以國家為中心的政治經濟學代表人物都是後發展國家或者一國處於後發展時期的作者。在國際政治經濟學中，現實主義流派的政治經濟學與之相呼應；在比較政治經濟學中，國家主義的政治經濟學是其迴響。在歷史上，以漢米爾頓、李斯特等人為代表的這一學派有著諸多的名稱，包括經濟民族主義、重商主義、經濟統治論、保護主義、新保護主義等，不過其中心思想卻是經濟活動要服務於國家建設的大目標，要服務於國家利益。[2]以國家為中心的政治經濟學為我們提供了一個全然不同的視角，在經濟史上被不少後開發國家奉為圭臬，也引發了無數的爭議。我們將從幾個問題引出這一視角的主要論點。

一　為什麼要靠軍隊討債？

　　1838年墨西哥政府宣布停止支付欠法國投資者的債務。為了幫助法國僑民收回債務，法國軍隊在墨西哥的韋拉克魯斯（Veracruz）登陸，實行武裝討債。1861年，墨西哥政府又決定停止支付拖欠英國、法國和西班牙的債務。結果，1862年1月，英國、法國和西班牙派出了更大規模的軍隊前往墨西哥，英國派遣了700艘艦艇，法國與西班牙共派出了8500名士兵，這支龐大的聯軍一起攻打墨西哥。法國對墨西哥的占領一直持續到1867年。[3]1876年，埃及和土耳其無法按期償還債務，法國和英國又將軍隊開到了小亞細亞半島和北非。[4]20世紀初，委內瑞拉欠英國250萬美元，欠德國1250萬美元，同時也欠了義大利債務，卻無力償還。1902年，德國和英國聯合出兵干

2（美）羅伯特‧吉爾平著，楊宇光等譯：《國際關係政治經濟學》，上海人民出版社2006年版，第29頁。

3（美）瑪莎‧芬尼莫爾著，袁正清等譯：《干涉的目的：武力使用信念的變化》，上海人民出版社2009年版，第27頁。

4 Michael Waibel, Sovereign Defaults before International Courts and Tribunals, New York: Cambridge University Press, 2011, p. 30.

涉，英德軍隊封鎖委內瑞拉的港口，擊沉委內瑞拉的炮艦。海牙國際仲裁法庭對此做出裁定：英國和德國的干涉是正當的。[5]第一次世界大戰結束後，戰敗國德國所欠下的巨額債務就源自戰爭——戰勝國向戰敗的德國索要巨額戰爭賠款。1921年，賠款委員會公布德國所需支付賠款的總額為1320億金馬克，相當於350億美元的黃金。這個額度對新成立的威瑪共和國是沉重的打擊，德國內閣因此瓦解。[6]德國難以負擔如此高昂的戰爭債務。1922年底，賠款委員會宣布德國沒有按時交付煤炭和原木。為了討債，1923年1月，法國和比利時軍隊開進了德國魯爾工業區。法國總理雷蒙·龐加萊（Raymond Poincare）表示，出兵占領魯爾區是不可避免的，是必要的惡。[7]占領魯爾區使得整個德國經濟陷入停頓，引發了嚴重的混亂。國際危機加劇了德國的國內危機。

　　為什麼在人類歷史上，不少國家都需要靠軍隊去討要債務？事實上，不少債務也是戰爭造成的。現實主義的政治經濟學是以國家為中心的政治經濟學，它假定國家互動，包括國家間經濟交換的背景是無政府狀態（Anarchy）。什麼是無政府狀態呢？我們來看下面的歷史。

　　20世紀70年代初，因美國等西方已開發國家在阿拉伯世界與以色列的衝突中偏向以色列，石油輸出國組織決心採取一致行動來表達對美國等西方國家的不滿，他們大幅度抬高油價，致使西方國家經濟遭受重創。1974年，美國國務卿亨利·季辛吉以武力相威脅，對石油輸出國組織的漲價行為發出警告。[8]很多時候，國際石油市場的買賣不是自願的，定價也不是自主的。在無政府狀態下，使用暴力或威脅使用暴力的陰霾始終籠罩著市場交換。

　　1846年，美國總統詹姆斯·波爾克（James Polk）派一個代表團

5 （美）瑪莎·芬尼莫爾：《干涉的目的：武力使用信念的變化》，第27頁。
6 Eric Weitz, *Weimar Germany: Promise and Tragedy*, Princeton: Princeton University Press, 2007, p. 132.
7 Conan Fischer, *Europe between Democracy and Dictatorship: 1900-1945*, Malden: Wiley-Black- well, 2011, p. 157.
8 Seyom Brown, *The Faces of Power: Constancy and Change in United States Foreign Policy from Truman to Obama*, New York: Columbia University Press, 2015, p. 285.

到墨西哥去商談購買加利福尼亞事宜，但墨西哥政府拒絕談判。遭到拒絕後，美國派兵占領了墨西哥首都。最終，墨西哥被迫將加利福尼亞等州劃歸美國。[9]

這就是現實主義政治經濟學假定世界政治經濟運行的環境，即「無政府狀態」。這也是霍布斯所說的：那樣就是回到混亂狀態當中去，回到每一個人對每一個人的戰爭狀態當中去。[10]在這種狀態下，「最糟糕的是人們不斷處於暴力死亡的恐懼和危險中，人的生活孤獨、貧困、卑污、殘忍而短壽」。[11]霍布斯指出，國際社會所處的狀態和國內社會不同，國內社會有中央政府。而在這樣「無政府狀態」下，主權國家之上再沒有更高的權威，當墨西哥不願意將領土賣給美國時，美國要強買，它們之上沒有更高的權威作為仲裁者。因此，「國王和最高主權者由於具有獨立地位，始終是互相猜忌的，並保持著鬥劍的狀態和姿勢。他們的武器指向對方，他們的目光互相注視；也就是，他們在國土邊境上築碉堡、派邊防部隊並架設槍炮；還不斷派間諜到鄰國刺探，而這就是戰爭的姿態」[12]。

賈德・戴蒙（Jared Diamond）在其《槍炮、病菌與鋼鐵：人類社會的命運》（*Guns, Germs, and Steel: The Fates of Human Societies*）一書中展示了新幾內亞部族的狀況：當一個又一個女人被要求說說她的丈夫時，她會一連說出好幾個死於非命的丈夫。典型的回答是這樣的：「我的第一個丈夫被埃洛皮族（Elopi）的襲擊者殺死了。我的第二個丈夫被一個想要我的人殺死了，這個人就成了我的第三個丈夫。這個丈夫又被我第二個丈夫的兄弟殺死了，因為他要為他哥哥報仇。」[13]這就是無政府狀態造成的混亂。

漢米爾頓敦促美國要建立強大的聯邦，就是因為他認識到無政

9（美）埃里克・方納：《給我自由！——一部美國的歷史》（下），第604頁。
10（英）湯瑪斯・霍布斯著，黎思復等譯：《利維坦》，商務印書館1985年版，第150頁。
11（英）托馬斯・霍布斯：《利維坦》，第95頁。
12（英）托馬斯・霍布斯：《利維坦》，第96頁。
13（美）賈德・戴蒙著，謝延光譯：《槍炮、病菌與鋼鐵：人類社會的命運》，上海譯文出版社2000年版，第302頁。

府狀態的存在，「國與國之間敵對的原因不勝枚舉。」[14]漢米爾頓告誡說，世界政治經濟運行的這一背景已經長期存在，並且仍會長期存在，「假如把缺乏這類鬥爭的動機作為反對鬥爭存在的理由，那就是忘記人是野心勃勃、存心報仇而且貪得無厭。指望幾個相鄰的獨立而未聯合的國家一直和睦共處，那就是無視人類事變的必然過程，蔑視數世紀來積累的經驗」。[15]馬克斯‧韋伯也提到經濟政策背後有大國競爭的背景，提醒人們要注意「政治」因素，注意世界強權會影響國內政治。世界強權的地位使國家不斷面臨權力政治的重大決策。[16]李斯特也認為，國與國之間的無序競爭是人類社會恆久的狀況。他指出義大利的威尼斯盡管賺取了大量的財富，但卻沒有應對無政府狀態政治經濟環境的軍事。它的執政者目光短淺，沒能與其他義大利城市的海軍力量聯合，「威尼斯本身的傾覆，似乎也是間接由於這種目光短淺的政策」。義大利各個城市如果能團結一致，建立海軍，它們不僅可以在殘酷的國際競爭中立足，還能發展壯大。但是，包括威尼斯在內的義大利諸城市各自為政，因而無法應付無政府狀態的國際環境。「威尼斯只顧保全自己，結果自己也不能保全，它受到了它兄弟之邦以及鄰近的歐洲強國的攻擊，終於崩潰。」[17]在無政府狀態下，沒有強大的軍事力量，國家財富是難以保全的。

　　我們再來看澳大利亞土著的例子，澳大利亞與世隔絕的程度超過了南美洲南端和非洲南端，是世界上一塊孤立的大陸。長期的孤立使得澳大利亞的土著缺乏抵抗外來強權的能力。當歷史的演進把澳大利亞捲入無政府狀態的國際社會時，他們悲慘的命運就開始了。「如果擁有繁榮的文明和廣泛的農業社會的美洲印第安人無法抵抗白人，那麼，處於舊石器時代的澳大利亞人顯然更沒希望了……不幸的土著

---

14 （美）漢米爾頓、杰伊、麥迪遜著，程逢如等譯：《聯邦黨人文集》，商務印書館1980年版，第24頁。

15 （美）漢米爾頓、杰伊、麥迪遜：《聯邦黨人文集》，第23—24頁。

16 （德）馬克斯‧韋伯著，甘陽、李強等譯：《民族國家與經濟政策》，生活‧讀書‧新知三聯書店1997年版，第105頁。

17 （德）弗里德里希‧李斯特著，陳萬煦譯：《政治經濟學的國民體系》，商務印書館1961年版，第12頁。

居民大批地被英國移民殘忍地殺死。」[18] 1853年，維多利亞女王時代的一位移民在以下這番頗有代表性的話中，暗示了澳大利亞人所受到的待遇：「澳大利亞土著種族與莫希坎人以及其他許多已知的部落一樣，由於天意，似乎注定要在文明的進步面前從其本土消失。」[19]短短數十年間，大部分塔斯馬尼亞人被消滅。最後一名男子死於1869年，最後一名女子死於1876年。「這位女子名叫特魯加尼尼，生於1803年，即白人入侵的頭一年。因此，她的一生跨越了其民族遭滅絕的整個時期。她臨終曾懇求不要解剖她的屍體，盡管她的請求很可憐，她的骷髏還是被陳列在霍巴特博物館——這是一個……注定滅亡的民族的命運的適當紀念物。」[20]如韋伯指出，事情常常是這樣，「每當我們認為自己最徹底地逃脫了我們自身的局限性時，恰恰也就是這種局限性最強烈地束縛我們之時。說得略為誇張一點，如果千年之後我們再度走出墳墓，我們在那些未來族類的面相中首先希望看到的就是我們自己族類的依稀印記。」[21]

現實主義學者愛德華·卡爾在其著作《20年危機（1919—1939）：國際關係研究導論》中引用了卡爾·皮爾遜（Karl Pearson）的一段話：「在人類前進的道路上，到處可見滅亡民族的殘骸斷骨，到處可見劣等民族的荒冢墳墓，到處可見犧牲者的屍首遺體，他們無法找到通往更加完美境界的崎嶇小路。然而，正是這些倒下的屍體，成為人類前進的鋪路石，使人類走進了今天更加崇高的精神生活和更加豐富的感情天地。」卡爾認為，所謂的「利益和諧」，不過是通過犧牲弱勢的非洲人和亞洲人來實現的。[22]無政府狀態下，國際政治關係與國際經濟關係難有真正的和諧。

在無政府狀態下，國家的命運往往與個人的成功乃至存活綁定

18（美）斯塔夫里阿諾斯著，吳象嬰等譯：《全球通史：1500年以後的世界》（下卷），上海社會科學院出版社1998年版，第111頁。

19（美）斯塔夫里阿諾斯：《全球通史：1500年以後的世界》（下卷），第111頁。

20（美）斯塔夫里阿諾斯：《全球通史：1500年以後的世界》（下卷），第111頁。

21（德）馬克斯·韋伯：《民族國家與經濟政策》，第91頁。

22（英）愛德華·卡爾著，秦亞青譯：《20年危機（1919—1939）：國際關係研究導論》，世界知識出版社2005年版，第48頁。

在一起。個人在經濟上的成功離不開一個強大的國家。在這樣的狀態下，以國家為中心的政治經濟學和自由主義的政治經濟學的一個基本不同就在於，自由主義的政治經濟學總體是樂觀的（馬爾薩斯是例外），而現實主義政治經濟學的總體基調卻是悲觀的。韋伯對德國經濟發展的擔憂在這裡表現得入木三分。「我們能傳給子孫的並不是和平及人間樂園，而是為保存和提高我們民族的族類素質的永恆鬥爭。我們絕不能沉溺於樂觀主義的期望之中。」[23]為什麼不要如此樂觀呢？韋伯講道：「各民族之間的經濟鬥爭從不停歇，在經濟的生死鬥爭中，永無和平可言。」因為在無政府狀態下，國家之間永遠會存在鬥爭，從政治競爭到經濟競爭。「只有那些被和平的外表迷惑的人才會相信，我們的後代在未來將享有和平和幸福的生活。眾所周知，庸俗的政治經濟學就是在於它以不斷配置普遍幸福的菜譜為己任。根據這種庸俗的經濟學觀，政治經濟學唯一可理解的目的就在於添油加醋地促進人類生存的愉悅和平衡。」[24]韋伯說：「無法相信在這個塵世生活中除了人與人之間的殘酷鬥爭以外還有什麼其他方式可以創造人類自由行動的機會。」[25]既然這樣，他更悲觀地告訴世人，政治經濟學的學者要記住：「政治經濟學的工作不能以對幸福的樂觀主義期望為基礎。就和平和人類幸福的夢想而言，我們最好記住，在進入人類歷史的未知將來的入口處寫著：放棄一切希望！」[26]如果太過樂觀，忘記世界政治經濟運行的背景是無政府狀態，那麼，就可能再犯威尼斯的錯誤，重蹈澳大利亞土著的覆轍。

　　李斯特坦言，不少自由主義經濟學家倡導的世界團結與和諧是美好的願景，但是，他們倡導的理想化的世界政治經濟的運行環境還沒有實現。「世界聯盟這一原則是合理的，然而它不過是一個原則而已，並不是一個既成事實。」[27]因此，政治經濟學家需要記住，在世界

23（德）馬克斯・韋伯：《民族國家與經濟政策》，第92頁。
24（德）馬克斯・韋伯：《民族國家與經濟政策》，第89—90頁。
25（德）馬克斯・韋伯：《民族國家與經濟政策》，第90頁。
26（德）馬克斯・韋伯：《民族國家與經濟政策》，第90頁。
27（德）弗里德里希・李斯特：《政治經濟學的國民體系》，第158頁。

聯盟出現之前，各國政治經濟的運行狀態是無政府狀態。那麼，世界貿易的加強是否有助於化解這樣的「無政府狀態」呢？

現實主義的政治經濟學者對此持悲觀態度，他們認為國家之間的相互依賴並不一定帶來和平。在第一次世界大戰前，各大國之間經濟相互依賴已經達到了很高的程度。商業自由主義尤其關注貿易以及商業對和平的促進作用。他們認為，國際貿易為世界帶來了繁榮與和諧。就進出口總額占國內生產總值的情況而言，一戰爆發前的幾年，德國占38%，英國占52%，法國占54%，它們之間相互展開貿易。英德兩國之間的經濟聯繫尤其突出，英國為德國提供了五分之一的原材料、食品。倫敦為德國貿易融資，英國銀行為德國商船提供擔保。一戰前，英德兩國貿易總額超過了英法貿易總額；1905年到1913年，英國與俄國的貿易僅為英德貿易的一半。英國還是德國最重要的市場之一，1913年，德國14.2%的出口商品輸往英國 [28]但是，我們看到，德國和英國較高的貿易水平並沒有阻止大戰的爆發。一戰中有超過1500萬人死亡，除了巨大的人員傷亡，參戰國經濟都遭受巨大損失。

有研究對1870－1938年間的國際衝突做了檢驗並發現：從統計上看，經濟依存度對戰爭爆發的概率沒有顯著影響，但對國際軍事衝突卻有影響。當雙方的經濟依存度從較低走向中等強度的時候，衝突的概率在逐漸降低，這似乎印證了貿易和平論；但當雙方的經濟依存度從中等強度走向緊密聯繫的時候，雙發爆發的衝擊概率也隨之上升。這是一個倒U型的曲線。[29]這一統計對我們理解國家之間的經濟聯繫與軍事衝突有重要意義。

另外，值得注意的是，大國之間的衝突與合作和小國有較大的不同，大國是國際體系的改寫者，而小國往往是接受者。大國之間的權力轉移數量少，把大國戰爭與所有戰爭一道納入大樣本的統計，可

---

28 Paul Papayoanou, "Interdependence, Institutions, and the Balance of Power: Britain, Germany, and World War I", *International Security*, Vol. 20, No. 4, 1996, pp. 54-55.

29 Katherine Barbieri, "Economic Interdependence. A Path to Peace or a Source of Interstate Conflict", *Journal of Peace Research*, Vol. 33, No. 1, 1996, pp. 29-49.

能掩蓋大國權力轉移時期更具特殊性的特徵。還有研究指出：高度的相互依賴既不必然導致戰爭，也不必然帶來和平；其具體走向取決於雙方對貿易的預期。只有當國家對未來貿易預期是積極的時候，較高的相互依賴程度才會是和平導向的。[30]但問題是，大國之間是否會持續保持高度相互依賴的意願？國與國之間的經濟交往推動了世界各國的相互依賴，而相互依賴卻有脆弱性（vulnerability）和敏感性（sensitivity）。[31]而這種脆弱性和敏感性在大國之間尤其明顯。

　　貿易和平論認識到了貿易會使雙方的利益被綁定在一起，這使得支持和平的因素發展壯大。這一理論為解釋戰爭與和平提供了一個微觀基礎。但是，如果一個像德國這樣的新興大國的經濟成長過於依靠海外市場，那麼它有幾個方面會影響到霸權國家。首先，新興國家的經濟成長往往會伴隨產業升級。如此一來，新興國家可能逐步占據新興產業的制高點，掌握國際市場的定價權，搶占更廣闊的原材料產地與銷售市場，這對霸權國家的產業利益構成了經濟上的衝擊。其次，新興國家的經濟成長帶來經濟實力與產業實力的增強，讓更多的資源釋放到軍事用途成為可能，這也會對霸權國家構成安全上的衝擊。再次，高度的經濟聯繫把國內利益團體與外部世界綁在一起，這些外向型的經濟團體不僅會積極維護和平，也可能會積極推動軍事競爭與戰爭，因為他們需要國家權力去保障海外的原料產地與銷售市場。最後，由於與海外市場高度的經濟聯繫、頻繁的訊息交流，一國經濟的迅速成長則更容易被外界感知，甚至被誇大。有研究指出：大國的經濟成長具有危險性。當一國的經濟的成長使得國家對外貿易、對外活動增加的時候，不同國家之間的利益衝突日漸增加。因此，經濟成長迅速的國家容易捲入國際衝突、危機與戰爭。[32]

30 Dale Copeland, "Economic Interdependence and War: A Theory of Trade Expectations", *International Security*, Vol. 20, No. 4, 1996, pp. 5-41.

31 （美）羅伯特・基歐漢、約瑟夫・奈著，門洪華譯：《權力與相互依賴：轉變中的世界政治》，北京大學出版社2002年版，第11─20頁。

32 Nazli Choucri and Robert North, *Nations in Conflict: National Growth and International Violence*, San Francisco: W.H. Freeman, p. 1.

　　漢米爾頓告誡美國人，不要相信貿易會減少戰爭，「到現在為止，商業除了改變戰爭的目的以外，還做了些什麼呢？愛好財富與愛好權力或榮譽不都是一種凌駕一切和冒險的激情嗎？自從商業成為各國的普遍制度以來，起因於貿易動機的戰爭，不是和以前由於對領土或統治權的貪婪而引起的戰爭同樣頻繁嗎？」[33]漢米爾頓還警告美國人，不要相信民主國家愛好和平。在英國，人民的代表組成全國立法機關的一部分。多少年來，發展商業是英國政府的重要目標。然而，很少有國家在戰爭次數方面超過英國；而且它所進行的戰爭，在許多場合下是由人民引起的。[34]經濟全球化改變不了民族國家之間的競爭。全球經濟共同體的擴展只不過是各民族之間相互鬥爭的另一種形式。[35]相比於自由主義的政治經濟，以國家為中心的政治經濟學，尤其其中的現實主義政治經濟學對現實問題的看法更為悲觀。

　　只要國際體系衝突頻仍，經濟民族主義就會保持其強大的吸引力。[36]在無政府狀態下，如韋伯所說，政治經濟學就成了政治的科學。他指出：「我們的子孫後代冀望我們在歷史面前能夠擔起的責任，並不在於我們留給他們什麼樣的經濟組織，而在於我們為他們在世界上征服了多大的自由空間供他們馳騁。說到底，經濟發展的過程同樣是權力的鬥爭，因此經濟政策必須為之服務的最終決定性利益乃是民族權力的利益。政治經濟學乃是一門政治的科學。政治經濟學是政治的僕人！」[37]從國家層面看貿易與從個人層面看貿易，會看到非常不同的後果。由於世界政治經濟運行的背景是無政府狀態，此時，談政治經濟就不能不談權力，而談權力又離不開國家。現實主義與國家主義的政治經濟學，其分析單位不是個人，不是階級，而是國家。

　　最後，值得我們注意的是，現實主義政治經濟學強調國家所處的國際環境是無政府狀態，而現代國家並非如霍布斯描述的自然狀態

33（美）漢米爾頓、杰伊、麥迪遜：《聯邦黨人文集》，第26頁。
34（美）漢米爾頓、杰伊、麥迪遜：《聯邦黨人文集》，第27頁。
35（德）馬克斯‧韋伯：《民族國家與經濟政策》，第92頁。
36（美）羅伯特‧吉爾平：《國際關係政治經濟學》，第47頁。
37（德）馬克斯‧韋伯：《民族國家與經濟政策》，第93頁。

那樣脆弱。[38]國際關係史上，政治實體間激烈的軍事競爭跌宕起伏、異常殘酷。為了確保生存，國家在實施對外經濟戰略時往往無所不用其極。「為什麼國際關係的現實不像一個人處於自然狀態時那樣污穢、野蠻和短暫？一個重要的原因是國家不像自然狀態的人那樣脆弱」[39]。在自然狀態下，人很容易被他人傷害或者殺害，而在當代的世界政治中，國家卻並非如此脆弱，對當代的大國而言尤其如此。連肯尼思・沃爾茲（Kenneth Waltz）也坦言：「在國際政治中，國家的消亡率非常低。在19世紀下半期，僅有四個國家滅亡了，它們是愛沙尼亞（Estonia）、拉脫維亞（Latvia）、立陶宛（Lithuania）和帝汶（Timor）。在競爭的經濟體系中，很多企業破產倒閉，而在國際體系中，卻罕見國家滅亡。」[40]那麼霍布斯所說的無政府狀態的程度在今天是否有所降低，是否還需要對此加以如此強調呢？

二　為何俄羅斯的市場化改革步履維艱？

傑佛瑞・薩克斯（Jeffrey Sachs）於1980年獲得了哈佛大學博士學位，並取得了哈佛大學的教席。他在兩年後又獲得了哈佛大學經濟學系的終身教席，那年他還不到28歲。薩克斯的名聲不僅在於他卓越的學術能力，還因他積極投身政策實踐，幫助拉美和東歐國家向市場經濟轉型。1985年，拉美國家玻利維亞遭遇了惡性通貨膨脹，通脹率達到了24000%。薩克斯應邀參與了玻利維亞的經濟改革，幫助其控制了惡性通貨膨脹。隨後，薩克斯又積極參與到波蘭的經濟改革中，同樣獲得很大的成功。但是，薩克斯在參與俄羅斯經濟改革的過程中，卻遭遇了失敗。薩克斯改革的中心任務是將中央計畫型的前蘇

---

38 黃琪軒：〈對外經濟戰略、大國關聯利益與戰後秩序——兩次世界大戰後美國對外經濟戰略與德國問題〉，《當代亞太》2016年第3期。

39 Robert Jervis, "Cooperation under the Security Dilemma", World Politics, Vol.30, No. 2, 1978, p. 172.

40 Kenneth Waltz, *Theory of International Politics*, Reading, MA: Addison-Wesley, 1979, pp. 137-138.

聯經濟模式迅速變為市場經濟。在《貧窮的終結：我們時代的經濟可能》中，薩克斯回憶了這幾次改革，以及改革失敗的教訓。

俄羅斯的改革步履維艱。1994年，俄羅斯的GDP比1991年下降了40%。[41] 經濟的全面下滑影響到普通民眾的工資、養老金、住房、幼托、醫療、假期等生活的方方面面。1996年的一項調查顯示，只有30%的俄羅斯人能按時足額地領到工資；而有39%的人根本領不到工資。[42] 20世紀90年代中期，只有1/10的俄羅斯人能獲得最低養老金，但這點微薄的養老金也在最低生存線之下，有時甚至還不到最低生存線的一半。[43] 1992年到1993年，至少有1/3的俄羅斯人屬於貧困人口，這個數字是1991年的3倍。到1999年，仍有超過38%的俄羅斯人屬於貧困人口。[44] 由於物資匱乏，超過一半的俄羅斯人開始自己種植馬鈴薯、洋蔥、大蒜、黃瓜和番茄。為了生存，不少俄羅斯人退回到了前現代社會自給自足的生活模式。[45] 俄國人的健康狀況也急劇惡化，20世紀末21世紀初，18歲以下的俄羅斯青少年，有1/6被診斷患有慢性疾病。[46] 20世紀90年代，俄羅斯的死亡率上升了30%，出生率下降了40%。俄羅斯人變得沮喪、憤世嫉俗，悲觀失望，自殺率增加了三成，高居世界第三（1992年、1993年，自殺的人數占俄羅斯非正常死亡人數的1/3）。[47] 據調查，大約有60%的俄羅斯民眾認為他們是這次轉型的受害者。[48]

當時的俄羅斯政府常常好幾個月發不出工資，甚至連軍隊的工資也無法正常支付。有時上級軍官只好建議下級軍官去打獵、釣魚、種地以維持生計。有些軍人甚至穿著便裝上街乞討。由於缺乏公共資

41 Michael Kort, *A Brief History of Russia*, New York: Checkmark Books, 2008, p. 236.
42 Allen Lynch, *How Russia Is Not Ruled: Reflections on Russian Political Development*, New York: Cambridge University Press, p. 91.
43 Stephen Lovell, *Destination in Doubt: Russia since 1989*, New York: Zed Books, 2006, p. 114.
44 Bertram Silverman and Murray Yanowitch, *New Rich, New Poor, New Russia: Winners and Losers on the Russian Road to Capitalism*, Armonk: N. E. Sharp, 2000, pp. 17-18.
45 Harley Balzer, *Russia's Missing Middle Class*, Armonk, NY: M. E. Sharpe, 1996, p. 177.
46 Allen Lynch, *How Russia Is Not Ruled: Reflections on Russian Political Development*, p. 99.
47 Allen Lynch, *How Russia Is Not Ruled: Reflections on Russian Political Development*, p. 106.
48 Stephen Lovell, *Destination in Doubt: Russia since 1989*, p. 114.

金，俄羅斯的機器老化失修，事故頻發，如2000年，俄羅斯核潛艇庫斯克號爆炸，全體船員罹難。由於缺乏醫療、體育設施等基本的公共服務，俄羅斯人的身體狀況也在惡化，人均壽命下降。每年新召入伍的士兵中，有大量的新兵被發現身體不合格。

為什麼俄羅斯激進的市場化改革沒有獲得預期的成功？這需要我們回到卡爾・波蘭尼（Karl Polanyi）的《大轉型》（The Great Transformation）。波蘭尼強調：經濟史向我們揭示，全國性市場的形成，不是靠政府逐步放鬆對經濟控制的結果。相反，它需要政府有意識地、強有力地干預才能產生。[49]即便是美國這樣市場經濟的典型，在建立國內統一市場的過程中，也遇到了各個地方的政治挑戰。美國統一市場的形成不是因為美國有優越的自然地理環境，也不是美國人民有這樣的文化偏好，它靠的是政治建設。在整合國內市場的過程中，整個美國彌漫著政治氣息，也布滿了血跡。[50]美國內戰就是市場整合過程中的重要一環，美國通過內戰這樣殘酷的方式，實現了國內市場的統一。自由市場需要政治基礎。俄羅斯的市場化改革寄希望於市場，但是，當國家解體以後，自由市場的運行卻沒有了保障。俄羅斯的改革只看到了市場，卻忽視了國家。

國家（state）是政治經濟學的重要分析單位。它是一組制度的集合，它擁有專業化的人員，對一定疆域內民眾生活的重要方面進行管制，並通過稅收從民眾那裡汲取資源，如果必要的話，它的管制以武力為後盾，在國際上，它也被其他國家所承認。國家具有四個重要的要素：第一，國家都具有管制的特徵；第二，國家機器有強制的一面；第三，國家從民眾那裡汲取資源；第四，國家是國際關係中的行為體。[51]現代經濟需要政治基礎，即它需要現代國家。

49 Karl Polanyi, *The Great Transformation: The Political and Economic Origins of Our Time*, Boston: Beacon Press, 1944, p. 258.

50 Richard Bensel, *The Political Economy of American Industrialization, 1877-1900*, New York: Cambridge University Press, p. 291.

51 Francisco Herreros, "The State", in George Kurian, James Alt, Simone Chambers, Geoffrey Garrett, Margaret Levi, Paula Mcclain, eds., *The Encyclopedia of Political Science Set*, Washington D.C.: CQ Press, 2011, pp. 1594-1598.

美國獨立後，漢米爾頓呼籲制定一部新憲法。因為他意識到，有強大的國家，美國才能生存，才可能有安全，在此基礎上，民眾才能實現其福祉。「要請你們為美利堅合眾國慎重考慮一部新的憲法。這個問題本身就能說明它的重要性；因為它的後果涉及聯邦的生存、聯邦各組成部分的安全與福利，以及一個在許多方面可以說是世界上最引人注意的帝國的命運。」[52]德國的李斯特抱怨傳統的、當時占主流地位的政治經濟學忽略政治，忽略國家，「流行經濟學派要我們相信，政治和政治力量是不能放在政治經濟學裡來考慮的」。[53]「我所發覺的是流行學派並沒有考慮到國家，它所顧及的，一方面是全人類，另一方面只是單獨的個人。」[54]李斯特指出，在個人與整個人類之間還有一個中介，就是國家。[55]而這個中介在政治經濟生活中扮演著不可替代的角色。他旗幟鮮明地提出，政治經濟學離不開政治，也離不開國家。

李斯特甚至認為傳統的政治經濟學搞錯了分析單位，他認為政治經濟學的分析單位不應該從個人出發，而應該從國家出發，「政治經濟或國家經濟是由國家的概念和本質出發的，它所教導的是，某一國家，處於世界目前形勢以及它自己的特有國際關係下，怎樣來維持並改進它的經濟狀況」。[56]李斯特之後，韋伯回答了這樣一個問題：為什麼要德國政府出面收購東部土地，為什麼要保護東部的德國人免受波蘭人的衝擊？他說：「對此的答復盡在於：我們的國家是一個民族國家。」[57]經濟政策的終極價值標準就是「國家理由」。[58]

以國家為中心的政治經濟學，無論是國際政治經濟學中的現實主義，還是比較政治經濟學中的國家主義，其分析單位都是國家。

52（美）漢米爾頓、杰伊、麥迪遜：《聯邦黨人文集》，第3頁。
53（德）弗里德里希・李斯特：《政治經濟學的國民體系》，第124頁。
54（德）弗里德里希・李斯特：《政治經濟學的國民體系》，第4頁。
55（德）弗里德里希・李斯特：《政治經濟學的國民體系》，第152頁。
56（德）弗里德里希・李斯特：《政治經濟學的國民體系》，第109頁。
57（德）馬克斯・韋伯：《民族國家與經濟政策》，第89頁。
58（德）馬克斯・韋伯：《民族國家與經濟政策》，第93頁。

李斯特指出：世界主義經濟學與政治經濟學兩者之間是有區別的。[59]
他認為以往的政治經濟學往往關注個人而忽略國家，而政治環境卻是
經濟成長的前提。「有些政治經濟學理論硬要我們把國家的物質福利
完全歸因於個人的生產，與上述的一些觀察相對照時即不難看出，這
種論調實在是不切實際的，不足取的，它完全忽視了一個事實，即一
切個人的生產力，在很大程度上是取決於國家的社會環境與政治環境
的。」[60]因此，李斯特等人提出，傳統的政治經濟學應該轉型，把分析
單位上移。這類政治經濟學者大部分都有比較濃厚的民族主義情節。
他們不相信世界主義的政治經濟學，也不相信有世界主義的價值標
準。除了李斯特，韋伯也宣稱：「一個德意志國家的經濟政策，只能
是一個德國的政策；同樣，一個德國經濟理論家所使用的價值標準，
只能是德國的標準。」[61]

　　《政治經濟學的國民體系》的第一部分是歷史描述。用現在方法
論的話來說，李斯特採用了「比較歷史分析」（comparative-historical
analysis）。納入他分析框架的國家有義大利、荷蘭、英國等，當然還
有他寄予厚望的美國和德國。李斯特展示了一個經濟體興衰成敗背後
的「國家」因素。他指出：義大利過去有很多繁榮的城市，曾經煊赫
一時。但是，歷史上的義大利「卻獨獨缺少一件東西，因此使它不能
達到像今天英國這樣的地位，因為它缺少了這件東西，所以一切別的
繁榮因素都如風卷殘雲，一霎時化為烏有了；它所缺少的是國家統一
以及由此而產生的力量」。[62]

　　不僅義大利如此，德國的歷史也給後人提供了鏡鑒。因為德國
歷史上的漢薩同盟也經歷了義大利城市同樣的命運。李斯特認為那
些漢薩城市遵循自由主義的教導，只看到生意，看不到政治，「由於
專心致志地追求物質財富，對於政治利益的促進這一點就完全置之

59（德）弗里德里希・李斯特：《政治經濟學的國民體系》，第5頁。
60（德）弗里德里希・李斯特：《政治經濟學的國民體系》，第75頁。
61（德）馬克斯・韋伯：《民族國家與經濟政策》，第91頁。
62（德）弗里德里希・李斯特：《政治經濟學的國民體系》，第11頁。

不顧」。在強國競爭中,這樣一個聯盟沒有現代國家作為支撐,它的發展注定是曇花一現。「漢薩城市所曾一度擁有的巨額財富,除了十三、十四世紀黯淡模糊的歷史記錄以外,大部分現在已杳無影蹤。」[63]缺乏現代國家,這正是漢薩同盟一敗塗地的原因。

如果說義大利的城市和德國境內的漢薩同盟是失敗的案例,那麼,荷蘭是中間案例,有過成功,最終卻經歷了失敗。16世紀末,荷蘭從西班牙的統治下獨立,並在當時君主國林立的歐洲成立了尼德蘭聯省共和國(Republic of the Seven United Netherlands)。此後,荷蘭經歷了一輪快速的經濟增長,商業也取得突破性發展,其商業活動擴大到地中海、遠東和波羅的海等地區,呈現出一派繁榮景象。[64]早期的「準工業革命」、圍海造田、農業革新促使荷蘭經濟在17世紀中葉達到了歐洲最高水平,廣闊的海外市場與發達的對外貿易使得荷蘭經濟加速成長,並贏得了「海上馬車夫」的美譽。荷蘭首都阿姆斯特丹也隨之成為世界貿易的中心。但是,荷蘭是聯省王國,從未凝聚成一個強大的民族國家。當英國等國家紛紛變成強大的民族國家時,荷蘭這樣鬆散的聯省王國就危險了。荷蘭民眾將大量資本投向英國,以至於當時有人感嘆:「荷蘭有向英國人屈服的危險,國內有一大幫人策畫投降。」[65]荷蘭大商人在倫敦的社會環境中生活得很舒服,賺錢更多,甚至還能享受在節儉的阿姆斯特丹享受不到的娛樂。出乎荷蘭人意料的是,盡管英國吸納了巨額的荷蘭投資,但在1780年到1784年爆發的第四次英荷戰爭中,英國依舊對荷蘭兵戎相見,並把荷蘭打翻在地。

李斯特指出,荷蘭的衰落也說明:「如果所處的外國環境不利,單靠私營工業是不足以維持整個地區或整個國家的工商業和財富的;還有一層,個人的生產力大部分是由政府的政治組織與國家的力量

63(德)弗里德里希・李斯特:《政治經濟學的國民體系》,第27—29頁。

64(美)查爾斯・金德爾伯格著,高祖貴譯:《世界經濟霸權:1500—1990》,商務印書館2003年版,第153頁。

65(法)費爾南・布勞岱爾:《15至18世紀的物質文明、經濟和資本主義(第三卷)》,第223頁。

得來的。」[66]因此，要在世界政治經濟中占有一席之地，離不開「國家」。李斯特對當時流行的，以個體為中心的政治經濟學的最大抱怨就是他們只看到個人，看不到國家，「他們對於國家的是否繼續存在根本不十分注意……他們對於國家的權力、尊嚴或光榮這些問題是不會去多操心的」。[67]這也是薩克斯在為俄羅斯設計「休克療法」時所忽略的問題。

　　一個強有力的國家瓦解了，為現代經濟運行提供的政治保障也隨之消失了。由於沒有現代國家作為現代經濟的保障，俄羅斯的經濟運行備受困擾。解體後的俄羅斯開始遭遇犯罪頻發的困擾。20世紀90年代中期，俄羅斯境內有5000多個有組織的犯罪幫派，比90年代初期上升了10倍。黑幫控制了俄羅斯近一半的銀行及近1/3的經濟活動。黑幫活動嚴重擾亂了俄羅斯的國內秩序。當時，針對政府官員和商人的暗殺活動常常在光天化日下進行。[68]經濟的困境、國家治理的失敗嚴重動搖了民眾對俄羅斯民主轉型的信心。在這種政治環境下，自由市場也無法發揮作用。在非洲，有不少國家淪為失敗的國家（failed state）。在那裡，國家職能無法履行，社會秩序無法維護，常常陷入內戰與紛爭，經濟發展失去了基本的保障。

　　自由主義學者布坎南在其《自由的界限》一書中舉了一個買賣西瓜的例子。我們日常生活中，看似最平常不過的西瓜買賣，也離不開國家。盡管我和賣西瓜的老板相互不認識，但是頃刻之間就可以完成買賣。這樣的買賣需要國家提供相應的保障。首先，我們要相互尊重雙方的「產權」，也就是我承認西瓜是店主的，他承認我持有的貨幣是我的。而且，我們雙方都相信，我們任何人要掠奪對方的所有物都會遭受政府的懲罰。因此，我不會搶他的西瓜，他也不會來搶我的錢。我們雙方都要遵守交易過程中的法律。[69]事實上，布坎南的清單

66（德）弗里德里希・李斯特：《政治經濟學的國民體系》，第36頁。
67（德）弗里德里希・李斯特：《政治經濟學的國民體系》，第151頁。
68 Michael Kort, *A Brief History of Russia*, p. 236.
69 James Buchanan, *The Limits of Liberty: Between Anarchy and Leviathan*, Indianapolis: Liberty Fund, 2000, p. 22.

還可以列得更長：顧客希望商販使用的度量手段是準確的，而不是欺
詐的；商販希望自己收到的貨幣是真實的，而不是偽造的，等等。[70]
布坎南列舉的買賣西瓜的例子向我們展示出，日常生活中的市場交
易，背後都需要政治保障。

　　就買西瓜所使用的貨幣而言，民族國家是國家貨幣誕生的政治前
提。班傑明‧科恩（Benjamin J. Cohen）指出：一個國家控制一種貨
幣是國際貨幣體系的西發利亞模式（Westphalian Model）。[71]在這種
以國家為中心的貨幣體系裡，國家在貨幣的發行和管理方面具有壟斷
權。在1648年《西發利亞條約》簽訂後，民族國家登上歷史舞台。
到了19世紀，歐洲各民族國家開始經歷了一波新的民族主義浪潮，
也啟動了新一輪的政治權威集中化趨勢，而國家貨幣則在此背景下應
運而生。[72]隨著國家構建的展開，民族國家開始締造國家貨幣，如果
沒有民族國家作為後盾，國家貨幣的基礎是不牢靠的。[73]國家合法地
壟斷著暴力，影響著國內經濟的方方面面，擁有中央化的權威。因
此，民族國家有著更強的能力讓國內民眾信任國家貨幣。民族國家，
尤其是民族國家的國家構建進程，是國家貨幣誕生的重要政治前提。
如果說國家貨幣是現代經濟運行的重要構成，那麼，現代經濟生活的
各層面都離不開現代國家作為政治支撐。

　　所以，以國家為中心的政治經濟學者才對國家如此情有獨鐘。
在韋伯眼中，一個德國經濟理論家所使用的價值標準只能是德國的標
準。經濟政策的終極價值標準就是「國家理由」。在以國家為中心的
政治經濟學者看來，如果政治經濟運行的環境是無政府狀態，那麼，
其基本行動單位就是國家。

70　李強：《自由主義》，中國社會科學出版社1998年版，第229—230頁。
71　Benjamin Cohen, *The Geography of Money*, p.34.
72　Benjamin Cohen, The Future of Money, Princeton: Princeton University Press, 2003, p. 5.
73　Nigel Dodd, "Globalisation of Money? National Sovereignty and the Management of Risk", in
　　Emily Gilbert and Eric Helleiner, eds., *Nation-States and Money: The Past, Present and Future
　　of National Currencies*, London and New York: Routledge, 1999, pp. 181-197.

三 非洲為何沒有演化成現代經濟體？

　　由於長期遭受西方國家殖民，近代以來的非洲命運多舛，二戰結束以後，非洲國家陸續獲得了國家獨立，但是，大部分非洲國家仍沒有建立起現代經濟。這一狀況在20世紀80年代以後更加惡化。一般而言，危機是相對短暫的，而非洲的困境卻被稱為「持續的危機」。[74]《科學》雜志提出這樣的疑問：在撒哈拉以南的非洲，為何其貧困率在增長，人均壽命在減少？20世紀80年代，撒哈拉以南的非洲年人均收入不僅沒有增長，反而還出現了倒退，每年減少1.2%。到20世紀90年代，當地居民年人均收入的增長率也僅為0.2%。2000年到2003年，撒哈拉以南的非洲年人均收入增幅有所提高，達到了0.5%。即便如此，如果繼續保持這個增長速度，到2020年，其人均收入還是低於1980年時期的水平。[75]

　　為什麼非洲國家積貧積弱，長期難以建立起現代經濟？針對這個問題，杰弗里‧赫伯斯特（Jeffrey Herbst）給出的解釋是非洲國家間缺乏戰爭。[76]因為戰爭可以打破原有政治經濟結構，使執政者能夠加強對社會的汲取（extraction）能力，其結果是中央集權國家與現代國家的形成。在戰爭的過程中，一整套嚴密有效的現代國家官僚機構也會被塑造出來。此外，戰爭還會促發民族主義興起，塑造有凝聚力的國際關係行為體。

　　政治經濟史上，以國家為中心的政治經濟學視角多和戰爭有關，包括歷史上的重商主義作家、美國的第一任財長漢米爾頓、德國的李斯特以及馬克斯‧韋伯。重商主義被用來稱呼1500年到1750年間流行的經濟文獻與經濟實踐。重商主義中最重要的貢獻是英國人和法國

---

74 Nicolas van de Walle, *African Economies and the Politics of Permanent Crisis, 1979-1999*, New York: Cambridge University Press, 2001.

75 Ha-Joon Chang, "Why Developing Countries Need Tariffs? How WTO NAMA Negotiations Could Deny Developing Countries'Right to a Future", Geneva: South Centre, 2005, p. 72.

76 Jeffrey Herbst, "War and the State in Africa", *International Security*, Vol. 14, No. 4, 1990, pp. 117-139.

人做出的。重商主義興起,其背景是崛起中的民族國家日益強大,國家逐漸取代教會成為經濟活動的重要參與者。這一時期,國際競爭逐漸加劇,可以說,重商主義的思想是在歐洲強權之間的對立和戰爭的背景下發展起來的。從1600年到1667年,歐洲只維持了一年時間的和平。[77]漢米爾頓面臨的環境是美國需要從英國那裡贏得獨立,並保衛自己的獨立成果,防止英國干預。因此,無論是他的《關於美國製造業的報告》,還是他在《聯邦黨人文集》中撰寫的篇章,都強調需要鍛造強有力的聯邦以防禦外敵,發展經濟。在李斯特的《政治經濟學的國民體系》中(盡管不同的版本有出入),提到戰爭的次數在100次左右。因此,吉爾平指出,重商主義是一個富有爭議的術語。歷史上它一直與民族國家追求貿易盈餘與財富聯繫在一起。而重商主義視角的本質在於:經濟從屬於國家以及國家利益,這一利益包括國內福利到國際安全等內容。[78]

自由主義認為經濟關係是非零和的,而馬克思主義和重商主義則認為經濟關係在本質上是零和的。對馬克思主義而言,財富在不同階級之間分配,統治階級與被統治階級之間處於競爭狀態;而對重商主義而言,就業機會、產業以及軍事力量在不同國家之間分配,不同國家之間處於競爭狀態。[79]從漢米爾頓到李斯特,他們都有類似的假定,即國家間經濟競爭的零和性。因此,他們都強調加強國家建設的重要性,以便能贏得國家間的競爭。對自由主義政治經濟學而言,國家是私人利益的加總,政府政策是多元的社會力量互動博弈的結果。而在重商主義那裡,國家有著自身的正當性,國家作為一個整體,大於部分之和。[80]

漢米爾頓敦促獨立後的美國各州聯合成一個強大的聯邦,因為如果美國不這樣做,就會面臨戰爭威脅:「我們在不聯合的情況下將會

---

77 (美)亨利‧威廉‧斯皮格爾:《經濟思想的成長》(上),第85頁。
78 (美)羅伯特‧吉爾平著,鐘飛騰譯:《跨國公司與美國霸權》,東方出版社 2011年版,第19—20頁。
79 羅伯特‧吉爾平:《跨國公司與美國霸權》,第21頁。
80 羅伯特‧吉爾平:《跨國公司與美國霸權》,第22頁。

招致外國武力和詭計的種種威脅。」[81]李斯特指出，史密斯的政治經濟學是世界主義的政治經濟學，但這樣的政治經濟學卻不能代替「政治的」或國家的經濟學。史密斯「雖然在這裡或那裡不時提到戰爭，但只是偶然提到的。構成他理論基礎的是持久和平局勢的概念」。[82]李斯特認為，保護主義的政治經濟理論和實踐興起的背景離不開戰爭，「晚近的保護制度是戰爭所促成的」。[83]那麼戰爭如何促進了現代國家和現代經濟的構建呢？

首先，國家構建的一個重要任務是統一（integration），而統一往往依靠戰爭來完成。國家構建不僅要實現領土統一，還要做到經濟的統一。國家不僅需要消除地方武裝勢力，還需要消除地方的經濟分隔，把國家整合成為一個統一的政治經濟體。在不少發展中國家，尤其在非洲，統一的任務遠沒有完成，地方武裝勢力割據，市場也由各個地方勢力所分割。發展現代經濟也無從談起。自由主義政治經濟學往往假定存在一個自發的市場秩序；而事實上，統一的國內市場並不是自然形成的。國內市場的統一往往要靠國家大規模的、持續的干預才能實現。美國甚至不惜用內戰這種極端的做法來將美國聚合成一個統一的政治經濟體。而在這一點上，大量的後開發國家還有很多工作要做。獨立後的美國需要維持一個堅強有力的政府。漢米爾頓指出，要想統籌全國的商業利益與政治利益，「只能通過統一的政府才能達到」。[84]李斯特也指出：「國家的統一是國家長期發展的基本條件。」[85]而且，要先做到政治統一，才會有經濟的統一。「歷史上一切的成例告訴我們，領先的總是政治聯合，跟著發生的才是商業聯合。」[86]美國靠內戰統一了全國市場，德國靠一系列的內外戰爭，完成了德國的統一。

81（美）漢米爾頓、杰伊、麥迪遜著：《聯邦黨人文集》，第23頁。
82（德）弗里德里希・李斯特：《政治經濟學的國民體系》，第107頁。
83（德）弗里德里希・李斯特：《政治經濟學的國民體系》，第159頁。
84（美）漢米爾頓、杰伊、麥迪遜著：《聯邦黨人文集》，第57頁。
85（德）弗里德里希・李斯特：《政治經濟學的國民體系》，第143頁。
86（德）弗里德里希・李斯特：《政治經濟學的國民體系》，第112頁。

其次,國家構建另一項重要任務就是民族主義,而戰爭過程的動員往往能強化民族主義。在現代國家構建的過程中,國家會逐漸消除地方勢力、教會力量和貴族力量等與之抗衡的力量。把人們對宗教、地方的忠誠轉化為對國家的忠誠。只有當國家有效地滲透到社會,國家才能將自身的政策貫徹實施。民族主義是國家完成滲透的重要工具,因此民族構建往往和國家構建交織在一起。有研究指出,西方世界的興起離不開所謂的「資本主義精神」,但是資本主義精神卻不是馬克思·韋伯所講的「新教倫理」,而是民族主義。[87]現代經濟的持續增長不是自然而然的,它需要民族主義的激勵和支撐。民族主義提供了一套新的思想理念和社會觀念,賦予經濟增長以正面價值,並將分散的社會能量集中到經濟發展上來。在不少發展中國家,絕大多數民眾效忠的對象仍是自己的宗族、村落,卻不知道有國家。在總結中國近代史上的教訓時,歷史學家蔣廷黻先生指出:「西洋人養成了熱烈的愛國心,深刻的民族觀念。我們則死守著家族觀念和家鄉觀念。所以在19世紀初年,西洋的國家雖小,然團結有如鐵石之固;我們的國家雖大,然如一盤散沙,毫無力量。」他指責當時的湘軍「充滿了宗族觀念和家鄉觀念,兵士只知道有直接上級長官,不知道有最高統帥,更不知道有國家」。[88]當前,不少發展中國家與清末的中國並無二致,它們的情況甚至更糟,國家滲透的工作也遠未完成。用莫三比克獨立後首任總統薩莫拉·馬謝爾(Samora Machel)的話來講就是:「國家想要生,部落就必須死。」[89]事實上,美國的內戰很大程度上培育了美國的國家主義與民族主義。美國內戰以後,在指代美國的時候,美國人更多用「國家」(Nation)一詞;而在內戰之前,則更多用「聯盟」(Union)一詞。1861年的就職典禮上,林肯提到「聯盟」達20次,卻沒有提到過「國家」;而1863年,林肯的蓋茨堡演說共

87 (美)里亞·格林菲爾德著,張京生等譯:《資本主義精神:民族主義與經濟增長》,上海人民出版社2004年版。
88 蔣廷黻:《中國近代史》,上海古籍出版社1999年版,第2、40頁。
89 (英)羅伯特·艾倫:《全球經濟史》,第113頁。

有269詞,「聯盟」一詞未再出現,「國家」則提到了5次。[90] 一般而言,是國家之間的戰爭促進了國家構建,美國的內戰促進了國家構建與民族構建屬於異常案例。

再次,國家構建還需要建立強大的官僚系統。有了強大的官僚系統,國家的統一工作、滲透工作以及與此相伴隨的徵稅活動才能有效實施。西方已開發國家強大的官僚隊伍和其長期戰爭的歷史緊密相關。由於需要為戰爭融資,政府發展出龐大的官僚隊伍,滲透到社會,汲取社會資源。因此,較強的官僚隊伍很大程度上是歷史上戰爭的遺產。當前,已開發國家政府雇員占總人口的比重遠遠高於發展中國家。正是由於已開發國家有著龐大的官僚系統,其經濟社會職能才能得到有效的履行。發展中國家由於政府雇員不足,很多基本的國家職能都無法履行,經濟發展也無從談起。因此,「在發展中國家,政府軟弱、無能或者無政府狀態,卻是嚴重問題的根源」。[91] 只有發展中國家有了較好的國家構建,才能有效為本國的經濟發展和社會進步提供必要的幫助,也才有可能擺脫發展困境。非洲的困境的政治根源就在於,發展市場經濟的同時,它並沒有現代國家做支撐,國家能力不但沒有增強,反而遭到了削弱。

最後,支撐現代經濟的技術變革往往是戰爭催生出來的。[92] 葡萄牙、西班牙之間的霸權競爭帶來了航海技術的改進,推動了地理大發現。荷蘭與英國的霸權競爭帶來了科學革命的大發展。第一次工業革命始於18世紀60年代。技術革命首先發端於英國,隨後法國也開始了技術革命。在第一次技術革命以前,英國與法國經歷了激烈的權力競爭。沒有對精度的要求,就難以實現第一次技術革命的關鍵技術——蒸汽機的改良。詹姆斯‧瓦特(James Watt)改良蒸汽機的基礎就源自約翰‧威爾金森(John Wilkinson)對大炮鏜床的改進。而

---

90 Eric Foner, *Give Me Liberty! An American History* (Vol. 1), New York: W. W. Norton & Company, 2008, p. 523.

91 (美)法蘭西斯‧福山著,黃勝強等譯:《國家構建:21世紀的國家治理與世界秩序》,中國社會科學出版社2007年版,序。

92 黃琪軒:《大國權力轉移與技術變遷》,上海交通大學出版社2013年版。

正是威爾金森的天才努力，加工了具有一定精度的汽缸，才使得瓦特「可以保證直徑72英寸的汽缸在最差的地方加工誤差也不會超過六便士硬幣的厚度（即0.05英寸）」。[93]

第二次技術革命的標誌性發明是內燃機、電力等技術。而第二次技術革命的出現和當時德國作為挑戰國崛起，以及作為領導國的英國對德國崛起的回應密不可分。作為第二次技術革命關鍵技術之一的內燃機，其工作原理就是引導性的爆炸：氣體在某一有限空間（如汽缸）內迅速膨脹，推動物體（通常是活塞）向指定方向運動，而內燃機的原始雛形是火槍。[94]

第二次技術革命的一個重要投入品是鋼材。鋼鐵的興起離不開當時英國和德國在爭奪世界霸權的過程中，對新材料的需要。不僅造船需要新的鋼鐵材料，製造槍枝也同樣需要鋼鐵。在霸權競爭下，英德兩國雙方加強軍備，煉鋼業有了巨大進步，而軍隊是鋼材最早的用戶。最開始，鋼材的價格過於昂貴，甚至軍方都感到難以承受。但是，軍事競爭的壓力迫使他們尋求技術上的改進。例如，大型鋼鐵廠曼德維爾和伯利恆的主顧就是海軍而非普通民眾，它們為海軍製造裝甲鋼板。[95]而當軍隊率先使用鋼材，並逐步打開市場以後，其他民用部門才開始接受這一新材料。

蘇聯和美國基於國家安全考慮，在技術政策上做出了相應調整，推動了二戰後重大的技術變遷。半導體、電晶體、網際網路、載人太空船等重大技術的突破就是美蘇權力競爭下，在戰爭威脅下，因政府積極推動而出現的。而從表6-1我們可以看到，美國第一代電腦的發展，得到美國軍方的全力支持，其中海軍的作用最明顯，美國空軍也發揮了積極作用。（當時最重要的項目多半來自海軍和空軍的資助。）電腦成本巨大，如1951年麻省理工的旋風電腦（whirlwind），

93（英）大衛‧蘭德斯：《解除束縛的普羅米修斯》，第103頁。
94（英）大衛‧蘭德斯：《解除束縛的普羅米修斯》，第279頁。
95（英）克里斯‧弗里曼、法蘭西斯科‧盧桑著，沈宏亮譯：《光陰似箭：從工業革命到信息革命》，中國人民大學出版社2007年版，第241頁。

表6-1　美國第一代電腦及研發資金來源

項目名稱	預計每台成本（千美元）	資金來源	開始時間
ENIAC	750	陸軍	1945
哈佛馬克二代	840	海軍	1947
Eckert-Mauchly BINAC	278	空軍	1949
哈佛馬克三代	1160	海軍	1949
NBS 過渡性電腦（SEAC）	188	空軍	1950
ERA 1101（Atlas 一代）	500	海軍以及 NSA	1950
Eckert-Mauchly UNIVAC	400—500	陸軍通過統計局；空軍	1951
MIT 旋風電腦	4000—5000	海軍，空軍	1951
普林斯頓 IAS 電腦	650	陸軍，海軍；RCA；AEC	1951
加州大學 CALDIC	95	海軍	1951
哈佛馬克四代電腦	—	空軍	1951
EDVAC	467	陸軍	1952
雷神颶風（RAYDAC）	460	海軍	1952
ORDVAC	600	陸軍	1952
NBS/UCLA 和風電腦（SWAC）	400	海軍、空軍	1952
ERA 後勤電腦	350—650	海軍	1953
ERA 1102	1400	空軍	1953
ERA 1103	895	海軍以及 NSA	1953
IBM 海軍條例研究電腦	2500	海軍	1955

資料來源：Kenneth Flamm, *Creating the Computer: Government, Industry and High Technology*, Washington D. C.: Brookings Institution Press, 1988, p. 76。

每台造價高達400萬－500萬美元。如果沒有美國海軍和空軍的聯合資助，這樣耗資不菲的大型項目是難以籌集到足夠資金的。而早在1944年，麻省理工學院就啟動了旋風電腦項目，旨在為美國海軍提供通用的飛機模擬器。

我們從表6-2可知，1962年，電晶體的平均價格為50美元。當時，國防採購了所有生產出來的電晶體，國防訂單占據了100%的市場份額。後來，隨著電晶體的改進，價格開始下降，民用需求也逐漸發育壯大。即使如此，國防需求對電晶體的研發仍起著相當重要的作用。20世紀60年代中後期，國防需求仍然占據了電晶體需求一半以上的份額。同時，也正是由於大量的國防需求，使得半導體和電晶體有了進一步改進的機會。

在戰爭威脅下，政府作為高新技術的資助者和採購者，對技術的成本並不是那麼敏感；相反，政府卻對產品的性能相當敏感，這有利於提高產品的精度。同時，政府的資助與採購也比較集中，這有利於技術瓶頸的突破。

戰爭締造了現代國家，而現代國家又是現代經濟的政治支撐。被西方國家殖民時期，非洲缺乏持續的戰爭威脅與洗禮。非洲國家贏得獨立後，世界政治也變得更加「文明化」，非洲國家已沒有生存威脅。因此，它們也很難像歐洲那樣建立現代國家。目前，仍有不少非洲國家正長期飽受內戰的創痛，為何美國的內戰能促進其國家構建而非洲的內戰則不能呢？

四　為何18世紀的英國能成功開拓海外市場？

18世紀後半期，面對歐洲強敵的競爭，尋找歐洲以外的市場對英國而言變得越來越重要。有一個故事反映出當時英國對海外市場的迫切需求：一位海軍指揮官，在戰時違反軍紀、擅自決策，他指揮艦隊橫跨大西洋，從西班牙手中為英國搶到一塊貿易區。皇家海軍對此非常惱怒，海軍軍事法庭要對這位軍官進行審判。這位軍官招來英國

表6-2　電晶體的政府採購

年份	平均價格（美元）	國防生產占總產出的份額（％）
1962	50.0	100.0
1963	31.6	94.0
1964	18.5	85.0
1965	8.33	72.0
1966	5.05	53.0

資料來源：David Mowery and Nathan Rosenberg, *Paths of Innovation: Technological Change in 20th-Century America*, New York: Cambridge University Press, 1998, p. 133。

　　的商團為自己辯護，竟成功地挽救了自己。[96]這個故事也反映出英國拓展海外市場的政治前提——強大的海軍。

　　漢米爾頓知道，英國能成為世界政治經濟霸主，不僅是它能充分利用本國的天然資源，還在於通過海外貿易和占領殖民地，使得國外的天然資源也為其所用。[97]因此，漢米爾頓呼籲美國政府建立強大的海軍，「只要聯邦在一個有效率的政府下面繼續存在下去，不要很久，我們就有能力建立一支海軍，這支海軍即使不能與海上強國的海軍競爭，至少在放到敵對雙方中任何一方的天平上時也有相當的分量」[98]。

　　漢米爾頓指出，強大的海軍不僅可以用於作戰，還可以用於擴展海外商業利益，「可以很容易地看出非常有利的形勢能使我們在爭取商業特權的談判中居於優勢」[99]。如果沒有權力做保障，漢米爾頓說：我們的商業將處於式微狀況，會成為互相作戰國家粗暴干涉的犧牲品。一遇機會，這些外部強國就會毫無顧忌地或毫無憐憫地掠奪美國

96（英）大衛・蘭德斯：《解除束縛的普羅米修斯》，第240頁。
97（德）弗里德里希・李斯特：《政治經濟學的國民體系》，第121頁。
98（美）漢米爾頓、杰伊、麥迪遜：《聯邦黨人文集》，第54頁。
99（美）漢米爾頓、杰伊、麥迪遜：《聯邦黨人文集》，第54頁。

人的財產以供應他們的需要。中立的權利不是自然的,只有當一個國家有足夠的力量保衛自己時,中立才會受到尊重。一個衰弱而卑下的國家,連中立的權利都會喪失殆盡。[100]

　　李斯特指出:國家的經濟是基於權力的經濟。國際政治體系是限制和決定市場運行的最主要條件。由於各個國家都試圖對市場施加影響,以便讓市場為自身的國家利益服務,因此權力在市場關係的建立與維持過程中,就顯得格外重要。[101]在李斯特看來,威尼斯衰亡原因與義大利的所有其他共和國走向衰落的原因如出一轍,不外是國家統一觀念的缺失、國外強鄰的優勢、國內教會的統治,以及在歐洲更加強大而統一的國家的勃然興起。[102]在很多時候,「力量比財富更加重要,因為力量的反面——軟弱無能——足以使我們喪失所有的一切,不但使我們既得的財富難以保持,就是我們的生產力量,我們的文化,我們的自由,還不僅是這些,甚至我們國家的獨立自主,都會落到在力量上勝過我們的那些國家的手裡」。[103]

　　從重商主義開始,以國家為中心的政治經濟學就強調通過經濟政策達到政治目的。通過對外貿易,積攢大量貨幣,積少成多,「以至能夠維持一場長期的防禦戰,可以使戰爭結束或轉移目標」。[104]由於英國要求英國商船包攬航運業務,「英國商船事業由此獲得了發展後,它的海軍力量也有了相應的增長,從而使它有力量與荷蘭艦隊相對抗」。[105]1651年和1660年英國航海法就是這種政策很好的例子。這項法律規定進口到大不列顛及其殖民地的商品,必須用英國及其殖民地的船隻來運輸,或者用原產國的船隻運輸。殖民地的某些商品只能銷售到英國,其他商品在賣到外國之前也要先運到英國。殖民地的製造業受到嚴格控制。通過航海法,英國的海軍獲得了發展,讓世界的

100（美）漢米爾頓、杰伊、麥迪遜:《聯邦黨人文集》,第54頁。
101（德）弗里德里希‧李斯特:《政治經濟學的國民體系》,第45頁。
102（德）弗里德里希‧李斯特:《政治經濟學的國民體系》,第14—15頁。
103（德）弗里德里希‧李斯特:《政治經濟學的國民體系》,第47頁。
104（英）托馬斯‧孟:《英國得自對外貿易的財富》,第69頁。
105（德）弗里德里希‧李斯特:《政治經濟學的國民體系》,第41頁。

分配朝著有利於英國的方向改變。

在托馬斯‧孟的時代，荷蘭與英國的競爭在多個方面展開，其中包括海上捕魚的競爭。荷蘭的胡果‧格勞秀斯（Hugo Grotius）撰文指出公海上有捕魚的自由，而孟指出，政治權力決定了經濟權利。「能否享有這種權利，只能靠刀劍決定，而不是靠談判決定的。」[106]不僅海軍等國家權力可以服務於國家利益，經濟權力同樣可以。

阿爾伯特‧赫希曼（Albert Hirschman）在其著作《對外貿易的結構與國家權力》一書中，指出一個國家的貿易政策可以服務於國家權力。尤其當從事國際貿易的雙方是不對等的時候，大國就可以將貿易政策作為國家的對外政策工具。大國可以犧牲暫時的經濟利益，讓小國日益依賴自己，擴大自身的影響力。當小國的貿易嚴重依賴於大國時，大國就獲得了非常顯著的經濟權力。因為一旦大國中斷對小國的貿易，小國將面臨很高的退出成本。小國需要尋找替代的市場與資源，可能因此陷入貧困。[107]

夏威夷王國原本是由若干獨立的小島所組成。19世紀上半期，種植了大量甘蔗的夏威夷王國希望和美國簽署貿易互惠條約，為夏威夷的蔗糖尋找銷路。美國國會曾一度拒絕和夏威夷王國簽署這樣的條約，而夏威夷王國尋找替代市場的努力也並未成功，因為其他大國難以在短時間內取代美國的市場地位。1873年，夏威夷出口到美國的蔗糖為1480萬磅，而出口到澳大利亞、紐西蘭的蔗糖只有700萬磅，出口到英屬哥倫比亞的僅為120萬磅。[108]

由於擔心英國、德國等其他大國染指夏威夷，1875年，美國政府開始允許夏威夷生產的蔗糖免稅出口到美國，附帶條件是夏威夷王國要避免其他大國勢力的滲透。需要注意的是，盡管夏威夷王國對美國的訴求是經濟上的，但美國對夏威夷的政策目標卻是政治導向的，

106（英）托馬斯‧孟：《英國得自對外貿易的財富》，第76頁。

107 Albert Hirschman, *National Power and the Structure of Foreign Trade*, Berkeley and Los Angles: University of California Press, 1969, pp. V-xix, 3-40, 53-70.

108 Ravi Abdelal and Jonathan Kirshner, "Strategy, Economic Relations, and the Definition of National Interests", *Security Studies*, Vol. 9, No. 1, 1999, p. 129.

因為夏威夷王國特殊的地理位置將夏威夷和美國的整個亞太利益聯繫在一起。如果此時夏威夷被英國或者德國所控制,美國在亞太地區的利益就會受到威脅。簽署互惠條約正是美國用龐大的國內市場綁定夏威夷,用經濟槓桿以實現其政治目的的手段。在和美國簽署貿易互惠條約之後,夏威夷王國的蔗糖生產迅速擴張,速度驚人。此時,夏威夷生產92%都出口到美國,而出口到英國的僅占3.75%。[109]同時,蔗糖生產商在夏威夷國內成為最為重要的經濟利益集團,勢力不斷增長。夏威夷國內的偏好結構已經被美國所重塑。

隨後,事情向更加有利於美國的方向發展。1890年,美國國會通過了《麥金利關稅法》,該法案規定所有進入美國的蔗糖都不用支付關稅,並且美國國內生產的蔗糖會得到每磅兩美分的補貼,這讓夏威夷的蔗糖產業面臨危機。美國廣闊市場的誘惑使得蔗糖產業的種植園主進一步倒向美國。1893年,夏威夷的種植園主聯合起來推翻了土著女王,夏威夷王國滅亡。1898年,夏威夷正式併入美國,成為美國第50個州。從這個案例中,我們知道,政治經濟中的國家權力不僅包括政治層面,還包括經濟層面。要實現國家利益不僅可以靠武力,還可以靈活運用對外經濟政策工具。美國憑借自己的經濟實力,將貿易作為對外政策的工具,實現了自身的國家利益。[110]

吉爾平認為:二戰結束後,美國的跨國公司之所以能在世界事務中發揮如此巨大的作用,關鍵是它們的做法符合霸權國美國的國家利益。跨國公司的地理擴張與美國政治勢力的增長是同步進行的。跨國公司之所以興盛,是因為它依賴於美國的權力,且與美國的政治利益相吻合。[111]國際貿易盡管是企業或者個人層面的活動,但是國家的安全因素卻能促進抑或阻礙企業層次和個人層次的決定。二戰後,美國利用對外貿易這項治國方略,先是對蘇聯展開經濟戰(economic

---

109 Ravi Abdelal and Jonathan Kirshner, "Strategy, Economic Relations, and the Definition of National Interests", *Security Studies*, Vol. 9, No. 1, 1999, p. 129.

110 黃琪軒、李晨陽:《美國海外市場開拓對中國「一帶一路」戰略的啟示》,《探索與爭鳴》2016年第5期。

111 (美)羅伯特·吉爾平:《跨國公司與美國霸權》,第2—3、33頁。

warfare）；當美蘇關係緩和以後，對外貿易又充當緩和政策（détente）的工具。[112]當美蘇之間政治關係良好，雙方緊張程度降低的時候，美國政府就允許更多的美蘇雙邊貿易；而當美蘇雙方關係惡化，雙方緊張程度上升的時候，美國政府則開始為雙邊貿易設置障礙，使得雙方貿易難以為繼。[113]

　　現實主義政治經濟學中的「霸權穩定論」強調，開放的國際經濟是公共財，而這個公共財的提供需要一個政治前提，即霸權國家的存在。正是霸權國家的存在，克服了國家間合作難以逾越的障礙。其中一項重要障礙就是國家間合作需要克服強制執行的問題（enforcement）。合作的參與者需要能夠界定哪些參與者違規了；當它們找出違規者以後，這些國家要有能力報復背叛者、懲罰違規者。同時這些國家還要有足夠的意願去懲罰違規者，而不是放任自流。[114]如果國家間的權力分布勢均力敵，它們彼此沒有足夠的能力去監督執行國家間的合作協議。而且，勢均力敵的國家難以克服搭便車的難題，它們也沒有足夠的意願去強制執行合作協議。在這種條件下，國際經濟合作則難以實現，國際安全合作則更難實現。[115]霸權國家的出現提供了一條出路，其顯著的權力優勢會發揮作用。霸權國享有獨特的權力優勢，它手中既有「胡蘿蔔」，又有「大棒」，[116]它既能對遵守規範者進行獎勵，又能對違規者進行懲戒。「在霸權體系下容易有開放的世界經濟，因為單一的領導國家的存在，它對自由貿易的偏好使得其他成員國也認識到與其角逐政治權力不會有什麼好的結局。因此它們就會屈從於霸權的誘導。」[117]

---

112 Bruce Parrott, Trade, *Technology, and Soviet-American Relations*, Loomington: Indiana University Press, 1985, p. 274.

113 Jonathan Chanis, "United States Trade Policy toward the Soviet Union: A More Commercial Orientation", *Proceedings of the Academy of Political Science*, Vol. 37, No. 4, 1990, p. 111.

114 Robert Axelrod, Robert Keohane, "Achieving Cooperation under Anarchy: Strategies and Institutions", *World Politics*, Vol. 38, No. 1, 1985, pp. 226-254.

115 Charles Lipson, "International Cooperation in Economic and Security Affairs", *World Politics*, Vol. 37, No. 1, 1984, pp. 1-23.

116 Beth Yarbrough and Robert Yarbrough, "Cooperation in the Liberalization of International Trade: After Hegemony, What?", *International Organization*, Vol. 41, No. 1, 1987, pp. 1-26.

117 Joanne Gowa and Edward Mansfield, "Power Politics and International Trade", *American Political Science Review*, Vol. 87, No. 2, 1993, p.408.

現實主義的政治經濟學是以權力為基礎的政治經濟學。獨立和權力的概念，就緣自「國家」這一概念。[118]一個經濟體系不可能離開權力自行運轉。每個經濟體系都是建立在特定的政治秩序基礎上的。[119]在嚴峻的安全環境下，每個國家，尤其是大國都需要增強自身的國家權力，增強國家權力的辦法有很多：增強國家的經濟實力；增強國家掌控關鍵經濟部門的能力；增強國家與盟友之間的經濟聯繫；增強國家的經濟自主性；建設自身的重點工業；提升自身在全球價值鏈中的位置等。

五　美國政府為何要禁止商人出口技術？

隨著中國的迅速崛起，美國加強了對華技術出口控制。即便是美國的商業集團願意出口高新技術給中國，美國政府仍從國家安全考慮對技術出口給予諸多限制和控制。早在2001年上半年，美國半導體製造公司（SMIC）準備在上海投資15億美元建立一座晶圓工廠。然而，小布希政府的上台後，半導體製造公司從美國應用材料公司所申請的兩項電子光束系統技術遭到了美國政府的阻撓。美國國防部、商務部以及國務院組成的專門委員會實施的種種阻撓使得半導體製造公司最後不得不放棄了這兩項技術的出口申請。美國不少大公司紛紛抱怨：自小布希政府上台以來，商界想要獲得技術出口證書要費盡周折。一些美國技術出口公司抱怨美國政府的技術出口限制措施嚴厲，審批時間也比以前要長得多。美國商界認為美國政府對技術出口的控制使得他們失去了許多商機，損害他們在中國市場的銷售份額和影響力。

2006年7月，美國政府公布了《對中華人民共和國出口和再出口管制政策的修改和澄清及新的授權合格最終用戶制度》草案，進一步擴大了對華出口管制範圍，新草案新增47項出口限制項目，對技術出口的審批程序大大複雜化。根據中國商務部的統計數據，在高科技

118（德）弗里德里希・李斯特：《政治經濟學的國民體系》，第158頁。
119（英）羅伯特・吉爾平：《跨國公司與美國霸權》，第32頁。

帳戶方面，2004年，美國從中國進口達到460億美元；而出口到中國的高科技產品僅為90億美元，不足進口的1/5。在高科技產品上的逆差幾乎占其整個對華貿易逆差的1/3。[120]

冷戰期間，美國對蘇聯實施了更為嚴格的出口控制。1958年6月，蘇共領導人赫魯雪夫就美蘇貿易問題致信美國總統德懷特・艾森豪，赫魯雪夫在信中列出了一些蘇聯希望從美國購買的商品，這些商品具有非軍事的用途。赫魯雪夫也列出了一些蘇聯希望賣給美國的產品。赫魯雪夫的提議遭到了艾森豪總統的婉拒。艾森豪指出美國的貿易是私人和公司的事情，不是由美國政府操辦的。[121]事實上，美國政府密切管控對蘇貿易。美國召集其盟友成立了巴黎統籌委員會（Coordinating Committee for Export to Communist Countries，簡稱 CoCom），該委員會對蘇聯等東歐國家實施戰略物資禁運。被禁運的物資有一系列清單，主要包括對蘇聯軍事設備的出口禁運。1962年，美國商務部對具有戰略意義的商品提出了一份「積極清單」（positive list）。這份清單涵蓋了很多能夠增加蘇聯經濟潛力的商品。[122]統籌委員會試圖通過禁運來削減蘇聯在國際分工中可能獲得的利益，進而損害蘇聯經濟，削弱蘇聯在權力增長上的優勢。

以史密斯為代表的自由主義政治經濟學看到了私人利益和國家利益的和諧。而不少現實主義政治經濟學則看到了衝突。美國的通用汽車曾有個流行的說法：對通用汽車有好處的東西對美國也有好處。持重商主義理念的一群人則不同，他們知道個人從自己的利益出發可能和國家的利益發生衝突。[123]儘管托馬斯・孟自己是東印度公司的董事，但他認為自己的立場超越了商人的利益，會考慮國家利益。孟列舉了商人需要具備的一些優秀品質，他指出：「一個商人的優秀品

---

120 上述材料參見黃琪軒《大國權力轉移與技術變遷》，第178─179頁。

121 Harold Berman, "The Legal Framework of Trade between Planned and Market Economies: The Soviet-American Example", *Law and Contemporary Problems*, Vol. 24, No. 3, 1959, pp. 525-526.

122 Josef Brada and Larry Wipf, "The Impact of U. S. Trade Controls on Exports to the Soviet Bloc", *Southern Economic Journal*, Vol. 41, No. 1, 1974, p. 47.

123 （美）亨利・威廉・斯皮格爾：《經濟思想的成長》（上），第84頁。

質：還能為祖國的利益著想。」[124]而且，商人的利益並不會總是和國家利益相一致。在史密斯看來，個人利益的加總就是國家利益，二者是和諧的。但孟卻看到了對外貿易中有三種利益：國家的利益、商人的利益與國王的利益。孟認為：國家的利益可以在商人喪失利益的時候獲得；商人在公平正當得利的時候，國家也可能成為損失者。[125]在競爭的國際體系下，漢米爾頓則擔心：歐洲的強國「需要鼓勵我們分裂並且盡可能阻止我們獨立地從事積極的貿易的政策。這樣就能符合以下三項目的：阻止我們干擾他們的航海事業，獨占我們的貿易利益，剪掉我們的翅膀，使我們無法飛到危險的高度」。[126]對於是否需要國家制定政策保護德國東部邊界的農民，韋伯的回答是肯定的，因為這符合德國的國家利益：「在德國經濟政策的一切問題上，包括國家是否以及在多大程度上應當干預經濟生活，要否以及何時開放國家的經濟自由化並在經濟發展過程中拆除關稅保護，最終的決定性因素要看它們是否有利於我們全民族的經濟和政治的權力利益，以及是否有利於我們民族的擔綱者——德國民族國家。」[127]李斯特認為：流行的政治經濟學完全否認了國家和國家利益的存在。[128]這很大程度上基於他們分析單位的不同。李斯特批評史密斯眼裡的商人是世界公民，而不是國家公民，可以到處經營商業：「只需有一點不如意，他就可以把他的資本連同他所進行的事業全部，從這一國移到那一國。」[129]以國家為中心的政治經濟學強調無政府狀態是政治經濟的運行環境，國家是最重要的行為體，它們的目標是追逐國家利益（national interest）。

　　18世紀時，荷蘭金融界對英國的國債特別感興趣。[130]顯然，荷蘭

124（英）托馬斯・孟：《英國得自對外貿易的財富》，第3頁。
125（英）托馬斯・孟：《英國得自對外貿易的財富》，第25頁。
126（美）漢米爾頓、杰伊、麥迪遜：《聯邦黨人文集》，第52頁。
127（德）馬克斯・韋伯：《民族國家與經濟政策》，第93頁。
128（德）弗里德里希・李斯特：《政治經濟學的國民體系》，第144頁。
129（德）弗里德里希・李斯特：《政治經濟學的國民體系》，第28頁。
130（美）伊曼紐爾・華勒斯坦著，尤來寅等譯：《現代世界體系（第二卷）：重商主義與歐洲世界經濟體的鞏固（1650—1750）》，高等教育出版社1998年版，第360頁。

的資金流向英國背後既非「封建商業」心態作祟，也非愛國心缺乏，而是荷蘭商人對更高收益的追求。七年戰爭（1756—1763）之後，英國獲得了加拿大等新的殖民地，荷蘭對英國的投資擴大到了英國東印度公司、英格蘭銀行、南海公司。荷蘭商人還大量購入英國的政府債券。據估計，到1758年，荷蘭投資者擁有多達1/3的英格蘭銀行、英國東印度公司和南海公司的股票。到1762年，荷蘭人擁有近1/4的英國債務，倫敦的荷蘭僑民的數量和富人人數均屬空前，似乎英國市場已經被荷蘭資本所征服。[131]荷蘭商人注入大量資金，推動了倫敦的繁榮，使得倫敦在競爭中穩操勝券。[132]

　　然而，在1780年到1784年的第四次英荷戰爭中，英國卻將荷蘭打敗。戰敗後荷蘭的頹勢日益顯著，阿姆斯特丹國際金融中心的地位被英國倫敦取代。17世紀初期，荷蘭阿姆斯特丹的股票市場就像一台大功率的抽水機，把全歐洲的剩餘資本吸到了荷蘭的事業中去；一個世紀以後，它還是一功率巨大的抽水機，把荷蘭的剩餘資本抽到了英國的事業中去。這就是經濟邏輯與政治邏輯的矛盾。荷蘭商人按經濟邏輯投資，現實主義政治經濟學卻認為荷蘭商人此舉扶植了荷蘭未來的對手，損害了國家利益。正如李斯特所說的：「有些在私人經濟中也許是愚蠢的事，但在國家經濟中卻變成了聰明的事，反過來也是這樣。」[133]荷蘭投資者在做抉擇的時候，他們考慮的是更高的回報。但是，對其國家利益而言，卻是做了愚蠢的事情，因為他們資助了自己國家的競爭對手。

　　史密斯在《國富論》中提到了托馬斯·孟的作品。他認為《英國得自對外貿易的財富》，不僅是英格蘭而且會成為所有其他商業國政治經濟學的根本信條。[134]盡管從學理上看，重商主義既沒有一致的原

131（法）費爾南·布勞岱爾：《15至18世紀的物質文明、經濟和資本主義》第三卷，第291頁。
132（法）費爾南·布勞岱爾：《15至18世紀的物質文明、經濟和資本主義》第三卷，第272頁。
133（德）弗里德里希·李斯特：《政治經濟學的國民體系》，第145頁。
134（英）亞當·史密斯：《國富論》（下），第481頁。

則，又缺乏共同的分析工具，[135]但是，在實踐中，該書的出版獲得了英國國務秘書的許可，成為英國對抗荷蘭政策的思想武器。

重商主義看到了個人利益與國家利益的不吻合之處。重商主義者關心財富，認為財富是國家權力的基礎。為了國家利益，孟認為需要實施進出口限制，「在一個國家裡邊，凡是戰爭所需的食料與軍火，都是非常寶貴的，以致似乎必須完全限制它們的出口」。[136]從國家利益考慮，不是所有買賣都可以由私人來決定。李斯特也說：火藥、子彈、軍械的買賣在承平時是允許的，但是誰要是在戰時向敵人供應這類物資，就要當作賣國賊來處分了。[137]現在，高新技術日益捲入戰爭，它的跨國流動開始受到管制。事實上，出於對國家利益的考慮，貿易是常常被高度政治化的議題。自由貿易會增加本國的收益，同時也可能增加敵對國家或者潛在敵對國家的收益。敵對國家或潛在敵對國家能從貿易中獲得經濟利益，而它們將經濟利益轉化為軍事實力的可能性會帶來安全外部性。因此，安全外部性使得自由貿易更容易在軍事聯盟內部進行，往往由一個軍事力量較強的大國主導，促成聯盟內的自由貿易。[138]

目前，不少學者批評重商主義過於重視積累金銀。但從其理論產生的背景看，在那一時期的大國競爭中，積累金銀是符合國家利益的。金銀不僅在國際支付中發揮著重要作用，還可以作為國家重要的經濟資源，以便在戰爭期間招募士兵、發放軍餉、建造船艦、收買盟友、賄賂敵人。即便到了20世紀初，這樣的邏輯還在運行。在一戰爆發前的15年裡，歐洲各國紛紛加強了對黃金的爭奪。各國政府將黃金用於購置海外物資，為戰爭儲備資源。在當時，各國政府通過法律禁止黃金出口。[139]政治的邏輯壓倒了經濟的邏輯。一戰前夕，悲觀

135（英）馬克・布勞格：《經濟理論的回顧》，第1頁。
136（英）托馬斯・孟：《英國得自對外貿易的財富》，第35頁。
137（德）弗里德里希・李斯特：《政治經濟學的國民體系》，第146頁。
138 Joanne Gowa, "Bipolarity, Multipolarity, and Free Trade", *American Political Science Review*, Vol. 83, No. 4, 1989.
139 Barry Eichengreen, *Globalizing Capital: A History of the International Monetary System*, Princeton: Princeton University Press, 1996, p. 46.

的預期使得德意志銀行決定加強黃金儲備並在世界大戰爆發前的最後兩年從倫敦大量購入黃金。當時，黃金成了名副其實的戰俘。黃金一旦進入了各國中央銀行的金庫，就會被中央銀行不惜一切代價保留下來。[140]

此外，以國家為中心的政治經濟學之所以不認可自由主義者秉持的「比較優勢」，是因為他們不信奉「絕對收益」（absolute gain）。孟、李斯特等人往往認為各國追逐國家利益的結果是零和博弈。自由主義政治經濟學強調全世界生產資源的最優配置，希望這一問題與政治權力無涉。孟則依據實際的和潛在的、經濟的和政治的國家利益來展開論述。在他看來，一個國家獲益也就暗含著其他國家遭受了相應的損失。[141]以孟為代表的重商主義者往往提倡通過鼓勵生產、增加出口，以及抑制國內消費來增加國家財富。在他們眼中，一個國家的財富是依靠很多國家的貧困來支撐的。在眾多重商主義者眼中，黃金跟領土一樣，一個國家所得到的就是另一個國家所失去的。荷蘭獲得的多，英國的份額就少了。因此，孟、李斯特及其同道對「相對收益」（relative gain）更為關注，認為獲得「相對收益」才符合國家利益。英國的重商主義者羅杰・庫克（Roger Coke）說：只要我們的財富比鄰國多，即便我們只保有當下財富的五分之一，我也不在乎。[142]1990年的一項調查顯示，有86%的美國民眾情願看到美國和日本的經濟增長速度都放慢，而不願意看到兩國經濟都增長，日本卻增長更快。這時候，美國民眾為了拖垮日本經濟，寧願美國經濟遭受損失。[143]

相對收益常常影響各國的政治經濟決策。約瑟夫・格里克（Joseph Grieco）等人發現：國家擔心別國獲得更多的收益，因為

140　Marcello De Cecco, *From Monopoly to Oligopoly: Lessons from the Pre-1914 Experience*, in Eric Helleiner and Jonathan Kirshner, eds., *The Future of the Dollar*, Ithaca: Cornell University Press, 2009, pp. 116-141.

141　（美）亨利・威廉・斯皮格爾：《經濟思想的成長》（上），第102頁。

142　Jonathan Kirshner, "Realist Political Economy: Traditional Themes and Contemporary Challenges", in Mark Blyth, ed., *Routledge Handbook of International Political Economy*, London and New York: Routledge, 2009, p. 39.

143　Urban Lehner and Alan Murray, "Will the U.S. Find the Resolve to Meet the Japanese Challenge?", *Wall Street Journal*, July 2, 1990, p. Al.

現在收益的差距會削弱本國將來的獨立以及自主（independence and autonomy）。[144]鄧肯·斯納德（Duncan Snidal）也發現，「在20世紀50年代和60年代，歐洲、加拿大以及第三世界在埋怨美國在國際投資與貿易中占據的主導地位；而到了70年代和80年代，就輪到美國開始擔心海外勢力，尤其是日本所獲得的相對收益了」。二戰結束時，「在國際貿易領域，美國還對歐洲和低度發展國家實施特殊優惠條款。但到後來，美國開始按照其自身利益修改這些規則」。[145]邁克爾·馬斯坦杜諾（Michael Mastanduno）的研究也發現：由於日本的崛起，美國開始關注美日技術合作中收益的不均等性，美國對日本的技術政策開始調整，涉及飛機、衛星等領域。[146]當時美國不少研究警告說，美國需要重新考慮對日本的高科技政策，因為不僅僅美國和蘇聯的衝突關係到國家安全，日本的技術領先同樣威脅到國家安全。不少學者告誡美國政府，對日政策需要考慮相對收益，需要當心以後日本取代美國的霸權。為什麼要追逐「相對收益」？因為在無政府狀態下，國家的首要利益是國家生存，要確保國家生存，其相對的財富與軍事優勢就顯得尤其關鍵。

只關心個人利益，而罔顧國家利益；只看重絕對收益，而忽視相對收益，這是以國家為中心的政治經濟學對以個人為中心的政治經濟學的最大批評。李斯特宣稱：「只有個人利益服從國家利益，只有世世代代地向同一個目標努力，國家生產力才能獲得均衡發展，如果沒有當代和後代每個個人對於一個共同目標的努力，私人工業就很少發展機會。」[147]因此，國家需要追求「國家利益」，在與他國的競爭中，國家利益更多地表現為「相對收益」。

144 Joseph Grieco, Robert Powell and Duncan Snidal, "The Relative-Gains Problem for International Cooperation", *American Political Science Review*, Vol. 87, No. 3, 1993, pp. 727-743.

145 Duncan Snidal, "Relative Gains and the Pattern of International Cooperation", *American Political Science Review*, Vol. 85, No. 3, 1991, p. 720.

146 Michael Mastanduno, "Do Relative Gains Matter? America's Response to Japanese Industrial Policy", *International Security*, Vol. 16, No. 1, 1991, pp. 73-113.

147 （德）弗里德里希·李斯特：《政治經濟學的國民體系》，第143頁。

　　不過，需要注意的是，當代世界大國的利益半徑在擴大，使得大國利益與競爭對手甚至邊遠小國的利益開始關聯。隨著技術的進步，大國影響世界政治的手段更加便捷，大國的權力投射（power projection）在空間上得到極大的擴展。沃爾茲用微觀經濟學中的完全競爭來比附國際體系。按他對國際體系的理解，正如完全競爭條件下眾多公司作為價格的接受者（price taker）而不是價格的制定者（price maker）一樣，大國在國際體系中受到一個超出自身控制的國際結構的影響。但是，現代國際結構並不同於微觀經濟學中的完全競爭結構，而類似於寡頭競爭結構，各個寡頭都可以是價格制定者，而不僅僅是價格接受者。[148] 連沃爾茲也坦言：「國家，尤其是大國，就像大公司一樣，它們既受到環境的限制，又能夠通過行動來影響環境。大國不得不對其他行為體的行動作出反應，而後者的行動也會因為前者的反應而隨之改變。因此，這就像個寡頭市場。」[149] 換句話說，大國能成為國際結構的改寫者，它們的選擇可以重塑世界政治；反過來，世界政治中的大國也會受到自身行為的影響。由於大國的權力投射更廣，以往和自身國家利益無關的安排，包括競爭對手的利益甚至地緣上相距遙遠的國家的利益，現在都可能影響到國際安全和國際政治經濟格局，進而影響到自身的安全。

　　一戰結束後，參戰各國面臨的經濟壓力接踵而至。當時，協約國之間的債務已達230億美元，[150] 美國成為最大債主。英法希望美國免除它們欠下的戰爭債務，這樣，它們就不需要向德國索要大額賠款。1922年8月，英國政府發布了貝福爾照會（Balfour Note）。英國政府表示，如果能解決英國所欠債務，英國願意放棄應得的戰爭賠款。[151]

---

148 Jonathan Kirshner, *Appeasing Bankers: Financial Caution on the Road to War*, Princeton: Princeton University Press, 2007, p. 19.

149 Kenneth Waltz, *Theory of International Politics*, p. 134.

150 Robert Self, *Britain, America and the War Debt Controversy: The Economic Diplomacy of an Unspecial Relationship, 1917-45*, London and New York: Routledge, 2006, p. 15.

151 Alan Dobson, *Anglo-American Relations in the Twentieth Century: Of friendship, Conflict and the Rise and Decline of Superpowers*, p. 53.

但是，美國卻始終拒絕減免英法的戰爭債務，這在很大程度上就是出於「相對收益」的考慮。減免債務後，英美的相對實力會發生變化。如果算上戰爭債務，美國的債權總額為125億美元，英國為170億美元；但是一旦所有的債務被取消，美國的債權將下降為30億美元，而英國仍然有140億美元。[152]

歷史學家威廉·麥克尼爾（William McNeil）曾誇張地形容道：「德國欠下的所有戰爭債務，只需要美國人掏出五美分就能償還了。」[153]但是，美國政府卻始終不願意掏出這「五美分」。美國堅持索要英法的戰爭債務，英法只好將經濟壓力轉嫁德國，堅持向德國索要高額戰爭賠款。德國的經濟被戰爭債務壓垮了。20世紀20年代早期，德國為償還賠款，發行了大量的馬克，導致嚴重的通貨膨脹。到20年代晚期，楊格計畫規定德國需要支付長期的賠款，直至1987年才能付清。德意志帝國銀行總裁耶爾馬·沙赫特（Hjalmar Schachter）曾警告說，楊格計畫的要求超過了德國的支付能力。但是，這種預言並沒有被認真地對待。[154]德國被賠款以及美國經濟所牽連。失業率也從1929年底迅速上升，失業人口從1929年9月的130萬人上升到1930年9月的300萬人；到1933年初，失業人口超過了600萬。

這意味著每三個德國工人就有一個處於失業狀態。[155]此時，希特勒在報紙上寫道：「我這一生從來沒有像這些日子這麼舒坦，內心感到如此滿意過。因為殘酷的現實擦亮了千百萬德國人的眼睛。」[156]

20世紀20年代中期，道威斯計畫開始實施。該計畫旨在讓德國在未來的四年內遠離賠款問題的困擾。計畫減少了德國在此後四年的

---

152 Denise Artaud, "Reparations and War debts: The Restoration of French Financial Power, 1919-1929", in Robert Boyce, ed., *French Foreign and Defence Policy*, 1918-1940: The Decline and Fall of a Great Power, p. 91.

153 William McNeil, "Weimar Germany and Systemic Transformation in International Economic Relations", in Jack Snyder and Robert Jervis, eds., *Coping with Complexity in the International System*, Boulder: Westview Press, 1993, p. 193.

154 （英）E. H.卡爾著，徐藍譯：《兩次世界大戰之間的國際關係》，商務印書館 2009年版，第102頁。

155 Eberhard Kolb, *The Weimar Republic*, New York: Routledge, 2005, p. 111.

156 （美）威廉·夏伊勒著，董樂山等譯：《第三帝國的興亡》（上卷），世界知識出版社 2012年版，第131頁。

賠款額，且賠款的償還實行逐年遞增的辦法，到第五年，賠款額將達到最高值。因此，威瑪共和國中期，即1924－1929年，被譽為「黃金的二十年代」。

　　1925年，歐洲主要國家簽署了《洛迦諾公約》。貝福爾為此寫信給張伯倫，慶祝公約的簽署：「世界大戰在1918年11月結束，而和平卻在1925年10月才到來。」[157] 在1924年的選舉中，右翼的納粹黨遭受重創，選舉產生了一個更為溫和的國會。在1928年的選舉中，溫和的社會民主黨重新執掌政權。繁榮使得德國人變得溫和，並且越來越支持民主政體。這段時期也是納粹運動時運不濟的幾年，希特勒的政治生涯到1925年變得停滯不前。在慕尼黑，納粹黨只剩下700名成員。[158] 從1925年到1929年，希特勒已經處於半退休狀態。[159] 這一時期的物質繁榮和安定舒適的生活是不適於納粹實現其政治目標的。在1928年5月20日的選舉中，納粹黨幾乎全軍覆沒。在3100萬張選票中，納粹黨只得到81萬張，在國會的491個席位中只占了12席。[160] 新聞界以大幅標題宣布「希特勒完了」、「納粹黨已經終結」、「鼓手沒有敲響戰鼓」。[161] 一戰結束後，經過近十年的時間，威瑪共和國似乎站穩了腳跟。我們由此可以做一項反事實分析（counterfactual analysis），如果德國的繁榮繼續下去，那麼新生的威瑪政權就可能得以鞏固，德國國內的溫和政治勢力也可能發展壯大。德國納粹黨的崛起以及第二次世界大戰並非不可避免。

　　一戰後美國政府對戰爭債務問題的堅持，置大國之間的關聯利益於不顧，反而阻礙了美國國家利益的實現。最終，美國沒能如數得到債務，反而被捲入二戰。從太平洋到大西洋，從東南亞到北非，從南美到中東，在全球，美國都不得不做出犧牲以取得戰爭勝利。二戰

157　Alan Sharp, "Anglo-French Relations from Versailles to Locarno, 1919-1925: The Quest for Security", in Alan Sharp and Glyn Stone, eds., *Anglo-French Relations in the Twentieth Century: Rivalry and Cooperation*, London and New York: Routledge, 2000, p. 132.

158　（美）克勞斯・費舍爾：《納粹德國：一部新的歷史》，第194頁。

159　（美）威廉・夏伊勒：《第三帝國的興亡》（上卷），第112頁。

160　（美）威廉・夏伊勒：《第三帝國的興亡》（上卷），第113頁。

161　（美）克勞斯・費舍爾：《納粹德國：一部新的歷史》，第194頁。

中，美國傷亡人數總計為100餘萬人，其中死亡40餘萬人。為了討回麥克尼爾所說的「五美分」的戰爭債務，美國需要吞下自己釀下的苦果。我們可能需要反思，堅持以「相對收益」的視角看待國家利益，是否真能實現國家利益。

六　為何蘇聯要生產過時的電腦？

美蘇冷戰期間，安全考慮驅使蘇聯走出國際技術分工的模式，而專注於全面的技術建設。那時美蘇兩國均有大量的、訓練有素的專業人員，他們分布於科學研究的各個領域。他們打破國際技術的市場分工，研發活動相互重疊，研究方法有所異同，得出的結論可能互補或者截然相反。換句話說，他們很大程度上在從事高水平的重複勞動。按經濟邏輯，各國應該從事自己有比較優勢的產業，也應該選擇自身有比較優勢的研發。但是，政治邏輯卻驅使蘇聯做出不同的選擇。當時蘇聯的研究幾乎涵蓋了科學研究的所有領域。有研究者宣稱：在蘇聯，你很少能找到一個科學領域，是蘇聯科學家的研究沒有涉及的。

最明顯的案例就是蘇聯研發的個人電腦。當時，美國已經研究出了很先進的個人電腦，而這些個人電腦在很多非共產主義國家的零售商店就可以買到。由於美國在電腦技術上擁有絕對的優勢，出於經濟上的考慮，很多國家研發的電腦系統都力圖與美國主導的系統兼容。但是蘇聯卻耗費了大量資源，自主開發蘇聯的個人電腦。盡管蘇聯所製造的電腦比當時美國的前沿技術落後了兩代，但他們還是樂此不疲。出於安全考慮，蘇聯選擇完全不同的技術路線，他們發明的電腦系統與美國主導的系統有相當大的距離。為何蘇聯要研制落後的電腦？因為僅憑國際貿易，不可能購買到一個國家發展所必需的一切產品。托馬斯·孟提醒執政者，貿易問題的背後是政治，「我們非但應該注意外來的侵略，而且還應該經常做好抗敵的準備。」[162]為了做好

162（英）托馬斯·孟：《英國得自對外貿易的財富》，第78頁。

抗敵的準備，蘇聯只得積極投入個人電腦等一系列技術的研發中。

1962年，由於古巴導彈危機，原本貿易量就相當有限的美蘇貿易還經歷了一次大幅度的倒退。1961年到1962年，美國對蘇聯的出口從0.43億美元下降到了0.153億美元。與此同時，蘇聯對美國的出口也從1961年的0.22億美元下降到1962年的0.16億美元。[163]正如李斯特強調的，國際分工不同於國內分工。國際生產力的協作有著諸多的缺陷，遇到戰爭、政治上的變動、商業恐慌等變故，國際分工就往往會中斷。[164]一旦國際分工被打斷，在國際貿易存在不對等的相互依存的情況下，就會給一些國家帶來嚴重的政治和經濟後果。政治上，國際分工會影響一個國家的自主性；經濟上，國際分工會讓該國的脆弱性加深。蘇聯的政策也在其他國家被效仿。

1956年，毛澤東發表了《論十大關係》，他總結了新中國成立以來工業化建設的經驗教訓。人們從中看到了中國工業化調整的端倪。在重工業和輕工業、農業關係問題上，毛澤東認識到要多發展一些農業、輕工業；在沿海工業和內地工業關係問題上，要充分利用和發展沿海工業；在軍事工業與民用工業上，中央把軍政費用降到一個適當的比例，增加經濟建設費用。但是，後來事態的發展背離了《論十大關係》的預想。尤其是在「三線」建設時期，中國政府更加強調發展重工業，更加強調內地工業基地的發展，更加強調軍事工業。為何會這樣呢？

20世紀60年代，日益嚴峻的安全環境促使當時的中國領導人對戰爭危險做了嚴峻的估計，從準備最壞的可能出發，立足於早打，大打，立足於幾個方面來打。備戰成為影響黨的政治戰略和經濟戰略的重要因素。[165]

與「三線」建設直接相關的是「三五計畫」的制訂。計畫制訂

---

163 Michael Gehlen, "The Politics of Soviet Foreign Trade", *The Western Political Quarterly*, Vol. 18, No. 1, 1965, pp. 104-115.

164 （德）弗里德里希‧李斯特：《政治經濟學的國民體系》，第142頁。

165 中共中央黨史研究室著，胡繩主編：《中國共產黨的七十年》，中共黨史出版社1991年版，第429頁。

前，黨中央原本的設想是以農、輕、重為序安排國民經濟發展。1963年8月，鄧小平在工業決定起草委員會會議上提出：「我考慮，在一定時期內，我們工作的重點，必須按照以農業為基礎的方針，適當解決吃、穿、用的問題。」「第一要抓吃、穿、用的問題。」[166]這個意見成為正在醞釀的「三五計畫」的指導思想。但是，隨著外部局勢日益嚴峻，加強國防被放到了越來越突出的位置，「三五計畫」的指導思想也隨之改變。1964年，毛澤東對李富春等人制訂的著重恢復農業生產和人民經濟生活的計畫方案表示大不贊成，他說：「（甘肅）酒泉和（四川）攀枝花鋼鐵廠還是要搞，不搞我總是不放心，打起仗來怎麼辦？」同年，毛澤東在中央工作會議上多次強調備戰問題，「只要帝國主義存在，就有戰爭危險。我們不是帝國主義的參謀長，不曉得它什麼時候打仗。但是決定戰爭最後勝利的不是原子彈，而是常規武器。要搞三線工業基地的建設，一、二線也要搞點軍事工業。各省都要有軍事工業，要自己造步槍、衝鋒槍、輕重機槍、迫擊炮、子彈、炸藥。有了這些東西，就放心了。攀枝花搞不起來，我睡不著覺」。[167]毛澤東強調要準備應對帝國主義可能發動的侵略戰爭。現在工廠都集中在大城市和沿海地區不利於備戰。工廠可以一分為二，要搶時間搬到內地去。會議決定，「三線」建設在人力、物力、財力上予以保證，新的項目都要建在「三線」。[168]為了保障中國國有工業的安全，在工業建設選址的時候，重要工業沒有放在敵人飛機可以轟炸到的沿海地區。中央在審查廠址的時候，把廠址標在地圖上，並用直線標出它與台灣、韓國、日本等美軍基地的距離，說明美國的什麼型號的飛機可以攻擊到它。[169]

到了1965年，中共中央將中發（65）第208號文件下發至縣團級黨委，指示各級黨委要加強備戰：「中央認為目前形勢，應當加強

166《鄧小平文選》第一卷，人民出版社1994年版，第335頁。
167《毛澤東在國家計委領導小組匯報第三個五年計畫設想時的插話》，《黨的文獻》1996年第3期。
168 叢進：《曲折發展的歲月》，人民出版社2009年版，第345頁。
169 薄一波：《若干重大決策與事件的回顧》（上卷），第299頁。

備戰工作。要估計到敵人可能冒險。我們在思想上和工作上應當準備應付最嚴重的情況。」[170]而加強備戰的認識也主導了中國共產黨的九大報告。 1969年，九大的大會報告指出：美帝國主義和蘇修社會帝國主義「妄想重新瓜分世界，既互相勾結，又互相爭奪……我們絕不可因為勝利而放鬆自己的革命警惕性，絕不可以忽視美帝、蘇修發動大規模侵略戰爭的危險性。我們要作好充分準備，準備他們大打，準備他們早打，準備他們打常規戰爭，也準備他們打核大戰。總而言之，我們要有準備。」[171]「獨立自主」、「重化工業優先發展」，這些經濟理念的提出，離不開當時中國的外部環境。

因此，「三五計畫」實施的「三線」建設是在「備戰、備荒、為人民」的方針指引下展開的。它實質是一個以國防建設為中心的備戰計畫。中國政府從準備應付帝國主義早打、大打出發，把國防建設放在第一位，搶時間把「三線」建成戰略大後方。從1965年到1972年，國家投入建設資金800多億元，在「三線」建成或初步建成了一批骨幹企業，如攀枝花鋼鐵廠、酒泉鋼鐵廠、成都無縫鋼管廠、四川德陽第二重型機械廠以及一批大型國有煤礦、發電站等。[172]

出於安全考慮，國家需要在不同的安全背景下調整經濟政策，目的就是保障國家的經濟自主性。[173]自主（autonomy）是以國家為中心的政治經濟學的重要政策訴求。如果不做好準備，國家的生產會面臨危機。原本的盟友可能變成了對手，影響貿易的進行。因此，從古至今，經濟民族主義均認為國家權力與獨立性是重要的目標，而且是壓倒一切的目標。[174]

正如李斯特所說：戰爭對於國與國之間的商業關係是要起破壞作用的。[175]美國和蘇聯原本是一起抗擊法西斯的盟友，但第二次世界

170《建國以來毛澤東文稿》第11冊，中央文獻出版社1996年版，第359—350頁。
171《在中國共產黨第九次全國代表大會上的報告》，《人民日報》1969年4月28日。
172 叢進：《曲折發展的歲月》，第346—347頁。
173 黃琪軒：《在劍與犁之間——安全環境對中國國有工業的塑造》，《華東理工大學學報》（哲學社會科學版）2015年第3期。
174（美）羅伯特‧吉爾平：《國際關係政治經濟學》，第32頁。
175（德）弗里德里希‧李斯特：《政治經濟學的國民體系》，第158頁。

大戰勝利後，它們卻變成對手。而封鎖貿易市場以及禁止技術轉讓就被美國視為能夠損害蘇聯經濟的武器。[176]托馬斯·孟指出：現金被稱為戰爭的命脈，是因為它可以在戰爭的時候調動人力，購買軍火和食品，「倘使這些東西在需要的時候得不到供應，那麼我們拿著我們的現金能做什麼呢？」[177]

李斯特也看到了一個國家實現經濟獨立自主的重要性。「由於利益的分歧，由於各國在追求獨立與優勢方面的爭奪，也就是由於國際競爭與戰爭的自然結果：因此在國家利益上的這種衝突還沒有停止以前，換個說法，就是一切國家還沒有在同一個法律體系下合成一體以前，這個政策是不能舍棄的。」[178]而獨立自主的政策包括很多方面：

其一，國家要保障自身的經濟安全，要實現糧食供應的自主。一戰期間，由於遭到英國的海軍封鎖，德國的糧食進口受到嚴重干擾。在戰爭後期，德國的民眾深受飢餓困擾，1917年到1918年，德國民眾的肉類消費為戰前消費的19.8%；黃油消費為戰前的21.3%。有歷史學家估計飢荒人數達75萬之多。[179]食品供應的短缺嚴重損害了德國民眾的健康，也削弱了他們的士氣。

其二，國家要實現原料供應的自主。一戰爆發前，德國一直難以自主供應原料，這嚴重影響了德國在一戰期間的經濟供應。1887年到1912年，德國的進口增長了三倍。1900年至1902年，德國進口了價值560多萬馬克的商品；而1911年至1913年，德國的進口金額上升到了1030萬馬克，增長了約60%。[180]德國對進口的需求主要集中在能源、原料、糧食等工業化急需的領域。從1900年到1913年，德國國內的石油產出增長了140%，但也僅能供應德國1/10的石油需求。1897年時，德國還是鐵礦石的淨出口國，到1913年，德國開採的鐵

176 Bruce Parrott, *Trade, technology, and Soviet-American relations*, Bloomington: Indiana University Press, 1985, p. 274.
177 （英）托馬斯·孟：《英國得自對外貿易的財富》，第70頁。
178 （德）弗里德里希·李斯特：《政治經濟學的國民體系》，第104頁。
179 （英）尼爾·弗格森著，董瑩譯：《戰爭的悲憫》，中信出版社2013年版，第223頁，表9-11。
180 B. R. Mitchell, *European Historical Statistics*, 1750-1970, London: Macmillan, 1975, p. 494.

礦石增長了120%，但接近30%的鐵礦石仍需要靠進口。1913年，德國有57%的原料需要進口。[181]由於經濟增長迅速，德國對能源、原材料的需求也在迅速增長，德國成為歐洲最大的原材料進口國。而在戰爭期間，德國卻無法保障這些原料的供應。

其三，國家需要保障技術的自主。1979年伊斯蘭革命以前，伊朗空軍和民航主要從美國採購飛機。伊斯蘭革命爆發後，美國等西方國家對伊朗實施經濟制裁，禁止向伊朗出售航空零部件，伊朗航空開始遭遇危機。由於無法購買新型客機和飛機零部件，近年來，伊朗空難頻發。中國在2006年全國科技大會後，對技術自主性的訴求顯著上升。中國政府制定了國家中長期科學和技術發展規畫綱要，該綱要共安排了16個重大技術專項，國產大型商用飛機是其中之一。針對這一項目，北京大學路風教授指出：「大飛機項目的成功還會使中國的空中力量發生質的飛躍，使中國在軍事上更為安全。因此，由大飛機項目所推動的航空工業技術能力的躍升，將不僅足以使中國在世界經濟中的地位發生結構性變化，而且將為保證中國的政治獨立和國家主權提供強大的手段。這是一個強國之項目。」[182]

其四，國家需要保障安全產品的自主。安全產品屬於國防供應，大部分國家都強調對這一產品的生產與供應，而不是依靠他國。托馬斯・孟指出：「在千鈞一髮之際來不及準備軍火，國家就要滅亡了。所以我們可以說：一個在有急需的時候買不到東西的國王，是和一個沒錢去買東西的國王一樣貧困的。」[183]在國家安全領域，一些重大武器裝備和急需的關鍵元器件只能依賴進口的國家，則處處存在被他國「卡脖子」的危險。參與核武器研制的科學家賀賢土指出：「一些跟國防有關的核心的高科技，西方國家不會賣給我們。」賀院士對中國依賴於外國技術予以很大質疑。他指出：「現在我們的經濟發展得

181　Dale Copeland, "Economic Interdependence and War: A Theory of Trade Expectations", p. 28.
182　路風：〈我國大型飛機發展戰略研究報告〉，載氏著《走向自主創新：尋求中國力量的源泉》，廣西師範大學出版社2006年版，330頁。
183　（英）托馬斯・孟：《英國得自對外貿易的財富》，第70頁。

很不錯，勢頭也很好，高科技的生產已經占了較大比重。但是，大量的產值是合資企業生產的，是外面的公司在我們這裡生產的高科技產品的產值。這雖然對發展我們的經濟十分重要，但如果我們深入地想一想，就包含了某種風險在裡面。一旦有風吹草動，外資可能會大批撤走，它的廠房可以留給你，機器可以留給你，但是核心的技術，他沒有告訴你，這樣生產就會受很大影響，甚至停頓。即使你能生產，但是知識產權不是你的，人家就會卡你。另外，在國防上，我們買了人家很多飛機、兵艦，自己沒有掌握關鍵技術，受制於人，這也是很危險的事。因此在這一點上，我感到有某種危機感，只有真正掌握核心的技術，我們才不怕。20世紀60年代，前蘇聯撤走了以後，不光是核武器，整個國家很多大項目就處在停頓狀態，建設受到較大影響。」[184]

作為美國的軍事同盟，日本從20世紀70年代開始試圖擺脫對美國武器生產的依賴，並著手研發自己的武器。在日本國防部、自衛隊以及通產省官員的推動下，日本開始研發國產戰鬥機。[185] 這與今天中國開始重新研發製造國產大飛機是驚人的相似。日本國產武器的供給從1950年的39.6%增加到了1982年的88.6%。如果以1981年作為基期，從1981年到1990年的十年間，日本國內的武器生產總共增長了220%，這個速度遠遠快於日本的經濟發展速度，這一時期，日本的產業增長只有143%。[186] 日本開始把握與安全息息相關的國防技術和產品的主導權，提高自給率。通過努力，日本船隻的自給率達到了100%，軍用飛機的自給率為90%，彈藥的自給率為87%，槍枝的自給率為83%。[187]

其五，國家需要保障市場的自主。自由主義政治學者理查德·

184 賀賢土：〈參加核武器研制的經歷與體會〉，載路甬祥主編《科學與中國：院士專家巡講團報告集》（第一輯），北京大學出版社2006年版，第71頁。
185 Michael Green, *Arming Japan: Defense Production, Alliance Politics, and the Postwar Search for Autonomy*, New York: Columbia University Press, 1995, p. 25.
186 Reinhard Drifte, *Arms Production in Japan*, Boulder: Westview Press, 1986, pp. 11, 13, 21, 34.
187 Andrew Hanami, "The Emerging Military-Industrial Relationship in Japan and the U.S. Connection", *Asian Survey*, Vol.33, No. 6, 1993, pp. 601-602.

羅斯克蘭斯（Richard Rosecrance）指出，第二次世界大戰結束以後，以往強調軍事征服、領土占領的「軍事—政治的世界」（military-political world）開始變成「貿易世界」（trading world），各國更加強調通過貿易來增強自身的實力，而日本則變成了「貿易國家」（trading state）。[188] 在羅斯克蘭斯看來，歷史上日本通過征服等手段獲得外部市場，而二戰後日本更強調自由無礙地與他國進行貿易以實現國家利益。不過，羅斯克蘭斯贊許的「貿易國家」面臨很大的脆弱性。

二戰結束後，在美國的積極推動下，資本主義世界建立了相對統一的世界市場。出於對抗蘇聯的需要，美國鼓勵日本和歐洲增加出口。美國也容忍對日貿易逆差，甚至鼓勵日本對美實施歧視性的貿易政策。日本則利用全球資本主義市場，尤其是美國市場，在經濟重建中取得了驚人的成就。但是，日本卻沒有掌握一個自主的市場。1980年的《科學》雜志援引美國眾議院的報告指出：「我們相信，日本工業化的成就給美國帶來的衝擊，會跟當時蘇聯的人造衛星上天給美國帶來的衝擊一樣嚴重。」[189] 面對日本的經濟衝擊，美國開始考慮選擇性地封閉國內市場。為此，美日雙方展開了激烈的貿易談判，美國利用其龐大國內市場，不斷迫使日本接受「自願」的出口限制。[190]

由於嚴重依賴霸權國美國的市場，又缺乏對該市場的控制能力，日本的發展最終遭遇了瓶頸。到20世紀80年代，日本年均出口增長率下跌至5.3%（20世紀70年代為14.6%）。日本產品在美國進口產品中所占份額從20世紀80年代的18.5%下跌到21世紀第一個10年的10.7%。[191] 由於缺乏自己能掌控的市場，日本經濟發展的脆弱性日益顯現。[192]

---

188 Richard Rosecrance, *The Rise of the Trading State: Commerce and Conquest in the Modern World*, New York: Basic Books, 1985, pp. 23-26.

189 Constance Holden, "Innovation：Japan Races Ahead as U.S. Falters", Science, New Series, Vol. 210, No. 4471, 1980, p. 751.

190 Andrew Gordon, *A Modern History of Japan: From Tokugawa Times to the Present*, New York: Oxford University Press, 2003, p. 293

191 （美）巴里・艾肯格林著，張群群譯：《全球失衡與布雷頓森林的教訓》，東北財經大學出版社2013年版，第66頁。

192 黃琪軒、李晨陽：《大國市場開拓的國際政治經濟學——模式比較及對「一帶一路」的啟示》，《世界經濟與政治》2016年第5期。

　　事實上，如果缺乏市場的自主性，國家的很多對外經濟戰略都難以實現。1997年9月，七國集團與國際貨幣基金組織在香港舉行年會。在這次的年會上，日本財政大臣提議，由亞洲國家出資1000億美元，打造亞洲貨幣基金組織，以應對當時和未來的金融與貨幣危機。日本政府會提供一半的資金，其餘資金由其他亞洲國家籌集。日本的提議讓不少人感到意外。美國財政部獲悉日本政府的提議以後，立刻表示反對。時任美國財長勞倫斯‧薩默斯（Larry Summers）深夜打電話給日本大藏省副大臣神原英姿（Eisuke Sakakibara）說：「我原本以為我們是朋友。」他們在電話裡面展開了激烈的討論，長達兩個小時。薩默斯批評日本人建立亞洲貨幣基金組織的嘗試，是把美國排除在外，並試圖讓亞洲貨幣基金組織獨立於國際貨幣基金組織。[193]

　　為推動亞洲貨幣基金組織的成立，日本政府展開了積極行動。1998年，包括日本首相橋本龍太郎（Ryutaro Hashimoto）在內的日本政府領導人與官員頻繁出訪亞洲國家，包括印度尼西亞、泰國、馬來西亞以及新加坡，向各國闡釋其變更當前國際貨幣制度的理念，希望在亞洲國家內部達成共識。日本政府不僅做出了巨大的外交努力，還做出了巨大的經濟努力。在泰國發生金融危機期間，日本的金融機構給予了泰國最大份額的貸款，借款高達380億美元。相比之下，歐盟對泰國的貸款金額為200億美元，美國為40億美元。[194]但是，日本的努力卻難以成功。

　　日本嚴重依賴出口，尤其是對美出口，日本大部分的廠商與美國利益是綁定在一起的。他們需要維持現有的國際貨幣制度安排，維持美元扮演的國際關鍵貨幣的角色，保持日本出口增長。因此，日本國內的出口商抵制日本政府推動日元國際化的戰略，抵制政府「去美元化」的努力。[195]國內市場狹小，讓日本的經濟既缺乏自主性，也缺乏

193 Phillip Lipsey, "Japan's Asian Monetary Fund Proposal", *Stanford Journal of East Asian Affairs*, Vol. 3, No. 1, 2003, p. 95-96.

194 Phillip Lipsey, "Japan's Asian Monetary Fund Proposal", *Stanford Journal of East Asian Affairs*, Vol. 3, No. 1, 2003, p. 98.

195 Saori Katada, "From a Supporter to a Challenger? Japan's Currency Leadership in Dollar-Dominated East Asia", *Review of International Political Economy*, Vol. 15, No. 3, 2008, pp. 399-417.

美國這樣的影響力。相反，日本的國內出口集團受到美國市場的顯著影響，讓日本國內的意見也難以達成共識。日本變更國際貨幣制度在國內也難以得到支持。[196]

不僅日本如此，當年的大英帝國也遭遇過類似的困境。1873年至1896年出現了一輪世界性經濟蕭條，其間，英國的物價下跌了22%，美國物價下跌了32%，其他國家物價的下跌則更為顯著。[197]面臨經濟蕭條的壓力，各國保護主義壓力增大。而這一時期，興起了第二次工業革命。鋼鐵作為第二次工業革命的代表性產業，在英國則陷入了相對衰退。關稅壁壘妨礙了英國鋼鐵業的發展，保護了美國、德國和其他歐洲國家的市場，使這些國家的本土製造業迅速成長。美國國會在1890年通過的麥金利關稅（McKinley Tariff）對英國的馬口鐵以及鋼產業造成了巨大的衝擊。[198]隨著歐洲大陸國家開始工業化，其國內的工業生產替代了進口，英國出口的商品在歐洲大陸的市場份額日益下降。英國龐大的海外市場開始逐步萎縮，導致英國製成品的出口增長放緩。

如表6-3所示，到19世紀末，特別是19世紀80年代，英國的出口增長明顯慢於其他主要的工業化國家。1913年到1929年，國際貿易中製成品出口的年均增長率為2.9%，而英國製成品出口的年均增長率僅為0.5%。[199]英國產品在國外的銷量迅速下降。

自由主義政治經濟學認為，在一個共同的法律框架下，理性的個人會實現分工。因此，根據要素稟賦，有的國家自然集中於生產高技術產品，有的國家則可能集中生產勞動密集型產品。通過國際交換，各國都實現了經濟福利最大化，而經濟獨立無益於增進全球福利。李斯特卻指出：這個學派擁護自由競爭的論點，實際上只能運用於屬

196　黃琪軒：《國際貨幣制度競爭的權力基礎——二戰後改革國際貨幣制度努力的成敗》，《上海交通大學學報》（哲學社會科學版）2017年第3期。
197　（美）傑弗里·弗里登：《20世紀全球資本主義的興衰》，第7頁。
198　Sidney Pollard, *Britain's Prime and Britain's Decline: The British Economy, 1870-1914*, London: Edward Arnold, 1989, p. 53.
199　Robert Matthews, Charles Feinstein and John Odling-Smee, *British Economic Growth, 1856-1973*, Oxford: Oxford University Press, 1982, p. 467.

表6-3　各國製成品出口的年均增長率（%）

年份 ＼ 國家	英國	美國	德國	法國
1871/5-1881/5	2.1	7.1	—	2.2
1881/5-1891/5	0.4	2.7	1.7	1.2
1891/5-1901/5	1.7	9.1	4.3	2.5
1901/5-1913	3.6	6.1	3.3	5.0
1871/5-1913	2.0	6.2	—	2.3
1881/5-1913	—	—	3.7	—

資料來源：Folke Hilgerdt, *Industrialization and Foreign Trade*, New York: League of Na- tions, 1945, pp. 158-161。

於同一國家的各個人之間的交換。[200]國內貿易和國際貿是有很大差異的，國家內部的分工和國家間的分工也如此。李斯特強調：在目前世界形勢下，任何大國要獲得恆久的獨立與富強的保障，首先要做到的就是使自己的力量與資源能夠獲得獨立的、全面的發展。[201]要保障一個國家經濟的良好、穩定運行，關鍵時候需要能依靠自己的資源和力量。大國不僅在安全上要自助（self-help），經濟上也要獨立，也要自主，如此才能在安全上實現自助。李斯特重申：「在目前世界形勢下，只能依靠它自己的力量和資源來保持生存和獨立。」[202]那麼，國家怎麼才能實現本國產業的自主呢？現實主義和國家主義的政治經濟學都強調國家實施積極的產業政策。

七　為何美國在內戰後建立如此高的關稅？

美國成為世界經濟霸權之後，在世界積極推動自由貿易，這讓

200（德）弗里德里希・李斯特：《政治經濟學的國民體系》，第151頁。
201（德）弗里德里希・李斯特：《政治經濟學的國民體系》，第104頁。
202（德）弗里德里希・李斯特：《政治經濟學的國民體系》，第153頁。

世人忽略了其早期實施保護主義的歷史。事實上，無論是英國還是美國，都曾是保護主義最為盛行的地方。[203] 與歐洲相比，19世紀中期的美國仍然是「後發展國家」。如果沒有美國政府的積極保護，歐洲產品和技術將占據美國市場，主導美國的技術與產業。波拉尼寫道：歐洲有組織的獨立國家能保護自己免受自由貿易的衝擊，而那些在政治上沒有組織的殖民地人民就不能這樣做了。歐洲的白種人能從自由貿易中保護自己，因為他們建立了主權國家，而那些有色人種則沒有這麼幸運，他們缺乏這樣的政治前提，他們缺乏一個有力的政府。[204]

美國內戰前夕以及內戰期間，南北的衝突使得國家的保護政策受到挑戰，關稅曾有所下降。但內戰結束後，伴隨美國國家能力的提升，美國的關稅又開始大幅度提高。從19世紀60年代中期到1900年，美國關稅稅率大致維持在40%—50%。[205] 如表6-4所示，歷史上，英國和美國在趕超時期，都通過實施高關稅保護自身的產業。甚至到了1820年，即英國已接近第一次工業革命尾聲的時候，其製成品的平均關稅稅率仍高達45%—55%。第一次世界大戰前夕，美國已經是世界上第一大經濟體，它對製成品徵收的平均關稅稅率仍高達44%。

而一向被大家視為重商主義的法國，其關稅卻一直較低。讓·科貝爾（Jean-Batiste Colbert）是法國的重商主義者，他推行的政策取得了成功。但是後來法國放棄了科貝爾的政策，李斯特感嘆：「已經發展起來的工業可以在幾年之間一敗塗地，已經受到摧殘的工業要想用整整一個世代的時間使它恢復卻不那樣容易。」[206] 如表6-5所示，號稱自由貿易的英國的關稅一直比大家認為實施保護主義的法國要高。

203　Ha-Joon Chang, *Kicking Away the Ladder: Development Strategy in Historical Perspective*, London: Anthem Press, 2002, p. 17.

204　Karl Polanyi, *The Great Transformation: The Political and Economic Origins of Our Time*, p. 192.

205　Gary Walton and Hugh Rockoff, *History of the American Economy, Mason*, Ohio: South-Western, 2010, p. 179, Figure 10.2.

206　（德）弗里德里希·李斯特：《政治經濟學的國民體系》，第69頁。

表6-4　1820－1990年主要發展國家製成品平均關稅稅率（％）

國家＼年份	1820	1875	1913	1925	1931	1950	1980	1990
奧地利	—	15—20	18	16	24	18	14.6	12.7
比利時	6—8	9—10	9	15	14	11	8.3	5.9
丹麥	25—35	15—20	14	10	—	3	8.3	5.9
法國	—	12—15	20	21	30	18	8.3	5.9
德國	8—12	4—6	13	20	21	26	8.3	5.9
義大利	—	8—10	18	22	46	25	8.3	5.9
荷蘭	6—8	3—5	4	6	—	11	8.3	5.9
俄國	—	15—20	84	—	—	—	—	—
西班牙	—	15—20	41	41	63	—	8.3	5.9
瑞典	—	3—5	20	16	21	9	6.2	4.4
瑞士	8—12	4—6	9	14	19	—	3.3	2.6
英國	45—55	0	0	5	—	23	8.3	5.9
美國	35—45	40—50	44	37	48	14	7.0	4.8
日本	—	5	30	—	—	—	9.9	8.3

資料來源：Paul Bairoch, *Economics and World History: Myths and Paradoxes*, Chicago: The University of Chicago Press, p. 40。

19世紀早期，英國關稅稅率至少是法國的兩倍。1821年到1825年，法國關稅稅率為20.3%；而英國的關稅則高達53.1%。直到1876年以後，法國的關稅才略微超過英國。

因此，不少經濟史學家和經濟學家的看法相左。經濟學家的演繹展示了低關稅的優勢，而經濟史學家則展示實施高關稅是發展的必由之路。有了高關稅保護，美國的幼稚產業才有機會依托美國龐大的國內市場成長壯大。1869年，進口的製成品占據了14%的美國市場份額；而到1909年，這一比重下降到了6%。1869年時的美國，幾乎每個製造業部門都有10%左右甚至更多的產品依靠進口；而到了1909年，這個比重僅為5%。在這一時期，與經濟成長密切相關的鋼鐵業取得的成效更為明顯。鋼鐵產品的進口比重從12%下降為1.5%。[207]

長期以來，美國對內實施嚴格的關稅保護，這種保護為美國本土的技術進步與產業升級提供了國內市場。美國為保護主義貢獻了政策實踐，而李斯特等則為保護主義貢獻了思想來源。1847年，在布魯塞爾的經濟學家聚會上，有人做了一個關於貿易保護主義的報告，內容非常沉悶。馬克思激動地大聲說道：報告人最好直接重複李斯特的講話吧，他的講話至少是尖銳、生動而大膽的。[208]不過，由於史密斯的政策試驗場是當代的已發展國家，故而史密斯的學說獲得了更大的影響力。而李斯特的政策試驗場是當今的發展中國家，所以李斯特的聲音往往被學界與政界棄之腦後。

以國家為中心的政治經濟學常常討論國家主導的產業政策（industrial policy），鼓吹發展民族工業。這伴隨兩個問題：第一，後發展國家為什麼要發展自身的民族工業？按照比較優勢發展農業就不行嗎？第二，為什麼需要國家介入來發展民族工業？讓市場發揮作用，讓企業家發揮作用不是很好嗎？李斯特對第一個問題的回答包含四個方面的考慮。

---

207 Stanley Engerman and Robert Gallman, eds., *The Cambridge Economic History of the United States*, vol. 2, The Long Nineteenth Century, p. 725.

208 （俄）阿尼金：《改變歷史的經濟學家》，第276頁。

表6-5　英國、法國平均關稅率（關稅收入與進口總額比）對比（％）

國家	英國	法國
1821—1825	53.1	20.3
1826—1830	47.2	22.6
1831—1835	40.5	21.5
1836—1840	30.9	18.0
1841—1845	32.2	17.9
1846—1850	25.3	17.2
1851—1855	19.5	13.2
1856—1860	15.0	10.0
1861—1865	11.5	5.9
1866—1870	8.9	3.8
1871—1875	6.7	5.3
1876—1880	6.1	6.6
1881—1885	5.9	7.5
1886—1890	6.1	8.3
1891—1895	5.5	10.6
1896—1900	5.3	7.0
1901—1905	7.0	8.8
1906—1910	5.9	8.0
1911—1913	5.4	8.8

資料來源：John Vincent Nye, " The Myth of Free-Trade Britain and Fortress France: Tariffs and Trade in the Nineteenth Century", *The Journal of Economic History*, Vol. 51, No. 1, 1991, p. 26。

　　首先，國際分工是有等級的，要優先發展有利於國家自主的工業。自由主義政治經濟學強調分工，李斯特認為，他們的問題在於「提到商品時總是籠統來說的，並不考慮到問題是有關原料品還是製成品」。[209]美國老布希政府的經濟顧問委員會主席邁克爾·波斯金（Michael Boskin）的話表達了這樣的看法：「晶圓就是晶圓，洋芋片就是洋芋片，一國生產晶圓還是洋芋片不重要。如果一國在洋芋片生產而不是電腦晶圓生產上具有比較優勢，那麼它就應該出口洋芋片，進口電腦晶圓。」[210]這也是李斯特所指責的，賣農產品和賣工業品是有很大差異的。他認為，不區分農業品和工業品的看法存在誤導性，「用農產品向國外交換工業品與自己建立工業，兩者同樣可以促進文化與物質生活的發展，尤其是社會進步；這樣對國家經濟的性質就完全陷入了誤解」。[211]因為，在國際分工中，售出製成品的一方占了優勢，而只能供應農產品的那一方則居於劣勢地位。[212]今天也一樣，從事低階製造業和高階製造業同樣處於不同的國際生產等級。這樣的經濟等級會影響國家的政治等級。國際分工會構成國家權力的重要基礎。李斯特指出，要優先發展「按照它們對國家獨立自主的關係來說，都有著頭等重要意義的工業」。[213]

　　其次，一國如果只有農業而沒有工業品，產品就容易被他國替代，且經濟發展更為脆弱。李斯特明確指出其脆弱性：假定擔任這一工作的十個工人並不住在一處，而是各居一國，那麼由於戰爭、運輸方面發生的障礙、商業恐慌等等，他們之間的協作就不免要時常中斷。[214]在國際分工帶來脆弱性的同時，不同國家的脆弱程度是不一樣的。李斯特尤其擔心戰爭給農業經濟帶來的危害。他指出，一旦爆發戰爭，「這一國的農業家因此不得不與別一國的工業家分手。這時工

209（德）弗里德里希·李斯特：《政治經濟學的國民體系》，第150頁。
210 Robert Giplin, *Global Political Economy: Understanding the International Economic Order*, Princeton: Princeton University Press, p. 127.
211（德）弗里德里希·李斯特：《政治經濟學的國民體系》，第156頁。
212（德）弗里德里希·李斯特：《政治經濟學的國民體系》，第43頁。
213（德）弗里德里希·李斯特：《政治經濟學的國民體系》，第156頁。
214（德）弗里德里希·李斯特：《政治經濟學的國民體系》，第133頁。

業家——尤其是屬於有著廣泛商業關係的海軍強國的工業家——可以
從容地向他本國農業那裡獲得補償，或者與別的可以接觸到的農業國
家發生關係，而那個純農業國家的居民，在這樣關係中斷的情況下，
卻要受到雙重打擊」。[215] 生產農產品的國家容易被替代，這樣的國家
在國際競爭中無疑是脆弱的。李斯特的名言是：「一個國家沒有工
業，只經營農業，就等於一個人在物質生產中少了一隻胳膊。」[216] 如
果說李斯特的時代，國家之間的產業差距在農業與工業，那麼當今國
家之間的產業差距更多體現在高階製造業與低階製造業。

　　2004 年舉行的中國科學院院士大會上，有院士指出：「中國高技
術產業發展的現狀無法令人樂觀：產業技術的一些關鍵領域存在較大
的對外技術依賴，不少高技術含量和高附加值產品主要靠進口。在訊
息、生物、醫藥等產業領域的核心專利上，中國基本上受制於人；在
一些關鍵技術，尤其是具有戰略意義的重大裝備製造業，如航空設
備、精密儀器、醫療設備、工程機械等高技術含量和高附加值產品，
中國主要都是依賴進口；而在國家安全領域，一些重大武器裝備和急
需的關鍵元器件只能依賴進口，處處存在被別人『卡脖子』的危險。
甘子釗院士曾經考察過國內的一些積體電路企業，它們的特徵是：核
心技術深度依賴國外廠商，一旦國外停止供應核心技術，15 天之內
只能停產。」[217] 跟當年只能從事農業生產的國家一樣，今天只能從事
低階製造業的國家經濟和當年農業國一樣面臨被人替代的威脅，面臨
巨大的脆弱性。

　　再次，從事低級的分工難以有能力積累。技術的特點是有很強的
積累性，且技術之間是互補的，「任何某一種工業的成功總不是孤立
的，總是與許多別的工業的成就相輔相依的；任何一個國家，對於工
業工作如果能代代相傳，歷久不懈，把前一代留下的工作由後一代緊

215（德）弗里德里希‧李斯特：《政治經濟學的國民體系》，第158頁。
216（德）弗里德里希‧李斯特：《政治經濟學的國民體系》，第141頁。
217 浦樹柔、戴廉：《兩院院士：缺乏自主創新核心技術是中國軟肋》，中國新聞網，2004
　　年6月7日。

接著繼續下去，這個國家的生產力就必然會發展」。[218]如果一個國家只有農業，是無法積累技術力量的。「我看到了工業力量與農業力量之間的差異。由此發現了這個學派論證錯誤的癥結所在：它以那些只能適用於農產品自由貿易的理由為依據，借此來證明工業品自由貿易的正確。」[219]

　　技術發展是累積性的，是需要經驗，需要連續進行的。自行車行業的發展為以後汽車產業的發展提供了熟練勞動力、商業圈、技術與設備。[220]此外，一個組織吸收新技術的能力也是靠前期積累才能發展起來。很大一部分的技術引進是在已發展國家之間進行的，這正是由於技術轉移需要本國企業的技術積累作為後盾。[221]我們來看「空中巴士」的例子。隨著空中巴士在國際市場銷售量的增加，其成本也在逐漸降低。當空中巴士生產第一架飛機時，共耗費了34萬工時來組裝機身；到空中巴士生產第75架飛機時，耗費的工時就急劇下降，共耗費了8.5萬工時；而到20世紀90年代，空中巴士組裝機身的工時降至4.3萬工時。[222]德國的製造商耗費25天完成了第一架空中巴士A321機翼的組裝，隨著經驗積累越來越多，此後只需耗費4天便可完成。據估算：在民用航空業，產量每增加一倍，單位成本下降20%。由大量生產而帶來的學習效應會使單位成本減少80%－90%。[223]因此，國家技術能力不是國際公共財，它需要由本國企業提供平台來積累技術能力。我們可以試想一下，美國波音公司將飛機設計圖紙送給撒哈拉以南的非洲國家，這些國家有可能製造出波音那樣的大飛機嗎？幾乎沒有可能，因為這些國家缺乏相應的技術積累。沒有自己的民族工

218（德）弗里德里希・李斯特：《政治經濟學的國民體系》，第40頁。
219（德）弗里德里希・李斯特：《政治經濟學的國民體系》，第7頁。
220 Nathan Rosenberg, *Perspectives on Technology*, New York: Cambridge University Press, 1976, pp.9-31.
221 Moses Abramovitz, "Catching Up，Forging Ahead, and Falling Behind", *Journal of Economic History*, Vol. 42, No. 2, 1986, pp. 385-406.
222 Ian McIntyre, *Dogfight: The Transatlantic Battle over Airbus, Westport*, CT: Praeger, 1992, p. 36.
223 Marc Busch, *Trade Warriors: States, Firms, and Strategic-Trade Policy in High-Technology Competition*, New York: Cambridge University Press, 1999, pp. 34-35.

業，就沒有積累技術能力的平台。李斯特舉了一個例子：假定有兩個家族，家長都是地主，一個家族僅僅靠儲蓄來獲得利息，而另外一個家族則投資後代的教育與技能，那麼「後一家族在精神力量和才能上獲得了巨大的、種種不同的培養和發展，而且一代一代傳下去」。[224] 同理，如果一個國家重視能力積累，它獲致物質財富的力量將有增無減。

如果國際社會有生產農產品和工業品的畫分，那麼，一個國家生產什麼樣的產品就很關鍵了。李斯特指出「生產力」是國家的重要權力。要完成國家的經濟發展，為它進入將來的世界集團準備條件，這不單單是一個經濟任務，這是一個政治經濟任務。[225]

事實上，在面臨選擇的時候，財務邏輯與產業邏輯是不同的。路風教授在研究中國液晶產業崛起的《光變》一書中指出：財務邏輯是投資帶來回報，且回報越快越好；產業邏輯則是推動工業發展，而且是持續的發展，實現技術能力的攀升。如果投資都要追求短期的財務回報，那麼像生產液晶面板的京東方這樣的戰略性新興產業就發展不起來。[226] 在考慮對外貿易的時候，「絕不可單純地以任何特定時刻一些物質利益的所得為考慮的根據；考慮這個問題時所片刻不能忽視的是與國家現在和將來的生存、進展以及權力有決定關係的那些因素」。[227] 在以國家為中心的政治經濟學者眼裡，當政治邏輯與財務邏輯相悖時，政治邏輯需要在財務邏輯之上。

最後，保護民族工業是增強國家權力的需要。李斯特強調：財富的生產力比之財富本身，不曉得要重要多少倍。[228] 為什麼財富不如生產力重要？按經濟史學家安格斯・麥迪遜（Angus Maddison）的估算：1820年，中國占世界GDP總額的32.9%，這樣的經濟份額和今天美國占世界經濟份額相當。而當時的英國只占世界GDP的5.2%。

224（德）弗里德里希・李斯特：《政治經濟學的國民體系》，第123頁。
225（德）弗里德里希・李斯特：《政治經濟學的國民體系》，第153頁。
226 路風：《光變：一個企業及其工業史》，當代中國出版社2016年版，第290頁。
227（德）弗里德里希・李斯特：《政治經濟學的國民體系》，第128頁。
228（德）弗里德里希・李斯特：《政治經濟學的國民體系》，第118頁。

即便到了1870年，屢戰屢敗的中國仍占世界GDP總額的17.2%，而英國也不過占到了9.1%。[229]但是，當時的中國是富而不強，當英國這樣掌握更先進生產力的大國打到中國的時候，清朝統治者毫無還手之力。李斯特認為：英國執政者所注意的是生產力的提高，而不是製造價格低廉、經久存在的工業品，英國的生產力「是在於代價雖較高而能夠長期存在的製造力的取得」。[230]

李斯特指出：保護關稅可能使財富有所犧牲，但卻使生產力有了增長，足以抵償損失而有餘，「由此使國家不但在物質財富的量上獲得無限增進，而且一旦發生戰事，可以保有工業的獨立地位」。[231]實施產業保護政策，後發展國家才能發展現代工業，才能實現在世界政治經濟中的自由。李斯特不斷強調：「任何人如果安於現狀，不求進取，結果他必將後悔莫及，一個國家也是這樣，任何國家如果不求進取，它的地位必將逐漸降落，終至覆亡。」[232]李斯特指出，國內貿易與國際貿易不同，因為關稅保護這樣反自由的國際貿易政策是實現自由的條件。「國內貿易方面的限制只有在極個別情況下才與公民的個人自由不相抵觸；而在國際貿易方面，高度的保護政策卻可以與最大限度的個人自由並行不悖。事實上最大限度的國際貿易自由，它的結果甚至能使國家淪於奴隸地位。」[233]因此，卡爾指出，不要認為存在普世的政治經濟原則。自由放任是強者的武器，而保護主義則是弱者的工具。「自由放任主義，無論表現為在國際關係領域還是在勞資關係領域，都是經濟強者的天堂。國家控制，無論是保護性立法的形式還是保護性關稅的形式，都是經濟弱者使用的自衛武器。」[234]

李斯特認為美國是實施關稅保護的一個成功案例。他指出：亞當·史密斯等人斷言，美國「就像波蘭一樣」，注定應當經營農業。

---

229 Angus Maddison, *The World Economy, Volume 2: Historical Statistics*, Paris: OECD Publishing, 2006, p. 263, Table B–20.

230（德）弗里德里希·李斯特：《政治經濟學的國民體系》，第44頁。

231（德）弗里德里希·李斯特：《政治經濟學的國民體系》，第128頁。

232（德）弗里德里希·李斯特：《政治經濟學的國民體系》，第13頁。

233（德）弗里德里希·李斯特：《政治經濟學的國民體系》，第16頁。

234（美）愛德華·卡爾：《20年危機（1919—1939）：國際關係研究導論》，第57頁。

但美國尋求它國家幸福前途時所遵循的方向與絕對的自由貿易原則恰恰相反，這個學派不得不眼睜睜地看著這個事實。[235]1765年，幾個殖民地領袖決定抵制英國貨物，使用北美自己生產的商品而不用英國產品。若干殖民地議會公開支持當地商人簽署的不進口協議，北美民眾也積極支持該決定，穿戴本土紡織的土布而抵制英國進口的華貴衣物成為北美的風潮。1768年，塞繆爾・亞當斯（Samuel Adams）發動了對英國產品的大規模抵制活動。1774年第一屆大陸會議上通過的大陸聯盟決議鼓勵北美發展本土製造業，要求從1774年12月1日起，抵制所有英國產品。[236]李斯特肯定了美國的保護主義措施，並預測：「看上去在我們孫子一輩的時代，這個國家將上升到世界第一等海軍與商業強國的地位。」[237]李斯特尤其指出了1812年第二次英美戰爭的重要性，因為英美戰爭，美國難以進口工業品，但也因此讓美國領導人認識到保護自己產業的重要性。這使得美國的民族工業在第二次英美戰爭期間有所發展。「如果不是由於1812年的宣戰而實行禁運，則毫無疑問，美國的工業面對著英國的競爭，將完全崩潰。」[238]李斯特看到德國和美國有很多共同之處，其中一個重大的共同點就是它們都面臨先發國家英國的競爭。

因此，一個國家不能僅僅滿足於生產農產品，滿足於在國際產業分工中處於低階位置。在李斯特的時代，他強調一個國家要積極實現工業化，而在當代，按李斯特的邏輯，則是要實現從低階製造業轉向高階製造業的轉變，提升一個國家在全球價值鏈中的位置。那麼，第二個問題是：為什麼需要國家出面來完成這項工作呢？靠企業家、靠市場可以推動國家產業升級嗎？

235（德）弗里德里希・李斯特：《政治經濟學的國民體系》，第91—92頁。
236（美）埃里克・方納：《給我自由！——一部美國的歷史》（上），第226—243頁。
237（德）弗里德里希・李斯特：《政治經濟學的國民體系》，第87頁。
238（德）弗里德里希・李斯特：《政治經濟學的國民體系》，第89—90頁。

八　為何空中巴士能占據世界民用航空業的半壁江山？

　　相對波音公司而言，空中巴士是大型民用客機製造領域的後來者，也是當前世界上唯一成功躋身世界大型民用客機製造商的後來者。從1967年空中巴士項目正式立項至今，空中巴士經歷了50多年的發展歷程。在這段漫長的時間中，空中巴士公司建立起了一套完整的商用飛機產品線（包括短程、中程、遠程飛機），其產品也涵蓋了從最小型到最大型的客運和貨運飛機。

　　如表6-6所示，1975年，波音公司占據了全球商用飛機67%的市場份額，麥道公司占有33%的市場份額，而空中巴士的市場占有率為0。隨著空中巴士的發展，到1985年，空中巴士在全球商用飛機的市場占有率上升到17%；1990年，空中巴士的占有率上升至30%；2005年至2007年，空中巴士的市場占有率上升至49.2%。此時，波音公司在全球商用航空領域的市場占有率為50.8%。空中巴士最終獲得了與波音公司在全球商用飛機領域平分秋色的地位。空中巴士為何能在短短的幾十年裡，占據全球民用航空市場的半壁江山呢？

　　漢米爾頓和李斯特都關注過類似的問題。漢米爾頓在《關於製造業的報告》中指出：美國政府的幫助可以讓本土企業打破生產農產品的慣性，而轉向生產工業品。他的理由有四點：首先，政府的幫助

表6-6　主要企業占據世界民用航空的市場份額變化（％）

	波音	麥道	空中巴士
1975	67.0	33.0	0
1985	63.0	20.0	17.0
1990	54.0	16.0	30.0
2005—2007	50.8	—	49.2

資料來源：Thomas Oatley, *International Political Economy: Interests and Institutions in the Global Economy*, New York: Pearson&Longman, 2009, p.105。

可以促成企業轉變。企業往往願意生產業已習慣的產品，如果要讓企業轉變到新的領域，它們往往會反應遲緩。而政府的介入可以加快轉變的速度。其次，政府可以幫助企業克服畏懼心理。企業對可能遭受的失敗心存畏懼，而政府的幫助則可以克服這樣的畏懼，給企業提供信心。再次，政府的幫助可以縮減本國與外國產品的差距。當時，作為後發展國家的美國，其產品質量和價格都難以和英國等先發展國家競爭。政府的幫助可以幫助美國企業克服落後的差距。最後，政府可以削弱外國政府補貼的影響。那些先發展國家常常補貼自己本國的企業，而美國政府對本國企業的幫助，則可以削弱他國政府對外國企業的支持力度。[239]

　　李斯特對上節末尾第二個問題的回答主要有三點。首先，先發展國家會鉗制後發展國家的發展，因此需要政府介入產業政策，運用國家力量來推動工業化。李斯特曾形象地指出：「一個人當他已攀上了高峰以後，就會把他逐步攀高時所使用的那個梯子一腳踢開，免得別人跟著他上來。」[240]先發展國家不想後發展國家發展先進製造業。當先發展國家的工業產品具有優勢的時候，自由貿易對他們有利。李斯特說道：英國人「將盡量用自己的力量和資本從事於發展他本國的工業，使他的工業產品推廣到世界各國市場，在這個情況下，自由貿易制度是最能適應他的目的的，他絕不會喜歡或想到在法國或德國來建立工業」。[241]因此，在取得了「先行者優勢」以後，英國不願意看到競爭對手製造業的發展。「英國人所訂的一切商業條約總不脫離一個傾向，要在有條約關係的一切國家擴展他們工業品的銷路，給予對方的表面利益則在農產品與原料方面。他們在這些國家隨時隨地所努力的是用廉價物品與長期貸款手段，摧毀這些國家的工業。」[242]不僅對對手如此，連自己的殖民地，英國也盡力鉗制其工業的發展，

239 Alexander Hamilton, "Report on Manufactures", in Nikolaos Zahariadis, ed., *Contending Perspectives in International Political Economy*, Beijing: Peking University Press, pp. 12-13.

240 （德）弗里德里希・李斯特：《政治經濟學的國民體系》，第307頁。

241 （德）弗里德里希・李斯特：《政治經濟學的國民體系》，第116頁。

242 （德）弗里德里希・李斯特：《政治經濟學的國民體系》，第64頁。

「它甚至不許那些殖民地造一只馬蹄鐵，更不許把那裡所造的輸入英國」。[243] 談到這段歷史，李斯特說：「直遲至1750年，為了麻薩諸塞州的一個製帽廠，還引起英國議會那樣大的激動和猜忌，因此宣稱，在北美任何種工業都是『妨害公眾』的。」[244] 英國人，「在表面上他們總是以世界主義者、博愛主義者自居，然而就其目的與企圖來說，他們實際上始終是利益壟斷者」。[245] 這種情況下，後發展國家的企業家是難以和英國等先發展國家的政府對抗的，因此，需要後發展國家的政府介入，為其民族工業的成長提供保護，幫助它們克服先發展國家設置的障礙。

其次，後發展國家產業相對落後，需要保護主義來為幼稚產業營造發展空間。如果先發展國家的政府不壓制後發展國家的產業發展，那麼後發展國家的政府是否就應該遵循自由貿易的原則呢？李斯特認為，後發展國家的政府仍需要保護本國的幼稚產業，因為自由競爭是有條件的，「我清楚地看到，兩個同樣具有高度文化的國家，要在彼此自由競爭下雙方共同有利，只有當兩者在工業發展上處於大體上相等的地位時，才能實現」[246]。那麼，如果競爭條件不平等，就需要國家介入。李斯特說：世界產業的競爭並不是平等的，先發展國家具有先發優勢，「如果就目前世界形勢來說，世界上已經有了一個國家處於強有力地位，並且早已在它自己領域以內有著周密的保護，處於這樣的形勢，在自由競爭下一個無保護的國家要想成為一個新興的工業國已經沒有可能」。[247] 劍橋大學的發展經濟學家張夏準認同李斯特觀點：「如果我像不少落後國家的父母那樣，把我五歲的兒子拋到勞動力市場，讓他自己謀生。他可能成為非常機敏的擦鞋高手，也可能會是一名很有能力的非熟練工。但是，他幾乎沒有可能變成一名核物理學家或者注冊會計師……同理，在培育出技術能力之前，後發展國

243（德）弗里德里希·李斯特：《政治經濟學的國民體系》，第43頁。
244（德）弗里德里希·李斯特：《政治經濟學的國民體系》，第87頁。
245（德）弗里德里希·李斯特：《政治經濟學的國民體系》，第61頁。
246（德）弗里德里希·李斯特：《政治經濟學的國民體系》，第5頁。
247（德）弗里德里希·李斯特：《政治經濟學的國民體系》，第128頁。

家捲入自由貿易，它可能是很好的咖啡或者服裝生產者，但是它幾乎不可能變成世界一流的汽車與電子產品的製造者。」[248] 張夏準的著作《富國陷阱》，其英文名的直譯就是：把梯子踢掉（Kicking Away the Ladder）。[249]

　　李斯特認為，即便後發展國家的幼稚產業能夠在落後的情況下發展起來，但是，對後發展國家而言，產業發展的時間和速度很重要。「固然，經驗告訴我們，風力會把種子從這個地方帶到那個地方，因此荒蕪原野會變成稠密森林；但是要培植森林因此就靜等著風力作用，讓它在若干世紀的過程中來完成這樣的轉變，世上豈有這樣愚蠢的辦法？」[250] 因此，國家的介入可以加快民族工業成長的速度。沃爾茲指出，在當代的「全球化」時代，國家之間的競爭從軍事競爭轉向日益激烈的經濟競爭，此時的經濟增長速度對國家的興衰十分關鍵，「舊的體系下，強的消滅弱的；新的體系下，快的消滅慢的」。[251] 所以，國家必須要保護幼稚產業，推動國內工業化。

　　現在來看，當代後發展國家面臨的產業進入壁壘更高，更加需要國家來幫助其克服進入的障礙。哈佛經濟史學家亞歷山大·格申克龍（Alexander Gerschenkron）的重要著作《經濟落後的歷史透視》（Economic Backwardness in Historical Perspective）根據歷史經驗指出：越是後發展國家，越需要政府的強組織力以促進產業變革。工業化起步較早的英國可以放手讓私人企業來影響技術進步的方向；而起步較晚的德國則需要靠更強有力的銀行來推動工業化；起步更晚的俄國則不得不借助強大的國家來推動產業升級。因為後來者進入該產業的門檻更高，英國工業化時期的紡織業是私人就可以完成的，而德國工業化時期的煉鋼設備則是私人難以建成的。越是後來者，工業化的進入

248　Ha-Joon Chang, "Why Developing Countries Need Tariffs? How WTO NAMA Negotiations Could Deny Developing Countries'Right to a Future", *South Center*, 2005, p. 11.

249　張夏準著，肖煉譯：《富國陷阱——發達國家為何踢開梯子》，社會科學文獻出版社2009年版。

250　（德）弗里德里希·李斯特：《政治經濟學的國民體系》，第100—101頁。

251　Kenneth Waltz, "Globalization and Governance", *Political Science & Politics*, Vol. 32, No. 4, 1999, p. 695.

門檻也越高，越需要強組織力。而國家則是強組織力的重要方面。

最後，當代產業發展具有規模經濟的特徵，需要國家實施「戰略貿易」來達到規模經濟。戰略貿易的提出者保羅·克魯曼並非現實主義或國家主義者。但是，他的理論卻常常被以國家為中心的政治經濟學家引用。二戰以後，大規模生產開始成為主流，產業升級和技術進步需要巨大成本，只有足夠龐大的市場、足夠多的購買力，才能支撐大規模生產。鋼鐵、汽車、飛機等產業在狹小的市場空間是難以實現產業發展的。形成經濟規模，才能有效降低成本。我們前面提到的空中巴士的案例顯示由大量生產而帶來的學習效應會使單位成本減少80%—90%。因此，國家介入是實現規模經濟，降低生產成本的手段。

保羅·克魯曼等人倡導「戰略貿易」，他們研究發現，工業的集中和一國的貿易模式並不單純由要素稟賦造就，也是由於一些國家和地區偶爾在工業中取得領先地位造成的。如表6-7所示，在A的情況下，美國和歐洲國家對生產大飛機均沒有補貼。此時，如果雙方都生產大飛機（A-Ⅰ），可能造成世界大飛機的供給過剩，因此，雙方都會虧損5億美元。這樣，歐洲公司可能就不會再生產空中巴士，把國際民用航空市場拱手讓給美國公司（A-Ⅱ）。此時，美國公司的盈利為100億美元。相反，如果美國公司放棄大飛機的生產，而只剩下歐洲公司生產（A-Ⅲ），那麼，歐洲公司的盈利也是100億美元。當然，先發公司把市場讓給後來者，這樣的情況幾乎不可能發生。那最後一種情況（A-Ⅳ），就是雙方都不生產，沒有盈利，也沒有虧損。

如果歐洲國家介入，比如，只要歐洲的公司生產飛機，每年就能從政府那裡獲得10億美元補貼，這樣就會出現不同的局面（B）。此時，如果雙方都不生產（B-Ⅳ），美國公司與歐洲公司沒有盈利，也沒有虧損。如果只有美國公司生產（B-Ⅱ），美國公司的盈利為100億美元。但是，歐洲公司可能不會做出上面兩種決策，因為歐洲國家的補貼會改變歐洲公司的選擇。此時，如果雙方都生產大飛機（B-Ⅰ），可能導致世界大飛機的供給過剩，因此，雙方都會虧損5億美

元。但是，由於歐洲公司有國家補貼，在美國公司虧損的時候，它還有5億美元的盈利。如果這樣的情況持續下去，美國公司會退出該領域，把市場留給歐洲公司，歐洲公司可能最終實現（B-Ⅲ）的局面，獲得110億美元的盈利。等到地位穩固以後，即便撤銷補貼，它也能繼續獨霸民用航空市場。

表6-7　補貼對美國、歐洲大飛機製造的影響

美國公司 ＼ 歐洲公司	生產	不生產
生產	-5，-5（A-Ⅰ）	100，0（A-Ⅱ）
不生產	0，100（A-Ⅲ）	0，0（A-Ⅳ）

A 均沒有補貼

美國公司 ＼ 歐洲公司	生產	不生產
生產	-5，5（B-Ⅰ）	100，0（B-Ⅱ）
不生產	0，110（B-Ⅲ）	0，0（B-Ⅳ）

B 歐洲國家捕貼

　　沒有歐洲國家的補貼，空中巴士就難以迅速崛起。美國方面對此十分不滿。2005年，美國政府向世界貿易組織提出訴訟，指出空中巴士自其成立以來，僅僅在新產品投放市場貸款這一項上，就獲得了政府170億美元的補貼，並對空中巴士實施制裁。歐洲政府也不甘示弱，指責美國政府在國防合約的掩飾下，在過去的13年間，為波音公司提供的研發補貼高達230億美元之多。[252] 最終，歐洲國家憑借其自身龐大的市場，突破世貿組織的規則，對美國進行反制措施，限制美國波音進入歐洲市場，迫使美國放棄了制裁。

---

252 Nikolaos Zahariadis, *State Subsidies in the Global Economy*, New York: Palgrave Macmillan, 2008, p. 10.

　　在政府補貼的支持下，空中巴士實現了規模經濟，成本大幅降低。而且，由於長期製造大型民用客機，空中巴士邊做邊學（leaning by doing），實現了「體驗經濟」。波音公司的副總裁曾指出：我們之所以做得好，一部分原因是因為我們製造了如此多的飛機，我們從我們的錯誤中學習，我們製造的每一架飛機都體現了我們從其他飛機中學到的所有東西。[253]戰略貿易理論把學習看作全球貿易競爭的重要方面，學習減少了生產成本。隨著國內的企業在生產過程中保持學習，國內企業可以實現更有效率的生產，加強了這些企業在國際市場競爭的能力。當空中巴士突破先發者設置的技術壁壘，成長為世界民用航空業的大企業，實現多頭壟斷或者寡頭壟斷時，就能獲得額外的高利潤率。因此，戰略貿易理論不是完全競爭，而是顧及了「邊做邊學」、規模經濟、貿易壁壘、高利潤率以及研發競爭這些因素。[254]

　　戰略貿易理論與傳統的貿易理論唱反調，它呼應李斯特，認為一個國家的某些經濟部門對整個經濟的重要性要超過其他部門，因此需要政府的支持。戰略貿易理論為採取保護主義措施，實施補貼和採取其他產業政策提供了理由。受到保護或者接受政府補貼的公司可以利用規模收益遞增，技術累積過程和路徑依賴等積極反饋增強自己在全球市場的競爭力。

　　值得注意的是，李斯特的保護主義並不是永遠保護，他指出保護是暫時的，是權宜之計，保護幼稚產業的最終目的是希望它們能成長起來參與世界市場的自由競爭。「任何國家，借助於保護政策，據有了工商優勢，達到了這個地位以後，就能夠有利地恢復自由貿易政策。」[255]

　　在產業政策上，李斯特及其信徒要求後發展國家的政府摒棄史密斯等人開出的藥方，因為自由主義的政治經濟學處處把國家權力、

---

253 John Newhouse, *The Sporty Game*, New York: Knopf, 1982, p. 7.
254 （美）詹姆斯·布蘭德：〈戰略性貿易和產業政策的依據〉，載（美）保羅·克魯曼主編，海聞等譯：《戰略性貿易政策與新國際經濟學》，中國人民大學出版社 2000 年版，第61—62頁。
255 （德）弗里德里希·李斯特：《政治經濟學的國民體系》，第16頁。

政府干預排除在外。李斯特指出：「按照它的說法，國家權力對個人照顧得越少，個人生產就越加能夠發展。根據這樣的論點，野蠻國家就應當是世界上生產力最高、最富裕的國家，因為就對個人聽其自然、國家權力作用若有若無的情況來說，再沒有能比得上野蠻國家的了。」[256]張夏準也多次提及，在19世紀，那些落後國家是自由市場的典型。因為它們被先發展國家剝奪了關稅主導權，沒法實施產業政策。對此，李斯特開出的政策藥方是「無須埋怨，也不必痴心期待將來的自由貿易那個救世主，趕快把世界主義制度扔在火裡」。[257]不過，李斯特指出，這樣的保護不是永久的，也不會因為保護導致本國製造業產品的價格永遠居高不下，因為在保護的過程中，政府也一定要保持國內製造業的競爭，這樣才能提高產品質量，降低產品價格。「一切工業在開創時總不免有發生巨大損失和犧牲的危險，他們是要同這種危險作艱苦鬥爭的。但是在消費者方面盡可放心，這種非常利潤絕不會達到過高程度或長期存在，由於繼起的國內競爭，不久必然會使價格降低，且會降低到在外商自由競爭局面下相當穩定的價格水平之下。」[258]

為了提高產品質量，台灣政府沒收了幾噸劣質味精以及食品調味劑。當地政府發布命令，在台北市當眾銷毀了兩萬多只劣質燈泡。政府還威脅廠商，如果它們的產品質量得不到改善，政府將放開該產品的進口。隨著台灣產品質量的改善，政府沒有將其警告付諸實施。[259]路風教授的研究展示：2009年，國際市場上的液晶面板價格大幅度上漲。在中國亟需液晶面板的時候，韓國企業開始控制供應數量，提高產品價格。當中國的京東方形成自主生產能力時，液晶面板開始大規模降價。[260]在自由主義政治經濟學家看來，企業是在尋租，

256（德）弗里德里希·李斯特：《政治經濟學的國民體系》，第150頁。
257（德）弗里德里希·李斯特：《政治經濟學的國民體系》，第86頁。
258（德）弗里德里希·李斯特：《政治經濟學的國民體系》，第148頁。
259 Robert Wade, *Governing the Market: Economic Theory and the Role of Government in East Asian Industrialization*, Princeton: Princeton University Press, p. 80-81.
260 路風：《光變：一個企業及其工業史》，第346頁。

通過政府保護，獲得壟斷地位，進而獲得租金。在李斯特看來，他們在提高國家的「生產力」。[261] 除了實施關稅保護、政府補貼，國家還有哪些政策工具來扶助民族工業成長呢？

　　第一項措施是研發資助。研發資助是比較隱蔽的補貼，也是可行性較高的扶植民族工業的做法。1959年，美國國會的一個委員會估計：美國電子產品的研發，超過85%的經費來自聯邦政府。第一代電腦的研發，幾乎無一例外是由美國政府部門，尤其是美國軍方資助的。美國電腦企業的發展受益於軍方所資助的半導體和電晶體的研究。美國企業能引領世界互聯網訊息技術的潮流，也離不開政府的研發資助。麻省理工學院設計的數字控制技術主要用於美國的飛機製造業，而美國空軍對這一項目提供了大量的資助。[262]

　　第二項措施是政府引導融資。日本政府通過對銀行系統的控制，將金融資源投向政府扶植的民族工業。除了聯邦或中央政府，地方政府也常常發揮積極作用。事實上，在發展壯大過程中，中國的液晶面板企業京東方籌資的主要來源是地方政府，包括北京、合肥、成都、重慶、鄂爾多斯等。例如，京東方在合肥建生產線的時候，合肥市政府的助力使得民眾更有信心，私人投資者踴躍認購企業債券。在合肥市出資了30億元以後，京東方共籌集到120億元的資金。[263] 地方政府的參與讓投資者有信心，讓銀行願意放款，也讓該項目更容易獲得國家發改委和證監會的批准。

　　第三項措施是政府採購與軍事採購。高科技產品面世初期的造價過高，普通消費者往往難以承受。例如，在20世紀30年代，計算機的雛形——機械計算機就已經出現了。當時每台計算機的價格為1200美元，相當於數輛家用汽車的價格。20世紀50年代，電晶體也極為昂貴，不太可能步入尋常百姓家，貝爾實驗室附屬製造工廠生產

261（美）亨利·威廉·斯皮格爾：《經濟思想的成長》（上），第361頁。
262 黃琪軒：《大國權力轉移與技術變遷》，上海交通大學出版社2013年版，第133—140頁。
263 路風：《光變：一個企業及其工業史》，第303頁。

的全部產品均銷往軍隊。1952年，美國電晶體的生產廠家共生產了9萬個電晶體，軍隊幾乎將它們全部買下。最早的電腦都是銷售到美國聯邦政府部門，尤其是美國的國防部門和情報部門。美國軟體業發展早期，其最大的客戶就是美國聯邦政府部門，尤其是美國國防部。即便到了20世紀80年代早期，美國國防部的採購仍占到美國軟體銷售近一半的份額。[264]美國聯邦政府的採購以及軍事需求刺激了大量新企業進入該行業，孕育了英特爾、IBM等美國民族工業巨頭。

第四項措施是政府推銷。法國政府曾許諾印度政府，如果印度購買空中巴士飛機，法國政府將為印度在世界銀行進行游說，幫助印度獲得世界銀行的貸款。此外，法國政府還願意幫助印度清理恆河。時任法國總統密特朗許諾，一旦空中巴士A320試飛成功，他會是它的推銷員。[265]如果國內市場不足，民族工業需要獲得世界市場才能實現規模製造，進而降低成本。而政府推銷有助於民族工業在成長初期獲得國際市場，實現規模製造，降低成本。

第五項措施是市場交換。19世紀末，美國的企業能開拓拉美的市場，得益於美國政府與拉美國家的市場交換。1913年的時候，拉美大多數國家主要出口市場是美國。在拉美21個國家中，至少有11個國家把美國視為其最主要市場。1913年，宏都拉斯、巴拿馬、波多黎各等國將80%以上的出口商品銷往美國；古巴、墨西哥銷往美國的商品則占其出口總額的70%以上。[266]美國出讓本土市場的同時，為其民族企業的產品出口打開了市場，尤其對拉美北部國家而言，美國在一戰前出口到這些國家的商品占其進口商品總額的54.1%。[267]19世紀末期，美國政府的市場交換為美國這一時期民族企業的成長提供了外部市場。

264　黃琪軒：《大國權力轉移與技術變遷》，第140—144頁。
265　Marc Busch, *Trade Warriors: States, Firms, and Strategic-Trade Policy in High-Technology Competition*, New York: Cambridge University Press, 1999, p. 57.
266　Victor Bulmer-Thomas, *The Economic History of Latin America since Independence*, New York: Cambridge University Press, 2003, pp. 73-74.
267　Victor Bulmer-Thomas, *The Economic History of Latin America since Independence*, pp. 76-77.

　　綜上，以國家為中心的政治經濟學強調國家對產業成長的積極作用，通過國家實施積極的產業政策，調整國內產業結構，生產高附加值產品。國家產業政策包括：關稅保護、政府補貼、研發資助等多種形式，促進民族產業的成長，也實現了富國強兵的目標。

九　為何巴西大農場主繳納很低的稅？

　　巴西軍政府統治時期，巴西有一個顯著特點：居住在各州的富人群體能影響地方政治，而聯邦政治又受地方政治的顯著影響。巴西的富人獲得了大量的政府補貼，富人左右著巴西政府，巴西缺乏國家能力，在分配資源時，難以照顧到弱勢群體。[268]巴西擁有拉美最先進的金融市場，但70%的普通家庭根本沒有渠道獲得金融資源和服務。在巴西，金融資源成了少數人享有的特權，只有15%的巴西家庭擁有銀行帳戶。[269]儘管大量的信貸流向農業，但農業信貸是非常集中且有選擇性的。1978年，只有20%－25%的巴西農場主能獲得信貸。即便在這麼小的群體中，信貸也會根據農場規模的不同進行極為不平地分配。1969年到1975年，分配給大農場的信貸增長了10倍，而分配給小農場的信貸還不到以往的兩倍。[270]

　　巴西的社會福利也不能關照到那些最為需要的人，難以惠及貧民，而是給了那些需求並不是那麼迫切的人。[271]巴西教育是很典型的例子。巴西是世界上教育代際流動最差的國家，也是社會與經濟機會公平最差的國家。[272]在巴西，最好的中學都是私立的，富家子弟在這

268　黃琪軒：《巴西「經濟奇蹟」為何中斷》，《國家行政學院學報》2013年第1期。

269　John Price and Jerry Haar, "Introduction: Can Latin America Compete?", in Jerry Haar and John Price, eds., *Can Latin America Compete: Confronting the Challenges of Globalization*, New York: Palgrave Macmillan, 2008, p. 19.

270　Ben Ross Schneider, *Business Politics and the State in Twentieth-Century Latin America*, New York: Cambridge University Press, 2004, p. 242.

271　Sonia Draibe, "The Brazilian Developmental Welfare State: Rise, Decline and Perspectives", in Manuel Riesco, *Latin America: A New Developmental Welfare State Model in the Making*, New York: Palgrave Macmillan, 2007, p. 259.

272　Stephan Klasen and Felicitas Nowak-Lehmann, "Introduction", in Stephan Klasen and Felicitas Nowak-Lehmann, eds., Poverty, *Inequality, and Policy in Latin America*, Cambridge: MIT

裡讀書，他們贏在起跑線上。這些富家子弟再通過激烈的入學考試，進入巴西免費的國立大學讀書。因此，巴西國立大學處處是富家子弟，巴西政府的教育撥款有一半流向了國立大學。政府忽視基礎教育而重視高等教育的政策讓貧民無法獲得良好的教育機會。政府的教育政策不僅補貼了富人，也阻礙了貧民通過教育實現社會流動。[273]除此以外，即便是城市基礎設施的日常維護、改造建設以及新建工程也圍繞著富人群體的需要展開，耗費了大量的公共資源。[274]

巴西的富人左右著政治，他們向政府索取很多，付出卻很少。在巴西，像聖保羅、米納斯吉拉斯等州能對聯邦政府構成軍事威脅。地方政府擁有的警察力量對聯邦政府構成了有力的挑戰。這些州甚至能有效反對巴西軍政府的再分配方案，[275]軍政府也難以集中巴西的財政權。[276]如此一來，各州政府保留了極大的財政權力，致使巴西的財政管理體制高度分散。巴西強大的地方富人群體影響了國家能力，且影響深遠。即便到20世紀90年代早期，巴西聯邦政府獲取的稅收僅占GDP的3.8%，而南非的聯邦政府稅收則占GDP的14.4%。[277]面對強大的地方，巴西軍政府難以滲透到社會，軍政府只能分配有限的資源，而且這些資源還需要優先滿足富人群體的需求，以換取他們的支持。

1964年到1967年，巴西進行了稅制改革，但最後的實施效果與最初擬定的實施方案大相徑庭，巴西聯邦政府發現改革後的稅收變得更為複雜，更具有累退性，聯邦政府獲得的收入也更少。在巴西，政府難以對大農場主徵稅，導致20世紀70年代與80年代，農業所得

Press, 2009, p.6.

273 Thomas Skidmore, *The Politics of Military Rule in Brazil: 1964-1985*, p. 10.

274 Ignacy Sachs, "Growth and Poverty：Some Lessons From Brazil", in Jean Dreze and Amartya Sen, eds., *The Political Economy of Hunger*, Volume 3: Endemic Hunger, New York: Oxford University Press, 1991, p. 97.

275 Alberto Diaz-Cayeros, *Federalism, Fiscal Authority, and Centralization in Latin America*, New York: Cambridge University Press, 2006, p. 211.

276 Frances Hagopian, *Traditional Politics and Regime Change in Brazil*, New York: Cambridge University Press, 1996, pp. 1-36.

277 Evan Lieberman, *Race and Regionalism in the Politics of Taxation in Brazil and South Africa*, New York: Cambridge University Press, 2003, p. 63.

稅僅占國家所得稅的1%；與此同時，大農場則獲得了政府巨額的補貼。國家所得稅中的10%用於農業補貼，用於發放信貸或者購買農機與化肥，[278]這些補貼集中流入了巴西的大農場。

歷史上的中國具有「皇權不下縣」的治理特徵。這一情況從積極方面看是給予地方一定的自主權，中央政府不干預地方的治理。另一方面則反映了當時的國家能力比較弱，皇權難以控制到縣以下的地方。

比較政治經濟學中的「國家主義」是以國家為中心的視角，從這一視角來看，巴西政府難以將發展的好處惠及窮人，一個重要原因是它既缺乏國家自主性，也缺乏國家能力。國家權力往往畫分為國家自主性（state autonomy）和國家能力（state capacity）。簡單說，國家自主性是指國家不受社會集團干擾，獨立決策的能力。韋伯指出：德國要發展，就要讓國家擺脫容克地主集團的控制，就需要讓德意志國家獲得自主性，「直至今天，德國王室在普魯士的政治基礎一直依賴於普魯士容克地主這一社會階層。只有靠著與容克階層的合作（同時也是為了抑制他們）王室才得以建立普魯士國家」。[279]因此，按韋伯的理解，民族國家不能像馬克思所講的那樣，成為統治階級的代理人，「民族國家絕非只是單純的『上層建築』，絕非只是經濟上占統治地位的階級的工具」。相反，「民族國家立足於根深蒂固的心理基礎，這種心理基礎存在於最廣大的國民中，包括經濟上受壓迫的階層」。[280]和德國的容克地主集團一樣，巴西存在強大的權勢集團，國家是缺乏自主性的。政策被這些集團左右，政府難以獨立制定政策，因此巴西的金融政策、教育政策都是偏向權勢階層。

國家能力則是指國家將政策貫徹實施的能力。國家能力越強，越容易將已有的政策貫徹實施。巴西政府試圖貫徹其稅收政策，但事與

---

278 Cristobal Kay, "Agrarian Reform and Industrial Policy", in Richard Boyd, Benno Galjart and Tak-Wing Ngo, eds., *Political Conflict and Development in East Asia and Latin America*, New York: Routledge, 2006，p. 41.

279 （德）馬克斯‧韋伯：《民族國家與經濟政策》，第100頁。

280 （德）馬克斯‧韋伯：《民族國家與經濟政策》，第99頁。

願違。即便是巴西軍政府也無法有效向富人徵稅。同巴西一樣,不少發展中國家紛紛制訂發展計畫,但這些計畫卻根本實施不下去。

　　普林斯頓大學的科利教授所著《國家引導的發展》指出:20世紀60年代初期,韓國、印度、巴西以及奈及利亞的人均收入都差不多,過了40餘年,這四國的經濟績效出現天壤之別(如圖6-1所示)。為什麼會出現這種情況呢?他解釋了經濟績效差異的政治根源。

　　科利教授認為,韓國是凝聚性資本主義國家(cohesive-capitalist states);印度以及巴西是分散性多階級國家(fragmented-multiclass states);而奈及利亞則是新世襲性國家(neopatrimonial states)。韓國的政府有著較強的國家能力,能深入社會內部,在追求快速增長的過程中,凝聚性資本主義國家滲透到社會,與社會主要經濟團體聯繫密切,並掌握著有效的政治工具。這是韓國等國家成功的關鍵。而印度和巴西,則無法像凝聚性資本主義國家那樣將目標聚焦於發展,也無法有效地追求這些目標。與其他國家的領袖相比,巴西與印度這樣的分散性多階級國家的領袖更擔心他們所獲得的政治支持。領導人必須同時追求幾個目標,旨在滿足各式各樣的擁護者。這樣一來,政策決策與實施往往被政治化。這或者是因為精英間的鬥爭,或者是因為國家權威無法滲透到社會,從而難以吸納與控制下層階級。因此,分散性多階級國家的經濟績效不如凝聚性資本主義國家那樣成功。

　　而像奈及利亞這樣的新世襲性國家,國家干預經濟並非為了經濟增長。那裡的領導人干預經濟,要嘛是滿足個人貪欲;要嘛是將經濟利益作為特權,恩賜給自己的核心支持集團,以便贏得短期政治支持。這些國家的政治不穩定,政策也難以持續,政策常常服務於個人利益和局部利益。因此,新世襲性國家阻礙了工業發展與經濟增長。國家類型的不同會帶來經濟績效的差異。這是現實主義政治經濟學的國家與國家主義政治經濟學的國家之間存在的差別。在國際政治經濟學中,現實主義的政治經濟往往假定國家是「一元」的,它們用一個聲音說話,對國家利益有著統一的認識;假定國家是「自主的」,能

圖6-1　國家類型與發展績效（1960－2000）

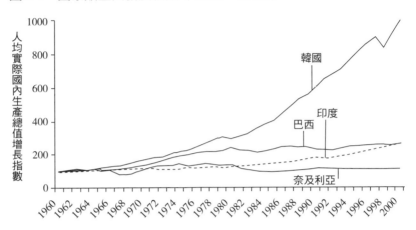

不受社會各方利益影響，自行制定符合國家利益的政策；且假定國家是「理性的」。而在比較政治經濟學中，國家主義的政治經濟則挑戰這樣的假定，從國家與社會的互動出發，他們發現每個國家獲得「國家自主性」以及「國家能力」並不是必然的。[281]

　　以國家為中心的政治經濟學強調國家的生存環境是「無政府狀態」，國家是政治經濟運行的中心行為體；戰爭催生了現代國家，而現代國家則是現代經濟的政治基礎；權力不僅主導著國際政治，也影響著世界經濟；國家有「國家利益」，且國家利益和私人利益並非和諧一致；國家常常以「相對收益」來看待國家利益；為了保障國家利益，各國需要保障自身的經濟自主性。此外，他們倡議，一個國家需要調整國內的經濟結構，發展「高附加值」的產業，如果有必要，可以實施關稅保護，可以實施戰略貿易政策。一個具備了較強國家自主性以及國家能力的國家，才能更好地發展現代經濟。

281　關於國家主義的詳細介紹，參見朱天飈《比較政治經濟學》，北京大學出版社2006年版，第5章。

第七章

政治經濟學中的制度視角

——從范伯倫到諾斯

　　我們在前面幾章介紹了以個體為中心的政治經濟學，也介紹了以階級為中心、以國家為中心的政治經濟學。其實，政治經濟學還有一個重要的分析視角，即以制度為中心的政治經濟學。制度主義有舊制度主義與新制度主義之分。舊制度主義的代表人物如范伯倫（Thorstein Veblen）、約翰‧康芒斯（John Commons）以及韋斯利‧米契爾（Wesley Mitchell）；而新制度主義的代表人物包括道格拉斯‧諾斯（Douglass North）、羅納德‧寇斯（Ronald Coase）、奧利弗‧威廉姆森（Oliver Williamson）等人。這些人大部分是經濟學家而不是政治學家，但他們的著作卻對政治學產生了持久的、深遠的影響。政治學中的歷史制度主義與理性選擇制度主義等分析典範大都能從制度主義的文獻中找到思想淵源。制度主義的學者，無論是舊制度主義還是新制度主義，大都是美國人，至少大都出生在美國或者在美國大學工作。因此，「制度學派」也可以被稱為政治經濟學的「美國學派」。圍繞著「制度」這一關鍵詞，他們對當代政治經濟展開了分析。

　　范伯倫強調制度來源於人的競爭本性，有閒階級已經形成制度，他們追求明顯有閒、明顯消費，影響至今。現代的制度研究者認為，制度在以下幾個方面影響著當代的政治經濟。制度在一段時間內是一

個均衡，它對強者和弱者都有約束力，可以降低人們決策時的不確定性。好的制度需要保護人們的產權，而保護產權是西方世界興起的關鍵。制度的一項重要作用是為人們的政治經濟決策提供激勵，讓人們更願意從事生產性活動，更願意發明創造，更願意投資人力資本，也更願意合作。制度還有一項重要作用是降低交易費用，讓經濟運行得更為順暢。同時，好的制度也可以提供可信承諾。但是，人們發現：低效的制度常常長期存在。這是因為制度具有路徑依賴的特徵，制度是有可能被鎖定在低效的軌道上的。

一 為何美國富商會贊助大學？

美國不少一流的大學是私立的，很多享有世界聲譽的私立大學大都是由富人資助創辦的。芝加哥大學由石油大亨約翰・洛克菲勒（John Davison Rockefeller）出資建立；康乃爾大學由西聯匯款（Western Union）電報業的創始人埃茲拉・康乃爾（Ezra Cornell）和安德魯・迪克森・懷特（Andrew Dickson White）於1865年聯手創辦；史丹福大學是加州鐵路大王、曾擔任加州州長的阿馬薩・利蘭・史丹福（Amasa Leland Stanford）為紀念其小兒子，於1885年建立的；范德比大學則是由美國鐵路大亨科尼利爾斯・范德比（Cornelius Vanderbilt）出資捐建。為何這些富人會出資創建大學？他們是在做慈善事業嗎？理性選擇視角的回答是：這是富人在做投資。通過出資創辦大學，他們能獲得好名聲，進而能為他們帶來更多的財富。而范伯倫則以不同的視角看待這樣的資助。

范伯倫的經歷和他的著作一樣異於常人。他的學習和工作經歷遍及美國各大名校，包括耶魯大學、康乃爾大學、芝加哥大學、史丹福大學等。在日常生活中，他穿得像流浪漢，生活懶散，不願意浪費時間鋪床，也不愛刷牙。他還是個老菸槍。據說，他飯後往往將髒盤子堆在盆裡，直到沒有乾淨的碟子，才用水管沖洗。范伯倫在生活上的掉以輕心也體現在教學和寫作中。在教學上，他輕視學校的規章

制度。對所有的學生，無論成績好壞，他一律都給C。他也不喜歡考勤。不僅如此，據說他的課堂枯燥乏味，講授的內容也難以理解。范伯倫上課的時候常常喃喃自語，且經常離題。結果選他的課的人越來越少，乃至最後全班只剩下一個人。范伯倫年少聰慧，據他的弟弟回憶：「起初我以為他無所不知，隨便問他什麼問題，他都能原原本本地告訴我。後來我才知道，他所說的一切，有好多是捏造出來的，但是即便是謊話，他也捏造得很好。」[1]

《有閒階級論》（The Theory of the Leisure Class）出版於1899年，這是范伯倫的第一部作品。這部著作在出版前曾被出版社多次要求重寫，因為做事漫不經心的范伯倫不願意為其著作添加注釋。《有閒階級論》的副標題是「關於制度的經濟研究」。這部書出版以後立刻引起很大的轟動，震驚了美國東海岸，成為當時知識界人士隨身必備讀物。[2]范伯倫認為，以往的理論對美國社會的暴虐奢華視而不見，僅以刻板線條與無光澤的陳規描繪現實。他需要對學術上的陳規陋習加以改變。[3]范伯倫不僅是傳統政治經濟學理論的批判者，也是商業文明的批判者。他和馬克思一樣尖刻地責難那個時代，聲稱那是個有罪的時代。[4]

范伯倫將一些相對不變的、根本的人類行為特徵稱為「本能」。他認為人類有兩組本能：作業的本能（instinct of workmanship）以及剝削的本能，也叫掠奪的本能（predatory instinct）。在范伯倫那裡，人類社會在進化的過程中，經歷了野蠻時期、未開化時期、手工業時期以及機器生產時期。

在人類社會的野蠻時代，還不存在經濟特權和分化，因而還不存在顯著的「有閒階級」。在生產力較低的情況下，人類社會是「作業本能」主導。在這樣以勞動維持生計的時代，人人都有工作，沒有一

1（美）羅伯特・海爾布隆納：《經濟學統治世界》，第185—187頁。
2（美）羅伯特・海爾布隆納：《經濟學統治世界》，第192頁。
3（美）羅伯特・海爾布隆納：《經濟學統治世界》，第184頁。
4（美）亨利・威廉・斯皮格爾：《經濟思想的成長》（下），第535頁。

種勞動是低賤的，因為只有這樣才能保證個人和社會的生存。隨著社會的發展，「掠奪的本能」才有了發展的空間。因為有了剩餘物資，有人可以從掠奪中獲益，靠武力和狡詐來獲取財富。隨著人類社會從野蠻階段過渡到了未開化階段，有閒階級出現了。

　　要出現有閒階級，范伯倫指出需要具備兩個條件：戰爭和相對豐裕。「要使這個制度能以明確的形態出現，顯然必須具備的條件是：首先，部落必須具有以掠奪為目的的生活習慣，必須有戰爭或大規模狩獵活動，或者是兩者俱備，這就是說，在這樣情況下構成初期有閒階級的男子們，必須習慣於用武力或策略來從事傷害行為；其次，生活物資的獲得必須相當從容，從而有條件使部落成員中很大部分可以脫離經常的辛勤勞動。」[5]這一時期，出現了侵占活動和生產活動的分化。從事打仗、狩獵等侵占活動的人往往脫離日常的生產活動，這些活動開始帶有榮譽性質。「上層階級按照習慣是可以脫離生產工作的，或者是被摒於生產工作之外的，是注定要從事於某些帶幾分榮譽性的業務的。」[6]他們將生產性的事務置身事外，生產業務和非生產業務之間出現了差別，因此人與人之間也出現了身份的差別。「這類非生產性的上層階級業務，大致歸納起來是以下幾項——政治、戰爭、宗教信仰和運動比賽。」[7]有閒階級從事非生產性的活動，從事侵占活動，而由下層階級從事生產活動。「列入侵占一類的業務是可敬的、光榮的、高貴的；而其他不含有侵占成分的業務，尤其是含有奴性或屈服意味的那些業務，是不值得尊敬的、低賤的、不體面的。」[8]這樣，人類的侵占本能逐漸制度化，成為有閒階級制度（The institution of a leisure class）。在這樣的制度下，人類的掠奪本能壓倒了作業本能。對有閒階級而言，他們的工作是掠奪性的，靠武力和狡詐來占有財富，遠離那些靠氣力和技能來進行財富創造的活動。而在現代社

5（美）索爾斯坦・范伯倫著，蔡受百譯：《有閒階級論》，商務印書館1994年
　版，第9—10頁。
6（美）索爾斯坦・范伯倫：《有閒階級論》，第5頁。
7（美）索爾斯坦・范伯倫：《有閒階級論》，第5頁。
8（美）索爾斯坦・范伯倫：《有閒階級論》，第15頁。

會，這種區別仍然變相存在。制度是有慣性的，現在的社會分工仍然存在「有閒階級」和終日忙碌流汗的階級之間的差別，「對業務作出這樣區別的這種觀念，作為一種先入之見，實際上仍然是極其頑強地貫串在現代生活中」。[9]范伯倫強調動機對人們行為的影響，其中個人競賽的動機對人們行為的影響尤其顯著。「除了自衛本能以外，競賽傾向大概是純經濟動機中最強烈的，而且是最活躍、最持久的。在工業社會裡，這種競賽傾向表現在金錢上的競賽上。」[10]當「有閒階級制度」占主導地位時，競爭的動機無時無刻不在驅使人們進行著「金錢競賽」（pecuniary emulation）。范伯倫認為，「有閒階級」是和財產所有權同時出現的。私有產權制度出現以後，人與人之間就發生了金錢競賽，無休止地占有更多的物品。「所以要占有事物，所以會產生所有權制，其間的真正動機是競賽；而且在所有權制所引起的社會制度的進一步發展中，在與所有權制有關的社會結構的一切特徵的繼續發展中，這一競賽動機依然活生生地存在著。占有了財富就博得了榮譽；這是一個帶有歧視性意義的特徵。」[11]在范伯倫看來，財產之所以有價值，不是人們需要積累財產以供衣食住行等生存開銷，而是因為持有財產則向社會傳遞了自身優越的信號。在社會生活中，財產是取得榮譽和博得尊敬的基礎，是滿足自尊心的必要手段。「財產之所以有價值……是由於借此可以證明其所有人比同一社會中其他個人處於優勢地位。」[12]因此，財產的重要性遠遠不在於滿足人的日常消費，而是個人成功和優勢的象徵。如果一個人要在社會上獲得相當聲望，就必須取得財產，累積財產，從而贏得金錢競賽。

　　這樣的金錢競賽永遠看不到盡頭，這樣的競賽也使得個人處於無休止地與他人對比的煎熬中。「一個普通的、正常的人，如果在這樣的對比下顯然居於劣勢地位，他就不免要一直在怨尤中度日，不能

9（美）索爾斯坦·范伯倫：《有閒階級論》，第10頁。
10（美）索爾斯坦·范伯倫：《有閒階級論》，第81頁。
11（美）索爾斯坦·范伯倫：《有閒階級論》，第22頁。
12（美）索爾斯坦·范伯倫：《有閒階級論》，第24頁。

滿足於當前處境；如果一旦達到了社會的或社會中屬於他的那個階級的所謂正常的金錢標準，他原有的長期不滿情緒將為另一種心情所代替，那時他所片刻難安的將是，怎樣使他自己的金錢標準與這個平均的金錢標準之間的差距能夠擴大、再擴大。」[13] 個人之間的這種歧視性對比是無止境的，人們一直在進行金錢競賽。每個人的生活充滿了攀比。每一個人都想通過積累財富，勝過別人，從而贏得榮譽，贏得別人的羨慕。

有了財富和權力需要拿出證明。「明顯有閒」（conspicuous leisure）就是一項有效的證明。如果他們足夠富有，他們就應該享有足夠的閒暇，不事生產卻能過著優渥的生活。「有閒階級生活的主要特徵是明顯地不參加一切有實用的工作。」[14] 有閒階級把參加勞動看作有損體面的事情。對有閒階級而言，「摒絕勞動不僅是體面的，值得稱讚的，而且成為保持身份的、禮俗上的一個必要條件」。[15] 所以在古代中國，作為「有閒階級」富人家的大小姐都要裹腳，這樣就是「有閒」的證明。「處於這樣情況下的女子不能從事生產勞動，勢必游手好閒，由她的所有人撫養。」[16] 丫鬟則不用裹腳，因為她們需要忙裡忙外地從事勞務。為什麼在不少人看來，穿著高跟鞋的女性更美，即便身材高挑的女士也喜歡穿高跟鞋？范伯倫對此的解釋是：「穿上了這種高跟鞋，即使要從事最簡單、最必要的體力勞動也將感到極度困難。」[17] 這樣，女士穿上高跟鞋就是「有閒」的證明。為什麼人們覺得拄著拐杖的男子顯得比較紳士？范伯倫的解釋是：「手杖……表明持杖者的雙手做有用勞動以外的事體，因此具有證明有閒的效用。」[18]

范伯倫列舉了幾個極端例子：「據說波利尼西亞地區的某些酋長，為了保持尊嚴，他們寧可挨餓，也不肯用自己的手把食物送到嘴

13（美）索爾斯坦・范伯倫：《有閒階級論》，第26—27頁。
14（美）索爾斯坦・范伯倫：《有閒階級論》，第33頁。
15（美）索爾斯坦・范伯倫：《有閒階級論》，第33頁。
16（美）索爾斯坦・范伯倫：《有閒階級論》，第109頁。
17（美）索爾斯坦・范伯倫：《有閒階級論》，第125頁。
18（美）索爾斯坦・范伯倫：《有閒階級論》，第190頁。

裡。」[19]他列舉了一個更駭人聽聞的例子，但卻沒有注明出處。「法國某國王，據說由於要遵守禮節，不失尊嚴體統，拘泥過甚，竟因此喪失了生命。這位國王在烤火，火勢越來越旺了，而專門為他搬移座位的那個僕人剛巧不在身邊，他就堅忍地坐在爐邊，不移一步，終於被燻灼到無可挽救的地步。但是他雖然犧牲了，卻保全了最高貴的基督教陛下玉體的聖潔，沒有被賤役所玷污。」[20]這些有閒階級都不願意和勞務有任何沾染，要足夠有閒才能保持聲譽。

在范伯倫看來：「禮法是有閒階級的產物和象徵，只有在身份制盛行時，才有充分滋長的機會。」[21]因為禮儀需要花時間來學習，需要金錢成本，只有有閒階級才有時間，才肯花錢來培養好的禮儀。因此，富人們彬彬有禮的價值在於它是有閒生活的確鑿證明。不僅如此，高深學問也是有閒階級的名片，最無用的古典學最能代表有閒。范伯倫寫道：「古典學之所以能夠在高級學識體系中占有特權地位，所以能受到高度的尊崇，被認為是一切學識中之最可敬的，就是由於它具有作為浪費時間與精力的證明這一效用，因而也就是由於它具有作為支持這種浪費所必要的金錢力量的證明這一效用。」[22]為什麼現在還有不少人要去學已經只能看不能讀的拉丁文？去學古英文？看過《圍城》的人都知道，錢鍾書能寫出很好的白話文，那麼為什麼他還要用文言文寫《管錐編》？用范伯倫的話來回答，就是「古語的優點是在於它具有榮譽性；由於它是繁重的、艱難的、過時的，由於它具有浪費時間和避免使用並且不需要使用直截了當的現代語言的證明作用，因此是具有榮譽性的」[23]。

除了自己要能享受「明顯有閒」，有閒階級還可以用「代理有閒」（vicarious leisure）的方式來展示自己的支付能力。豢養大量的僕役就是代理有閒的例子。「因為僕役的主要用途原是在於證明主人的支付

19（美）索爾斯坦・范伯倫：《有閒階級論》，第35頁。
20（美）索爾斯坦・范伯倫：《有閒階級論》，第36頁。
21（美）索爾斯坦・范伯倫：《有閒階級論》，第38頁。
22（美）索爾斯坦・范伯倫：《有閒階級論》，第283頁。
23（美）索爾斯坦・范伯倫：《有閒階級論》，第285—286頁。

能力。」[24]范伯倫認為富人對學術的資助，比如富人出資創辦一所所大學，也是學者們履行了「代理有閒」的職責，其榮譽歸主人所有。

二　為何賈府的飯桌上要有「茄鯗」這道菜？

《紅樓夢》第四十一回《櫳翠庵茶品梅花雪　怡紅院劫遇母蝗蟲》中，劉姥姥來到大觀園，賈母邀請劉姥姥一同用膳。劉姥姥吃到了一道特別的菜，菜名叫「茄鯗」。《紅樓夢》裡是這麼描述的，賈母笑道：「你把茄鯗搛些餵他。」鳳姐兒聽說，依言搛些茄鯗送入劉姥姥口中，因笑道：「你們天天吃茄子，也嘗嘗我們的茄子弄的可口不可口。」劉姥姥笑道：「別哄我了，茄子跑出這個味兒來了，我們也不用種糧食，只種茄子了。」眾人笑道：「真是茄子，我們再不哄你。」劉姥姥詫異道：「真是茄子？我白吃了半日。姑奶奶再餵我些，這一口細嚼嚼。」鳳姐兒果又搛了些放入口內。劉姥姥細嚼了半日，笑道：「雖有一點茄子香，只是還不像是茄子。告訴我是個什麼法子弄的，我也弄著吃去。」鳳姐兒笑道：「這也不難。你把才下來的茄子把皮去了，只要淨肉，切成碎釘子，用雞油炸了，再用雞脯子肉並香菌，新筍，蘑菇，五香腐乾，各色乾果子，俱切成釘子，用雞湯煨乾，將香油一收，外加糟油一拌，盛在瓷罐子裡封嚴，要吃時拿出來，用炒的雞瓜一拌就是。」劉姥姥聽了，搖頭吐舌說道：「我的佛祖！倒得十來隻雞來配他，怪道這個味兒！」從鳳姐的描述可見，茄鯗的製作工藝非常複雜，過程十分考究。當然，菜名還取得別具一格。為何賈府的飯桌上需要茄鯗這樣的菜肴？僅僅是因為茄鯗美味可口嗎？

涉獵廣泛的索爾斯坦・范伯倫估計沒有讀過《紅樓夢》，不然，賈府的茄鯗會是《有閒階級論》一書中一個有趣的佐證素材。除了明顯有閒，還有一樣辦法讓他人知道自己富甲一方，就是「明顯消費」（conspicuous consumption），也叫作炫耀性消費。炫耀性消費是

24（美）索爾斯坦・范伯倫：《有閒階級論》，第49頁。

人們博得榮譽的一個手段。不少人甚至需要為此忍受極大的痛苦，來實現「明顯消費」，「為了裝點門面，虛飾外表，而過前吃後空的日子」。[25]莫泊桑的小說《項鏈》中的女主角路瓦栽夫人為了體面地參加舞會，借來一條鑽石項鏈，不慎遺失後讓一家人的生活陷入了窘境。現實生活中有年輕人為了跟上蘋果手機的更新，甚至靠賣腎來籌集買手機的花費。范伯倫指出：「一個人要使他日常生活中遇到的那些漠不關心的觀察者，對他的金錢力量留下印象，唯一可行的辦法是不斷地顯示他的支付能力。」[26]

　　馬歇爾的價格曲線描述了這樣的規律：價格上漲導致需求下降；價格下降使得需求增多。後來的學者根據范伯倫的論點指出存在「范伯倫商品」（Veblen Goods），[27]這類商品的特殊性在於，價格上漲反而會讓消費者對此商品的需求上升；相反，價格下降會導致消費者需求下降。因為范伯倫商品的定價不僅取決於其內在的品質，它需要向消費者索要高價，來展示消費者的支付能力，進而滿足其「金錢競賽」的需要。對「范伯倫商品」而言，價格越高，消費者對它的需求越多。

　　如此一來，明顯浪費（conspicuous waste）成了日常生活的行為準則。它深入影響到人們的服飾選擇、宗教生活、審美等方方面面。有閒階級的消費模式成了「有閒階級制度」，塑造著人們的偏好，指導著人們的行為與選擇。「在生活中，在對物品的消費行為中，哪些是正派的、光榮的，指導這方面思想習慣的形成的是明顯浪費原則。」[28]比如在信仰上，「近代的一些最負盛名的教堂建築，總是力求壯觀，費用多少在所不計」。[29]對其服飾而言，「教士們的法衣總是代價很高、非常華麗的，而穿著卻並不舒服……這些人的服裝總是但求

25（美）索爾斯坦・范伯倫：《有閒階級論》，第66頁。
26（美）索爾斯坦・范伯倫：《有閒階級論》，第66頁。
27 Harvey Leibenstein, "Bandwagon, Snob, and Veblen Effects in the Theory of Consumer Demand", Quarterly Journal of Economics, Vol. 64, No. 2, 1950, pp. 183-207.
28（美）索爾斯坦・范伯倫：《有閒階級論》，第86頁。
29（美）索爾斯坦・范伯倫：《有閒階級論》，第88頁。

莊嚴而不顧到舒適與便利,而一般都覺得是應當這樣的」。[30]在日常生活中,即使高仿的服飾與正品具有同樣的美感,但由於仿製品不夠昂貴,不具備明顯浪費的標準,因此就不符合「審美」標準。凡勃倫指出:「仿製品也許與真品惟妙惟肖,非經最精密的檢驗不易察覺;然而一經察覺,它的審美價值和商業價值都將一落千丈。」[31]因此,在審美上,明顯浪費成了行為準則。「為了不被人看成是一個粗漢,他還得在愛好的培養上下些功夫,因為對消費品哪些是名貴的,哪些是凡陋的,應當能夠相當正確地加以鑒別。」[32]不少富人都會培養自己的愛好,這樣的愛好一定要耗資不菲,才是高雅的愛好。洛杉磯蓋蒂博物館的創辦人是美國石油大亨,該博物館中收藏了近500年間世界各地著名藝術家的畫作、雕塑、相片和其他藝術品。按范伯倫的話來講:對藝術品而言,「凡是代價不高的美術品,不能算作美的」。[33]不少人會認為手工湯匙具有美感,而不喜歡機械製造的湯匙。這是因為手工湯匙盡管不那麼實用,但卻是一種浪費,所以大家會覺得它更美。也有不少人希望擁有手工的跑車而不是生產線製造出來的跑車。「此外還有一些花草,以真正的美感來說並不見得高於上述各種,但培植的時候花的代價很大,這就獲得了某些愛花成癖的人的激賞,這些人的愛好是在高雅環境的嚴格指導下成熟起來的。」[34]

因此,賈府需要「茄鯗」這道菜。是「茄鯗」這道菜而不是「茄子豆角」具有「明顯消費」的特徵,乃至具有「明顯浪費」的特徵。古代中國的王愷和石崇「鬥富」的故事人盡皆知。王愷用麥芽糖刷鍋,石崇用蠟燭當柴燒;王愷將綢緞作為四十里長路面的帷幕,石崇則把五十里道路圍成錦繡長廊。「要博取好名聲,就不能免於浪費。」[35]這樣的「明顯消費」才能給主人帶來足夠的榮譽。

30（美）索爾斯坦・范伯倫:《有閒階級論》,第89頁。
31（美）索爾斯坦・范伯倫:《有閒階級論》,第123頁。
32（美）索爾斯坦・范伯倫:《有閒階級論》,第57頁。
33（美）索爾斯坦・范伯倫:《有閒階級論》,第97頁。
34（美）索爾斯坦・范伯倫:《有閒階級論》,第97頁。
35（美）索爾斯坦・范伯倫:《有閒階級論》,第73頁。

　　時至今日，有閒階級的傳統仍然被大量地保留了下來。現代社會的「炫耀性消費」不斷見諸報端。土耳其珠寶商阿赫邁特・阿塔坎（Ahmet Atakan）製造出一款純金打造的低胸背心短裙——用7.8萬塊金片縫製而成，重約3公斤。近年來，純金打造的物品吸引著各大媒體的關注，有人用純金打造跑車，有人用黃金打造聖誕樹。更為誇張的是，澳大利亞還有一家公司推出過22K黃金打造的廁紙。為什麼隨著社會進步，這樣的「炫耀性消費」仍然頑固地存在呢？

　　范伯倫認為，歷史遺留的制度並非能適應現代社會。就「有閒階級制度」而言，由於其浪費的性質，因此和現代工業文明是格格不入的，至少它阻礙了人類社會的進步。「這個制度的作用足以降低社會的工業效能，足以阻礙人類性格對現代工業生活要求的適應。」[36]那麼，這樣的陋習為何就能保留下來呢？此時，就需要理解范伯倫的制度解釋。

　　那麼，什麼是「制度」呢？按范伯倫的理解，制度就是流行的精神態度或流行的生活理論。「制度實質上就是個人或社會對有關的某些關係或某些作用的一般思想習慣；而生活方式所由構成的是，在某一時期或社會發展的某一階段通行的制度的綜合，因此從心理學的方面來說，可以概括地把它說成是一種流行的精神態度或一種流行的生活理論。」[37]范伯倫更多地從社會心理學、人類學層面關注制度，他主要關注制度的文化層面，也是就我們以後會談到的「非正式制度」。制度具有慣性，今天的制度來自昨天，而明天的制度也基於今天。

　　在范伯倫那裡，制度是由思想和習慣形成的，而思想和習慣又來自人類的本能，所以制度歸根結底是受人本能支配的。個人行動和社會習俗都受人本能支配和指導。這些行動逐漸形成思想和習慣，進而形成制度。制度產生之後，就對人類的活動有約束力。因為有閒階級制度來自人的本能，因此，人是很難改變的。范伯倫指出：「人們放棄有關明顯消費的任何支出為什麼會感到極度為難。作為這類習慣的

36（美）索爾斯坦・范伯倫：《有閒階級論》，第176頁。
37（美）索爾斯坦・范伯倫：《有閒階級論》，第139頁。

依據的一些特性或性格特徵是含有競賽因素的；而這類競賽性的，也就是含有歧視性對比作用的傾向，是自古以來就存在的，是人類性格的普遍特徵。」[38]但是，人具有不同的本能，比如「作業本能」與「掠奪本能」就是對立的。為何以「掠奪本能」為代表的有閒階級制度能成為當下流行的制度呢？

范伯倫強調選擇與強制。「今天的形勢是要構成明天的制度的，方式是通過一個淘汰的、強制的過程，對人們對事物的習慣觀念發揮作用，從而改變或加強他們對過去遺留下來的事物的觀點或精神態度。」[39]范伯倫向我們展示：制度的留存和流行離不開背後的權力。「一般形勢，包括在任一個時期通行的制度，總是會使某一性格類型比其他性格類型格外有利於生存和統治；而這樣汰存下來的民族，他們在繼續保持過去遺留下來的制度並加以發揚光大時，將在很大程度上按照自己的愛好來改變這類制度。」[40]如果人們從達爾文那裡看到「適者生存」，范伯倫就從中看到了「適者」即強者，這些具備更強生存能力的群體在推廣他們通行的制度。

有閒階級制度不僅限於富人，窮人也浸染了有閒階級的作風。對於富裕者而言，他們不是為消費而消費，消費是他們追逐社會地位的手段。他們之所以消費，是因為花錢越多，越能說明他們富貴榮華。不僅富人如此，窮人也如此。即便是較窮的人，即便是在生存線邊緣掙扎的人群，他們的消費方式也包括了一些浪費的、炫耀性的因素。他們對生活和消費的看法是占支配地位的有閒階級強加給他們的。「由此可見，有閒階級制度，通過強制實行一種金錢禮俗方案，盡量向下層階級汲取生活資料這類手段，發生了使金錢的性格特徵得以在廣大人民中保存的作用。結果是，下層階級同化於原來只是為上層階級所獨有的那些性格類型。」[41]下層階級被有閒階級同化了。

38（美）索爾斯坦‧范伯倫：《有閒階級論》，第81頁。
39（美）索爾斯坦‧范伯倫：《有閒階級論》，第139頁。
40（美）索爾斯坦‧范伯倫：《有閒階級論》，第139頁。
41（美）索爾斯坦‧范伯倫：《有閒階級論》，第175頁。

　　范伯倫指出：一旦形成制度，就構成了對個人選擇的巨大約束，不適應這樣的制度就會被淘汰。「有閒階級制度影響到以後的經濟生活的那許多傳統習慣，正在逐漸形成，逐漸鞏固，在那個時候上述原則具有作為一種習慣法的力量。人們把這一原則當作消費行為必須遵守的一種規範，如果發生了任何顯然的背離，就要被認為是一種反常現象，遲早要在進一步的發展過程中被清除掉。」[42] 這是范伯倫運用達爾文的進化論來看待社會經濟現象。制度一旦形成，就會出現適者生存的情形。「部分是由於一切人的習性都受到了強制教化而與之相適應，部分是由於不相適合的那些個人和家族受到淘汰。」[43] 通過強制實行制度，灌輸教化以及淘汰不適者，這樣有閒階級制度逐漸鞏固。

　　不過，范伯倫對這樣的制度並無好感。在范伯倫看來，這樣的人類性格已經阻礙了社會進步。以史密斯為代表的自由主義者對「競賽」與競爭是持樂觀態度的，他們通常都認為競賽與競爭能推動人類社會進步，是可以促成社會福祉提升的。范伯倫和史密斯不同，他看到資本主義競爭性制度帶來的是貪婪、浪費、無益、殘忍、混亂、衝突。因此，范伯倫著作的指向是：自由主義政策並不能使社會福利最大化，有閒階級的消費模式阻礙了人類的作業本能。在范伯倫看來，這樣的消費是一種浪費。因此，政府可以對此進行干預，比如對炫耀性消費進行徵稅。[44]

　　這樣的制度為什麼就不能改變呢？「有閒制度」變成了制度化的力量，影響久遠。即便時過境遷，這樣的制度卻不會馬上被清除掉，很難在短時間內改變。范伯倫指出制度具有慣性，即便大家看來「落後」的制度，也並不會馬上被淘汰。「人們是生活在制度──也就是說，思想習慣──的指導下的，而這些制度是早期遺留下來的；起源的時期或者比較遠些，或者比較近些，但不管怎樣，它們總是從過去

42（美）索爾斯坦‧范伯倫：《有閒階級論》，第56頁。
43（美）索爾斯坦‧范伯倫：《有閒階級論》，第154頁。
44（美）威廉‧布雷特、羅杰‧蘭塞姆著，孫琳等譯：《經濟學家的學術思想》，中國人民大學出版社2004年版，第41頁。

逐漸改進、逐漸遺留下來的。制度是以往過程的產物,同過去的環境相適應,因此同現在的要求絕不會完全一致。」[45]即便過去的制度和現在的環境並不完全適應,但是制度卻是難以變更的、非常保守的力量。為什麼制度變遷緩慢?其中有人的因素,也有制度本身的因素。

首先,制度的維繫有賴於既得利益團體的支持。有閒階級是有閒階級制度的重要基礎。他們構成了阻礙制度變遷的利益團體。「當形勢要求在制度上作進一步發展,對改變了的工業局勢作重新調整時,它的反應在社會各階級中總是最遲鈍的。有閒階級是一個保守階級。」[46]既得利益群體會阻撓對其不利的制度變遷。

其次,制度會內化為普通人的共識。「有閒階級制度不但對社會結構有影響,對社會中成員的個人性格也有影響。某一性格或某一觀點,一旦獲得認可,成為生活的權威標準或規範,就會在承認它為規範的那個社員中的成員的性格上引起反應,在一定程度上構成其思想習慣,對人們的素性和意向發揮監視作用。」[47]一旦社會形成了「共識」,這樣的共識就會塑造人的偏好與利益,最後影響人的行為,因此,要變革就比較困難。

最後,制度是一個整體,不同的制度具有互補性,很難變更一個制度而不改變另外的互補制度。「屬於任何一種文化或任何一個民族的制度系統總是一個整體,其間任何一項制度都不是孤立的;這一點格外加強了人們在思想習慣上對任何改革的本能的反抗。」[48]因此,如果要改變制度,就要做整體上的變革,而不是進行邊邊角角的改變。然而,對制度的整體變革是非常困難的。「對於改革的抗力由於人類各種制度的彼此關聯而像上面所說那樣加強的後果是,在任何改革下進行必要的調整,必須付出比不存在這一情況時更大的力氣。」[49]

45(美)索爾斯坦・范伯倫:《有閒階級論》,第139—140頁。
46(美)索爾斯坦・范伯倫:《有閒階級論》,第144—145頁。
47(美)索爾斯坦・范伯倫:《有閒階級論》,第154頁。
48(美)索爾斯坦・范伯倫:《有閒階級論》,第154頁。
49(美)索爾斯坦・范伯倫:《有閒階級論》,第154頁。

　　據此，范伯倫點明：制度是有慣性的，是保守的力量。「人們對於現有的思想習慣，除非是出於環境的壓迫而不得不改變，一般總是要想無限期地堅持下去。因此遺留下來的這些制度，這些思想習慣、精神面貌、觀點、特質以及其他等等，其本身就是一個保守因素。這就是社會慣性、心理慣性和保守主義因素。」[50] 范伯倫嘗試為制度變遷提供部分解釋，同時，值得我們注意的是，唐世平教授的《制度變遷的廣義理論》對制度變遷提供了一個視野宏大的理論框架。[51]

　　在《有閒階級論》一書中，范伯倫試圖指出：在有閒階級這一制度的影響下，對廣大民眾而言，其痛苦主要是精神上的，因為他們不得不考慮：如何能自始至終地趕上別人的消費。對大部分人而言，這樣的痛苦是無法彌補的。因此，在有閒階級制度的影響下，人並非是獲得更多，消費更多，就會越開心。因為人與人之間存在金錢競賽。這樣的攀比永無止境，痛苦也永無止境。人並不是在孤立的狀態下追求快樂最大化。社會是一個複合體，在這裡，個人影響著別人的見解和生活，也受別人見解和行為的影響。消費者對商品的消費，更多地取決於他人的消費方式、習慣、炫耀等等，而不是獨立的、理性的計算。一旦他人的消費、文化影響了人們的消費決策，那麼，消費者並非是自主的，並非知道自己想要什麼。這樣的人不是「經濟人」，而是「社會人」。幾乎沒有人能幸免於制度的左右，因為人們會有樣學樣。范伯倫對馬克思的回應是：工人階級並非想要取代資本家，而是想模仿他們。因此，范伯倫有閒階級理論的核心是一個社會穩定的理論。[52] 范伯倫的制度分析被後來的學者，如道格拉斯·諾斯等學者所承襲。

---

50 （美）索爾斯坦·范伯倫：《有閒階級論》，第154頁。
51 唐世平著，沈文松譯：《制度變遷的廣義理論》，北京大學出版社2016年版。
52 （美）羅伯特·海爾布隆納：《經濟學統治世界》，第196頁。

三 哥斯大黎加為何能贏得對美國的訴訟？

1995年12月，哥斯大黎加（Costa Rica）政府向世界貿易組織提出訴訟。原因是6個月前，美國對哥斯大黎加等國的棉花、人造纖維襯衫實施了進口限制。美國此舉是為了防止國內的襯衫製造業受到包括哥斯大黎加等國家進口產品的衝擊。哥斯大黎加政府認為美國違反了世界貿易組織的規則，因為美國政府並沒有充足的證據顯示其國內相關產業已岌岌可危。在缺乏證據的情況下，美國政府卻單方面採取了行動。像哥斯大黎加這樣一個小國對美國這樣一個強大的經濟和軍事大國提起訴訟，這在世界貿易組織成立以來尚屬首次。1996年，世貿組織做出了有利於哥斯大黎加政府的裁決，美國政府提請複議，1997年，世貿組織做出了維持原有決議的裁決。美國政府接著宣布其進口限制失效。世貿組織還將這一案例放在了它的網站上。[53]

制度主義者約翰·伊肯伯里（John Ikenberry）在其著作《大戰勝利之後：制度、戰略約束與戰後秩序》中指出：為何世界主要資本主義國家沒有挑戰美國霸權？他認為，二戰結束後，美國的霸權是不情願的霸權，但同時也是民主的、開放的霸權。美國在戰後建立的制度對自己形成約束，並建立了一套將各大國捆綁在一起的政府間制度安排。這樣的制度安排將世界各國鎖定在有利的戰後秩序中。[54]即便是霸權國美國的利益改變了，它仍然受原有制度的約束。例如，在二戰結束後初期，美國設計了農產品貿易保護制度，創建了特殊例外條款。美國此舉是為了保護自身的農業部門的利益。但是，當美國農業變得具有競爭力，希望擴大海外市場時，歐洲、日本等國家卻利用該條款來保護自己的農業，抵制美國的農產品。[55]制度一旦形成，就具

---

53 https://www.wto.org/english/res_e/booksp_e/casestudies_e/case12_e.htm
54 （美）約翰·伊肯伯里著，門洪華譯：《大戰勝利之後：制度、戰略約束與戰後秩序重建》，北京大學出版社2008年版，第2—3頁。
55 Judith Goldstein, "Creating the GATT Rules: Politics, Instituions, and American Policy", in John Guggie, ed., Multilateralism Matters: The Theory and Praxis of an Institutional Form, New York: Columbia University Press, 1993, pp. 201-232.

有約束力，制度不僅約束弱者，也約束強者。

　　道格拉斯·諾斯認為，制度是一套社會的博弈規則，它們是人為設計的、型塑人們互動關係的約束。[56]因此，作為遊戲規則的制度，在一定時期內是一個均衡（equilibrium）。在這個時段內，這一均衡即便對強者都有約束，即便對美國這樣世界政治中的強者也有約束。這樣的規則與均衡意義在於，制度通過為人們提供日常生活的規則，通過建立一個人們互動的穩定結構來減少不確定性。[57]

　　1934年，美國制度創新帶來了貿易政策的改變。[58]美國當時的國內制度經歷了兩個變遷：首先，它使得美國的關稅減讓是互惠的而不是單邊關稅削減；其次，國會只要以簡單多數而不是絕對多數就可以通過關稅減讓條款。以往的情形是，每當民主黨執政，就通過降低關稅的法案；而當共和黨執政的時候，為保護其北部製造商利益，就增加關稅。由於此次制度變遷，美國民主黨和共和黨在關稅問題上的分歧逐步彌合。制度變遷把關稅主導權從國會手中轉移到了美國總統那裡。制度變遷帶來了新的規則，實現了新的均衡，使得美國總統在簽署關稅減讓協定時不需要獲得三分之二的國會投票就能通過。美國總統由全國選舉產生，這讓美國總統更具有全局性的眼光，願意締結自由貿易條約來改善整個國家的福利。因此，與國會議員比較而言，美國總統往往更加支持自由貿易。總統主導下的制度均衡有利於美國在二戰結束後建立一個全球自由市場。此外，1934年的制度變遷還具有「自我增強」的特點。由於簽署了越來越多的貿易協定，美國產品大量湧入其他國家，伴隨著出口的增加，出口產業的數量增多，行業規模變大，盈利上升。日益增大的出口機會抵消了進口品帶來的競爭，讓支持出口和貿易自由化的人越來越多，制度變遷使得美國支持

---

56 （美）道格拉斯·諾斯著，杭行譯：《制度、制度變遷與經濟績效》，上海人民出版社2008年版，第3頁。
57 （美）道格拉斯·諾斯：《制度、制度變遷與經濟績效》，第4、7頁。
58 Michael Bailey, Judith Goldstein, and Barry Weingast, "The Institutional Roots of American Trade Policy: Politics, Coalitions and International Trade", *World Politics*, Vol. 49, No. 3, 1997, pp. 309-338.

自由貿易的群體壓過了貿易保護主義者，讓制度獲得了自我增強的效果，讓制度的影響更為持久。

因此，在一定時期內，制度是一個「均衡」，這個均衡的意義在於降低行為體之間互動的不確定性。「政治和經濟市場的不穩定關係帶來的結果是，個人和組織的權利及特權隨時可能被剝奪，所以這種無序增加了不確定性。」[59]由於制度實現的均衡降低了不確定性，這樣的均衡甚至對弱者有益。正如哥斯大黎加這樣一個小國能通過世界貿易組織這一國際制度安排起訴美國一樣，正是具有「均衡」特點的制度安排能更好地減少無序，促進合作。但必須說明的是，並不是所有的均衡都能給社會帶來安定與繁榮。有時候，一個社會可能會陷入低效率的制度均衡。那麼，什麼樣的均衡可以促使一個社會通往繁榮之路呢？制度主義者圍繞這一問題做了很多探索。

四　為何發展中國家有龐大的僵化資本？

秘魯的學者赫南多·德·索托（Hernando de Soto）在其1988年出版的《資本的秘密》（The Mystery of Capital）一書中指出：在第三世界國家和前共產主義國家，窮人所掌握但並不合法擁有的房地產的總值至少有9.3兆美元。這筆錢是什麼概念？在當時，這筆錢大約是美國流通貨幣量的兩倍，是世界銀行過去30年貸款總額的46倍，也是截止到那時，所有已開發國家對第三世界的發展援助總額的93倍。[60]換句話說，這些貧困國家生活著大量的窮人，但這些窮人卻掌握著大量的資產。他們貌似富裕，卻對這些房產沒有產權。所以，他們仍舊是窮人。

諾斯指出，產權（property rights）是個人支配其自身勞動及其

59（美）道格拉斯·諾斯著，鐘正聲等譯，《理解經濟變遷過程》，中國人民大學出版社2008年版，第7頁。
60（秘魯）赫南多·德·索托著，王曉冬譯：《資本的秘密》，江蘇人民出版社2001年版，第27頁。

所擁有之物品與勞務的權利。[61]這些窮人對自己所擁有的物品沒有支配的權力。這與歷史上美國的情形並無二致。同一塊土地，有一個人宣稱他有所有權，這項權力是英國王室賦予的；另一個人宣稱他從印第安部落手中買來的；第三人則宣稱他用奴隸從州議會那裡買來的，因此也擁有該土地的產權。[62]美國的歷史就是當今發展中國家的現狀。如果你去巴布亞紐幾內亞投資，當你想買一塊土地建廠房的時候，你往往會發現：一群人跑出來了，他們都聲稱這塊土地屬於自己。每個人都有部分證據，但是，他們都拿不出那塊地屬於他的完整證據。

由於大量的土地沒有清晰的產權，所以，這些房產成了德·索托說的僵化資本（dead capital）。它們無法有效地在土地市場上進行交易，也無法實現有效率的資源流動與配置。稀有的資源無法流向最能有效利用它的人手中。這樣的制度是產權不明晰的制度。這樣的制度安排導致的結果就是：手裡握有大量資產的人卻是窮人。在海地，有68%的城市居民和97%的農村居民的住宅沒有明確的所有權證明。在埃及，有92%的城市居民和83%的農村居民也沒有明晰的住宅所有權證明。在第三世界國家和前共產主義國家存在的大量僵化資本，導致大約85%的城市土地不能用來創造財富。[63]這樣的制度安排造成了巨大的資源浪費，使得經濟在低效率的狀態下運行，成為這些國家通往富裕之路的屏障。

按制度主義經濟學的理解，美國最終走向繁榮富裕，是因為美國逐漸建立了新的制度安排。它學習了英國的制度，對產權進行保護。隨著美國西部疆域的拓展，政府將土地售賣。在售賣土地的過程中，大部分土地法令讓民眾有能力低價獲得土地，每英畝土地只需一美元或者兩美元；同時，售賣土地的門檻也在不斷降低。1785年頒布的土地法令規定，最小售地面積為640英畝；1800年，國會規定的最小

---

61 （美）道格拉斯·諾斯：《制度、制度變遷與經濟績效》，第46頁。
62 （秘魯）赫南多·德·索托：《資本的秘密》，第15頁。
63 （秘魯）赫南多·德·索托：《資本的秘密》，第25、27頁。

售地英畝數減半；1804年，再次減半。1832年頒布了新的土地法案，規定的最小售地英畝數降至40英畝。[64]這樣，更多的低收入者就能購置土地。在出售土地的過程中，成效比較顯著的是美國內戰時期頒布的《宅地法》，該法案規定，申請者只需繳納10美元的登記費，並在該土地上住滿5年，就可以免費擁有該土地的所有權。德·索托認為，1862年的《宅地法》頗負盛名，因為它以法律的形式允許定居者可以免費擁有160英畝的土地，只要移民同意在土地上定居和開發土地。因此，與其說這是一個美國政府寬宏大量的法案，不如說它是對既成事實的確認。[65]由於界定了清晰的產權，美國民眾就可以自由地買賣土地，讓它比較順暢地流轉，創造更大的價值。當這些僵化資本變成活躍資本的時候，美國民眾和這個國家因此獲益。要知道，美國通往繁榮的道路不是孤立的。

諾斯指出：有效率的經濟組織是經濟增長的關鍵；一個有效率的經濟組織在西歐的發展正是西方興起的原因所在。[66]其中，一個重要方面就是產權制度的安排，「如果所有權使社會生產性活動成為合算的，便會出現經濟增長」。[67]事實上，歷史上大部分時期產權制度的安排都是缺乏效率的。因此，人類的歷史大部分時段是由稀有、貧困和無效率的社會構成的。只有擺脫無效率的產權安排，人類社會才會邁向富裕與繁榮。

如果你去參觀江蘇昆山的周莊，導遊會告訴你那裡曾是中國明代江南巨富沈萬三的故居。沈萬三聚財技巧高超，斂財無數。但是明朝的開國皇帝朱元璋卻將其財產充公，將沈萬三發配雲南。導遊的介紹或許有虛構的成分，但也足以反映古代中國商人的財產得不到保障的事實。不僅古代中國如此，古代的西方世界也是如此。聖殿騎

---

64 Stanley Engerman and Robert Gallman, eds., The Cambridge Economic History of the United States, Vol. 2: *The Long Nineteenth Century*, New York: Cambridge University Press, 2000, p. 274-275, Table 7.1.
65 （秘魯）赫南多·德·索托：《資本的秘密》，第105頁。
66 （美）道格拉斯·諾斯著，厲以平等譯：《西方世界的興起》，華夏出版社1999年版，第5頁。
67 （美）道格拉斯·諾斯：《西方世界的興起》，第13頁。

士團（Knights Templar）成立於1119年，由法國貴族胡格・德・佩恩（Hugues de Payen）創建，因為他們在耶路撒冷所羅門聖殿廢墟附近的聖殿山上居住，故得名「聖殿騎士團」。這個組織從西方的貴族家庭中招募那些沒有希望繼承財產和爵位的年輕人。騎士團成員過著簡樸自律的生活，一天只吃兩頓飯，一周吃三次肉。他們嚴格禁止騎士團成員擁有私有財產。騎士團的徽章上印著兩名騎士共同騎著一匹戰馬，反映出騎士團創辦初期的經濟狀況非常拮据。當時去耶路撒冷的朝聖之旅是非常危險的，常有強盜出沒劫掠朝聖者。佩恩召集了9名騎士，保護那些朝聖者。騎士團的成員英勇善戰、無懼死亡，在十字軍東徵時立下赫赫戰功。教皇多次發布訓令予以表彰。騎士團也從教會和世俗君主那裡獲得了大量的特權。

　　很多信徒和被保護者對騎士團慷慨解囊，使得他們得到了巨額財富。那些參與十字軍東徵的貴族也常常在出征時將自己的財產寄放在騎士團，讓他們幫忙打理。憑借著捐贈和經營，騎士團積累了大量的財富。他們購置了農場和葡萄園，還涉足手工製造業以及進出口行業，購置了自己的艦船，修建了自己的城堡。騎士團從一個規模較小的團體發展成一個強大的軍事與金融組織。在高峰時，他們擁有7000名騎士和870座城堡。[68]

　　騎士團建造的城堡非常堅固，在一些地方，一座城堡就是一座半島。在兵荒馬亂的時候，這些城堡成了牢固的財富保險箱。法國國王菲利普二世（Philip II）統治期間，聖殿騎士團在巴黎的分支機構儼然就是法國的財政部。1261年，英格蘭的國王亨利三世（Henry III）與英國貴族發生衝突，他就把王冠和珠寶轉移到聖殿騎士團在巴黎的城堡裡。此外，亨利三世也向騎士團借錢，用來發動對貴族的戰爭。[69] 聖殿騎士團不但成了十字軍的財務托管人，也成了歐洲王室和

68　Jack Weatherford, *The History of Money*, New York: Crown Publishers Three Rivers Press, 1997, p. 67.
69　Sean Martin, *The Knights Templar: The History and Myths of the Legendary Military Order*, Basic Books, 2004, p. 51.

教皇的財務經紀人。

從某種意義上講，聖殿騎士團是世界上最早的國際銀行家組織。一些朝聖者在離開家鄉之前把財產寄存在當地的騎士團分支機構，到了耶路撒冷再用票據兌換，就像今天的支票。由於騎士團的分支機構遍布各地，這些城堡形成了一個龐大的網絡，從地中海沿岸延伸至巴黎、倫敦等歐洲主要城市。他們為顧客提供當地貨幣。這樣一來，一位顧客就可以在巴黎存錢，然後到倫敦或者耶路撒冷兌換金額相當的本地貨幣。騎士團為此收取一定的費用，同時也從事著其他一些相關的金融業務，和今天的銀行類似。騎士團的城堡就像今天銀行的櫃台一樣，為顧客提供存取貨幣的服務。他們的顧客名單就是當時的名人錄，從王室成員、教會成員到富商貴胄。

不過，好景不長，1263年，英格蘭的愛德華王子與貴族發生衝突，他闖進了騎士團的金庫，打開保險箱，搶走了貴族和商人們儲存在那裡的錢財。到了法國的菲利普四世（Philip IV）執政時期，由於長期對外征戰，國庫空虛，國王遭遇了嚴重的財政危機。菲利普四世用盡一切辦法搜刮民脂民膏，包括重鑄貨幣、對僧侶徵稅、榨取銀行家和猶太人的錢財等。但仍無法解決財政危機。最後，菲利普四世盯上了騎士團的城堡。他率先發動宣傳攻勢，敗壞了騎士團的宗教名譽。1307年，菲利普四世以教皇的名義，用突襲的辦法逮捕了騎士團的領袖，指控他們違反了一系列道德，例如否認耶穌基督的存在、朝十字架上的耶穌像吐口水、做下流的親吻動作、異端、叛教、邪惡崇拜、同性戀等。[70]菲利普四世罰沒了騎士團的財產。對其成員的審判歷時近五年，在嚴刑逼供下，很多人屈打成招，被判有罪，甚至被處以火刑。菲利普四世清算了騎士團的財產，財富被王室成員占有，土地被租賃。

最開始，教皇克萊蒙特五世（Clement V）認為法國國王冒犯了他的權威。雖然教皇和法國國王曾討論過此事，但是教皇並沒有授權

---

70 Malcolm Barber, *The Trial of the Templars*, New York: Cambridge University Press, 2006, p. 1.

法國國王採取行動。不過，在法王的威逼利誘下，教皇也加入了掠奪的行列。1312年，教皇克萊蒙特五世宣布撤銷聖殿騎士團的神職，並敦促其他國家的國王也效仿法王，力圖把騎士團的財產轉移到其他教會機構的名下。

　　無論是沈萬三還是聖殿騎士團，由於當時沒有對財產權的保護，在積累了巨額財富後，他們的命運即如出一轍。在缺乏有效產權的制度下，大量的錢財也只能成為「僵化資本」。因此，諾斯才感嘆：與停滯或衰退相比，增長要少見得多。這一事實表明：「有效率的所有權在歷史上並不常見。」[71]

　　有一個問題一直困惑著史學家，那就是工業革命為何率先發生在英國，而不是遙遠的東方，或者歐洲大陸？要知道，在18世紀，歐洲大陸有兩個國家長期是英國的有力競爭對手——法國和西班牙。法國有遼闊的國土，西班牙則掌握著來自新大陸源源不斷的金銀，為什麼機遇最後落到了英國人頭上？諾斯給出的答案是：在工業革命之前，英國率先發展出了有效的私有財產權制度。與此形成對照的是，法國和西班牙卻沒有建立這一制度安排。在法國和西班牙，私人財產常常遭到政府的掠奪，缺乏產權保護扭曲了當地社會的激勵結構。那裡的居民會優先選擇從事非生產性的事務，

　　比如從事教會活動、加入軍隊和進入官僚機構，因為只有這些地方才能免受王室的騷擾。長此以往，法國和西班牙的衰敗在所難免。諾斯指出：當國王財政困難加劇的時候，「侵占、沒收或是單方面改變合約便成了屢見不鮮的事情，最終會影響工商業和農業的發展，結果人們被迫拋棄了生產性的職業」。[72]要嘛當學者，要嘛當僧侶；或者當乞丐或者做官僚。

　　在財產權沒有被清晰界定並予以有效保護的地方，經濟交易難以進行，人們也沒有激勵和動機去保護財產，讓自身的資產增值。那

71（美）道格拉斯·諾斯，厲以平譯：《經濟史上的結構和變革》，商務印書館1992年版，第7—8頁。
72（美）道格拉斯·諾斯：《西方世界的興起》，第164頁。

麼，界定好產權，保護好產權就一勞永逸了嗎？

　　如果相信建立起財產權保護這樣的制度安排，就能自動帶來經濟增長，這樣的想法就過於簡單了。巴西的經濟成長道路一波三折，其經歷向我們展示：保護財產權以促進經濟增長需要一定的外部條件。1930年到1947年，巴西經濟以年均6%的速度增長，年均工業增長率達到9%。[73]1967年到1973年，巴西的國內生產總值以年均11.5%的速度增長，與此同時，巴西的工業化取得了巨大的成績，巴西製造業以年均12.9%的速度增長。[74]1980年，巴西的人均收入要高於當時的韓國、新加坡、香港地區以及台灣。[75]進入20世紀80年代以後，巴西經濟遭遇危機，與其他拉美國家一道進入「失去的十年」。在1980年還成績驕人的巴西，到了1990年，其人均收入被韓國、新加坡、香港地區以及台灣超越。20世紀70年代，巴西的年均國內生產總值增長率為8.5%；到了80年代，下跌至3%；90年代，更是下跌至1.8%。[76]1981年到2003年，巴西經濟出現負增長的年份就占到了11年。如果我們把時段拉得更長，1960年到2003年，巴西出現經濟危機的年份占總年份的30%左右，巴西的經濟成長極不穩定。[77]

　　巴西的問題不在於沒有保護產權。相反，在一個貧富嚴重分化的社會，保護財產權固化了社會分化，這樣的政治經濟結構不僅不能為持續的經濟發展提供良好的制度框架；這樣早熟的制度安排反而加劇了該國的政治經濟問題，導致經濟成長難以持續。[78]

　　在巴西這樣嚴重貧富分化的社會，保護財產權不僅不會給人帶來

73（美）阿圖爾・科利著，朱天飆等譯：《國家引導的發展 —— 全球邊緣地區的政治權力與工業化》，吉林出版集團有限責任公司2007年版，第173頁。

74 Teresa Meade, *A Brief History of Brazil*, New York: Facts on File, 2010, pp. 167-168.

75 Eul-Soo Pang, *The International Political Economy of Transformation in Argentina, Brazil, and Chile since 1960*, New York: Palgrave Macmillan, 2002, p. 124.

76 Vinod Thomas, *From Inside Brazil: Development in a Land of Contrasts*, Palo Alto: Stanford University Press, 2006, p. 13, Table 1.1.

77 Andrés Solimano and Raimundo Soto, "Economic Growth in Latin America in the Late Twentieth Century：Evidence and Interpretation", in Andrés Solimano eds., *Vanishing Growth in Latin America: The Late Twentieth Century Experience*, Cheltenham: Edward Elgar, p. 21, Table 2.3.

78 黃琪軒：《巴西「經濟奇蹟」為何中斷》，《國家行政學院學報》2013年第1期。

激勵，反而會扭曲激勵。嚴重分化的社會給貧困人口帶來衝擊財產權的激勵，讓現有制度難以有效運轉。巴西的無地農民占領土地、衝擊政府機關、摧毀道路收費站，他們屢屢使用暴力，成為這一時期長期的不穩定因素。[79]到了20世紀70年代後期，占領土地的事件以及其他形式的抗議活動開始增加；80年代早期，這些活動更為流行並逐漸擴散。少地和無地的農業工人為爭取土地而進行鬥爭。[80]1964年到1989年，有1566人死於爭奪土地的糾紛。[81]即便是在巴西軍政府執政時期，巴西的產權安排也一直受到衝擊與挑戰。

　　巴西「經濟奇蹟」的破滅與東亞地區的經濟績效形成鮮明對比。東亞地區通過打破產權的行動，帶來了比較平等的社會經濟結構。韓國與台灣的土地改革在工業化之前實施，有效地再分配了農村財富。韓國與台灣在二戰後打破舊有產權的行動，為其長遠的產權保護與經濟發展奠定了基礎。

　　在台灣，土地改革獲得了巨大的成功。1956年，佃農占農業家庭的比例降至16%，而擁有土地所有權的農民增加到近60%，剩下的大部分農民也擺脫了單一的佃農身份，他們自己擁有一部分土地，同時也租賃一部分土地。[82]此後，台灣的土地改革繼續穩步向前推進。到1960年，家庭所有的小塊土地占全部土地比重的76%。[83]到1965

---

79 （巴西）博勒斯·福斯托：《巴西簡明史》，第301頁。
80 Gabriel Ondetti, *Land, Protest, and Politics: The Landless Movement and the Struggle for Agrarian Reform in Brazil*, Pennsylvania: The Pennsylvania State University Press, 2008, p. 13.
81 （美）胡安·林茨、阿爾弗萊德·斯泰潘著，孫龍等譯：《民主轉型與鞏固的問題：南歐、南美和後共產主義歐洲》，浙江人民出版社2008年版，第182頁。
82 Gerrit Huizer, *Peasant Movements and their Counter Forces in South East Asia*, New Delhi: Marwah Publications, 1980, p. 53.
　　2 （美）斯蒂芬·哈格德著，陳慧榮譯：《走出邊緣——新興工業化經濟體成長的政治》，吉林出版集團有限責任公司2009年版，第271頁。
　　3 Cristobal Kay, "Agrarian Reform and Industrial Policy", in Richard Boyd, Benno Galjart and TakWing Ngo, eds., *Political Conflict and Development in East Asia and Latin America*, New York: Routledge, 2006, p. 28.
　　4 Alice Amsden, *Asia's Next Giant: South Korea and Late Industrialization*, New York: Oxford University Press, 1989, p. 147.
83 （美）斯蒂芬·哈格德著，陳慧榮譯：《走出邊緣——新興工業化經濟體成長的政治》，吉林出版集團有限責任公司2009年版，第271頁。

年，佃農數量下降到5%。[84]

　　韓國曾是日本的殖民地，1945年日本戰敗時的韓國還是一個農業國家，有五分之四的人口居住在農村。此時韓國的土地非常集中，不到5%的韓國農戶擁有全國一半左右的土地。大部分的土地要嘛是租賃給佃農耕種，要嘛雇佣農業工人耕作。在當時的社會經濟條件下，大部分的韓國佃農僅能維持生計。國際局勢與朝鮮半島的局勢變遷推動了韓國的土地改革。在蘇聯支持下，朝鮮進行了土地改革。受此影響，韓國的一些農民開始武裝反抗，土地改革的呼聲日益高漲。為了抵制北方土地改革的壓力，美國駐扎在韓國的軍隊開始穩步推進韓國進行土地改革。韓國土地改革以後，大部分佃農獲得了土地的所有權。20世紀30年代晚期，3%的韓國地主擁有近三分之二的土地，而土地改革以後，70%的農村家庭擁有了土地所有權，1965年，韓國佃農數量下降到了7%。[85]韓國的階級分化逐漸減小，階級鬥爭也大幅度減少。韓國的土地改革實現了其初衷，給韓國農村帶來了政治穩定。此外，1961年韓國軍政府上台後，一項重要舉措就是將一些大企業家關進監獄，並將他們的財產充公。這一破壞財產權的舉措，打破了以往分化的經濟社會結構，為韓國未來幾十年的進一步發展奠定了基礎。

　　不僅韓國和台灣如此，東亞的日本也進行了土地改革。二戰結束後，為了激發日本農民的勞動積極性，防止共產黨影響力滲透到日本農村，日本農林省的官員提出了一份改革方案，將土地重新分配給農民。

　　但是占領軍則認為這一改革方案不夠徹底。在占領軍的主導下，日本對土地改革方案進行了重新討論，1946年10月，日本國會通過了修改後的方案。這次土地改革方案規定，對不在農村的地主所持有

---

84 Cristobal Kay, "Agrarian Reform and Industrial Policy", in Richard Boyd, Benno Galjart and TakWing Ngo, eds., *Political Conflict and Development in East Asia and Latin America*, New York: Routledge, 2006, p. 28.

85 Alice Amsden, *Asia's Next Giant: South Korea and Late Industrialization*, New York: Oxford University Press, 1989, p. 147.

的土地，政府有權強制購買；對居住在農村的地主所持有的土地，如果超過一公頃，政府也有權購買其超過部分。之後，政府再按管制價格將土地出售給佃農，而且規定此方案要在兩年內完成。通貨膨脹大大削減了政府對地主的實際補償價值，結果日本的土地改革幾乎無償沒收了地主的土地。[86] 日本土地所有者對此提起訴訟，認為農地改革方案侵害了憲法賦予他們的財產權。1953年12月，日本地主的訴訟被日本最高法院駁回，法院認定農地改革符合憲法。

此後，日本的土地改革得以展開，約80%的佃耕農地被出售。[87] 到了1965年，日本的佃農數量下降為7%。[88] 農地改革使得戰後日本農村的資產比較平等化，在農村形成了繁榮的國內市場。[89]

東亞國家和地區衝擊不平等的財產權的舉措，使得這些國家和地區出現了一個比較平等的社會結構，這樣才能為以後實施產業政策、教育政策等提供良好的社會基礎，才能為實施保護財產權等良好的制度搭好社會經濟框架。

不僅東亞國家如此，美國的經濟發展也經歷了類似的過程。1783年美國贏得獨立後，政府對財產進行了再分配。首先，對於繼續效忠英國的移民，美國政府沒收了他們的財產，讓他們移居加拿大，沒有進行任何補償。美國政府第二次衝擊產權結構的行動發生在19世紀60年代的內戰時期。經過這兩次大規模的行動，美國建立起一個更為平等的社會，到1900年，美國3/4的家庭擁有自己的土地。而拉美則沒有這樣平等化的舉措。19世紀中期，拉美大部分國家適宜耕種的土地，只有不到5%由家庭來經營。家庭農場（雇工不超過4人即可稱作家庭農場）耕種土地面積僅占阿根廷適宜耕種土地的5%；巴西、哥倫比亞為3%；墨西哥為2%。與此形成鮮明對照的是，美

---

86 Ronald Dore, *Land Reform in Japan*, London: Oxford University Press, 1959, pp. 1-60.
87 （日）浜野潔、井奧成彥、中村宗悅等著，彭曦等譯：《日本經濟史（1600—2000）》，南京大學出版社2010年版，第213頁。
88 Cristobal Kay, "Agrarian Reform and Industrial Policy", p. 28.
89 （日）浜野潔、井奧成彥、中村宗悅等：《日本經濟史（1600—2000）》，第214頁。

國為60%，加拿大為64%。[90]這樣的結構一直被延續了下來，到1980
年，巴西的家庭農場占國家適宜耕種土地的20%；同一時期的美國為
54%，加拿大為66%。[91]拉美沒有初始破壞不平等的財產權的舉措，
導致這裡存在廣泛的、持續的破壞財產權的壓力。儲蓄和投資永遠處
於不安全的狀態，法治也無法有效實施。嚴重的貧富分化導致財富與
權勢集中，國家軟弱無力。

　　事實上，產權保護在一個收入分配更接近正態分布的社會會發揮
更顯著的效果，而當一個社會的收入分配處於啞鈴形的狀態，那麼，
加強產權的保護反而可能固化社會分化，影響激勵機制。不僅如此，
底層民眾會持續衝擊現有產權安排，讓產權的保護無法真正地、持久
地實施。諾斯強調：出現在西方世界的制度，如產權和司法體系，是
不能夠原封不動地複製到發展中國家的。問題的關鍵在於創造激勵結
構，而不是對西方制度的盲目模仿。[92]「關鍵在於創造激勵結構」，這
指出了制度的又一項重要作用。

五　為何教育水平的提升不能提高經濟績效？

　　長期以來，人們對一個觀點深信不疑：教育對經濟發展能起到積
極的促進作用。但是在非洲，教育的進步並沒有帶來經濟的發展。如
圖7-1所示：從1965年到1985年，非洲國家的教育規模急劇擴張。
在人力資本迅速增長的同時，非洲的經濟卻停滯不前，這一情況和東
亞地區形成了鮮明對比。這些經濟沒有受益於教育發展的國家包括安
哥拉、莫三比克、加納、尚比亞、馬達加斯加、蘇丹和塞內加爾等。
學者們研究發現：在非洲，教育和經濟增長之間沒有相關性，甚至呈

90　Sebastian Edwards, *Left Behin: Latin America and the False Promise of Populism*,
　　Chicago: The University of Chicago Press, 2010, pp. 173-174.
91　Tatu Vanhanen, *Prospects of Democracy: A Study of 172 Countries*, New York:
　　Routledge, 1997, pp. 215-216.
92　（美）道格拉斯‧諾斯：《理解經濟變遷過程》，第143頁。

圖7-1　**非洲的教育與經濟增長**

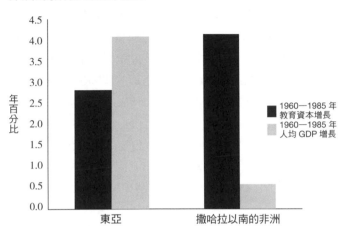

資料來源：William Easterly, *The Elusive Quest for Growth: Economists' Adventures and Misadventures in the Tropics*, Cambridge: The MIT Press, 2001, pp. 75-76, Figure 4.1; Figure 4.2。

現負相關。[93]

　　威廉·伊斯特利（William Easterly）指出問題的關鍵不在於教育，而在於「那些有知識的人如何運用他們的知識」。[94]不同的制度安排下，人們對知識的運用是有極大差異的。

　　以制度為中心的政治經濟學經常強調制度對經濟發展起著重要作用。制度的一項重要作用在於塑造激勵機制。諾斯指出：有效率的組織需要在制度上做出安排和確立所有權以便造成一種刺激，將個人的經濟努力變成私人收益率接近社會收益率的活動。[95]為何帶來好的激勵的制度安排很重要呢？諾斯舉了一個例子：在歷史上，為了航海的

93（美）威廉·伊斯特利著，姜世明譯：《在增長的迷霧中求索》，中信出版社2005年版，第69—71頁。
94（美）威廉·伊斯特利：《在增長的迷霧中求索》，第77頁。
95（美）道格拉斯·諾斯：《西方世界的興起》，第5頁。

需要，人們需要確定經度和緯度以便確定船隻的具體位置。但是確定經度的工作比較困難，需要有精度比較高的計時工具。西班牙的菲利普斯二世懸賞1000金克朗，荷蘭則把懸賞金額提高到10萬弗羅林。英國的懸賞金額為一萬到兩萬英鎊。這筆賞金在18世紀由英國人約翰·哈里森（John Harrison）獲得，他為這個問題耗去了半生精力。[96] 有人耗費半生精力，發明了高精度的計時工具，社會從中獲得了很大收益。但是，如果沒有給發明者提供任何補償，他們會陷入一貧如洗的境地。如果哈里森的辛勞難以獲得任何補償，他的私人收益就遠遠比不上社會收益。就像我們耳熟能詳的那些大作曲家，從莫扎特到貝多芬，給世人帶來如此巨大的精神財富和享受，他們自己卻畢生窮苦潦倒。

從圖7-2我們可以看到，在很長一段時間，人類不斷發現新技術，但是發明新技術的速度卻很緩慢，而且時斷時續。諾斯認為其主要原因在於：長期以來，「制度環境是令人沮喪的，因為沒有發明家或企業家能確信可以從自己的成果中獲得全部收益或大部分收益。保密是防範各方面仿製的唯一對策。在這種約束下，研究和發明是不可能以接近社會最優規模發生的」。[97]如果制度環境不好，如果發明者不能從自身的發明中獲益，那麼他們不會有足夠的激勵去從事發明創造活動。「發明新技術的刺激偶爾才發生。一般而言，創新都可以毫無代價地被別人模仿，也無須付給發明者或創新者任何報酬。技術變革速度緩慢的主要原因在於，直到相當晚近都未能就創新發展出一整套所有權。」[98]

制度主義者認為，作為產權制度中的一環，專利制度的建立對英國工業革命的發生有直接而顯著的影響。早在1624年，英國就頒布了《專利法》，該法案規定：發明人享有14年的專利和特權。1642年的壟斷法不僅禁止了王室的壟斷權，還制定了專利制度，鼓勵創

96（美）道格拉斯·諾斯：《西方世界的興起》，第7—8頁。
97（美）道格拉斯·諾斯：《西方世界的興起》，第59頁。
98（美）道格拉斯·諾斯：《經濟史上的結構和變革》，第161頁。

圖7-2 人類社會的發明的演進

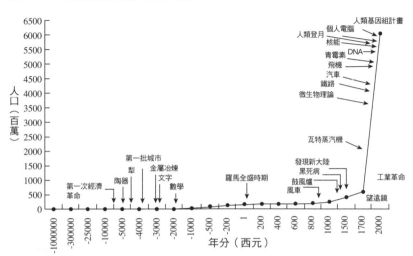

資料來源：Douglass North, *Understanding the Process of Economic Change*, Princeton: Princeton University Press, 2005, p. 89, Figure 7.1。

新。[99]這樣的制度安排很快在西方國家擴散開來。制度環境的改善鼓勵了創新，使私人的收益接近於社會的收益。[100]因此，激勵對人很重要，當制度提供足夠的激勵時，人類的技術進步會不斷地、更快速地提升。

　　制度提供的刺激讓人們更願意發明創造，更願意努力工作，更願意合作。或許有人會說，發明創造不需要激勵，創新靠的是人們對美的追求：雕塑藝術的需要促使人們去研究新的合金；為了保持彩色玻璃色澤光亮，人們開始用新工藝加工玻璃；為了讓布料看起來更為美觀，人們開始嘗試化學染料。[101]諾斯的回答是：人都有好奇心，也

99（美）道格拉斯‧諾斯：《西方世界的興起》，第184頁。
100（美）道格拉斯‧諾斯：《西方世界的興起》，第191頁。
101 Cyril Stanley Smith, "Metallurgy and Human Experience", *Metallurgical Transactions*, Vol. 6, No. 4, 1970.

有創新的欲望，關鍵在於「什麼在決定著歷史上發明活動的速度和方向」。[102] 不僅創新的速度重要，方向也重要。魯迅在《電的利弊》一文中寫道：「外國用火藥製造子彈禦敵，中國卻用它做爆竹敬神；外國用羅盤針航海，中國卻用它看風水；外國用鴉片醫病，中國卻拿來當飯吃。」怎樣才能讓更多的人堅持不懈地去改進技術而努力？怎樣才能使人們付出的辛勞朝著對經濟增長有貢獻的方向發展？諾斯認為好的制度安排能為人提供激勵，這樣的制度能提高私人收益率。按諾斯等人的理解，技術進步速度的加快，不僅應該歸功於史密斯理論框架下的市場規模擴大，還要歸因於發明者從發明創造中獲得了更大的份額。[103] 就像非洲那些接受良好教育的人不願意去從事生產性活動那樣，那裡的制度框架沒有提供好的激勵，導致人們沒有意願將自身所受的教育運用到對經濟增長有幫助的領域。許多接受過良好教育的非洲精英更樂意投身官場、軍隊，甚至積極參與腐敗，從事掠奪性工作而非創造性的工作。

　　不過，對於制度提供的「激勵」對創新以及經濟發展而言是否發揮了足夠重要的作用，一直受到眾多學者的質疑。如表7-1所示，英國專利制度並沒有給發明者提供足夠的保護，不少發明者不僅沒能從其專利中獲利，還因為專利而破產，遭受攻擊，死於貧困。有幸獲益的發明家的收入也並非來自專利制度保護，而是來自議會撥款等資助。因此專利制度對發明者提供的「激勵」可能是存疑的。

　　因此，制度安排和制度的實際運行存在很大的差異。既然專利制度難以為創新者提供實際保護，為何英國的發明者還不斷湧現呢？可能不是專利制度的「激勵」，而是其他方面的「激勵」在起作用，比如以議會撥款獎勵等不同形式的政府資助。

　　制度主義者強調制度提供的「激勵」非常重要，不僅在經濟增長領域如此，在其他領域也是如此，我們看下面一個例子。在世界貿易中，農業貿易是最難改革的部門，當工業品的綁定關稅（bound

102（美）道格拉斯・諾斯：《經濟史上的結構和變革》，第17頁。
103（美）道格拉斯・諾斯：《經濟史上的結構和變革》，第162—163頁。

表7-1　工業革命時期專利制度的保護績效

創新者	技術發明	結果
約翰‧凱 （John Kay）	1733年發明飛梭 （Flying shuttle）	為維護其專利多次提起訴訟，因此耗盡家財；1753年，其房子被機器破壞者摧毀，陷入貧困，在法國死去。
詹姆斯‧哈格里夫斯 （James Hargreaves）	1769年發明珍妮紡紗機（Spinning jenny）	發明沒有申請到專利；受到機器破壞者攻擊，於1768年被迫出逃，於1777年死於貧民習藝所。
理查‧阿克萊特 （Richard Arkwright）	1769年發明水力織布機（Water frame）	在1792年去世的時候，已經擁有50萬英鎊的家產，但是，其大部分家產是1781年以後，即在其專利失效後，才賺來的。
塞繆爾‧克朗普頓 （Samuel Crompton）	1779年發明走錠細紗機（spinning mule）	沒有嘗試去申請專利。製造商人獎勵了他500英鎊；1811年英國議會又獎勵了他5000英鎊。
埃德蒙‧卡特萊特 （Edmund Cartwright）	1785年發明動力織布機（Power loom）	專利沒有為其帶來經濟價值；1790年，其工廠被機器破壞者燒毀；1809年，英國議會贈予其1萬英鎊。
伊萊‧惠特尼 （Eli Whitney）	1793年發明軋棉機（cotton gin）	專利沒有為其帶來經濟價值；此後成為政府軍火商。
理查‧羅伯茨 （Richard Robert）	1830年發明自動走錠紡紗機（self-acting spinning mule）	專利收入勉強與研發投入持平，1864年在貧困中死去。

資料來源：Gregory Clark, *A Farewell to Alms: A Brief Economic History of the World*, Princeton: Princeton University Press, 2007, p. 235, Table 12.2。

tariff）已下降到5%的時候，農業部門的綁定關稅仍高達60%。2001年的報告顯示，消除農業保護，每年可以使全球福利增加560億美元。1960年到1989年，農業貿易的爭端占了關貿總協定爭端中的一半。1986年，日本對農業的資助占其GDP的比重的2.4%；在歐洲，這一數字為2.6%。但人們發現，日本政府逐漸取消了農產品的配額；歐洲政府也開始實施更為透明的關稅。這一切是如何發生的？有研究者指出，這是因為制度變遷為農業關稅改革提供了激勵。[104]

在以往的農業貿易談判中，制度安排是單個部門的談判，也就是美國的農業部門和歐洲、日本的農業部門談。這樣，各國農業部門之間的談判很難達成協議。1983年，美國和日本在牛肉問題上的談判就無果而終；1991年，美國和歐洲就牛肉問題的談判也沒有取得任何進展。1986年，「烏拉圭回合」啟動時，印度和巴西等發展中國家根本無意討論服務業自由化。道理很簡單，農產品貿易的談判部門是利益相關者，削減日本和歐洲農產品的補貼會損害這些利益相關部門的利益。但是，後來的遊戲規則或者說制度變了，變成議程聯繫的制度。這樣的制度提供了新的激勵。

包裹解決是重要的議程聯系。美國政府想要打開日本與歐洲的農產品市場，並非和日本與歐洲的農業部門談，而是將農產品的市場開放與其他議題聯繫在一起，如汽車的關稅減讓、家電的關稅減讓等。現在的的制度安排使得談判的議程範圍擴大了，如果雙方能談妥，日本可以獲得一系列的成果；如果在農業問題上談不妥，日本就將一無所得。這一制度安排的特點是：要嘛全得，要嘛一無所得（all or noting）。

一般而言，本部門更偏好自身部門的利益，農業部門肯定以保護農業利益為首要目標。制度的調整把日本其他領域的利益集團和其他部門的官僚集團動員了起來。在制度改變前，對於日本農業部門的

104 Christina Davis, "International Institutions and Issue Linkage: Building Support for Agricultural Trade Liberalization", *American Political Science Review*, Vol. 98, No. 1, 2004, pp. 153-169.

保護主義政策主張，其他政府部門可能無動於衷。而現在，為了獲得
電腦、電子產品、汽車等產品的出口利益，其他工業部門必須動員起
來，一起反對日本的農業保護。在以往的談判中，只有日本的農業部
有發言權，而現在，由於制度安排的變更，議程聯繫帶來了新的激勵
機制，讓日本的通商產業省等部門都積極行動起來。他們積極介入以
往農業部門主導的議題。制度安排的改變讓日本的出口工業集團有了
反對日本農業集團的激勵。當日本農業集團利益固化時，制度的改變
帶來了新的激勵，擴大參與者的數量，使得打破僵局成為可能。在制
度主義者那裡，制度之所以重要，一個重要的原因在於它能提供激
勵。

　　哈林頓在《大洋國》中舉了一個例子：假如兩個小女孩需要分
享一塊蛋糕。其中一位小女孩對另一位說：「你分吧，我來選；要不
然就我分你選。」分法一旦定下來，分蛋糕的問題就解決了。分蛋糕
的小女孩如果分得不均，自己是要吃虧的，因為另一位小女孩可以先
選，她會把更大的一塊蛋糕拿走。因此，分蛋糕的小女孩會分得很平
均。哈林頓感嘆道：「卓越的哲學家爭論不休而無法解決的問題，以
至國家的整個奧秘，竟由兩位嬌憨的女孩給道破了。國家的奧秘就在
於均分和選擇。」[105]這就是著名的「均分與選擇」，通過制度安排，
提供激勵，而不是訴諸人的道德之心，讓懷有自利之心的個人有動力
去做公平的事情。制度提供激勵解決了人們做事的意願，但是願意做
事的人也不一定能做成事。因為他們可能面臨高昂的交易費用。

六　為何海外僑民會增加母國的跨國投資？

　　當今世界的國際直接投資不斷增長，但是，大量的國際直接投資
都是從一個已開發國家流向另一個已開發國家。與已開發國家相比，
發展中國家吸引的國際直接投資並不多，資本並沒有流向窮國。不

105（英）詹姆斯·哈林頓著，何新譯：《大洋國》，商務印書館1963年版，第23頁。

過，有研究者發現，如果一個國家的海外僑民比較多，則可以顯著提高該國國際直接投資的流入。[106]為什麼海外僑民能讓母國的國際直接投資增多呢？從制度主義者的視角看，其中一個重要的原因就是海外僑民可以減少跨國公司在僑民母國投資的交易費用。

交易費用（transaction costs）最早由諾貝爾經濟學獎得主羅納德‧寇斯（Ronald Coase）提出，是與生產費用相對應的概念。事實上，不僅生產過程會產生費用，交易過程也會產生高昂的費用。交易費用是在一定的制度安排下，人們自願交往、彼此合作達成交易所支付的成本，它包含搜尋訊息的成本、談判成本、監督成本、執行成本等。[107]諾斯認為，實施經濟交易的過程中會有交易費用，它包括為了進行交易，需要收集相關訊息的搜尋費用，就交易條件進行協商的商議費用，還有確定實施契約步驟的實施費用。[108]通常情況下，在發展中國家做生意，交易費用很高，而生產費用則可能是其次的，比如開辦一家企業。德‧索托在秘魯做了一項實驗：「我和我的研究小組在大多數新移民定居的利馬郊區開辦了一家小型服裝加工作坊。我們的目標是創立一家完全合法的新企業。研究小組的人員開始填寫表格、排隊、坐公共汽車到利馬市中心，領取根據法律文書規定所需的全部證明文件。他們每天花6個小時從事這項工作。最終在289天之後把企業注冊下來。」[109]這個過程耗資不菲，德‧索托指出：盡管這家作坊只需一名工人就可以經營，辦理法律注冊登記卻花費了1231美元——是當地工人最低月薪的31倍。為了得到在國有土地上建造房屋的法律許可，德‧索托及其伙伴用了六年零十一個月的時間——需要在52個政府辦公室裡辦理207道行政手續。[110]秘魯是例外嗎？絕對不是，德‧索托發現不少國家和秘魯一樣。

---

106 David Leblang, "Familiarity Breeds Investment: Diaspora Networks and International Investment", *American Political Science Review*, Vol. 104, No. 3, 2010.

107 P. K. Rao, *The Economics of Transaction Costs Theory: Methods and Applications*, London: Palgrave Macmillan, 2003, p. xvi.

108（美）道格拉斯‧諾斯：《西方世界的興起》，第119—120頁。

109（秘魯）赫南多‧德‧索托：《資本的秘密》，第17—18頁。

110（秘魯）赫南多‧德‧索托：《資本的秘密》，第18頁。

　　德‧索托重複了實驗。在菲律賓，如果某人在國有或私有的城市土地上把住宅合法地買下來，整個過程包括168道手續，要與53個公共和私人機構打交道——或者說要花13—25年的時間。在埃及與海地，德‧索托發現同樣如此。在埃及，要用14年的時間，與31個公共或私有機構打交道，經過77道官僚程序才能合法地購買公有土地；而在海地，這一過程則需要19年的時間並完成176道手續。[111]要知道，德‧索托在秘魯花了10個月完成的企業登記，在美國紐約只需要花4個小時。[112]制度主義者用「交易費用」來解釋這樣巨大的差異。

　　交易費用的主要來源包括很多方面，其中，比較顯著的來源是：第一項是機會主義（opportunism）。交易各方為尋求自我利益而常常會採取欺詐手法，導致交易過程會有高昂的監督成本，進而降低了經濟效率。以購買保險為例，機會主義的行為存在於購買保險前或者購買保險後。在購買保險前，一般身體狀況不太好的人才更願意購買健康保險；身體狀況很好的人反而沒有意願去購買，這被稱為「逆向選擇」，即「事前的機會主義」。在購買保險以後，受保者可能會「賴上」保險公司。原本開車很小心的司機會更加大意，因為出事後可以向保險公司索賠；原本出門會檢查門窗是否關好，現在投保人變得粗心大意，因為失竊後也可以向保險公司索賠，這叫「道德風險」，即「事後的機會主義」。

　　第二項是訊息不對稱（asymmetric information）。不少研究將訊息成本視為交費成本的核心。交易雙方往往掌握著不同程度的訊息，擁有訊息優勢的一方可能憑借其優勢，損害訊息較少一方的利益。而處於訊息劣勢的一方要獲得真實的訊息，往往代價高昂。

　　第三項是不確定性與複雜性（uncertainty and complexity）。由於環境因素中充滿不可預期性和各種變化，交易雙方常常希望將未來的

111（秘魯）赫南多‧德‧索托：《資本的秘密》，第18，76頁。

112 Norman Loayza, "The Economics of the Informal Sector: A Simple Model and Some Empirical Evidence from Latin America", *Carnegie-Rochester Conference Series on Public Policy*, Vol. 45, No. 1, 1996, pp. 129-162.

不確定性及複雜性納入契約中。但是，大量的不確定性卻難以被預測，難以被寫進契約。不確定性與複雜性增加了簽訂契約時的談判成本，同時也使得交易更為困難。

此外，資產專用性（asset specificity）等問題也會產生交易費用。[113] 例如，一家伐木廠希望有一條鐵路將其原木運送到港口。這家伐木廠就和鐵路公司簽訂合約。鐵路公司從木材廠到港口間建一條鐵路。建成以後，每運輸一噸原木，伐木廠會付給鐵路公司20元的運費。一旦鐵路公司投資建好這條鐵路，這條鐵路就會成為專用資產，因為它只能為該伐木廠運輸原木。問題就出現了，如果伐木廠利用鐵路公司此時的弱勢談判地位，不願意按原有協議支付運輸費用，而只願意支付原先一半的運價，那鐵路公司就會面臨尷尬的處境。因此，由於資產專用性的問題，兩家廠商的談判將面臨高昂的交易費用，往往難以達成協定。

制度主義學者的研究顯示：在不同國家和地區，其經濟績效差異很大程度上可以用交易費用來解釋。諾斯指出，以往的研究存在重大的缺陷，它們「所涉及的社會是一個無摩擦的社會，在這種社會中，制度不存在，一切變化都是通過完善運轉的市場發生的」。[114] 事實上，經濟的運行往往存在摩擦，也就是交易費用。當你要買一本書的時候，你需要搜尋訊息，除了周圍的書店，看哪裡還可以買到更便宜的書。這時，你上亞馬遜等網路書店，可以搜集到這些書的價格和相關評價。當你需要購買或者裝修新房時，你需要和房地產公司、地產中介以及裝修公司進行細致的磋商，這是一個異常煩瑣的過程，需要簽署大量的文件。在多年前，你郵購的產品沒有發到你的手中，你除了抱怨，幾乎無可奈何。現在，網路公司開發出來的第三方支付極大地降低了交易費用，當你收到產品以後，經過你確認，第三方機構才將你的貨款匯到賣方手中。我們日常生活中有形形色色的交易活動，

113（美）奧利弗・威廉姆森著，段毅才等譯：《資本主義經濟制度——論企業簽約與市場簽約》，商務印書館2002年版，第78—84頁。
114（美）道格拉斯・諾斯：《經濟史上的結構和變革》，第7頁。

你要買賣貨物，你要租賃房屋，你要雇用助理，這些交易過程中都存在大量的摩擦，即交易費用。有時候交易費用過於高昂，讓你對交易望而卻步。

比如，你要雇用一位經理人，倘若你不幸遇到詹姆斯‧達特（James Dutt）這樣的經理人，你會作何感想？比泰斯（Beatrice Foods）是一家美國食品公司，創建於1891年。在詹姆斯‧達特擔任公司的執行長期間，他沒有發起過新的投資意向，反而把公司的資金浪費在管理層感興趣的其他事宜上。公司搬進了更大、更豪華的辦公室，總部人員大幅度增加，從1976年的161人增加到1985年的750人。公司大搞以塑造達特個人形象為中心的宣傳活動。公司還資助了兩個賽車隊，這是因為達特對賽車這項運動有著高度的熱情，他也對收藏汽車有著特殊的嗜好。事實上，比泰斯公司的業務和賽車毫無聯繫。從1979年到1985年，比泰斯的股價大約損失了20億美元。由於股價持續下跌，董事會最終解聘了達特。他的墓志銘最為悲慘：在得知他被解聘以後，比泰斯的股票價格大漲了6個百分點。[115]這就是雇用交易過程中產生的委托─代理問題。雇用過程伴隨著高昂的交易費用，因為你可能會碰到不合格的代理人。由於交易費用太高，不少中國商人就放棄了尋找職業經理人的努力，選擇由家族成員世代經營企業。當人們驚嘆於為何落後的發展中國家沒有實現經濟趕超時，制度主義學者會告訴你，是不良制度在起作用，[116]其中一個原因是大部分國家經濟運行過程中的交易費用太高。從全球來看，要開辦一個普通的企業，平均而言，創業者需要經歷10道官僚程序，花費63天的時間和相當於1/3的年收入的費用。在有的國家，這些限制尤其嚴重，比如在玻利維亞，就需要經歷20道程序和2.6倍的年收入費用。[117]22005年，世界銀行列舉了世界上20個容易做生意的地方，

115　拉古拉邁‧拉詹、路易吉‧津加萊斯著，余江譯：《從資本家手中拯救資本主義》，中信出版社2004年版，第35─36頁。
116　傅軍：《國富之道：國家治理體系現代化的實證研究》，北京大學出版社2014年版。
117（美）拉古拉邁‧拉詹、路易吉‧津加萊斯：《從資本家手中拯救資本主義》，第137頁。

表7-2　世界上經商容易程度的國家和地區排行榜

名次	國家／地區	名次	國家／地區
1	紐西蘭	11	瑞士
2	美國	12	丹麥
3	新加坡	13	荷蘭
4	香港	14	芬蘭
5	澳大利亞	15	愛爾蘭
6	挪威	16	比利時
7	英國	17	立陶宛
8	加拿大	18	斯洛伐克
9	瑞典	19	波札那
10	日本	20	泰國

資料來源：The World Bank, *Doing Business in 2005: Removing Obstacles to Growth*, Washington D.C.: Oxford University Press, 2005, p. 2, Table 1.2。

這些地方經濟運行的交易費用比較低。（見表7-2）而那些交易費用高昂的地方，會讓投資者望而卻步。在多倫多開辦一個新企業需要兩天，而在莫三比克的首都馬普托（Maputo）則需要153天。如果別人欠債不還，在韓國首爾，向法院申請執行債務合約需要花費1300美元，大約為債務總額的5.4%；而在印尼的雅加達則需要2042美元，為債務總額的126%。這意味著，在雅加達，幾乎沒人願意通過法律去追回欠債。在芬蘭的首都赫爾辛基，註冊商業地產只需要3個步驟；而在奈及利亞的首都阿布賈（Abuja），則需要21個步驟。

　　如果債務人無清償能力，陷入破產，各國的債權人討債的結果也會有很大差異。在東京，債權人的債務約有90%的份額能獲得清償；而在孟買，債權人只能得到13%的債務。[118]如果貸款人違約，不償還

---

118 World Bank, *Doing Business in 2005: Removing Obstacles to Growth*, Washington D. C.: World Bank, The International Finance Corporation, 2005, p. 3.

債務，債權人可以申請索取其抵押的房產。在英國，貸款人申請獲得違約債務人的房產，通常要耗時1年左右，同時需要支付占該房產價值4.75%的手續費；而在義大利，同樣的事情則需要花費3—5年的時間，債權人還需要支付占房產總價值18%—20%的手續費。這兩個國家的人均GDP很接近，交易費用差異卻如此巨大，所以導致了這種情況：英國抵押貸款總金額占英國GDP的52%，而義大利只有5.5%。[119]

諾斯指出，專業化和分工是《國富論》的關鍵。但長期以來，學者在建構他們的模型時，對專業化和分工所需的成本一直忽略不計。[120]實際上，交易費用卻長期困擾人們。熟人社會的交易費用會因為社會網絡和重複博弈而降低。但是，現代社會的交易不同於熟人社會的交易。隨著經濟的發展，大量的交易從人格化的交換發展到非人格化交換（impersonal exchange）。此時，就需要有相應的制度安排來降低交易費用。

如圖7-3所示，在美國，有超過45%的國民收入被用在了交易上；而在一個世紀以前，這一比例大約為25%。用於交易的經濟資源已經具備相當規模而且在不斷擴大。[121]但在律師費用、審計費用等交易費用占國民生產總值的比重不斷上升的同時，日常經濟的運行則變得更為順暢。

一般而言，能降低交易費用的制度安排，就能更好地促進經濟增長。除了能提供激勵、降低交易費用，好的制度安排還有一項重要的作用：提供可信承諾。

119（美）拉古拉邁‧拉詹、路易吉‧津加萊斯：《從資本家手中拯救資本主義》，第8頁。
120（美）道格拉斯‧諾斯：《經濟史上的結構和變革》，第1頁。
121（美）道格拉斯‧諾斯：《制度、制度變遷與經濟績效》，第38頁。

圖7-3　美國交易費用占國民生產總值的比重（1870－2000）

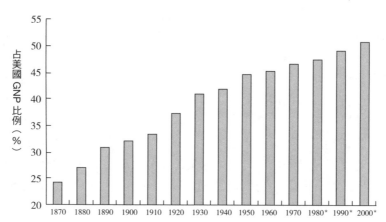

資料來源：Douglass North, *Understanding the Process of Economic Change*, Princeton: Princeton University Press, 2005, p. 93, Figure 7.6。

七　為何英國能在戰爭中借到更多的債？

　　國際關係史上，英法兩國為爭奪歐洲霸權進行了曠日持久的戰爭。英國光榮革命後，從1689年到1815年，英法之間爆發戰爭的年份累計為69年。在此期間，英法兩國爆發了七次戰爭，英國贏了六次，輸了一次。要知道，此時的法國經濟實力並不遜於英國，而且，法國在很多方面還擁有巨大的優勢。英國光榮革命以後，法國的人口是英國的三倍，經濟體量是英國的兩倍；法國還比英國擁有更多的資源。[122] 英國在對法戰爭中獲得了更多的勝利，並贏得了世界霸權，其中一個重要的原因在於英國有著更卓越的籌資能力，它通過發行債券籌集到更多的戰爭資金。那麼，為何別人願意購買英國發行的債券，

---

122 Kenneth Schultz and Barry Weingast, "The Democratic Advantage: Institutional Foundations of Financial Power in International Competition", International Organization, Vo l. 57, No. 1, 2003, p. 17.

而不願意購買法國的債券呢？這需要從光榮革命引發的一項重要制度變遷講起。

在英國光榮革命，尤其是英國資產階級革命爆發前，它和法國的籌資能力並無二致。由於英國王權任意而專斷，斯圖亞特王朝的大部分貸款都是通過脅迫的方式取得的「強制貸款」。這一時期，如果你借錢給英國國王，這筆錢可能就打水漂了。1604年，英國國王詹姆斯一世（James I）通過「強制貸款」，籌集到11萬英鎊的資金。名義上，這是為期一年的貸款，但是，詹姆斯一世卻不信守承諾。不少貸款直到1609年才予以償付。1611年，詹姆士一世故技重施，以10%的年利率籌集到資金，盡管國王支付了利息，但卻拒絕償還本金。此外，國王還單方面要求延長貸款期限。隨後幾年，國王甚至沒有支付利息，且年復一年地延長了還款期限。1617年，詹姆斯一世再次強行向民眾借款，這筆貸款直到1628年才償付。

此外，當時英國的稅收也有很大的隨意性。國王在向公眾徵稅時，不必徵得議會同意，甚至可以隨意罰沒商人財產。一個極端的例子發生在1640年，當時國王的衛兵衝進了倫敦塔，沒收了存放在塔內價值13萬英鎊的金條。這些金條是英國商人出於安全目的而存放在塔內的。國王此舉使得不計其數的商人傾家蕩產。[123]面對如此恣意妄為的王權，有誰敢借錢給國王？

事情的轉折點出現在英國光榮革命時期。光榮革命使得英國發生了相應的制度變遷，有幾個重要方面值得一提：光榮革命確立了「議會至上」的原則，這意味著沒有議會的同意，國王無權徵稅。光榮革命還伴隨一項更為關鍵的制度變遷：議會能廢黜國王。此舉建立起了議會對國王可信的威脅，如果國王做出不負責任的行為，議會可以將其廢黜。[124]這就使得制度具有了「可信承諾」（credible commitment）

123　Christopher Hill, The Century of Revolution, 1603-1714, London and New York: Routledge, 2002, p. 106.

124　（美）道格拉斯·諾斯、巴里·維加斯特：〈憲法與承諾：十七世紀英國公 共選擇的治理制度之演進〉，載（美）奧利弗·威廉姆森、斯科特·馬斯騰編，李自杰等譯《交易成本經濟學》，第471─472頁。

表7-3　英國政府長期借款的利率變動（1693－1739）

日期	借款數量（英鎊）	年利率（%）
1693 年 1 月	723394	14
1694 年 3 月	1000000	14
1694 年 3 月	1200000	8
1697 年 4 月	1400000	6.3
1698 年 7 月	2000000	8
1707 年 3 月	1155000	6.25
1721 年 7 月	500000	5
1728 年 3 月	1750000	4
1731 年 5 月	800000	3
1739 年 6 月	300000	3

資料來源：（美）道格拉斯·諾斯、巴里·維加斯特：〈憲法與承諾：十七世紀英國公 共選擇的治理制度之演進〉，載（美）奧利弗·威廉姆森、斯科特·馬斯騰編，李自杰等譯《交易成本經濟學》，人民出版社2008年版，第479頁。

的特徵。由於民眾相信國王被制度捆住了手腳，相信國王不能再肆意賴帳，他們才放心借錢給國王。英國政府才能通過發行債券籌集更多的資金。

如表7-3所示，光榮革命以後，由於對法戰爭的需要，英國政府需要發行債券籌集大筆資金。1693年，英國政府發行了70多萬英鎊的債券；1728年，英國政府發行的債券價值高達170餘萬英鎊。但是，由於存在「可信承諾」這樣的制度約束，政府為此支付的利息反而越來越低。1693年，政府需要支付的年利率為14%；1728年，這一數字降至4%；到了1739年，又降低為3%。

在法國，專斷的國王沒有建立英國那樣的可信承諾，民眾不願意借錢給國王。法國國王不僅難以通過發行債券為戰爭籌集資金，還需要支付比英國更為高昂的利率。如圖7-4所示，1690年到1815年，法

圖7-4　英法長期貸款利率比較（1690－1815）

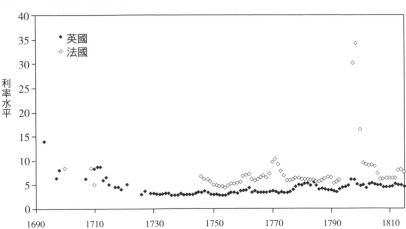

資料來源：Kenneth Schultz and Barry Weingast, "The Democratic Advantage:
Institutional Foundations of Financial Power in International Competition",
International Organization, Vol. 57, No. 1, 2003, Figure 3。

國需要支付的貸款利率明顯高於英國。

　　法國國王難以借款，只好大規模徵稅，而大規模徵稅不僅導致法
國國內政治不穩定，還對經濟增長造成負面影響。經濟增長的放緩又
導致法國的稅收難以增長。法國政治經濟遂陷入惡性循環。

　　英法戰爭期間，英國大幅度地提高戰爭開銷，達到了其國民收入
的1.5倍；而法國只能將國民收入的50%－80%用於戰爭。英國的融
資優勢，讓它在對法戰爭中獲得更多的勝利。

　　為什麼「可信承諾」如此重要？因為人們會面臨「時間不一致性」
（time inconsistency）的問題。在不同的時候，參與博弈的雙方做出最
大化的選擇以及面臨的約束具有很大差異。人的偏好會隨著時間的改
變而變化。例如，在新學期開始時，任課老師如果想引導學生更努力
地學習，他的最好策略是宣布期末要考試。為何此時宣布有期末考試
是最優呢？因為學生有了考試的預期，他們會花更多時間、更認真地

學習。而到了期末考試前夕,任課教師如果宣布取消期末考試,或者只提交一份期末作業,每個人的情況都會變好。在考試壓力下,選課學生已經認真地學習了一個學期。在考前,取消考試緩解了學生備考的緊張情緒;同時也省卻了教師批閱試卷的麻煩。因此,隨著時間的變化,授課教師在學期初和學期末的最優選擇是不一致的。教師在學期初的最優選擇是宣布要考試,讓同學們都相信並認真學習;在考試前,教師的最優選擇是取消考試。這樣前後不一致的行為對教師而言是最優的。[125] 但是,如果教師總是出爾反爾,以後就沒有學生再相信他了。

在借款前,國王會給你一個很好的還款承諾,因為做出這樣的承諾會更容易借到錢;在選舉前,候選人也會向選民做出承諾:當選後會穩定物價,做出這樣的承諾會讓候選人更容易當選;發展中國家缺乏資金,需要吸引國際投資,在投資到來前,政治家會做出承諾:他們堅決維護投資者利益,做出這樣的承諾後能吸引到國際投資的概率更高。但事實上,隨著時間的流逝,如果沒有制度保障,此前的承諾會變得沒有約束力。當國王借來大筆資金後,他會跟詹姆士一世一樣賴帳;當候選人贏得競選上台執政後,他當選後的理性選擇可能會實施擴張性的貨幣政策來拉動就業,導致通貨膨脹;當投資到來以後,政治家可能會盤剝投資者,甚至罰沒其投資,以實現收入最大化。因此,人們在不同時期面臨的最大化選擇不一樣,如果沒有制度做保障,他們可能將當年的承諾視為兒戲。時過境遷,他們都可能食言,可能違背自身先前的承諾。除非制度具有「可信承諾」的特徵,否則難以保證他們不會食言,不會違背自己的承諾。

我們在第三章講過,獨立的中央銀行就被視為一項可信承諾。中央銀行的獨立性有很多維度,例如,央行負責人不由政治家任命,而是由銀行代表任命;央行管理者有一個較長的任期;央行制定貨

125（美）阿倫・德雷澤著,杜兩省等譯:《宏觀經濟學中的政治經濟學》,經濟科學出版社 2003 年版,第 97 頁。

幣政策無須徵得政府同意；央行的法定職責是保持物價穩定等。[126]如果央行有獨立性，不受政治家左右，那麼政治家就無法決定貨幣的發行量，物價就會得到控制。1907年，美國建立了聯準會（編按：1907年倡議，1913國會通過後成立），為美元走向世界提供了制度基礎。[127]聯準會有著較強的獨立性，能保證美國的貨幣發行免受政治干擾，從而可以較好地保持貨幣價值。

我們再來看國際直接投資，傅軍教授曾做過制度變遷與中國國際直接投資的研究，他認為中國的制度變遷最有力地解釋了20世紀90年代以來中國國際直接投資的增加。[128]有研究者發現：民主國家吸引國際直接投資占GDP的比重，比非民主國家要高出70%。有人說是因為民主制度本身具有「可信承諾」的特徵。[129]國際直接投資難以隨時撤資，因此，跨國公司對「可信承諾」尤其重視。民主國家存在多個「政策否決點」（veto points），比如分權與制衡，這樣就能夠有效約束政府行為，政策不會朝令夕改。除了立法和司法部門對行政機構的制衡，民主制度還存在「觀眾成本」（audience cost），民眾可以影響政治家。一旦政府違背其先前的承諾，民主國家的領導人將會在下一次競選時面臨選舉壓力，即面臨下台的風險。聯邦制的分權模式提供了另外一項「政策否決點」。在分權體制下，即便聯邦層面想要損害國際直接投資的利益，各個地方政府也會基於自身的利益而否決這樣的政策轉變。由於上述「政策否決點」的存在，民主制度更具有可信承諾的特徵，也能夠極大降低跨國公司可能面臨的政治風險，故而能吸引更多的國際直接投資。

民主制度提供的可信承諾不僅體現在國際投資領域，還體現在制裁、援助等領域。在民主國家中，制度化的立法部門參與是承諾可信

126（美）阿倫・德雷澤：《宏觀經濟學中的政治經濟學》，第139頁。

127 Barry Eichengreen, *Exorbitant Privilege: The Rise and Fall of the Dollar*, New York: Oxford University Press, pp. 9-38.

128 Jun Fu, *Foreign Direct Investment in China during an Era of Reforms*, Ann Arbor: The University of Michigan Press, 2001.

129 Nathan Jensen, "Democratic Governance and Multinational Corporations: Political Regimes and Inflows of Foreign Direct Investment", *International Organization*, Vol. 57, No. 3, 2003.

性的關鍵因素。[130]盡管立法部門的參與使得一國的對外經濟政策顯得更為煩瑣，但這樣的制度安排卻讓他國感到更可信。在民主國家，立法部門參與，使得一項外交政策得到立法授權，獲得資金，也更容易執行。因此，領導人向他國做出經濟制裁威脅時，其承諾更可信；領導人在做出對外援助許諾時，其承諾也更可信。相反，非民主國家的領導人在談判桌上看似靈活，但是他們的承諾卻難以被人視為可信承諾。因為他們隨時可以收回自己的承諾。

八　為何拉美國家落後了？

　　早在1492年，歐洲殖民者尚未登陸新大陸之前，拉美地區的很多國家都比北美更加富裕。當時美洲經濟最發達的地區不是如今的加拿大和美國，而是墨西哥、秘魯和玻利維亞。直到1700年，拉美與英屬北美的經濟水平和發展程度仍相差無幾。在當時，拉美的人均收入約為521美元，而英屬美洲的人均收入約為527美元。[131] 甚至，當美國於1776年發布《獨立宣言》時，墨西哥、巴西和美國之間經濟水平的差距也微乎其微。然而經歷了300多年的變遷，美國經濟蓬勃發展，一躍成為世界頭號強國。而拉美卻萎靡不振，經濟停滯甚至一度倒退，飽受經濟和社會問題的困擾，深陷貧困的泥潭。究竟是什麼原因導致了兩個截然不同的美洲？拉美和美國之間巨大的發展鴻溝是如何形成的？依賴論學者認為拉美的困境源自拉美的依賴地位，而制度主義者則另有高見。

　　諾斯指出，北美和拉美的殖民者不同。北美是英國的殖民地，因此，英國的制度遺產如民主、法治、權力制衡等遺留了下來；而拉美是葡萄牙、西班牙的殖民地。葡萄牙、西班牙在向拉美殖民的時候是沒落的帝國，遺留的殖民遺產既沒有民主，也沒有法治和權力制

130（美）莉薩・馬丁著，劉宏松譯：《民主國家的承諾：立法部門與國際合作》，上海人民出版社2010年版，第21頁。
131（美）法蘭西斯・福山編著，劉偉譯：《落後之源：詮釋拉美和美國的發展鴻溝》，中信出版社2015年版，序論，第1頁。

衡。[132]北美和南美不同的制度遺產影響了當今的制度，導致了北美與南美的差異。

有些制度主義者會強調「關鍵時刻」（critical juncture）的重要作用。[133]如19世紀後半期，德國與義大利都開始了國家統一的歷史進程，這就是關鍵時刻；大戰結束後的重建時期也是關鍵時刻。這個時刻或時期，歷時雖然很短，可塑性卻很強。因為關鍵時刻往往需要一個關鍵的行為者做出重要的選擇，而他們的選擇往往不是被一個外在結構決定的，而是行為者有目的、有意識的選擇。關鍵行為體在做選擇的時候，並不知道未來的後果是什麼。但是關鍵時刻的選擇一旦做出，對後來的政治經濟制度會產生長期的影響。

諾斯指出，並非有效率的制度就會取代缺乏效率的制度，因為制度具有「路徑依賴」（path dependence）的特徵。在特定歷史時期，制度變遷一旦走上了某一路徑，它的既定方向會在以後的發展中得到自我強化。沿著既定的路徑，經濟和政治制度的變遷可能步入良性循環的軌道；也可能順著原來的低效路徑繼續前進，結果在痛苦的深淵中越陷越深，甚至被「鎖定」（lock-in）在某種無效率的制度安排下。一旦制度被「鎖定」，要想脫身出來就變得十分困難，除非依靠政府或其他強大的外力推動。按制度主義的理解，拉美就被鎖定在了低效的制度安排中，陷入了路徑依賴。路徑依賴說明了鎖定效應和次優行為可能持久存在。

為什麼電腦鍵盤上的第一行字母是按QWERTY……排列，而不是按ABCD……的順序排列？[134]我們可以從鍵盤的第一行隱藏著兩個英文單詞（type writer）中尋找答案。早在19世紀，那時還沒有電腦，也沒有鍵盤，只有打字機。那時打字機的鍵盤是被「故意」設計

132 Douglass North, "Institutions and Economic Growth: An Historical Introduction", *World Development*, Vol. 17, No. 9, 1988, pp. 1319-1332.

133 Giovanni Capoccia, "Critical Junctures and Institutional Change", in James Mahoney and Kathleen Thelen, eds., *Advances in Comparative-Historical Analysis*, New York: Cambridge University Press, 2015, pp. 147-179.

134 Paul David, "Clio and the Economics of QWERTY", *The American Economic Review*, Vol. 75, No. 2, 1985, pp. 332-337.

成這樣的。這樣的設計不是要讓打字速度更快,而是讓打字的速度放慢。為什麼要這樣呢?因為受當時技術水平的限制,如果打字速度過快,相鄰兩個字母的長桿和字錘可能會卡在一起,從而發生「卡鍵」的現象。如果頻繁出現卡鍵,反而會影響打字速度。因此,設計人員索性把打字機的字母排序弄得盡量雜亂一些,限制打字的速度,以防止卡鍵。1873年,雷明頓(Remington)公司買下這一鍵盤式打字機的生產權,開始進行大量生產。越來越多的人開始使用這一鍵盤的打字機。雖然有新的打字速度更快的打字機被研發出來,但卻未能取代QWERTY打字機。後來電腦出現了,電腦鍵盤也隨之誕生,新的技術克服了以往「卡鍵」的問題,人們有很多機會改良舊式鍵盤的字母排列,提高打字的速度。不過,由於所有打字員都是在QWERTY鍵盤上學會打字的,製造商生產鍵盤又必須適合大多數打字員的使用習慣,於是,歷史上由於機緣巧合而選用的標準鍵盤,就成了「一成不變」的技術路線。由此,我們可以得出結論:次優的安排在「路徑依賴」的影響下,也可能會變成後來的主導設計。

　　我們再看另一個眾所周知的案例。美國標準的鐵路軌距是4.85英尺(約1.48公尺),這一鐵路標準是如何制定的呢?[135]因為英國的鐵路就是這麼建的。歷史上,美國曾是英國的殖民地,它的鐵路是英國移民修的,美國自然就沿用了英國鐵路的標準。人們或許會進一步追問:為什麼英國人要將鐵路的軌距設定為4.85英尺?這是因為修第一條鐵路的人過去是修電車的,他們採用的是英國電車的軌距。那麼,電車的軌距又從何而來?修築電車軌道的工人所使用的軌距來自英國馬車的輪距。那麼,英國的馬車為什麼會採用這一特定的輪距呢?以下的材料缺乏歷史的確鑿證據,卻廣泛流傳。有人認為如果人們使用其他輪距,馬車的車輪就會撞到長途古道上凹陷的車轍,多次撞擊會撞壞車輪。因此,英國馬車的輪距需要參照長途古道上車轍之間的距離設定。而古道路面上凹陷的車轍就是4.85英尺。那麼,這些標準

---

135 Douglas Puffert, "The Standardization of Track Gauge on North American Railways, 1830-1890", *The Journal of Economic History*, Vol. 60, No. 4, 2008, pp. 933-960.

為4.85英尺的古道是誰鋪的呢？歐洲（包括英國）最早的路都是羅馬帝國為古羅馬軍團鋪設的，這些道路被沿用下來。於是，我們的問題就有了答案：美國鐵路的標準軌距為4.85英尺存在歷史起源，它起源於羅馬戰車的輪距。那麼，羅馬人為什麼以4.85英尺作為戰車的輪距呢？有人說了，原因其實很簡單，當時羅馬軍團的戰車用兩匹馬拉車，而4.85英尺恰恰是兩匹戰馬屁股的寬度。這樣的選擇不僅影響了鐵路，還影響了當今的太空事業。當美國太空梭矗立在發射台上時，我們可以看到其主燃料箱的兩側有兩個巨大的助推火箭。美國固體火箭助推器是猶他州的一家工廠生產的。設計助推器的工程師們本想把它們造得更大一些。但火箭的助推器需要從猶他州的工廠運送到火箭發射點，且需要鐵路來運輸。載著火箭助推器的列車在沿途需要穿過多個山間隧道。而鐵路的隧道只比鐵軌寬一點，而鐵軌只有4.85英尺寬。因此，當今世界最先進的運輸工具——火箭助推器的設計，在2000年前就由馬屁股的寬度決定了。[136]人們將技術具有的路徑依賴的特點運用到了制度分析中。事實上，儘管這一案例廣為流傳，但卻難以找到堅實的歷史資料。該案例的問題還在於：將當前技術軌跡形成的原因無限往前追溯。

　　眾多研究者紛紛從土地制度、勞役制度、官僚制度等方面，以更可靠的證據，展示制度具有「路徑依賴」這一特徵。

　　有研究者展示了印度歷史上的土地制度安排影響今天的經濟績效。在19世紀，殖民地時期的印度，英國殖民者改革了土地制度。殖民者將一部分地區的土地畫歸地主；一部分地區的土地留給土地耕種者。而土地制度一旦形成，就對後來印度各地區的發展產生了深遠影響。儘管獨立後的印度政府積極實施農業發展計畫，引入高產作物。但是，歷史上制度帶來的慣性常常強於當代政府政策變遷的效果。在土地歸大地主所有的地區，農民要求再分配土地的訴求更強烈；地方政府也更積極地實施土地再分配計畫。在印度的這些地區，

---

136 賴建誠：《經濟史的趣味》，第19—26頁。

暴力犯罪也更高。而且,在這些地區,農業的生產率與投資率均更低。研究者還發現,歷史上的制度安排不僅影響了今天的農業績效,還影響到今天印度經濟社會生活其他方面。在歷史上土地歸大地主所有的地區,當前對教育與醫療的投入也顯著低於其他地區。相比土地所有權歸大地主的地區,其他地區的平均小麥畝產要高23%,嬰兒死亡率要低40%。[137]因此,歷史上的大地主土地所有制一旦形成,就具有「路徑依賴」的特徵,對現在的經濟產生消極影響。

還有研究說明了歷史上拉丁美洲的勞役制度對當前經濟的影響。1573年到1812年,由於西班牙殖民者需開採銀礦和汞礦,在秘魯與玻利維亞的部分地區實施了米塔(Mita)制度。這是一種強制勞動制度。當地居民需要將其人口總額的七分之一送去礦區服役。在實施米塔制度的地區,一個顯著特徵就是,其轄區的大地主數量明顯少於其他地區。儘管在世界其他地方,大地主往往是阻礙經濟發展的力量,但是和米塔制度相比,他們則起到了積極的作用。在沒有實施米塔制度的地區,由於存在大地主,他們在一定程度上抵消了西班牙強權的過度攫取。同時,因為這些大地主可以將其土地長期地、穩定地出租,因此他們積極為當地提供公共財。時至今日,曾實施過米塔制度的地區,公路網絡的密集度更低,大部分居民仍屬於維持生計的農民。這裡的居民消費要比沒有實施過米塔制度的地區低25%。同時,實施過米塔制度的地區,兒童發育遲緩的發生率比其他地區要高出6個百分點。[138]因此,歷史上的勞役制度也具有「路徑依賴」的特徵,影響持續至今日。

還有研究者展示了美國的保留地制度的持續影響力。從19世紀中期開始,美國政府開始建立保留地,將印第安人集中安置在某些地區。保留地制度也產生了深遠影響。當時美國政府有意將一些印第安

137 Abhijit Banerjee and Lakshmi Iyer, "History, Institutions, and Economic Performance: The Legacy of Colonial Land Tenure Systems in India", *American Economic Review*, Vol. 95, No. 4, 2005, pp. 1190-1213.
138 Melissa Dell, "The Persistent Effects of Peru's Mining", *Econometrica*, Vol. 78, No.6,2010, pp. 1863-1903.

部落拆散，強行將不同部落並入同一塊保留地，研究者稱這樣的制度安排是「強制共存」（forced coexistence）。可以想見，這些強行合併的保留地，內部爭鬥比其他地方更為顯著。而這樣的制度遺產影響了以後的經濟績效。尤其是在20世紀後半期，地方政府對經濟發展的作用更為顯現。歷史上實施「強制共存」的保留地，其內部更不穩定，更不團結。頻繁的內部鬥爭破壞了當地的商業環境。因此，「強制共存」制度也具有「路徑依賴」的特徵，這一制度遺產使得這些保留地比其他保留地更貧困。在今天，那些曾實施「強制共存」的保留地，其人均收入要比其他保留地低30%。[139]

　　一項有趣的研究展示了國家制度或者說官僚制度的當代遺產。自17世紀開始，越南存在南北兩大帝國。大越帝國（Dai Viet）位於北部，它深受中國影響，承襲了古代中國的制度安排，實施官僚治理。大越帝國的國家能力較強，中央政府能有效集中權力。通過激烈考試競爭，大越帝國選拔出官僚來管理國家，村莊是該帝國的基本行政單位。越南南部則是高棉帝國（Khmer Empire）。高棉帝國的國家能力較弱，庇護網絡盛行，權力關係更具個人化特徵。因此，在高棉帝國，中央政府更難以控制邊緣地帶。大越帝國和高棉帝國的疆界自1698年後逐步固定，歷經幾個世紀。即便經歷了法國殖民以及社會主義建設等轉折，歷史上越南的制度遺產仍顯著影響當今越南的發展。當年受中國影響較大，國家能力較強，官僚制水平更高的大越帝國，他們的後代享有更高的生活水平。這裡村民能更好地組織起來提供公共財，實施再分配，也享有更高的生活水平。[140]因此，歷史上的官僚制度也具有「路徑依賴」的特徵，且影響至今。

　　范伯倫強調的「有閒階級制度」就屬於「非正式的制度」。傳統、文化也可以被看作制度，當然它們是與國家、法律不同的隱性制度。

---

139 Christian Dippel, "Forced Coexistence and Economic Development：Evidence from Native American Reservations", Econometrica, Vol. 82, No.6, 2014, pp. 2131-2165.

140 Melissa Dell, Nathan Lane, and Pablo Querubin, "State Capacity, Local Governance, and Economic Development in Vietnam", NBER Working Paper, 2015, pp. l-40.

雖然傳統和文化的作用經常被人們忽視，但它們持續地、潛移默化地影響著人們日常的選擇和行為。正式的制度，如法律、規章可以在一朝一夕變更，但非正式的制度變遷卻十分緩慢。1990年後，西方國家的領導人試圖在一夜之間將東歐國家變成西方國家。他們請來西方的律師與會計師為東歐國家重寫法律章程；他們為東歐國家起草了新的法案；他們也花了很大精力，培養當地精英學習西方的法律。東歐國家的議會通過了西式的法律草案，但新的法律卻對當地民眾的生活影響甚微。1994年，阿爾巴尼亞推出了西式的《破產法案》，這是保護財產權的重要法案。換句話說，這是正式的制度變遷。不幸的是，阿爾巴尼亞非正式的制度卻影響了該法案發揮作用。20世紀90年代中期，阿爾巴尼亞爆發了全國性的傳銷熱潮，投資者的損失占到該國GDP的60%。即便在這種情況下，阿爾巴尼亞的法院卻只受理了一起到法院訴諸破產法保護的訴訟。[141]因為當地的民眾不願意用法律來解決經濟糾紛。如果東歐國家的民眾都不相信破產法，即便正式的制度變了，非正式的制度仍然會影響民眾的日常行為。非正式制度常常發揮更為持久的作用，這使得制度常常具有「路徑依賴」的特點。

此外，不少研究者指出，權力也使得制度具有路徑依賴的特點。[142]盡管低效的制度損害了整個社會的福利，但卻使既得利益者獲得了巨大的好處，包括經濟利益與政治特權。那麼，民眾為何不贖買這些既得利益者呢？民眾可以承諾：只要既得利益集團同意推動制度變遷，經濟效率改善後，他們將獲益的一部分再分給他們。這樣，大家的收益都會增加。但是，這恰恰難以實現。因為在政治領域，沒有第三方的強制來執行可信承諾。在政治上，一旦掌權者同意放棄權力，就沒有什麼能保障他們獲得之前被允諾的收益。他已經沒有力量來懲罰食言以及改變原有契約的行為。因此，在政治上，缺乏第三方

141 威廉·伊斯特利：《白人的負擔：為什麼西方的援助收效甚微》，第76頁。

142 Paul Pierson, "Power and path dependence", in James Mahoney and Kathleen Thelen, eds., Advances in Comparative-Historical Analysis, New York: Cambridge University Press, 2015, pp. 123-146.

的強制，各方更難以達成協議，推動制度走向更高效率的變遷。[143] 既得利益者往往會維繫低效的制度。由於制度的這一特點，並非高效的制度就能順利取代效率低下的制度。

143 Daron Acemoglu, "Why Not A Political Coase Theorem? Social Conflict, Commitment, and Politics", Journal of Comparative Economics, Vol. 31, No. 4, 2003, pp. 620-652.

後記

　　寫到這裡，我忽然感到身心輕鬆，因為這本書就要寫完了。本書是對政治經濟學這一學科的通識性介紹，它來自我的教學。2009年，我進入上海交通大學工作，2010年，我開設了「政府與市場」課程，隨即又開設了「政治經濟學經典導讀」。在這兩門課上，我從不同切入點向學生介紹政治經濟學的入門基礎。

　　經過幾年努力，「政治經濟學經典導讀」成為上海交通大學的通識核心課。2015年，該課程獲評上海市重點課程；2017年，又被評選為上海市精品課程。課程的建設與改革也獲得了2017年上海市高等教育教學成果獎。在交大開設政治經濟學通識課程的過程也是我成長的過程，我藉此獲得了上海交大「卓越教學獎」、「燭光獎」一等獎，首屆「教書育人獎」以及上海市五四青年獎章等榮譽，在實現社會價值的同時，也發掘了個人價值。在教學過程中，我嘗試用問題引導課堂，並獲得了上海交通大學2016年本科教學研究項目資助。本書受益於該研究項目，也是我用問題貫穿寫作的一項嘗試。

　　我首先要感謝朱天飈老師，他於2017年3月12日在浙江大學人文高等研究院召集了幾位學者，討論本書初稿。這些學者除了朱天飈老師，還包括耿曙，劉宏松，張長東，白雲真，包剛升，韓文龍。感

謝諸位的建議與幫助，特別是耿曙老師的督促。

　　我也要感謝我的幾位老師。我在四川瀘州的高中老師高澤宏最早引導我學習馬克思主義政治經濟學。1999年我考入南開大學，在學習政治學的同時，開始雙修經濟學。南開大學的幾位老師引導我進行了更深入的學習和研究。朱光磊老師的授課堪稱典範，「政治學原理」、「當代中國政府過程」讓我受到極大的啟發，他授課的魅力與風采讓人難忘。我現在仍以他為榜樣，希望自己的課堂不僅能激發學生的興趣，還能鼓舞學生勇往直前。楊龍老師帶領大家學習政治經濟學的經典文獻，尤其從現實生活來閱讀和反思經典。他對我的指導一絲不苟，讓我牢記南開「敬業」的傳統。學習王正毅老師的「國際政治經濟學概論」課程，我的收穫不僅在專業方面，還在王老師一直提醒我們要讀「大氣」的書，「大我之書」。

　　2003年我進入北京大學，開始了碩士和博士的求學生活。我的指導老師是傅軍教授，同時還有一個委員會共同指導我。傅軍教授一以貫之地重視鍛煉學生卓越的思維，他對研究「微觀基礎「的偏愛，對多元和包容的強調讓我終生受益。朱天飆教授是罕見的好老師，也是在我所有老師中，和我交流最頻繁的一位。他在北大的教學是對「甘於奉獻，孜孜不倦」的最好詮釋。他為學生付出了無數的時間與熱情。我博士畢業時，他請我吃飯，跟我說過兩句話，這兩句話都是關於教學的。見我完成了這本政治經濟學的通識讀物，他的興奮之情也溢於言表。朱天飆老師對教學的熱情一直感染著我。他加盟浙江大學是浙大學生的幸運。路風教授一直有著強烈的使命感和責任感，這一點一直深刻感染和影響著他的學生。同時他將此貫穿於研過程與學生培養始終。他的新書「光變」正是他學術品格的體現。傅軍，朱天飆，路風這三位老師都是在美國獲得博士學位，而宋磊老師則是在日本求學。宋磊老師讓我領略了政治經濟學的不同側面，也讓我體會了指導學生的不同之處。宋老師踏實認真，追求品質的學風不斷鞭策我進步。

　　我還要感謝下面幾位老師在我求學期間為我提供了各種幫助，

他們是：楊敬年，車銘洲，蔡拓，葛荃，何自力，李元亨，寧騷，李強，晏智傑以及我在美國康乃爾大學公派留學時的指導老師彼得‧卡贊斯坦（Peter Katzenstein）。感謝我的各位同學：華偉，吳正，段德敏，馮明亮，康尹，劉驥，葉靜，劉偉偉，曹浩瀚，劉興華，蔡瑩瑩，李俊，吳亮等，他們是本書初稿的第一批讀者。

　　現實我要感謝上海交通大學國際與公共事務學院的各位同事和朋友。年輕老師會面臨諸多壓力，學院的兩任院長胡偉教授和鍾楊教授均對年輕老師關懷備至，幫助我們成長。我曾作為院長教學助理，做過章曉懿老師的助手。章老師的認真，坦誠，大度，寬容不斷激發我對教學的熱情。我還要感謝我們學院幾位老師，他們為我的教學和本書的寫作提供了寶貴的建議與幫助，他們是：俞正梁，林岡，吳建南，彭勃，樊博，郭樹勇，謝岳，陳堯，陳映芳，呂守軍，徐家良，劉幫成，郭俊華，王郁，莫童，張錄法，魏英傑，陳慧榮，杜江勤，陳永國，鄭曉華，韓廣華，劉一弘，尤怡文，黃宗昊，史冬波，翟一達等。我所在的國際關係系的幾位老師為本書提供了很多幫助，他們是：翟新，鄭華，黃平，張學昆，左亞娜，尤其是張俊華，李明明以及陳拯這三位同事一直在支持本書的寫作。

　　我對學院一流的管理與行政團隊有著深切的感受。他們以卓越的工作為學院老師的教學和科研服務。我要感謝姜文寧，朱啟貴，曹友誼，謝瑋，李振全，沉建英，楊姍，謝瓊，俞丹姣，張尤佳，徐珊，郝彬卉，高雪花，沉崴奕以及團委的方曦，李錦紅提供的各種幫助。

　　感謝兄弟院校的幾位老師和朋友，他們是：趙鼎新，牛銘實，陳明明，金應忠，陳志敏，陳玉剛，蘇長和，門洪華，劉鳴，唐世平，顧昕，陳周旺，張建新，田野，鄭宇，王正緒，王勇，武心波，陳志瑞，王存剛，宋偉，石斌，李巍，毛維準，羅禕楠，孫學峰，李俊久，林民旺，段海燕，楊宏星，朱杰進，孫德剛，賀平，陳玉聃，酈菁，張昕，李輝，熊易寒，胡鵬，陳小鼎，陳超，左才，鍾振明，易承志，蔡亮，陳瑋，劉豐，劉若楠，李振，孫亮，孫明，李鈞鵬，周強，劉瑋，楊毅，孫德剛，曲博，吳文成，顧瑋，漆海霞，李開盛，

釋啟鵬，汪舒明等。「國際政治經濟學論壇」已成為國際政治經濟學人的學術共同體，我的研究和寫作從這個共同體受益良多，我要感謝王正毅，張宇燕，李濱，樊勇，譚秀英，袁正清，高程，主父笑飛，趙遠良，鐘飛騰等。

在交人任教以來，學校的兩個教學機構讓我獲益良多。上海交通大學教務處與教學發展研究中心各位老師的熱情幫助讓我感動。我需要向他們表達我誠摯的謝意，他們是：高捷，田冰雪，魯莉，楊西強，謝艷梅，王竹筠，邢磊，邢海娜，余建波等。

在授課過程中，我常常會遇到挑戰我，質疑我，批評我的學生，他們在不斷促使我超越自我，我對這些學生尤其要表達我的謝意。我還要感謝幾位學生，他們或者擔任我的課程助教，或者給本書寫作提供過寶貴的建議，他們是：姚炬，蔣佶穎，丁玎，晏子，李航，陳志忠，楊子澄，李疆，林浩舟，陳語霆，朱竑，孫志富，張心怡，胡茜，韓恆敘等。我尤其要感謝我的學生李晨陽，他協助我完成了本書的圖表繪製。

經澎湃研究所李旭編輯的介紹，我認識了東方出版社熱情，卓越的編輯人陳卓。沒有二位編輯的努力和督促，我的書稿可能還會在電腦上待一段時間。

最後，我要感謝我的妻子鄧師瑾，兒子黃琛現，我的父母黃興友，羅安瓊。本書獻給我的家人。

黃琪軒 2018 年 7 月

政治經濟學的通識課（二版）

思想家講堂：近代國家興盛或衰落的51個課題

©黃琪軒

書系｜知道的書Catch on!　書號｜HC0093R

原 著 者	黃琪軒
行 銷 企 畫	廖倚萱
業 務 發 行	王綏晨、邱紹溢、劉文雅
總 編 輯	鄭俊平
發 行 人	蘇拾平

出　　版　大寫出版
發　　行　大雁出版基地
　　　　　www.andbooks.com.tw
　　　　　地址：新北市新店區北新路三段207-3號5樓
　　　　　電話：(02)8913-1005　傳真：(02)8913-1056
　　　　　劃撥帳號：19983379　戶名：大雁文化事業股份有限公司

二 版 一 刷　2023年12月
定　　價　580元
版權所有·翻印必究
ISBN 978-626-7293-20-1
Printed in Taiwan · All Rights Reserved
本書如遇缺頁、購買時即破損等瑕疵，請寄回本社更換

國家圖書館出版品預行編目（CIP）資料

政治經濟學的通識課：思想家講堂：近代國家興盛或衰落的51個課題／黃琪軒 著｜二版｜新北市｜大寫出版：大雁文化發行，2023.12
400面；14.8*20.9公分（知道的書Catch on!，HC0093R）
ISBN 978-626-7293-20-1（平裝）

1.CST: 政治經濟學　2.CST: 問題集

550.1657　　　　　　　　　　　　　112015584